Steinmüller, Johann Rudolf

Neue Alpina

1. Band

Steinmüller, Johann Rudolf

Neue Alpina

1. Band

Inktank publishing, 2018

www.inktank-publishing.com

ISBN/EAN: 9783747780039

Neue Alpina.

Eine Schrift
der
Schweizerischen Naturgeschichte,
Alpen- und Landwirthschaft
gewiedmet.

Herausgegeben
von
Johann Rudolf Steinmüller,
Pfarrer in Rheineck, Kirchen- und Erziehungsrath des Kantons St. Gallen und Mitglied mehrerer naturwissenschaftlicher und landwirthschaftlicher Vereine.

Erster Band.

Mit fünf Kupfern.

Winterthur,
in der Steinerischen Buchhandlung,
1821.

Vorerinnerung.

Wegen der politischen Stürme einiger verflossener Jahre, die namentlich auch auf den deutschen Buchhandel und jeden literarischen Verkehr sehr nachtheilig einwirkten — und zugleich wegen des allzufrühen Hinschieds meines hochverehrten Mitarbeiters, wurde die Fortsetzung der Alpina (Alpina. Eine Schrift der genauern Kenntniß der Alpen gewidmet. Herausgegeben von C. Ul. von Salis in Marschlins und von J. R. Steinmüller, Pfarrer. 1 bis 4 Band. 1806 bis 1809. Winterthur, in der Steinerischen Buchhandlung.) für mehrere Jahre unterbrochen. Mit dem vorliegenden Bande wage ich es, den abgerissenen Faden früherer Verhältnisse mit unsern Mitarbeitern und mit dem Wissenschaft liebenden Publikum wieder aufs Neue anzuknüpfen. Nur Folgendes möchte ich darüber vorläufig erinnern:

Anstatt mich in Zukunft, nach dem frühern Plane der Alpina (der in allem Uebrigen unverändert bleibt) auch auf die Alpenkette von ganz Europa und ihre Bestandtheile und Produkte auszudehnen, beschränke ich mich in der neuen Alpina vorzüglich auf das

Schweizersche Vaterland, und verbinde zugleich das Alpen- und Landwirthschaftliche mit dem naturhistorischen Fache. — In wie ferne es mir gelungen ist, bey diesem ersten Bande das Mannigfaltige mit dem Gehaltvollen zu vereinigen, darüber mögen meine Leser entscheiden, denen ich auch für die Zukunft verspreche, in meine Zeitschrift keine andern, als bisher ungedrukte Abhandlungen aufzunehmen. — Unter der Rubrik Literatur werde ich hingegen nach und nach alles, einfacher oder räsonnirender, anzeigen, was über Schweizerische Naturgeschichte, Alpen- und Landwirthschaft, seit der Herausgabe der Bibliothek von Haller erschienen ist. — Späterhin soll dann einer der folgenden Bände ein kurzes Titelverzeichniß aller erwähnten naturhistorischen und landwirthschaftlichen Schriften, nach den verschiedenen Abtheilungen classifizirt, enthalten, und darin, wenigstens über diesen Theil, der Schweizerischen Literatur ein möglichst vollständiges Supplement zu jenem gehaltvollen Werke Hallers liefern.

Ich fühle mich aber auch vorzüglich verpflichtet, hier meinen würdigen Mitarbeitern an der Alpina herzlich und öffentlich zu danken, die sich aus Freude an der Wissenschaft erneuert thätig für die neue Alpina interessiren, und durch ihre Würdigung und fernere wohlwollende Theilnahme die Lust zu Fortsetzung einer solchen Arbeit aufrecht erhalten und anspornen.

Es ist überhaupt ein erhebendes und zu schwierigen Unternehmungen im Fache der Naturgeschichte ermunterndes Gefühl, das den Freund der Naturwissenschaft beseelt, wenn er in unsern Zeiten einen Blick auf die rege Thätigkeit aller Naturforscher Europens wirft. Fast überall, wo sein Blick weilt, findet er Eifer, Aufforderung, Unterstützung, Hand in Hand dem großen Ziele, das ihm gesteckt ist, entgegen zu streben — sollten wohl wir Schweizer nicht auch gerne gemeinsame Sache mit ihnen, und besonders mit den Deutschen, machen! Sehr oft erwähnen zwar diese bey Aufzählung naturhistorischer Schätze Deutschlands auch unsrer Schweizer-Produkten; allein in diesem Fall ist ihnen dennoch, beym öftern Mangel an Selbstuntersuchung und Selbstbeobachtung, nur das Einzelne und Unvollständige möglich; das Zuverläßige, Vollständige und Ganze über's Schweizerland erwartet man daher mit Recht vom Schweizer.

Aus diesem Gesichtspunkte bitte ich auch die neue Alpina zu beurtheilen, dessen Herausgeber es gelungen ist, hin und wieder im lieben Vaterlande vortreffliche Männer zu bestimmen, über einzelne naturhistorische Gegenstände eine Abhandlung gründlich auszuarbeiten, die sich hingegen nie entschlossen hätten, ein eigenes Buch darüber zu schreiben oder dem Druck zu übergeben; und solche kleinere Arbeiten liefern nicht nur treffliche Materialien und Vorarbeiten für künftige Ausarbeitung ganzer Fächer, sondern bey dem gegenwärtigen Grade wissenschaftlicher Cultur würde vielleicht die Sphäre des menschlichen Wissens besonders dadurch ungemein erweitert: wenn man bey der Bearbeitung der Naturwissenschaften die Richtung auf Ergründung einzelner Punkte lenkte, und auf diese Weise das Falsche, Schwankende und Ungewisse berichtigte und das Lückenhafte ausfüllte; — da hingegen die Anmaßung, hier alles durchdringen zu wollen, für viele Selbstverdammung zu einer elenden Oberflächlichkeit wird.

Inhalt
des ersten Bandes.

I.

Beyträge
zur
Naturgeschichte
der
freyliegenden Felsblöcke
in der
Nähe des Alpen-Gebirges.

Der Schweizerischen Gesellschaft für die gesammten Natur-Wissenschaften vorgelesen den 25ten Juny 1819

von

Hans Conrad Escher,
Linth-Präsident.

Einleitung.

§. 1.

In verschiedenen Gegenden Deutschlands, in dem grossen Thale des Po in Italien und ganz besonders häufig in dem flachen Theile der Schweiz, der sich zwischen den Alpen und dem Jura durchzieht, finden sich zerstreut und frey liegende Felsblöcke von Steinarten, die von den Gebirgsarten der nahen Hügel und Berge ganz verschieden und also nicht als Trümmer von diesen, sondern als Fremdlinge in diesen Gegenden anzusehen sind.

Die Größe dieser Felsblöcke, wovon die meisten von zehn bis mehrere hundert, viele mehrere tausend und einige bis auf fünfzigtausend Cubikfuß Körperinhalt haben, hat sie schon lange als merkwürdige Erscheinungen ansehen machen; und da wo sie sich in Menge vorfanden, sind sie schon von den frühesten Zeiten her als ein vortreffliches Baumaterial benutzt worden. Die Ruinen alter Schlösser zeigen häufig diese unzerstörbaren Felsblöcke in ihrem Gemäuer, und auch jetzt noch werden sie gerne zu Fundamenten für Kirchen und andere große Gebäude gebraucht. Dieses Gebrauchs wegen verringert sich die Zahl dieser merkwürdigen Felsblöcke bedeutend; auch werden viele davon durch sorgfältige Landwirthe entweder vergraben oder mit Pulver zersprengt, um ihren fruchtbaren Boden davon zu säubern.

§. 2.

Saussure hat in seinen Alpen-Reisen zuerst umständliche Nachrichten von diesen Felsblöcken gegeben und besonders ihre Verbreitung längs dem Fuße des Jura richtig beschrieben. Er hielt sie für Zeugen einer großen Erdrevolution (grand Débâcle), welche in einer Schwemmung aus den Alpthälern heraus bestand. Erst kürzlich sind von Herrn Leopold von Buch in den Abhandlungen der Berliner-Akademie sehr genaue Angaben über die Ablagerung der Felsblöcke zwischen der Ausmündung des Rhodanthales und dem Jura bekannt gemacht worden, welche diese merkwürdige Naturerscheinung sehr umfassend beleuchten; er beweist die Herkunft der Felsblöcke aus den Alpen überzeugend, findet aber Saussures Winke über die Art der Hervorwälzung dieser Alpentrümmer nicht befriedigend. Noch neuer sind verschiedene Nachrichten, welche Herr J. A. de Luc in Genf in mehreren Zeitschriften über die Felsblöcke bekannt machte. *) Sie enthalten einige merkwürdige Angaben, die aber hauptsächlich in der Absicht aufgestellt sind, um des ältern Herrn de Luc's schon lange vergessene, sonderbare Hypothese wieder bekannt zu machen: daß diese Felsblöcke an Ort und Stelle, wo sie sich vorfinden, durch Explosionen aus dem Innern der Erde herausgeworfen worden seyen.

Der Ritter Venturi **) hat zwar keine Nachrichten über die Verbreitung dieser Felsblöcke im Thal des Po mitgetheilt, aber die Hypothese der Herschwemmung derselben in großen Eismassen sinnreich entwickelt.

Herr Doctor Ebel hat sowohl in seiner Anleitung die Schweiz zu bereisen, als auch in seinem Werk über den Bau der Erde in dem Alpen-Gebirge viele Angaben über die freyliegenden Felsblöcke mitgetheilt, den Gegenstand einigermaßen umfassend dargestellt und ähnliche Resultate daraus gezogen wie Saussure.

§. 3.

So merkwürdig als alle diese verschiedenen Angaben über die Verbreitung der freyliegenden Felsblöcke auch sind, so genügen sie doch noch keineswegs, um diese für die Naturgeschichte unsrer Erdoberfläche so wichtige Erscheinung umfassend zu beurtheilen, und um mit einiger Zuverlässigkeit Hypothesen zur Erklärung derselben aufstellen zu können. Freylich sind die bekannten Thatsachen genügend, um zu beweisen, daß diese Felsblöcke durch die Alpenthäler herabgekommen und nicht aus den Eingeweiden der Erde herausgeworfen worden sind. Aber die

---

*) Siehe Annalen der Physik von Gilbert und Annales de Chymie et de Physique de M. Gay-Lussac et Arago.

**) Siehe Memoria intorno ad alcuni fenomeni geologici. Pavia. 1817.

weite Verbreitung dieser Felsblöcke, ihre Zahl und Größe deuten auf eine Revolution hin, welche unsre Erdoberfläche bey dieser Erscheinung erlitt, und welche also für den Naturforscher in weit allgemeinerer Hinsicht merkwürdig ist, als um sich nur die Verbreitung dieser Felsblöcke erklären zu können.

Nur die Zusammenstellung und Vergleichung aller Umstände, unter denen sich die Ablagerung dieser Felsblöcke zeigt, kann auf die Ursachen ihrer Verbreitung allmählig hinweisen; daher auch ist die möglichst vollständige Aufstellung aller Thatsachen hierbey wünschbar, denn oft kann die Beschaffenheit und Lage eines einzigen dieser Felsblöcke sehr schätzbare Angaben über die Richtung und den Umfang der Kräfte liefern, durch welche diese große Ueberschüttung bewirkt wurde.

Diese Beyträge, welche fortgesetzt werden sollen, sind keineswegs dazu bestimmt, diesen für die Naturgeschichte unsrer Erdoberfläche so wichtigen Gegenstand erschöpfend darzustellen: es sollen wirklich nur Beyträge seyn, durch welche einerseits die Aufmerksamkeit der Naturforscher auf diesen Gegenstand hingeleitet und sie selbst eingeladen werden sollen, ähnliche Beyträge zu liefern; und anderseits soll durch diese Beyträge einem künftigen Naturforscher gleichsam ein Archiv der Documente gebildet werden, aus welchem einst die umfassendere Entwickelung des großen Ereignisses hergeleitet werden kann, welches wahrscheinlich zur jetzigen Beschaffenheit unsrer Erdoberfläche sehr durchgreifend einwirkte.

§. 4.

Um der großen Menge von Thatsachen, welche über diesen Gegenstand aufzustellen sind, eine desto leichtere Uebersicht zu verschaffen, ist wohl die Abtheilung der zahllosen Felsblöcke der ganzen Ablagerung nach den verschiednen Wasserbecken, aus welchen sie herzurühren scheinen, am schicklichsten; und dadurch wird zugleich die Einordnung aller einzelnen Beobachtungen, welche allmählig gemacht werden, als Beyträge zur allgemeinern Uebersicht der ganzen Erscheinung, erleichtert. Freylich werden oft Zweifel über die Anreihung der einzeln beobachteten Felsblöcke an die Ueberschüttung des einen oder andern Wasserbeckens entstehen, und nicht selten Berichtigungen dieser Eintheilung nothwendig werden: allein diese Berichtigungen selbst werden durch Aufstellung jener Hauptabtheilung erleichtert, und sehr bald wird die Zusammenstellung aller zuverlässigen Thatsachen sowohl die unrichtigen Angaben als selbst auch die Zweifel beseitigen, welche über einzelne Beobachtungen entstehen könnten.

Um der Aufstellung der mannigfaltigen Thatsachen, welche bis jetzt über diesen Gegenstand beobachtet wurden, desto mehr Interesse zu geben, mag es nicht unzweckmäßig seyn, die allgemeinsten Resultate zuerst anzugeben, welche sich mit Zuverlässigkeit aus allen diesen Angaben herausheben lassen. Ohne dadurch den selbstprüfenden Naturforschern vorgreifen zu wollen, wird es diejenigen, welche mit diesem wichtigen Gegenstande noch wenig bekannt sind, sogleich von dem hohen Interesse desselben für die allgemeine Naturgeschichte unserer Erdoberfläche überzeugen und die Gesichtspunkte bezeichnen, unter welchen diese Naturgegenstände zu betrachten sind. Sollten diese zum voraus aufgestellten allgemeinen Verhältnisse, welche man aus den bisherigen Beobachtungen ausheben zu können glaubt, die Veranlassung seyn, daß andre Naturforscher, welche diese Naturerscheinung gründlicher und umfassender beobachtet haben, ihre höhern Ansichten bekannt machen und dadurch den Werth dieser

Angaben herabsetzen, so ist der Zweck dieser Beyträge dadurch nur um so vollständiger erreicht.

Allgemeine Verhältnisse der Felsblöck-Ablagerung.

§. 5.

Die freyliegenden Felsblöcke von Alpengebirgsarten finden sich in den untern Theilen der großen Alpenthäler, die in das große Hauptthal ausmünden, welches sich zwischen den Alpen und dem Jura, vom Genfersee an bis über den Bodensee hinauszieht. Sie sind fast allgemein in diesem großen Hauptthale verbreitet, welches den Jura von den Alpen trennt. Sie liegen an dem den Alpen zugekehrten Abhange des Jura häufig bis zu Höhen von beynahe 4000 Fuß über Meer zerstreut und endlich finden sie sich selbst noch in mehreren Jurathälern ziemlich zahlreich vorhanden.

§. 6.

Die Alp-Felsblöcke finden sich nur auf der Oberfläche der Erde, sowohl auf Hügeln als in Thälern, freyliegend verbreitet. Noch nie fand man solche unter oder im Innern der anstehenden Sandstein- und Mergel- oder Nagelfluh-Schichten derjenigen Hügel und Thäler, welche das große Hauptthal zwischen den Alpen und dem Jura durchschneiden. Dagegen finden sich diese Felsblöcke nicht selten in und unter der Dammerde-Ablagerung, welche die anstehenden Felsenschichten bedeckt und die zum Standpunkte der Vegetation dient. Auch zeigen sich zuweilen solche Felsblöcke in die Geschieb-Ablagerung eingehüllt, welche Bäche und Ströme in Thalgründen oder auch in ältern, jetzt verlassenen Stromgerinnen abgesetzt haben.

§. 7.

Diese Felsblöcke finden sich von allen möglichen Grössen bis auf einen Körper-Inhalt von fünfzigtausend Cubikfuß. Die kleinern Felsblöcke von Faustgröße und darunter sind nur an solchen Stellen von den Stromgeschieben ganz bestimmt zu unterscheiden, wo sie auf Höhen oder an Abhängen liegen, wo nie kein Strom gefluthet haben kann. Leicht werden auch diese kleinen Felsblöcke mit Geschieben verwechselt, die aus zerstörten Nagelfluhlagern herrühren, welche der großen Sandstein-Formation untergeordnet sind, die sich zwischen den Alpen und dem Jura abgelagert befindet. Es ist daher bey Beurtheilung der Verhältnisse der kleinen Felsblöcke viel Sorgfalt erforderlich, um sie weder mit Stromgeschieben, noch mit den Geschieben verwitterter Nagelfluhlager zu verwechseln.

§. 8.

Die Höhe der Ablagerungsstellen dieser Felsblöcke steht in keinem Verhältniß mit ihrer Größe; denn man findet oft sehr große Blöcke auf beträchtlichen Höhen so wie in tiefen Thälern, und eben so finden sich auch kleine Felsblöcke in Thälern und auf Höhen.

§. 9.

Diese Felsblöcke finden sich sowohl in Gruppen zusammengehäuft, als auch ganz zerstreut und daher einzeln liegend. Auch dieses Verhältniß hat ohne Rücksicht auf ihre Größe statt, indem oft große und kleine Stücke zusammengehäuft erscheinen, und eben sowohl große als kleine Blöcke sehr zerstreut auf Berghöhen und in Thälern vereinzelt sich vorfinden.

§. 10.

Die kleinern Felsblöcke sind mehr und minder abgerundet, doch selten so stark als die Stromgeschiebe, welche einer langsamen Rollung und Reibung ausgesetzt waren. Die größern Felsblöcke sind zwar meist eckig, doch nicht scharfkantig. Bey der Prüfung dieses Verhältnisses ist aber mit Sorgfalt zu untersuchen, ob die zu beobachtenden Kanten und Flächen ursprünglich oder durch spätere, natürliche oder künstliche Zertheilung größerer Blöcke entstanden seyen. Nicht selten werden solche Blöcke mit Pulver zersprengt, um sie zu verschiedenen wirthschaftlichen Zwecken zu benutzen, welche dann wieder, vielleicht wegen ungünstiger Zerreißung, aufgegeben werden. Sollten wohl nicht auch Blitzschläge ähnliche Zerspaltungen bewirken können?

§. 11.

Diese freyliegenden Felsblöcke bestehen aus sehr verschiedenen Gebirgsarten, sowohl aus denjenigen, welche zur Urformation gerechnet werden, als auch aus Uebergangs- und Flötzgebirgsarten. Ueberhaupt gehören sie Gebirgsformationen an, welche näher bey den Central-Ketten der Alpen anstehen, als die Stelle ist, wo sie vorgefunden werden. Es finden sich also gar keine Uebergangsfelsblöcke in den Thälern des Gneusgebirges, keine Nagelfluh oder Alpenkalksteinblöcke in den Thälern des Uebergangsgebirges und überhaupt nirgends als im Jura selbst Felsblöcke von Juraischem Kalkstein. Alle freyliegenden Felsblöcke zwischen dem Jura und den Alpen bestehen also aus Gebirgsarten des Hochgebirges der Alpen.

§. 12.

Aber diese freyliegenden Felsblöcke sind bezirksweise von sehr verschiedener Beschaffenheit. Die Felsblöcke, welche sich im Wasserbecken des Rhodans und Genfersees vorfinden, sind ganz verschieden von denjenigen, die im Wasserbecken des Rheins zerstreut liegen.

Jene unterscheiden sich wieder eben so bestimmt von den Felsblöcken der Ueberschüttung des Wasserbeckens der Aare, als diese von den Felsblöcken des Zürichsees und Limmatthales; und eben so deutlich sind diese wieder von der großen Ueberschüttung der Reußthäler zu unterscheiden. Nur selten haben in diesen verschiedenartigen Ueberschüttungen Vermengungen statt, die auch erst in den flächern Theilen des großen Hauptthales der Schweiz zwischen den Alpen und dem Jura eintreten. Doch sind die Grenzen dieser verschiedenartigen Ueberschüttungen nicht scharf bezeichnet, sondern in der Nähe derselben hat oft Vermengung der Felsblöcke der beydseitigen Wasserbecken statt.

§. 13.

Bey genauer Vergleichung dieser frey- und zerstreutliegenden Felsblöcke mit denjenigen Gebirgsarten, welche im Hochgebirge der Alpen in ausgedehnten Gebirgsketten anstehen, ergiebt sich: daß die Felsblöcke jedes der benannten Wasserbecken mit den Gebirgsarten übereinstimmen, welche an den Seiten und im Hintergrund derjenigen Hochgebirgsthäler anstehen, die mit diesen größern Wasserbecken in unmittelbarer Verbindung sind. Demnach sind die freyliegenden Felsblöcke des Rheinwasserbeckens den Gebirgsarten von Bündten ähnlich. Im Zürichsee und Limmatthal finden sich die Gebirgsarten des Glarnerlandes als freyliegende Felsblöcke zerstreut. Die Ueberschüttung des Wasserbeckens der Reuß besteht aus Gebirgsarten der Gebirge, welche die Quellen der Reuß liefern. Die Felsblöcke des Wasserkessels der Aare sind den Gebirgsarten des Berner-Hochgebirges ähnlich, und die Gebirgsarten der freyliegenden Felsblöcke des Rhodanwasserbeckens stehen im Wallis als Gebirgslager an.

§. 14.

So wie diese freyliegenden Felsblöcke keineswegs unregelmäßig über das große Thal zwischen den Alpen und dem Jura verbreitet, sondern nach abgesönderten Wasserbecken abgetheilt sind; eben so sind diese verschiedenen Wasserbecken keineswegs unregelmäßig von diesen Felsblöcken überschüttet: sondern es sind Stellen in diesen Wasserbecken, wo sich diese Felsblöcke vorzüglich häufig, andere wo sie nur selten, und solche wo sie gar nicht vorkommen. Ungeachtet überhaupt diese Felsblöcke bis jetzt noch zu wenig beobachtet und die Verhältnisse der Stellen ihrer Ablagerungen nicht genau genug untersucht wurden, daher eben noch viele Beyträge hierüber wünschbar sind: so lassen sich doch aus den bisherigen Beobachtungen einige auffallende Verhältnisse und Uebereinstimmungen erheben, welche einerseits die Wichtigkeit der möglichst umständlichen Untersuchung der Ablagerungsstellen dieser Felsblöcke beweisen und anderseits dem Naturforscher doch schon einige Winke geben über die Ursachen, welche diese merkwürdige Ueberschüttung bewirkt haben möchten.

§. 15.

Diese freyliegenden Alpfelsblöcke finden sich schon in den Alpenthälern vor, welche ins große Hauptthal ausmünden, das sich zwischen den Alpen und dem Jura durchzieht. In diesen Thälern finden sie sich am häufigsten da abgelagert, wo diese Thäler sich unter einer beträchtlichen Verengung wieder schnell erweitern, da hingegen in den Thalverengungen selbst sich meist keine Felsblöcke vorfinden.

§. 16.

Da wo sich in diese Alpenthäler, welche ins große Schweizerische Hauptthal ausmünden, Seitenthäler öffnen, findet man auch noch in diesen Felsblöcke mehr und minder hoch hinauf abgesetzt. Bilden diese Seitenthäler Scheidecken (Pässe, welche in andere Thäler durch Vertiefung der Gebirgsrücken hinüberführen) welche nicht viel über 4000 Fuß über Meer erhaben sind, so finden sich die Alpfelsblöcke nicht blos auf diesen Scheidecken, sondern auch noch in den jenseitigen Thälern mehr und minder weit verbreitet, vor.

§. 17.

Im großen Hauptthale der Schweiz, welches sich zwischen den Alpen und dem Jura, vom Genfersee an bis über den Bodensee hinaus zieht, finden sich die Alpfelsblöcke über alle Hügel und Berge verbreiter, welche nicht viel über 3000 Fuß über Meer erhaben sind; doch ist auch hier die Ueberschüttung nicht ganz unregelmäßig. Sie zeigt sich am stärksten an solchen Hügel- und Bergabhängen, welche der Ausmündung der Alpenthäler in dieses große Hauptthal gegenüberstehen. Die Felsblöcke finden sich an solchen Abhängen nicht selten auf höhern Stellen vor, als an den Seiten derjenigen Thäler, welche als die Fortsetzung der Alpenthäler angesehen werden können. Ragen in diese Thäler, welche jetzt noch den Wasserabfluß den Alpthälern liefern, einzelne Hügelrücken als Vorsprünge ihrer Seitengebirge hinaus, wodurch also eine kurze Thalverengung bewirkt wird: so finden sich hinter diesen Vorsprüngen, also unmittelbar unter der stattgehabten Thalverengung, die Alpfelsblöcke meist wieder häufiger abgesetzt, als in der Thalverengung selbst.

Noch verschiedene andere ähnliche Verhältnisse in der Ablagerung der Alpfelsblöcke im großen Hauptthale der Schweiz, welche hie und da beobachtet wurden, können noch nicht als allgemeine Verhältnisse aufgestellt werden, weil es noch an hinlänglichen Beobachtungen über diesen wichtigen, so lange ungeachtet gebliebenen Gegenstand fehlt.

§. 18.

Die Alpfelsblöcke finden sich fast überall an demjenigen Abhange des Juragebirges verbreitet, welcher den Alpen gegenübersteht; doch ist die Ablagerung derselben ganz auffallend an denjenigen Stellen am stärksten und steigt auch da am höchsten an, welche der Ausmündung der Alpenthäler gerade entgegenstehen. An solchen Stellen erreichen die Felsblöcke wieder eine Höhe, die nahe an 4000 Fuß über Meer ansteigt, da hingegen in den Zwischenstellen, welche am meisten von den der Alpenthäler-Ausmündung gegenüberstehenden Stellen entfernt sind, die Felsblöcke selten über Höhen von 2000 Fuß über Meer ansteigen.

§. 19.

Da wo Juraketten in das große Schweizerische Hauptthal auslaufen, finden sich die Alpfelsblöcke auch noch in den Thälern hinter diesen auslaufenden Juraketten verbreitet. Eben so da, wo die den Alpen entgegenstehende Jurakette durchrissen ist, findet man in den Thälern hinter diesen zerrissenen Juraketten ebenfalls wieder Alpfelsblöcke abgelagert. An den von den Alpen entferntern Juraketten findet man nur an solchen Stellen Alpfelsblöcke abgelagert, welche jenen Durchbrüchen der vordersten Jurakette gerade gegenüberstehen.

Wesentlichste Folgerungen, welche sich aus den allgemeinen Verhältnissen der Felsblöck-Ablagerung ergeben.

§. 20.

Ungeachtet die große Erscheinung der Verbreitung der Felsblöcke in die von den Alpen entferntern Gegenden noch zu wenig umständlich bekannt ist, um sie mit gehöriger Zuverlässigkeit im Allgemeinen beurtheilen zu können: so führen doch die oben aufgestellten, bis jetzt beobachteten allgemeinen Verhältnisse dieser Naturerscheinung so deutlich auf einige Folgerungen über die Ursachen derselben: daß deren nähere Angabe um so wünschbarer seyn wird, da sie nicht blos den Gegenstand selbst besser beleuchten, sondern auch der weitern Erforschung desselben dienlich seyn werden, theils um die Verhältnisse, unter welchen sich die Felsblöcke abgelagert befinden, umständlich und im Allgemeinen, theils aber auch in Hinsicht auf diese Folgerungen zu prüfen, wodurch diese entweder bestätigt oder entwickelt oder berichtigt werden können.

§. 21.

Das bis jetzt allgemein beobachtete Verhältniß der Felsblöck-Ablagerung (§. 6.): daß die Alpfelsblöcke nie im Innern der Sandstein-, Mergel- und Nagelfluh-Formation vorkommen, welche das Hauptthal zwischen den Alpen und dem Jura einnimmt, beweist wohl unverkennbar, daß diejenige Revolution unserer Erdoberfläche, durch welche diese Felsblöcke verbreitet und abgelagert wurden, nach der Bildung dieser neuesten horizontalliegenden Sandstein-, Mergel- und Nagelfluh-Formation statt gehabt habe, und also wohl die letzte Revolution war, durch welche unsre Erdoberfläche ihre jetzige Beschaffenheit erhielt. Die genauere Beobachtung ähnlicher Felsblöck-Ablagerungen in Deutschland, Italien und da wo sich dieselbe noch weiter vorfinden mag, kann über die Gleichzeitigkeit oder das relative Alter dieser Erscheinung an verschiednen Stellen unsrer Erdoberfläche sehr merkwürdige Resultate liefern: so wie auch die umständliche Angabe der Beschaffenheit der Geschiebablagerungen, in welchen sich solche Felsblöcke eingehüllt finden mögen, zu diesem Zwecke sehr wichtig ist.

§. 22.

Wenn man die Verhältnisse der Geschiebablagerung in unsern geschiebreichen Strömen sorgfältig beobachtet und sie mit den Verhältnissen vergleicht, die sich bey der Felsblöck-Ablagerung zeigen, so muß die Aehnlichkeit dieser Verhältnisse sogleich in die Augen fallen. Da, wo unsre Ströme zwischen festen parallellaufenden Ufern enge zusammengedrängt sind, hat selten eine Geschiebablagerung statt; so wie aber eine Stromerweiterung, durch schnelle Entfernung der Ufer von einander, eintritt, legen sich die Geschiebe häufig zu großen Sandbänken ab. Eben so finden sich (§. 15.) die Felsblöcke in den engen Thalschlünden der Querthäler unserer Alpen selten oder nie abgelagert; so wie aber Thalerweiterungen unmittelbar unter diesen Thalengen eintreten, so ist die Felsblöck-Ablagerung sehr stark.

Entsteht in einem engeingedämmten Strombeet durch ein starkes Hochgewässer ein Uferbruch, so wird ein Theil des Stroms durch diese Seitenöffnung hinausstürzen und viel Geschiebe mit sich durch dieselbe hinausführen, auch selbst dann noch, wann der Uferbruch nicht bis in die Tiefe des Strombeets hinabreicht; denn die großen, geschiebreichen, mit starkem Gefäll versehenen Gebirgsströme rollen ihre Geschiebe nicht blos einzeln auf dem Grund des Strombeetes fort: sondern die Hochgewässer dieser Ströme greifen meist große Sandbänke oder ältere Geschiebablagerungen auf einmal an, rollen große Abtheilungen davon mit heftigem Gerassel mit sich fort, treiben sie über niedrige Ufer oder durch Uferbrüche weg und setzen sie oft klafterhoch an einer schnell eintretenden Stromerweiterung ab. Eben so sehen wir Felsblöcke in Seitenthälern des großen Querthals hoch hinauf abgelagert und über Seiten-Scheidecken weg weit in Nebenthäler verbreitet (§. 16.). Die Höhe dieser Seitenablagerungen und der Scheidecken, über welche die Ueberschüttung in andere Thäler hindrang, ist sehr merkwürdig zu Beurtheilung des Umfangs der Kräfte, welche bey dieser letzten Erdrevolution gewirkt haben.

§. 23.

Wenn unsre Wasserbaumeister den Lauf eines geschiebreichen Stroms verbessern und die Stromrinne von einem ausgewaschenen Uferplatzweg wieder in die gehörige Richtung bringen wollen, so bauen sie vom noch vorhandenen festen Ufer an durch den ausgeschwemmten Uferplatz hindurch ein fast senkrecht auf den Stromlauf gerichtetes, schmales, sogenanntes Spornwuhr, und drängen dadurch den Strom wieder in die zweckmäßigste Richtung zurück. Dann wird das erste Hochgewässer des verbesserten Stroms außen an dem Spornkopf sein neu verengtes Strombeet beträchtlich vertiefen, und hinter das lange, senkrecht in den Strom hinausragende Spornwuhr eine große Menge Geschiebe oft beynahe so hoch, als das Hochgewässer anschwoll, ablegen und so den früher ausgewaschen gewesenen Uferplatz wieder mit Geschieben anfüllen. Eben so sehen wir in den großen Thälern, durch welche die Felsblöck-Ueberschüttung statt hatte, jedesmal wann ein Querhügel fast senkrecht in das Thal, gleich jenen

Spornwuhren, hinausragt, daß unmittelbar unter und hinter diesem vorragenden Querbügel eine beträchtliche Felsblöck-Ablagerung statt hat. (§. 16.)

§. 24.

Wann sich unsre geschiebreichen Ströme in weite Ebenen verbreiten, so setzen sie ihre bey Hochgewässern mitrollenden starken Geschieblasten allmählig ab und treiben dieselben weniger hoch über die erweiterten unregelmäßigen Ufer hinaus. Setzen sich ihnen ältere hohe Geschieb-Ablagerungen oder andere ausgedehnte feste Gegenstände entgegen, so staut sich ihre wilde Fluth gegen dieselben mehr und minder hoch an und fließt dann wieder seitwärts andern tiefern Stellen des weiten Thales zu. Nach vorübergegangenem Hochgewässer werden überall Sand- und Geschiebablagerungen die Stellen bezeichnen, wo das Hochgewässer durchströmte und aufgestaut wurde. Man vergleiche mit dieser Geschieb-Ablagerung die große Felsblöck-Ablagerung (§. 18.) in den erweiterten Thälern, welche Theile des großen Hauptthales bilden, das sich zwischen den Alpen und dem Jura durchzieht, und man wird über die Aehnlichkeit dieser beyden Erscheinungen, aber freylich zugleich auch über den sehr verschiedenen Maßstab erstaunen, nach welchem sie sich zeigen.

§. 25.

Eben so endlich, wenn unsre geschiebreichen Ströme auch in ihren sehr erweiterten Beeten, auf einmal eine ihnen senkrecht entgegengenstehende Hügelkette fänden, so würden sie mit Wuth sich gegen dieses Abflußhinderniß aufstauen; diese Aufstauung würde unfehlbar an der Stelle am höchsten ansteigen, welche der Richtung des Hauptstroms gerade gegenüberstände; von da an seitwärts aber sich vermindern. Würde aber dieser aufgehaltne Strom eine Lücke in der ihm entgegenstehenden Hügelkette

kette finden, so würde sich ein Theil seiner mit Geschieben beladenen Wassermasse durch dieselbe stürzen und da, der schnellen Verbreitung dieses abgesonderten Wasserstroms wegen, bald seine Geschiebe absetzen. Mit diesen Erscheinungen stimmen wieder ungemein auffallend die Verhältnisse der Alpfelsblöcke an dem Jura-Gebirge überein. (§. 18 und 19.)

§. 26.

Die ganz auffallende Uebereinstimmung der Verhältnisse der Alpfelsblock-Ablagerung von den innern Alpenthälern an bis in die innern Jurathäler hinein, mit den Verhältnissen der Geschiebablagerungen unserer großen geschiebreichen Gebirgsströme, führt wohl sehr natürlich jeden sorgfältigen Beobachter dieser großen Naturerscheinung auf den Gedanken, daß diese Felsblöckablagerung durch eine ungeheure Wasserfluth bewirkt worden seyn müsse, welche aus den Alpen hervorbrach und diese Felsblöcke mit sich herausriß und gleich wie Geschiebe nach den allgemeinen hydrostatischen Gesetzen ablagerte. Freylich stellen sich dieser Hypothese noch mancherley Schwierigkeiten entgegen, welche schwer zu beseitigen sind, und wir bedürfen noch vieler Angaben, um uns die wesentlichern Verhältnisse jener großen Naturerscheinung befriedigend zu erklären. Die größten Schwierigkeiten bietet dieser Hypothese der Anblick jener tiefen Thäler dar, welche jetzt zum Theil von unsern Seen eingenommen werden, über welche jene ungeheure Fluth weggehen mußte, ohne sie vollständig auszufüllen. Jedoch ist hierüber zu bemerken, daß damals diese Seen eine andere Beschaffenheit haben mußten, als gegenwärtig, indem einige derselben seither tiefere Ausmündungen erhielten, andere durch Erhöhung ihrer Ausmündungen ausgedehnter wurden.

Wir sehen zwar alljährlich, daß unsre großen Gebirgsströme sehr große Geschiebe in Sandbänke aufthürmen, welche beynahe die Höhe der stattgehabten Hochgewässer erreichen; aber unsre Einbildungskraft erschrickt doch vor dem Gedanken, daß bis 50,000 Cubikfuß große Felsblöcke ebenfalls in der Höhe von Wasserfluthen, die einst statt gehabt haben, sollten fortgeschwemmt worden seyn. Und gerne würde man des Ritters Venturi *) Hülfsmittel (§. 2.) der Eisinseln, in welchen sich jene Felsblöcke eingehüllt befunden haben sollen, zu Hülfe nehmen, wenn sich diesen nicht wieder andere Schwierigkeiten entgegensetzen würden.

§. 27.

Da die Felsblöck-Ueberschüttungen der verschiedenen Wasserbecken ziemlich bestimmt von einander abgesöndert sind, und nur längs ihren Gränzen in einander überfließen: so ist dadurch wahrscheinlich gemacht, daß das Losbrechen jener ungeheuern Fluthen aus den Alpenthälern heraus, welche diese Ueberschüttungen bewirkten, gleichzeitig statt gehabt haben müsse, wodurch die Fluth des einen Wasserbeckens die andere begränzte und das Ueberströmen der einen Fluth in das Wassergebiet der andern hinderte; denn da z. B. die Ueberschüttung, welche der Ausbruch des Rhodanthales bewirkte, über den Jorat, welcher das Genfersee-Wasserbecken vom Aar-Wasserbecken trennt, wegfluthete, so müßten die Felsblöcke dieser Fluth weit ins Thal der Aare herabgeführt worden seyn, wenn nicht die Was-

*) Schon früher nahm Professor Wrede in Berlin auch solche schwimmende Eisinseln an, um den Transport der in Norddeutschland verbreiteten, wahrscheinlich aus Schweden herrührenden Granitblöcke über das Baltische Meer zu erklären.

sermasse des Ausbruchs des Aar-Wasserbeckens sich einer solchen nördlichen Verbreitung der Ueberschüttung der Rhodanfluth entgegengestemmt hätte.

Die Gleichzeitigkeit dieser verschiedenen Ausbrüche der Alpthäler kann in dieser Hypothese auch einzig den Umstand erklären, daß diese Wasserstuben in dem großen Thal zwischen den Alpen und dem Jura noch allgemein so hoch gespannt waren, um die Höhe unserer meisten Sandstein-Gebirge zu erreichen, und noch so hoch an den Jura hinaufgestaut werden konnten, um da noch Felsblöcke abzusetzen. Aber wenn die Gleichzeitigkeit dieser Ausbrüche durch diese Thatsachen gleichsam als erwiesen angesehen werden darf, welch eine Ursache kann die Gleichzeitigkeit des Durchbruchs so vieler Alpenthäler bewirkt haben?

§. 28.

Doch sehen wir die gewaltsamen Durchrisse der äussern nordwestlichen Alpenketten noch offen vor uns da stehen. Die übereinstimmende Schichtung ihrer beyden abgerissenen Seitenwände *) macht ihren ehemaligen Zusammenhang höchst wahrscheinlich, und an mehreren dieser Durchbrüche glaubt man durch ihre Form noch Spuren der wüthenden Fluth zu erkennen, welche bey ihrem Durchbruch diese Oeffnungen gewaltsam erweiterte. Die meisten Verhältnisse dieser Durchbrüche und der unmittelbar außer ihnen sich befindenden Thalgründe stimmen sehr auffallend mit der Annahme einer beym Durchbruch dieser Felsenketten durch dieselben strömenden ungeheuern Fluth überein.

---

*) Siehe in Gilberts Annalen der Physik 1816. 6s Stück. Bemerkungen über die Ideen eines Edinburger-Gelehrten und der Herrn Pictet und de Luk über die Art, wie die Thäler gebildet worden sind von H. C. Escher.

Denkt man sich diese offnen Querbrüche in den äußern Alpenketten wieder als geschlossen, wie sie es ihrer beydseitig gleichförmigen Schichtung zufolge höchst wahrscheinlich einst waren, so ergiebt sich die unmittelbare Folgerung, daß einst die innern Alpenthäler verschiedene ausgedehnte Seen enthielten, welche bis auf die Höhe der niedrigsten Scheidecken ansteigen mußten, die sich in den sie einschliessenden Gebirgsketten befanden: und dadurch ergiebt sich in diesen eingeschlossenen Alpseen eine so große Wassermasse, daß wenn wir ihren gleichzeitigen, auf einmal bewirkten Durchbruch annehmen, wir nicht mehr in Verlegenheit sind, die Quellen zu finden, aus welchen die ungeheure Wasserfluth herkommen konnte, welche über die meisten Sandstein-Hügel wegfluthete, die sich im großen Thale zwischen den Alpen und dem Jura vorfinden, und die so hoch an den Jura hinauf gestaut werden konnte.

§. 29.

Mit dieser Annahme einer schnellen Oeffnung der Durchbrüche der äußern Alpenketten stimmt ein Umstand der Beschaffenheit der Felsblöcke der ganzen Ueberschüttung auffallend überein (§. 10.). Die gewöhnlichen Stromgeschiebe werden im Allgemeinen nur langsam in den Strömen fortgerollt; es hat also eine lange Reibung unter diesen Geschieben statt. Daher sehen wir in den Quellen der Ströme nur eckige Felsbruchstücke liegen; da hingegen die von den Quellen entferntern Stromstellen nicht mehr eckige Bruchstücke, sondern abgeründete Geschiebe enthalten, wobey sich bey sorgfältiger Untersuchung zeigt, daß die Abründung der Geschiebe mit der Entfernung von den Stromquellen in einem auffallenden Verhältniß steht. Die Felsblöcke der großen Ueberschüttung hingegen sind im Allgemeinen nicht abgerundet, sondern noch so eckig, als eine seit Jahrtausenden auf sie einwirkende Verwitterung ihrer Oberfläche und Kanten es zuläßt. Dieser Umstand deutet also nicht auf ein langsames Rollen, sondern auf eine sehr schnelle und also kurzdauernde Herausfluthung hin.

§. 30.

Herr von Buch sagt in seiner Abhandlung über die Ursachen der Verbreitung großer Alpen-Geschiebe: „Alle Erscheinungen vereinigen sich, eine ge-„waltsame Strömung glaublich zu machen, die alles „vor sich in gerader Linie fortstieß, bis weithin nach „entgegenstehenden Bergen. Und sehr geneigt könnte „man seyn', Saussures Meynung anzunehmen, daß „diese Begebenheit sich ereignete, als der Jura beym „Fort d'Eccluse unterhalb Genf durchbrochen wurde. „Allein man darf sich die großen Schwierigkeiten nicht „verheelen, welche sich dieser Annahme widersetzen. Hätte „nur ein bis zu großer Höhe eingeschlossenes und plötz-„lich freywerdendes Gewässer die Blöcke fortgestoßen, so „würde diese Kraft wenig auf die hochliegenden, mäch-„tig auf die im Grunde vorkommenden Gesteine gewirkt „haben. So ist es doch in der Erfahrung nicht. Die „Granite sind am weitesten fortgeführt, bey weitem in der „größten Menge, in den größten Massen und bis zu den „ansehnlichsten Höhen (es ist hierbey nur von der Ueber-„schüttung des Wasserbeckens des Rhodans die Rede); „aber gerade die Granite finden sich an tiefen Punkten „nirgends anstehend entblößt; kaum zeigen sie sich an den „Spitzen von Orner und von Trient unter 7000 „Fuß über der Meeresfläche. Die niedriger vorkommen-„den Gebirgsarten hingegen sind am Jura in geringer „Menge und nie so weit fortgebracht worden. Die fort-„stoßende Kraft scheint daher fast in der Höhe stärker,

„schwächer in den eingeengten Thälern gewirkt zu ha-
„ben. Untersucht man dabey die Größe dieses Stoßes
„etwas genauer, so erschrickt die Einbildungskraft und
„möchte dann sogleich alle Ideen von Stoß und Strö-
„mung wieder aufgeben, zu welcher doch alle Erscheinun-
„gen der Verbreitung der Blöcke so unmittelbar, fast so
„unwidersprechlich hinführen."

Herr von Buch macht hierüber folgende Berechnung: „Die Entfernung der Spitze von Ornex (im Ferre-„thal in der südwestlichen Kette des Unterwallis, „von welcher die Granitblöcke herzurühren scheinen) vom „Jura beträgt 356,000 Fuß; die Differenz ihrer Höhe „ist etwann 5100 Fuß. Da nun der Stoß die Blöcke „in derselben Zeit die Entfernung durchgeführt haben „muß, in welcher sie die Höhen-Differenz hätten durch-„fallen können: so bleibt ihnen zu ihrem Weg bis zum „Jura nur 18 Secunden. Sie wären daher mit einer „Geschwindigkeit von 19460 Fuß fortgeeilt." Wohl mit Recht ruft Herr von Buch aus: „das ist unglaublich!" fährt aber fort: „Eine Wassermasse von 5100 Fuß Höhe, „wäre sie plötzlich durchgebrochen; hätte den untern Blö-„cken, nicht einmal den obern, nur eine Geschwindig-„keit von 553 Fuß mittheilen können. Um ihnen aber „die Geschwindigkeit von 19460 Fuß zu geben, hätte „eine Wasserhöhe von 6,311,500 Fuß auf sie einwirken „müssen. Das ist eine Höhe, welche völlig den dritten „Theil eines Erdhalbmessers beträgt. Daraus ist nun „vollends klar, fügt Herr von Buch bey, daß die Erschei-„nung dieser Geschiebverbreitung aus dem Wallis her-„vor, noch von ganz andern Ursachen herrühren müsse, „als von einem Ausbruch der Rhone; wahrscheinlich von „einer weit allgemeinern."

Offenbar ist obige Berechnung der Geschwindigkeit,

die erforderlich wäre, um Felsblöcke von den Alpen bis an den Jura hinauszutreiben, ganz irrig; indem darin angenommen ist, daß die Körper im Wasser und selbst in einer mit Gebirgstrümmern ganz durchdrungenen Fluth gleich schnell zu Boden sinken, wie beym Fall in der freyen Luft. Diesen Irrthum anerkennt nun aber Herr von Buch in einem an Herrn Brochant de Villiere geschriebenen Brief, *) worin gesagt ist: „Nach „den Versuchen von Hook fällt eine Kugel von Tannen„holz von 6 Zoll Durchmesser, mit der man 4 1/2 Pfund „Bley verbindet und dadurch der ganzen Masse eine spe„cifische Schwere von 1,5 giebt, mit 5 Fuß Geschwin„digkeit im Wasser zu Boden. Der Granit mit einer „specifischen Schwere von 2,6 würde zwar im Wasser „schneller zu Boden fallen, wenn seine Geschwindigkeit „nicht durch die unregelmäßige Form und die Uneben„heiten der Oberfläche vermindert würde. Nimmt man „nun aber die Geschwindigkeit von 5 Fuß Fall in jeder „Zeitsekunde an, so ergiebt sich, daß der Fall von einer „Höhe von 5100 Fuß im Wasser, statt der oben ange„nommenen 18 Sekunden, die Zeit von 1020 Sekunden „erfordern würde, wodurch also für den Weg aus den „Alpen bis an den Jura hinaus die Geschwindigkeit „auf 354 Fuß in jeder Sekunde herabgesetzt wird. Aber „in einer solchen Masse, wie diejenige der Fluth eines „solchen Durchbruchs müßte gewesen seyn, würde die „Wirkung der Schwere im Fall noch weit mehr vermin„dert worden seyn."

§. 31.

Wenn aber auch eine Berechnung über die Geschwin-

*) Siehe Annales de Chimie et de Physique par Gay Lussac et Arago. Tom. X. März 1819.

digkeit einer Fluth gemacht werden soll, welche bey einem einsmahligen Durchbruch einer Gebirgskette statt haben müßte, die einen großen See von 5100 Fuß Tiefe gespannt hielte: so möchte es wohl der Natur der dabey eintretenden Verhältnisse angemessener seyn, eine solche Fluth als einen Strom zu beurtheilen, der in einem offenen Canal abfließt, wobey also noch andere Umstände zu betrachten sind als nur die Höhe des Wassers. In den Abhandlungen der Königl. Preußischen Akademie der Wissenschaften von den Jahren 1814 und 1815 hat Hr. Eytelwein hierüber eine Berechnungsart aufgestellt, welche der Natur am angemessensten zu seyn scheint. Es ist folgende: a sey gleich dem Querschnitt des Stromes; p gleich dem Umfang des Strombeetes; l gleich der Länge des Stromlaufs, auf welche ein Gefäll gleich h statt hat und c gleich der Geschwindigkeit des abfließenden Wassers: so ist:

$$C = 90{,}9\ V \frac{a\ h}{p\ l}$$

Wann wir nun mit Herrn von Buch die Oeffnung des Rhodanthales zwischen der Dent de Morcle und der Dent de Midi oberhalb St. Morizen in dieser Hinsicht beurtheilen: so können wir die untere Thalbreite von 4000 Fuß annehmen. In einer Höhe von 5000 Fuß aber mag die Thalbreite ungefähr 16000 Fuß betragen; folglich wäre die mittlere Breite dieses Querschnittes gleich 10000 Fuß, und der Querschnitt selbst gleich 50 000,000 Quadratfuß.

Dieser Stromquerschnitt hat also eine untere Bettbreite von 4000 Fuß, und auf 5000 Fuß Höhe und 16000 Fuß obere Breite mag jeder Seitenabhang desselben ungefähr 8000 Fuß betragen: folglich ist der Umfang des Strombetts gleich 20000 Fuß. Herr von Buch giebt dieser Fluth auf 356,000 Fuß Länge einen Fall von 5100 Fuß; also würde sich auf eine Länge von ungefähr 70 Fuß ein Fuß Fall vorfinden. Folglich ist

$$C = 90,9 \sqrt{\frac{50,000,000 \times 1}{20,000 \times 70}} \quad \text{also}$$

$$C = 543.$$

Wenn also Herrn Eytelweins Formel auf alle Ströme, selbst bis zu dieser ungeheuern Größe anwendbar wäre, so erhielten wir für die Fluth, welche beym Durchbruch der Gebirgskette ob St. Morizen statt gehabt hätte, eine mittlere Abfluß-Geschwindigkeit von 543 Fuß in jeder Zeitsekunde.

Will man diese Rechnung noch weiter verfolgen, so dienen dazu folgende Angaben: Das Hauptthal des Rhodans oder das Wallis mag von St. Morizen an aufwärts, auf eine Länge von 400,000 Fuß und bis zu der horizontalen Höhe der 5000 Fuß, welche als die Höhe des Querdamms ob St. Morizen angenommen wurde, im Allgemeinen betrachtet, einen doppelt so großen Querschnitt haben, als die Thalenge ob St. Morizen, und die Nebenthäler alle zusammengenommen, dürften bis auf jene Horizontalhöhe von 5000 Fuß hinauf etwann den vierten Theil der Wasser-Capacität des Hauptthales enthalten. Dieß giebt also einen See von 50,000,000,000 Cubikklafter Wasser (jedes Cubikklafter zu 1000 Fuß angenommen). Nehmen wir nun nach obigen Berechnungen an: daß die Abfluß-Geschwindigkeit nur 500 Fuß in jeder Sekunde gewesen sey: so würde bey jenem Querdurchschnitt des Abflußstromes von 50,000,000 Quadratschuh, in jeder Zeitsekunde eine Wassermasse von 25,000,000 Cubikklafter abgeflossen seyn, und dieser ungeheure Strom hätte also 2000 Sekunden oder über eine halbe Stunde lang gedauert, ehe der See ganz abgeflossen wäre.

§. 32.

Bey obiger Berechnung wird der Abflußstrom aber nur als reines Wasser angesehen und beurtheilt; da hingegen ein schneller Durchbruch der den See aufdämmenden Gebirgskette nothwendig die Wassermasse mit einer ungeheuern Masse von Schutt und Felsblöcken belasten müßte, wodurch die Abfluß-Geschwindigkeit bedeutend vermindert, aber in noch größerm Verhältnisse auch der Fall der Felsblöcke in diesem ungeheuern Schuttstrom geschwächt werden würde. Herr von Buch nimmt nach Hooks Versuchen an (§. 30.), daß ein Granitblock selbst im reinen Wasser mit einer Geschwindigkeit von 350 Fuß von der Pointe d'Orney bis an den Jura hinaus schwimmend gebracht werden könnte. In einer Strommasse, wie ein solcher Alpendurchbruch veranlaßt haben müßte, würde der Fall der Granitblöcke wohl wenigstens auf die Hälfte der Geschwindigkeit des Falls im reinen Wasser vermindert; also könnten diese Granitblöcke noch mit einer Geschwindigkeit von 175 Fuß über Thalgründe weg aus den Alpen nach dem Jura schwimmend hingebracht werden. Also können wir die nach Eytelweins Formel erhaltene Geschwindigkeit von 500 Fuß auf den bloßen Drittheil herabsezen, und der ungeheure Strom wird noch Gewalt genug besitzen, die größten Granitblöcke am Jura in den angezeigten Höhen abzusetzen.

Allerdings bleiben eine Menge Nebenumstände hier unberücksichtiget, welche bey einem so großen Ereignisse mit einwirken müßten, wovon aber manche zur Begünstigung dieser Ansicht dienen, während hingegen andere ihr Schwierigkeiten entgegen setzen. Unsre Einbildungskraft hat Mühe, sich so große Massen und so umfassende Kräfte wirkend zu denken, wenn ihr nicht bestimmte sinnliche

Angaben dabey zu Hülfe kommen. Durchbrüche von 5000 Fuß tiefen Seebecken sahen wir aber noch nie; doch sind schon ganz kleine Seedurchbrüche, die zuweilen in den Alpen durch Bergschlipfe veranlaßt werden, sehr geeignet, die Begriffe über die Gewalt einer schnell abfließenden Wassermasse zu steigern, welche wir nur von unsern gewöhnlichen Strömen hergenommen haben.

§. 33.

Das neueste und auffallendeste Beyspiel dieser Art ist der Durchbruch des Sees, welcher im Jahr 1818 im Bagnerthal im Wallis durch einen Gletschersturz veranlaßt wurde. *) Im Hintergrund dieses Thales setzte sich in einer Thalenge, durch häufig von einem höhern Gletscher herabgestürzte Eisstücke, ein neuer Gletscher an, der den Wasserabfluß aus dem Hintergrunde dieses Thales endlich ganz sperrte und dadurch einen See bildete, welcher bey mehr als 200 Fuß Tiefe eine Wassermasse von 600 000 Cubikklafter enthielt. Den 16ten Juni Abends um 4 Uhr brach diese Wassermasse auf einmal durch den Gletscher durch, stürzte mit verheerender Wuth durch das 8 Stunden lange Thal, hinaus ins Hauptthal des Wallis herab, wo sie sich bey Martinach mit dem Rhodan vereinigte und durch diesen einen Theil der mitgeschwemmten Trümmer dem Genfersee zufluthete. Diese Fluth glich aber nicht einem Wasserstrom, sondern einem furchtbaren, in wüthender Bewegung sich befindenden Bergsturz; Felsenblöcke, ganze Gruppen von Tannenbäumen, Schutt jeder Art, Häuser, Scheunen und ihre Bruch-

*) Siehe hierüber in der Bibliotheque universelle. Géneve. 1818. September-Heft.: Notice sur le Val de Bagne en Bas Vallais et sur la Catastrophe qui en a dévasté le Fond en Juin 1818.

stücke rollten über einander hin, und die Wassermasse war so sehr damit belastet, daß man das Wasser nicht sah, sondern das Ganze einer schlammigen Trümmerfluth glich, die alles mit sich riß, was ihr entgegen oder zur Seite stand. An einer Thalverengung wurden selbst anstehende Felsenschichten von dieser Fluth abgebrochen und weggerissen.

Diese zerstörende Fluth dauerte ungefähr eine halbe Stunde, um durch irgend eine Thalstelle durchzuströmen, und lieferte also, ohne die Schuttmasse, in jeder Zeitsekunde 330 Cubikklafter Wasser. Vom durchrißnen Gletscher bis zum Dorf Chable durchströmte die Fluth in ungefähr 35 Minuten, einen Weg von ungefähr 70,000 Fuß. Folglich hatte dieser Strom, ungeachtet der ungeheuern Schuttmasse, womit er belastet war — eine Geschwindigkeit von 33 Fuß in jeder Zeitsekunde. Also war der Querschnitt des Stromes ungefähr 10000 Quadratfuß, ohne Zurechnung der Schuttmasse. Bey der sehr großen Verschiedenheit des Querdurchschnitts des Bagnethals, welches öftere Thalengen hat, zwischen welchen sich sein Thalgrund hingegen wieder bedeutend erweitert, hält es schwer, die mittlere Form dieser Querdurchschnitte zu bestimmen. Doch um hierüber etwas anzunehmen, können wir der Fluth eine obere Breite von 300, eine untere Breite von 200 und eine Verticalhöhe von 40 Fuß geben, wodurch wir jenen Querschnitt des Stroms von 10,000 Quadratfuß erhalten. Offenbar war der Querschnitt der Fluth weit stärker, der mitführenden Trümmer und Schuttmasse wegen; wir wollen aber hier nur die reine Wassermasse berechnen. *) Das Durchschnitts-Gefäll mag ungefähr

*) Die in dem Briefe des Herrn von Buch an Herrn Brochant in den Annales de Chimie et de Physique, März 1819

20 Fuß auf 1000 Fuß Länge betragen. Daher würden sich diese Verhältnisse nach Eytelweins oben (§. 31.) angeführter Formel folgendermaßen verhalten:

$$C = 90{,}9 \sqrt{\frac{10000 \times 1}{340 \times 50}} = 77.$$

Also hätte nach Eytelwein die Geschwindigkeit eines solchen Wasserstroms 77 Fuß in jeder Zeitsekunde betragen. Die Beobachtung des Ereignisses selbst giebt 33 Fuß Geschwindigkeit. Es ist leicht begreiflich, daß die ungeheure Masse von Schutt und Trümmern, welche der losgebrochne Strom mit sich fortwälzte, so wie die mehreren eintretenden Thalengen, die Schnelligkeit seines Laufs sehr beträchtlich vermindern mußte. Und man wird die Verschiedenheit, die zwischen der Berechnung der Geschwindigkeit der abfließenden reinen Wassermasse und der beobachteten Geschwindigkeit der so schwer belasteten und in den Thalengen zurückgehaltenen Fluth statt hat, als einen Beweis eher für die Richtigkeit von Eytelweins Formel, als wider dieselbe ansehen können.

Man muß die Gräßlichkeit der Verheerung des Thalgrundes von Bagne und der Ueberschüttung der Gegend von Martinach gleich nach dem jammervollen Ereignisse des Durchbruchs jenes Gletscherdamms gesehen haben, um sich einen Begriff davon machen zu können. In den erweiterten Thalstellen liegen 10 bis 30 Cubikfuß große Geschiebe stellenweise fast so hoch aufgethürmt, als

---

enthaltne Angabe, daß ich die Wassermasse der Fluth des Bagnethals nur für einen Achttheil der ganzen Fluth, also die mitgerollten Trümmer für sieben Achttheile geschätzt habe, beruht auf einem Irrthum. Kaum wage ich die Vermuthung zu äußern, daß die mitgeschwemmte Schutt- und Trümmermasse ungefähr der Wassermasse möchte gleich gewesen seyn. Der Verfasser.

die Oberfläche der Fluth strömte, und in der ganz offnen Gegend von Martinach lag Schutt, Schlamm und Trümmer ebenfalls beynahe bis zu derjenigen Höhe aufgehäuft, welche die Oberfläche der Fluth hier erreichte; ungeachtet die Geschwindigkeit des Laufs sich wahrscheinlich hier bis auf 12 Fuß verminderte. *)

Nun waren aber beym Durchbruch des Gletschersees im Bagnethal bey weitem nicht einmal eine Million Cubikklafter Wasser in Bewegung gesetzt worden; da hingegen, als einst die Bergkluft zwischen der Dent de Morcle und der Dent de Midi sich öffnete, über fünfzigtausend Millionen Cubikklafter Wasser in Bewegung kommen mußten.

§. 34.

Diese Berechnungen und Vergleichung werden übrigens keineswegs als wirkliche Erklärung der großen Naturerscheinung der Verbreitung der Alpfelsblöcke, sondern nur als Gegenstücke zu den von Herrn von Buch bekannt gemachten Berechnungen aufgestellt. Die Herkunft der Felsblöcke aus den Alpen ist wohl durch die Identität ihrer Gebirgsarten mit den Gebirgen der Wasserbecken, an de-

*) Neuern Beobachtungen zufolge, welche vom Verfasser an Ort und Stelle gemacht wurden, ergiebt sich: daß die Fluth des losgebrochnen Sees in der untern Hälfte des ziemlich engen Thales zwischen St. Branchier und Martinach, unterhalb Bauvernier, viele hundert Granitblöcke, die am Fuß der beydseitigen Gebirge theils freyliegend, theils in den Schutthalden vergraben lagen, losschwemmte und mehrere tausend Fuß weit mit sich fortwälzte. Viele dieser Granitblöcke haben mehrere tausend Cubikfuß Körperinhalt, und einer derselben, der nicht tief hinter der Thalausmündung in die Ebene von Martinach liegt, hat volle zehntausend Cubikfuß Körperinhalt.

ren Ausmündung sie sich befinden, und durch die Art ihrer Verbreitung so viel als erwiesen. Die Herfluthung dieser Alptrümmer in einem ungeheuern Schuttstrom ist durch die Art der Verbreitung und der Ablagerung derselben ziemlich wahrscheinlich gemacht, und die aufgestellten Berechnungen und die Vergleichung mit dem Schuttstrom des Bagnethals erweisen die Möglichkeit, daß Durchbrüche der Alpketten, welche große Seen aufgespannt hätten, jene wahrscheinlichen ungeheuern Schwemmungen zunächst veranlaßt haben könnten. Auf diesem Punkte aber bleibt einstweilen die Erklärung der großen Naturerscheinung stehen, und kann wohl kaum weiter gebracht werden, bis wir von den verschiedenen ähnlichen Naturerscheinungen auf der Oberfläche der Erde umständliche Nachrichten erhalten haben werden, aus welchen dann entweder ihre Gleichzeitigkeit und also die Wirkung eines großen allgemeinen Naturereignisses, oder die Nichtverbindung, also Oertlichkeit dieser Naturerscheinung in der Nähe der verschiedenen Gebirgsketten der Erdoberfläche entwickelt werden kann, wodurch erst der Gesichtspunkt gehörig festgesetzt wird, aus welchem die Verbreitung der Felsblöcke als Naturerscheinung zu beurtheilen ist.

Die Fortsetzung dieser Beyträge soll die umständliche Beschreibung der Felsblöck-Ablagerung in den verschiedenen Wasserbecken in der Nähe der Schweizerischen Alpen enthalten.

II.

Beyträge
zur
Geschichte der Fadenwürmer,
nebst
Beschreibung einer bisher mit ihnen verwechselten Art von Regenwurm, Lumbricus Gordioides.

Der Schweizerischen Gesellschaft für die gesammten Natur-Wissenschaften vorgelesen, den 28 Junius 1819

von

G. L. Hartmann.

Da in der Geschichte der *Fadenwürmer* noch sehr viele Verwirrung und Dunkelheit herrscht, so gebe ich mir die Ehre, Ihnen einen Beytrag zu deren Aufhellung mitzutheilen.

Jeder Wurm, der die Form und ungefähr die Dicke eines Fadens, eines Pferdehaares oder einer Borste hat, ward ehedessen von den Schriftstellern für ein und ebendieselbe Thierart angesehen und unter dem Namen *Wasserkalb*, *Wasserborste*, *Haarwurm*, *Faden-* oder *Zwirnwurm*, mit andern, oft wesentlich verschiedenartigen Würmern verwechselt. Wo man ein Thierchen von ohngefähr diesem Ansehen fand, ob im Quellwasser, im Schlamme, oder in thierischen Körpern, das galt gleich viel, es mußte der nemliche Wurm seyn, und wenn er nicht die Größe des sonst beschriebenen hatte, so half man sich damit — daß er noch unausgewachsen sey!

Hanau

Hanau *) meldet: „Unter den Alten beschreibe Theon ein sehr dünnes und schlankes Sumpfthierchen, mit Namen Ololygon, welches sehr lang sey, die Kälte liebe, und keine Gelenke, oder verschiedene Ringe habe, sonst einem Erdwurme äußerst ähnlich, nur daß es viel schlanker und lange nicht so dick sey. Auch Hesychius nenne ein Wasserthierchen Ololygon, das einer Darmsaite, oder einem Erdwürmchen ähnlich sehe. Dieser Griechische Name würde auf Deutsch ein Heul- oder Winselwurm heissen, und er möge ihn daher empfangen haben, weil ein solcher Wurm Menschen und Thiere heulend und winselnd mache, wenn er sich in ihrem Eingeweide befinde." Wahrscheinlich ist hier nicht von dem eigentlichen Wasserfadenwurme die Rede, sondern von einer andern Wurmgattung, deren in der Folge gedacht wird.

Weder Plinius, noch andere der alten Römer, gedenken des Wasser-Fadenwurmes. Albertus Magnus **) aber gedenkt seiner und meldet, daß, wenn ein solcher Wurm von Menschen im Getränke niedergeschluckt werde, so verursache er, daß derselbe auszehre und endlich mit grausamer Marter sterbe. Dieß hält er für eine Wirkung seines Giftes und setzt hinzu, wenn man ihn sonst berühre, schade er nichts.

Der Verfasser eines Buches de Natura rerum ***)

---

*) Seltenheiten der Natur I, 589.

**) Da ich nicht Gelegenheit hatte, die Stelle in seinen Werken selbst nachzusuchen, so bemerke ich, daß auch dießfalls Hanau mein Gewährsmann ist.

***) Hier muß ich mich wieder auf Hanau berufen, da, so viel ich weiß, das Werk des ungenannten Verfassers nie gedruckt war. Die Handschrift fand sich auf der Krakauer-

beschreibt ihn noch genauer: Die Wasserborste ist ein weisser Wurm, oder Wasserschlänglein, in der Dicke eines guten Haares aus der Pferdes-Mähne, oder dem Schwanze; er ist fast einer Elle lang, zart und an beyden Enden von gleichem Aussehen, so daß er keinen Kopf zu haben scheint, sondern als eine Amphisbæna aquatica nach beyden Enden sich gleich gut schlängelt. Er wird in stehendem, nicht eben gesunden, doch nicht stinkendem Wasser gefunden; daher die Einfalt vorgegeben hat, er entstehe aus einem im Sumpfe oder Wasser faulenden und dadurch belebten Pferdhaar und lasse sich nicht zertreten. Andere haben gezweifelt, ob er ein Insekt (Wurm) sey, weil er durchaus einerley Ansehen und Haut habe, auch sich nicht wie die Regenwürmer bewege. Er bemerkt, mit bloßen Augen sey kaum ein Unterschied seiner Dicke wahrzunehmen; und endlich verschreyt er ihn, in Betreff seiner Schädlichkeit, eben so sehr wie Albertus. Aus allem erhellet, daß dieser Verfasser den wirklichen Wasser-Fadenwurm vor sich gehabt hatte.

Conrad Geßner *) kannte den Wasser-Fadenwurm ebenfalls. Er heißt ihn Wasserkalb; diesen Namen möge er erhalten haben, weil er von den Kälbern im Tranke oft eingesofen werde; dann aber nehmen sie nach und nach ab und sterben. Er schreibt, dieser Wurm sey bey uns bekannt und werde in faulem Quellwasser ge-

Universitäts-Bibliothek und soll wahrscheinlich in den Anfang des 15ten Jahrhunderts gehören. Im IX Buche, S. 38. wird de seta gehandelt. Nähere Nachrichten über dieses Werk findet man in von Murr Journal für Kunstgeschichte X, 240–257.

*) Fischbuch Fol. 197.

funden. Doch scheint es, daß er ihn von andern Wurmgattungen nicht genug zu unterscheiden gewußt habe, indem er meynt, solche Würmer wachsen auch auf dem Kraut. Die Wasserkälber sehen einem weissen Pferdhaar ähnlich und seyen so hart, daß sie nicht zerdrückt werden können. Auch wenn der Mensch sie beym Trinken einschlucke, so zehre er ab und sterbe. Arzneymittel dagegen sey Tausendguldenkraut in Wein gesotten und bis zum Erbrechen getrunken. Diese Wasserkälber flechten sich wunderbar wie ein Zweifelstrick zusammen. Einige haben geglaubt, sie entstehen aus Pferdhaaren, das, in Wasser gelegt, Beweglichkeit und Leben erhalte; was ihm aber unglaublich vorkomme.

Ulyses Aldrovandus *) bemerkt von diesen Würmern, er habe auch schwärzliche gesehen, die länger als 9 Zoll und etwas dicker als die weissen gewesen. Jemand habe einen solchen in einem guten kalten Brunnen, auch im Garten über einem Blatte gefunden, der 5—6 Zoll lang gewesen, mit schwärzlichem Rücken und weissem Bauche, an beyden Enden aber weiß. Dieser Wurm könne sich in einander wickeln, daß er wohl 2—3 Schleifen oder Knoten auf einmal bilde. Er nennt ihn Seta aquatica und will, daß er den Namen von einem starken Pferdhaar bekommen habe, dem er besonders ähnlich sehe, obschon er etwas dicker sey. Auch was wir schon von Conrad Geßner wissen, ist seinem Aufsaze einverleibt.

Bey Jonston *) findet sich eine Abbildung, die man als die des Wasser-Fadenwurmes citirt. Es ist

---

*) De Insect. Lib. VII. c. 10. fol. 720. Wenn er keine bessere Abbildung liefern konnte, als die Fol. 765., so hätte er uns auch mit dieser verschonen mögen.

**) Hist. nat. de Insectis etc. Tab. 25

wohl möglich, daß die Abbildung nach diesem Wurme gemacht wurde; aber der Verfasser des Buches ließ sie Meerwurm überschreiben und gedenkt seiner im Texte mit keinem Worte.

Lister, *) der den wahren Wasser-Fadenwurm vermuthlich nicht selbst gesehen hat, glaubte doch unwidersprechlich darzuthun, es sey der nemliche Wurm, den er in den Eingeweiden eines Käfers fand, und verwechselte ihn folglich mit Askariden.

Lesser **) scheint ihn ebenfalls nicht selbst gekannt zu haben, indem er, bey Erwähnung desselben, sich nur auf den Aldrovand beruft. Sein Uebersetzer, Lyonet, †) hingegen bemerkt, dieser Wurm lebe im Wasser, es gebe aber auch Erdwürmer, die man eben so gut Fadenwürmer nennen könne. Er beruft sich dabey auf die Eingeweidewürmer der Raupen, namentlich der Erlenraupen und setzt endlich hinzu, daß dieser Wurm vollkommen einer Darmsaite gleiche und wofern er sich nicht regte, würde man ihn schwerlich für ein Thier halten. Indessen bestreitet er die Meynung, daß die Eingeweidewürmer mit der Speise in die thierischen Körper kommen und ist folglich nicht beglaubt, daß man sie mit dem Wasser-Fadenwurme für die ganz gleiche Thierart halten dürfe.

Linne ††) fand zu Stora Carlsöen einige Quellen, deren Wasser gerühmt ward und einen guten, reinen Geschmack hatte, er fürchtete sich aber daraus zu

---

*) Abhandlungen zur Naturgeschichte, Physik und Oekonomie aus den philosophischen Transaktionen I, 99.

**) Insekten-Theologie S. 53.

†) Theologie des Insect. II, 96.

††) Reisen durch Oeland und Gothland S. 300. Systema naturæ Edit. XII, 2. p. 1052. und fauna suec. 2068.

trinken, weil verschiedene Fadenwürmer auf dem Grunde lagen. Denn er glaubte, die Eyer, die als fast unsichtbare Körperchen im Wasser schwimmen, kommen durch den Trunk in die Körper der Menschen und Thiere, brüten auch wohl im Magen, kriechen sodann in die Gedärme und erregen oft unerhörte Zufälle. Der Uebersetzer seines Natursystems, Statius Müller, *) räth daher, anstatt des gefährlichen Wassertrinkens, sich an den Wein zu halten. Meines Wissens ist Linne der erste, der das vielpunktige Leben dieses Thierchens bemerkte; aber er irrte sehr, da er glaubte, jedes Stück, in das es zerschnitten werde, erwachse wieder zu einem eignen Wurme von voriger Länge; so wie er den gespaltenen Schwanz auch irrig für den Kopf des Wurmes hielt.

Hanau **) hat, wie zum Theil schon bemerkt wurde, nicht nur das meiste gesammelt, was bis zu seiner Zeit über den Wasser-Fadenwurm geschrieben ward, sondern ihn auch lebend genauer, als keiner seiner Vorgänger, betrachtet und selbst Versuche mit ihm angestellt. Doch hielt auch er noch das eine Ende des Wurmes, das gespalten war, für dessen Kopf. Bey sechszehnmaliger Vergrösserung konnte er an der Haut keine Ringe und in dem Körper die Eingeweide nicht wahrnehmen. Die Steife und Zähigkeit seiner Haut fiel ihm aber auf, so wie die immerwährende Regsamkeit dieses Thierchens in Einschlingungen und Verwickelungen, die Tag und Nacht ununterbrochen fortdauerten. Er setzte ihm Erde in die Schüssel mit Wasser und bemerkte, daß er nie in dieselbe hineinkroch; auch fand er, was er zum voraus

*) Müller, Linne Natur-System VI. 1. S. 30. N. 1.

**) Seltenheiten der Natur I, 590. ff.

vermuthete, daß Theile, in die der Wurm zerschnitten wird, wohl noch etwas Zeit fortleben, aber sich nicht wieder ergänzen, oder zu neuen Würmern herauwachsen, sondern allemal sterben.

Degeer *) beschreibt den Wasser-Fadenwurm ebenfalls nach dem Leben. Er bemerkt, was ich nie wahrnehmen konnte, daß man bey einigen den Darmkanal als eine dunkle Linie durch die Haut schimmern sehe; und, was hingegen sehr richtig ist, daß immer das einfache Ende des Wurmes, nie das gespaltene, sich im Wasser vorwärts bewege; folglich jenes der Kopf und dieses ein gegabelter Schwanz sey, der sich jedoch nicht bey allen Individuen gegabelt finde. Er fand diesen Wurm bisweilen zwey Fuß lang, meistens oben dunkelbraun, unten grau, und sagt, daß er keine unruhigere Thiere, als diese, im Wasser gesehen habe. Sie seyen in beständiger Bewegung, schürzen sich oft in einen Knaul, oder flechten sich auf hundert andere Arten in einander, denn ihr Körper sey erstaunlich schlank und biegsam, obgleich er keine Gelenke habe, aber doch hart und hornartig. So gut er also den Wasser-Fadenwurm kannte und beschrieb, so hielt er ihn dennoch mit den Eingeweidewürmern der Insekten für einerley; daher er verwundernd frägt, **) auf welche Weise wohl Wasserwürmer in Landinsekten kommen mögen? Sein Uebersetzer, Götze, der früher beyderley Würmer auch für die nemliche Art gehalten hatte, erklärt nun, endlich zur Einsicht gekommen zu seyn, daß man nur ihrer Aehnlichkeit wegen irre ge-

*) Abhandlungen zur Geschichte der Insekten; von Götze übersetzt II. 1. S. 407 – 410.

**) Ebendaselbst, B. III. S. 280.

führt worden sey, sie für die nemliche Art zu halten, daß sie aber wesentlich verschieden seyen.

Zellweger, *) der nur, in Andeutungen einer physikalischen Beschreibung des Appenzellerlandes, beyläufig dieses Wurmes erwähnt, schreibt: „Es giebt auch Brunnen, in welchen 1—2 Ellen lange Würmer, dünn wie ein grober Faden, von braunrother Farbe, Wasserkälber genannt, erzeugt werden; ob das Gesäme von diesen Würmern, wenn es von Menschen mit dem Wasser eingeschluckt wird und da andere und bessere Nahrung zu seinem Wachsthum antrifft, eine Ursache der sogenannten Nestelwürmer, womit so viele Leute, auch Kinder, geplagt sind, will oder kann ich nicht bestimmen, scheint mir aber kaum glaublich, weil die Farbe und Gestalt dieser beyder Gattung Würmer sehr verschieden ist."

O. F. Müller **) beschreibt den Wasser-Fadenwurm, als Gordius seta, mit der von ihm gewohnten Bestimmtheit; jedoch konnte er, nach dem Plane seines Werkes, dessen Naturgeschichte nicht ausführlich mittheilen. Auch ihm gelang es nie, bey dieser Art, Theile, in die der Wurm zerschnitten wurde, wieder nachwachsen zu sehen.

Was fernerhin bis jetzt in Lehrbüchern der Naturgeschichte, in Faunen und Encyclopädien vorkömmt, enthält auch nicht eine einzige neue Beobachtung, sondern ist meistens ungeprüfte Nachschreiberey. Selbst einer der vorzüglichsten, jetzt lebenden deutschen Zoologen, Bechstein, sah die Wasser-Fadenwürmer nur so oberfläch-

*) Abhandlungen der naturforschenden Gesellschaft in Zürich. II, 317.

**) Historia Vermium Vol. I. P. 2. p. 31. et ibid. p. 9 et 10

lich an, daß er eine ganz andere Wurmart von ihnen nicht zu unterscheiden wußte — nach dem, was er den 15ten Juni 1792 schrieb:*) „Gestern fanden wir auch einen ganz besondern (Wasser-Fadenwurm), der blutroth, wie ein Regenwurm, noch einmal so dick wie der gewöhnliche und 10 Zoll lang war. Er machte viele schlängelnde Bewegungen, mit ungemeiner Kraft und Geschwindigkeit. Der Unkundige hätte ihn für einen Erdwurm (Regenwurm) halten können." — Richtiger hätte hier, wie ich bald erweisen werde, gesagt werden sollen: Der Unkundige hätte ihn für einen wirklichen Wasser-Fadenwurm halten sollen.

Es ergiebt sich also, daß der wahre Wasser-Fadenwurm, Gordius Aquaticus, immer noch mit andern Wurmgattungen verwechselt wurde, während dem man lange schon mehrere Faden-Wurmarten angenommen und ihnen den Gattungsname Gordius beygelegt hatte. Linne selbst stellte unter dieser Gattung noch Würmer zusammen, die generisch verschieden sind. Bekanntlich führte er fünf Arten an, wovon Gmelin **) nur die erste und zweyte in dieser Gattung stehen ließ; die dritte zweifelhafte Art †) hatte er unter eine eigene,

*) Andre und Bechstein Spaziergänge V, 352.

**) C. a Linne Syst. nat. Edit. XIII. cura J. T. Gmelin Tom. I. P. 6. p. 3082.

†) Der Gordius Medinensis. L. soll nach neuern Beobachtungen von de la Borde und Larrey, nichts anders als ein durch Eiterung in gutartige Furunkeln aufgelöstes Zellgewebe seyn (Wiedemann Archiv für Zoologie ꝛc. IV. 2. S. 222.) und müßte hiemit aus dem System ganz wegfallen, wenn nicht Delorme und Blainvielle, nebst Okken (Isis 1819. S. 102—104.) dieß wieder bestritten

zuerst von O. F. Müller aufgestellte, Gattung (Filaria) gebracht; und die vierte und fünfte, mit allem Recht, den Askariden beygeordnet; hingegen setzt er, nach Müller, drey neue Arten von Fadenwürmern hinzu.

Das Gattungs-Kennzeichen der Zwirnwürmer, Filaria, ist, nach Gmelins Linneischem System:

Ein cylindrischer, fadenförmiger, sich gleicher und sehr schlüpfriger Körper, mit erweitertem Munde und rundlichten, hohlen Lippen.

Und das der Fadenwürmer, Gordius:

Ein cylindrischer, sich gleicher, glatter Körper.

Dem zufolge hätte der Zwirnwurm alle Kennzeichen des Fadenwurmes; und bey diesem ist nichts bemerkt, was ihn von jenem charakteristisch unterscheidet; auch scheint es, daß sich äußerlich zwischen beyden Gattungen nichts erhebliches unterscheiden lasse. Vielleicht nur in der Bildung des Mundes weichen, dem äußern Ansehen nach, die Fadenwürmer von den Zwirnwürmern sehr ab. Allein ich zweifle, ob bey allen Arten, die man noch zu den Fadenwürmern zählt, die Mundbildung sich so gleich sey, daß von daher ein standhaftes Unterscheidungszeichen abgezogen und festgesetzt werden könnte. Was, bisher noch, beyde Gattungen sicherer unterscheidet, ist ihr Aufenthalt, indem die Zwirnwürmer, ohne Zufälligkeit, nie außer thierischen Körpern, und die Fadenwürmer nie in den Eingeweiden der

---

hätten. Wer wirklich Recht habe, scheint mir noch nicht gänzlich entschieden zu seyn. Daß indessen auch bey uns verdickter Eiter bisweilen für Würmer angesehen wurde, hat schon Lyonet (l. c. p. 213. erwiesen).

Thiere gefunden werden. Schon Lyonet hat dieß wahrscheinlich gemacht, und O. F. Müller es so erwiesen, daß Fröhlich *) und andere Naturforscher es nun als unzweifelbar angenommen haben.

So sehr aber die Zwirnwürmer, ihrer äußern Gestalt nach, den Fadenwürmern ähnlich sind, so wird sich ihre generische Verschiedenheit auch dießfalls noch entdecken, wenn die Arten jeder Gattung erst unter sich und dann die Gattungen vergleichend näher untersucht seyn werden. Meine Verhältnisse und Umstände erlauben mir nicht, mich in solche Untersuchungen einzulassen; daher ich mich begnügen muß, nur noch einige Beyträge zur nähern Kenntniß des Wasser-Fadenwurmes und einer bisher mit ihm verwechselten Art von Regenwurm zu liefern.

Unter den fünf Arten von Fadenwürmern, die man bey Gmelin angeführt findet, zeichnet sich der Wasser-Fadenwurm vor den übrigen so sehr aus, daß ich glaube, nicht mit Unrecht ihn für generisch verschieden zu halten; ich belasse daher nur ihm den Gattungsnamen Gordius, und setze als Gattungs-Kennzeichen:

Ein cylindrischer, fadenförmiger, sich gleicher Körper, mit pergamentartiger Haut.

Ein glücklicher Zufall verschafte mir im J. 1801 nach und nach ein paar Dutzend solcher Würmer; seither habe ich keinen mehr erhalten.

Das wesentlichste Unterscheidungszeichen des Wasser-Fadenwurmes, Gordius aquaticus, vor allen Würmern, die man bisher zu den faden- und zwirnförmigen zählte, ist: seine pergamentartige Haut. Ver

*) im Naturforscher XXV, 106.

möge derselben ist — ohngeachtet er in beständiger, schneller Bewegung ist, sich erstaunlich in sich selbst verwikeln und seine Knoten sehr behende wieder lösen kann — seine Bewegung doch immer etwas steif. Er fühlt sich auch eher trocken als schlüpfrig an.

Ich habe keinen unter 3 Zoll Länge bekommen. Die meisten waren über einen Schuh lang; der größte, den ich erhielt, maß 32 französische Zoll.

In der Dicke kamen sie mir von der eines Pferdehaares bis zu der einer starken Borste vor; auch der Längste war nicht dicker. Ueberhaupt sehen sie vom Kopfe bis zum Schwanze gleich dick aus; doch mag man, wenigstens bey einigen, wahrnehmen, daß sie sich, gegen Kopf und Schwanz, in etwas, obgleich fast unmerklich, verdünnen.

Das Schwanzende ist bey den meisten gespalten (gabelförmig). Entweder sind sie keine Zwitter, und dieß ist ihr Geschlechts-Unterschied. Noch eher aber vermuthe ich, daß die Spaltung des Schwanzenden erst geschieht, wenn das Thierchen zu einer gewissen Größe angewachsen ist.

In der Farbe giebt es: ganz weisse, schmutzig-hellgraue und dunklere durch alle Schattirungen, bis ins schwarzbraune; einige sind an der vordern oder hintern Hälfte ihres Körpers dunkel und an der entgegengesetzten heller; andere aber, der ganzen Länge nach, obenher dunkler und an der untern Seite heller. Der Kopf ist meistens dunkelbraun.

Einem ganz weissen, den ich zerschnitten hatte, konnte ich die innere Körpermasse, wie aus einem Darme, ausdrücken, ohne etwas anders als einen milchweissen Saft wahrzunehmen. Die Haut blieb ganz, war steif und farbenlos.

Da dieser Wurm ein vielpunktiges Leben hat, so bewegen sich die zerschnittenen Theile noch lange mit aller Lebhaftigkeit; dennoch wachsen sie nicht wieder fort, sondern der Wurm stirbt allemal, er mag in mehrere, oder nur in zwey Theile zerschnitten worden seyn. Meine Versuche bestätigen die von Hanau und O. F. Müller vollkommen.

Seine Nahrung scheint er aus den mit dem Wasser vermischten, unsichtbaren erdigten Theilen zu erhalten. Ohne irgend etwas anders, als mit Quellwasser, erhielt ich ihn Monate lang. O. F. Müller *) hat schon dargethan, daß solche unsichtbare, erdigte Theile die Nahrung mehrerer Wasserinsekten und Wasserwürmer seyen.

Ich legte einigen Leimen ins Wasser; aber keiner machte den geringsten Versuch darin wühlen zu wollen. Andere brachte ich in ein Gefässe, worin ich lebendige Ellrizen und Lauben hatte. Sie thaten den Fischen und diese den Fadenwürmern nichts zu Leide. Todte Fische ließ der Wurm ebenfalls unberührt. Wenn Leske **) sagt, daß der Wasser-Fadenwurm sich in den Bächen und Teichen an den Fischkiefen ansauge, so ist sicher wieder eine andere Wurmart für diese angesehen worden.

In kaltem, reinem Quellwasser befindet sich dieser Wurm am muntersten; je mehr dessen Temperatur lau wird, desto unbehaglicher wird ihm. Außer dem Wasser lebt er gar nicht lange. Aufgetrocknet fällt die Haut in einer Rinne der Länge nach zusammen; was auch im Weingeiste sich nach und nach erzeigt. Auch kann man an der aufgetrockneten Haut die Spur von Ringen entdecken.

*) Von den Würmern des süßen und salzigen Wassers S. 32.

**) Anfangsgründe der Natur-Geschichte S. 548.

Die Furcht der Menschen, sie zu verschlucken, hat erstaunlich abgenommen. Aus einem Brunnen, bey Gais, wo die Wasser-Fadenwürmer häufig vorkamen, tranken seit mehreren Jahren Menschen, Pferde und Rindvieh, erstere ohne einiges Bedenken, und alle ohne den geringsten Nachtheil. Mir ist nicht glaublich, daß noch zu unserer Zeit Herr Bronner *) im Appenzellerlande wohlmeinend abgehalten worden sey, aus einer Quelle zu trinken, in der sich solche Würmer befanden; indem Herr Bronner manches in seiner Lebensbeschreibung erzählt, das eben so sehr, nur nicht so schön, erdichtet ist, als seine Fischeridyllen es sind.

Unter den verschiedenen Arten von Würmern, die man bisher für den wahren Wasser-Fadenwurm angesehen hat, gehört auch eine Art von Regenwurm, die, meines Wissens, noch nie als solche erkannt, und folglich auch noch nie als eine unter die Regenwürmer-Gattung gehörige Art beschrieben worden ist. Seiner äußern Gestalt nach hat er, im ersten Anblicke, allerdings viele Aehnlichkeit mit dem wahren Wasser-Fadenwurme; ich glaube daher, diesen bisher mißkannten Wurm, am schicklichsten

Fadenwurmähnlicher Regenwurm, Lumbricus Gordioides,

zu benennen.

Den 29ten November 1800 erhielt ich aus meinem Brunnen, einem sehr guten, reinen Quellwasser, solchen zuerst; und da ich damals den vorhin beschriebenen Wasser-Fadenwurm noch nie in der Natur gesehen hatte, glaubte ich anfänglich, diesen erhalten zu haben. Bald

---

*) Leben, von ihm selbst beschrieben, III, 340.

aber stiegen mir Zweifel auf; ich suchte daher überall Fadenwürmer zu bekommen. Endlich schickte mir Herr Pfarrer Steinmüller aus einem Brunnen, bey Gais, der seither verfallen ist, genugsam zu. Und ich konnte die gänzliche Verschiedenheit sogleich nicht mehr bezweifeln. Da ich unter den wahren Wasser-Fadenwürmern auch den ihnen einigermaßen ähnlichen Wurm in Mehrzahl erhielt, so fand ich endlich, bey genauerer Untersuchung, daß dieser unter die Gattung der Regenwürmer gehöre.

Die ganze Länge des Fadenwurmähnlichen Regenwurmes, Lumbricus Gordioides, Mihi, ist 10—12 Zoll, länger erhielt ich ihn nie; und seine Breite im Durchschnitte 1/3 Linie; die Farbe röthlich, wie beym Erdregenwurm; aber der Körper überall halbdurchscheinend, daher sieht man, bey den meisten, die Eingeweide längst dem ganzen Körper hin durchspielen. Bey den einen wie ein dunkelrothes Perlenschnürchen, und bey andern wie ein schlangenförmig gezogenes Bändelchen von dieser Farbe. Der Körper selbst ist nicht nur eben (læve), sondern schlüpfrig, wie beym Erdregenwurme, und erscheint, unter der Lupe, wie dieser geringelt, was man aber von bloßem Auge durchaus nicht wahrnehmen kann; nach hinten zu ist er etwas pfriemenförmig (sublatum) und das Schwanzende spitzig. Dieser Wurm trägt in allen möglichen Bewegungen sein Schwanzende immer etwas spiralförmig eingezogen. Da ich bisweilen hier noch etwas Exkremente anhängend fand, so scheint es, daß auch die Afteröffnung sich hier befinde.

Einen Gürtel, wie der Erdregenwurm hat, konnte ich bey keinem von diesem entdecken; aber die Borsten an den Bauchringen zeigten sich, durch das Vergrößerungsglas, sehr deutlich.

Ohne irgend eine andere Nahrung lebt er, in reinem, frischem Wasser, noch länger als der wahre Wasserfadenwurm; er kroch nie in irgend eine Art Erde oder Thon; wenn man ihm aber ein Stuk faules Holz in sein Gefäß mit Wasser gab, so verkroch er sich sobald in dasselbe. Dies brachte mich auf die Spur, seinen eigentlichen Aufenthalt zu entdecken, der in zerfaulten, hölzernen Wasserdämmen und Teücheln (den hölzern, in der Erde liegenden Röhren zur Leitung der Brunnquellen) besteht, wo er, wenn er zu weit aus dem faulen Holze herauskriecht, von dem Wasser fortgerissen, und bis ins Brunnenbette geführt wird.

In einem Glase reinen Wassers verstrickt sich dieser lebendige Faden bisweilen in ein dichtes, unauflösbar scheinendes Klümpchen; meistens aber schwimmt er, bald mehr, bald weniger ausgedehnt, in den zierlichsten Windungen, nur ein paar leichte Schleifen bildend. In allen seinen Bewegungen ist seine wellenförmige Gewandtheit von der weit steifern Bewegung des Wasser-Fadenwurmes sehr auffallend. Ich konnte, bey aller abwechselnder Witterung, weder von diesem noch jenem Wurme nie die geringste Veränderung in seiner Lebhaftigkeit, noch sonst in etwas, wahrnehmen.

In einem Glase, wo dieser Wurm 3—4 Finger hoch Wasser hat, hält er sich beständig am Boden auf. Er scheint nicht in die Höhe schwimmen zu können. Auf einer etwas flachen Scherbe kroch er oft außer das Wasser, ging aber allemal bald wieder hinein. Ich fand durch Versuche, daß er nur so lange außer dem Wasser leben kann, als sein Hautschleim nicht trocknet; sobald dieß geschieht, ist sein Tod unvermeidlich.

Aber in dem Wasser selbst geht er ebenfalls zu Grunde, sobald eine Masse von etwa 2 Fuß hoch, vielleicht noch weniger, über ihm steht.

Rücksichtlich der Temperatur verträgt er keinen wärmern Grad, als der wahre Wasser-Fadenwurm; hingegen ließ ich einmal in dem Gefäße, wo ich ihn hielt, das Wasser überfrieren, und er blieb munter; aber an den scharfen Eisstrahlen verwundete er sich, daß er heftig blutete, *) und hernach an diesen Verwundungen starb. Ich fand, daß bey der geringsten Verwundung sein Tod unvermeidlich ist. Es setzt sich an die Wunde ein Schimmel an, der eine Geschwulst verursacht, wodurch die nächsten Ringe sehr sichtbar werden. Dieß frißt krebsartig um sich und zerstört nach und nach die ganze Organisation des Körpers. Schon Bonnet **) hat diese Krankheit bey einem Wasserwurme bemerkt, und die Amputation (wie hernach ich) ohne Erfolg vorgenommen. †) Es ist mir darum wahrscheinlich, daß, weil Bonnet keine Rücksicht darauf nahm, seine Wasserwürmer systematisch zu bestimmen, er bey diesen Versuchen unsern fadenwurmähnlichen Regenwurm vor sich hatte; und ich bin gewiß, daß hingegen alle die, welche vom Wiederwachsthume eines zerschnittenen Fadenwurmes sprechen, den bunten Regenwurm, Lumbricus variegatus, L. für einen Fadenwurm angesehen haben.

Sobald das Wasser über 20 Grade, nach Reaumur, warm wird, so stirbt in demselben sowohl der wahre Wasser-Fadenwurm, als der ihm ähnliche Regen-

gen-

*) Daß der rothe Saft in den Regenwürmern ein wirkliches Blut sey, hat Cuvier entdeckt. s. Wiedemann Archiv III. 2. S. 238.

**) Insektotheologie, übersetzt von Göze II, 268. Eine ähnliche Krankheit hat O. F. Müller an den Naiden wahrgenommen.

†) a. a. O. S. 272.

genwurm. Die Furcht, daß sie, mit dem Wasser eingeschlürft, im Körper lebend bleiben und so viel Unheil anrichten, ist also ganz ungegründet.

Ich setzte auch einen solchen, völlig unverletzten und sehr muntern Wurm in ein Wassergefäß, worin ich einen Theichsalamander, Triton palustris, hielt. Bald machte sich der Salamander über den Wurm her und fieng an ihn zu verschlingen; aber die Länge des Wurmes erschwerte ihm das Geschäfte sehr. Während dem er ihn schnappend herunter zu würgen suchte, riß er bisweilen mit den Vorderfüßen einen großen Theil des bereits verschluckten wieder aus dem Rachen zurück. Endlich, nach beynahe einer halben Stunde, ward der Wurm vollkommen und lebend verschlungen. Der Salamander blieb nach wie vor gesund. Auch sogar im Körper von kaltblütigen Thieren kann also dieser Wurm nicht schaden.

Möchten diese wenigen Beobachtungen an zweyen, dem ersten Anblicke nach, gleich scheinenden Thierchen wenigstens dazu dienen, junge Naturforscher aufmerksam zu machen, wie sehr es nöthig sey, jeden Naturgegenstand erst an sich aufs sorgfältigste zu beobachten, und dann mit den ihm ähnlichen in der Natur selbst zu vergleichen, bevor man das, was einem oft der Zufall in die Hände liefert, schon für hinlänglich gekannt glaubt, und es daher einer vorhandenen, oft trüglichen Beschreibung anzupassen sucht. Möchten sie ihnen anderseits zur Ueberzeugung dienen, daß eine prüfende Lektur alter und neuer Schriften unnachläßlich erforderlich ist, bevor man einen Gegenstand für noch ganz unbeschrieben halten darf. Der oben angeführte Oloygon kann mit dem Wasser-Fadenwurme nicht synonym seyn; ich bezweifle hingegen gar nicht, er sey unser fadenwurmähnlicher Regenwurm. Bonnet hat, während dem er an den bunten Regenwürmern ihre Reproduktionskraft beobachtete, mitunter unsern Wurm erhalten, und ihn mit jenen für gleich angesehen. Derjenige Wurm, dessen Bechstein in den Spaziergängen erwähnte, ist sicher unser fadenwurmähnlicher Regenwurm, welchen er späterhin *) für den (vermuthlich gar nicht existirenden) Thonfadenwurm angab. Es ist zum Erstaunen, wenn man, selbst belobte Werke über die Naturgeschichte durchliest, wie viel noch immer auf ungeprüfter Nachschreiberey beruht! Berichtigung des Irrigen und Bestimmung des Unsichern und Wankenden müssen daher noch lange in dieser Wissenschaft eben so werthvoll, als ganz neue Entdeckungen seyn.

III.

Einiges über die Thierseelenkunde.

In der allgemeinen Schweizerischen Gesellschaft für die gesammten Natur-Wissenschaften vorgelesen, den 28 Heumonat 1819

von

Professor Scheitlin in St. Gallen.

Ich berühre zur Abwechslung und nur zum Ausfüllen einen Gegenstand, der gewiß nicht zu den ersten Bedürfnissen der Gesellschaft gehört, weil Naturkunde überhaupt, vaterländische Natur insbesondre, und Anwendung bey-

---

*) Kurzgefaßte Naturgeschichte I. 2. S. 1159.

der zum wahren Nutzen des Vaterlands, unsre statutarisch ausgesprochenen und besiegelten Zwecke sind. Werden also auf gut Glück entworfene Ideen über Seelenkunde überhaupt, und Thierseelenkunde insbesondre, hier ihren gehörigen Ort finden? Werden sie nicht abgewiesen werden? Oder, wenn ich dieses von Ihrer Nachsicht nicht zu fürchten habe, werden Sie, da Sie mehr aufs Anwendbare als auf Träumereyen ausgehen, mir Ihre Aufmerksamkeit, deren ich für mein Thema nur gar zu sehr bedarf, schenken, und meine Gedanken das Interesse Ihres Geistes hinlänglich ansprechen können? Doch, Sie werden sich gedulden, wenn ich Ihnen sage, daß meine Vorlesung nur kurz ist, und nur Supleantendienst thun soll. Zwar ist der Gegenstand von allgemeinem Interesse; aber zu weit von jeder Anwendung entfernt, und streift bey jedem Schritt und Tritt ins Dunkle. Wenn wir uns selbst nichts als Räthsel sind, und jedes System, das die Auflösung versucht, den Knoten nur noch fester anzieht, den uns nur der große Metaphysiker, der Tod, auflösen kann, was müssen uns dann erst die Thiere seyn? Wenn wir die Natur der groben Materie nicht errathen können, — oder wer hat sie vom kothigen Helvetius an bis zum pur geistigen Fichte hinauf, errathen — wie wollen wir dann die Natur der bodenlos scheinenden Seelenkraft demonstriren? Wäre nur der Gegenstand an sich selbst nicht so dunkel — hätte es nur Einem Psychologen gelingen mögen, in die finstern Grüfte, wären es auch nur flüchtige, im Entstehen verlöschende Funken, zu werfen, und hätte ich nur nicht, von der Erfahrung und Philosophie blos schwach unterstützt, die Furcht im Herzen, jedes Licht darüber sey Finsterniß, und jeder eigenthümliche Gedanke ein nur täuschender Irrwisch! — Allein, da ich auch über die Seelenkräfte zweyer unserer Alpenbewohner, über das Murmelthier und den Lämmergeyer, die ich lebendig beobachten konnte, etwas zu sagen gedenke, so mögen mir diese beyden echt vaterländischen Geschöpfe, die Verzeihung dieser vaterländischen Gesellschaft verschaffen, wenn die metaphysischen Ideen mir solche gefährden sollten.

Ich habe mich, verehrte Collegen! seit vielen Jahren vorliebend mit diesem Thema beschäfftigt; ich habe immer auf jedes lebende Thier in seinen verschiedenen Stellungen und Stimmungen ein sorgfältiges Augenmerk gerichtet; ich habe vorzüglich gerne, wie an Menschen, so auch an Thieren, die Physiognomien ausgekundschaftet; ich habe nicht selten in meinen frühern Jahren Thiere aller sechs Classen in meinem Hause lebendig gehalten, um ihre Seelen zu belauschen; ich suchte mit ihren Seelen, wie mit Maschinen, zu experimentiren und brachte sie künstlich in verschiedene Stimmungen; ich vergegenwärtigte mir beym Aufstellen der von mir ausgestopften Thiere möglichst lebhaft die Temperamente und Naturelle derselben; ich suchte charakteristische Abbildungen der Thiere aller Art aus, und studirte deren Köpfe, z. B. die von Hüet aus Paris, die alle nach dem Leben gezeichnet sind, und Ridingers, des großen Thierzeichners, Werke, sind auch in meiner Hand; ich sammelte auch alle Schriften über Thierseelenkunde, deren ich nur immer habhaft werden konnte. Ich fand in le Roy und Meyer, in Smith und Bingley u. s. w. manche interessante Data und Antriebe zum Denken, Forschen und Prüfen; Tiefes fast gar nichts; viele, nur nach Systemen ihrer Zeit geformte Redensarten, als ob auch die Thierseelen Wolfisch, Kantisch u. s. w. belauscht und beurtheilt werden müßten. Die Data waren wunderselten hinreichend verbürgt; die Anordnung oder die Oekonomie der Schriften darüber bald unsystematisch, bald nur eine den Forscher betrübende, unglückselige Compilation; die Ergebnisse gewöhnlich nur starre Formeln, fast überall ein Durcheinander, und gar keine Unterscheidung zwischen Thierklassen und Thierklassen, d. h. zwischen Seelen und Seelen u. s. w. Ich fand mich fast ganz verlassen von dem, was man hier Erfahrung und von dem, was man hier Philosophie nennt. Da war ich unzufrieden und schlug einen neuen Weg ein, nemlich denjenigen eigener Erfahrung oder Beobachtung und den des eigenen Räsonnements. So entstund mir allmählig eine Art von System; aber nicht das rechte und nicht dasjenige, das ich suchte; denn ich suchte Beobachtungen und Sätze, aus denen ich den Thieren eine Unsterblichkeit zu erweisen hoffte, und wirklich wars nichts anders, als diese Hoffnung, die mich in dieses Thema hinein führte und Jahre lang daran fesselte. Ich suchte und forschte, und stellte mich, meinen eignen frühern Ansichten zufolge, auf den moralischen Standpunkt, wie Kant ihn fixirt hat. Hätte ich sichere Data, daß die Thiere ein Moralprincip kennen, ehren, üben, entdeckt, so hätte ich dann auf kritischem Wege ihnen eine Unsterblichkeit zu demonstriren oder vielmehr zu postuliren im Sinne gehabt. Ich kritisirte demnach eine sehr große Anzahl von vorgefundenen Anekdoten und selbst angestellten Beobachtungen, die eine moralische Idee in den Thieren zu offenbaren schienen. Am Ende meiner langen Untersuchung verließ ich auch diese schwierige Bahn, überzeugt, nirgends eine wache moralische Idee, nirgends eine wache Idee überhaupt in der Thierwelt gefunden zu haben; worauf ich mich für berechtigt hielt, die Unsterblichkeit der Thierseelen zu läugnen. In einer größern Unzufriedenheit aber und von Unmuth überwältigt, meine Hoffnung gescheitert zu sehen, brach ich mir nun eine andere Bahn und nahm auf ihr folgenden Gang:

Ich stellte mehrere, mir vollkommen wahr scheinende, ähnliche Anekdoten und selbst gemachte Beobachtungen über die Thierseelen, zusammen, und zog aus ihnen das Gemeinschaftliche und Allgemeine. Dieses Allgemeine schrieb ich als Resultat auf. Dann sichtete ich wieder einen Haufen anderer nach Aehnlichkeiten zusammengestellter Erzählungen und Beobachtungen, zog ebenfalls wieder ein Resultat daraus und schrieb es auch auf. So fuhr ich fort, bis ich mit allen meinen Beobachtungen und Anekdoten von den Thierseelen fertig war. Endlich verglich ich die Resultate, schmolz zusammen, was sich zusammenschmelzen ließ, suchte das Gemeinschaftliche derselben, und gewann mir auf diese Weise allgemeine Begriffe und höhere Standpunkte, unbekümmert, was das allgemeine Resultat, der End- und Zielpunkt meines Suchens seyn und werden möchte. So entstund mir allmählig ein kleines System fürs ganze Thierreich, wie für dessen Ordnungen, Geschlechter und Arten. Lassen Sie mich nun mit wenigen Worten die Grundzüge meines Systems zeichnen, dann etwas von den Ordnungen sagen, und mit Einzelnheiten schließen. Ich fürchte mich nicht, mißverstanden zu werden, wie dunkel ich seyn muß; ich fürchte mich auch nicht, übel darum angesehen zu werden, wenn meine Ansichten nicht diejenigen meiner Kollegen im Naturforschen sind, weil jeder, wie Lichtenberg sagt, seine Hypothesen als sein Eigenthum vor aller Welt auskramen darf.

Grundzüge.

Da ist Seele, wo ein Gedanke vorhanden ist; der Gedanke aber offenbart sich durch Unterscheidungsgabe; wo also Unterscheidungsgabe ist, da ist Seele.

Die Unterscheidungsgabe unterscheidet entweder nur Nahrung und Nichtnahrung — oder verschiedene Zustände, die wir angenehm oder unangenehm nennen — oder sie unterscheidet drittens zwischen Gedanke und Gedanke. Im erstern Fall ist sie nur Trieb; im zweyten Trieb mit Empfindung; im dritten Trieb und Empfindung mit Denkkraft.

Trieb, Empfindung und Gedanke sind ursprünglich Eins, nur theils verschiedene Richtungen, theils niedrigere oder höhere Grade einer und derselben allgemeinen, lebendigen und thierischen Grundkraft. Der Trieb ist dunkel und bodenlos scheinend, die Empfindung verschleyert, der Gedanke ist hell.

Die unvollkommnern, sich an die Pflanzenwelt anschließenden Thierseelen sind größtentheils nur Trieb; Triebe und Empfindungen kommen den vollkommnern Thieren zu; noch vollkommnere ahnen schon den Gedanken; der Gedanke mit schwachem Bewußtseyn kommt einigen wenigen Thieren zu; zum abstrakten Bewußtseyn und durch dasselbe bis zur Idee hinauf erhebt sich ausschließlich der Mensch.

So mannigfaltig die Ordnungen (Classen), die Geschlechter und Arten sind, so mannigfaltig sind auch die Seelenclassen, Seelengeschlechter und Seelenarten, so daß nie, wenn von den Seelen der Würmer die Rede ist, die Seelen der Insekten, die Seelen der Säugethiere auch gemeint werden dürfen. Es giebt also für die allgemeine Thierseelenkunde nur Grundzüge, aber schon Psychologien von Geschlechtern oder wohl gar von Arten. Es giebt demnach eine Psychologie des Pferdes, eine Psychologie des Papageis, eine Psychologie des Schmetterlings u. s. w.

Als Maaßstab müssen wir den Menschen gebrauchen.

Wir finden im Thierreich, als Eins gedacht, oder alle Classen, Geschlechter und Arten zusammen genommen: Unterscheidungsgabe, weil es das Seelenreich ist, und auf dieser Gabe beruhend: Gedächtniß, Einbildungskraft, Aufmerksamkeit und Verstand, die sich jedoch alle gar sehr modifiziren, in den höhern Classen deutlich hervortreten, in den untern kaum bemerkbar sind. Vernunft, als Vermögen der Einheit oder der Idee, kommt keinem Thier zu. Zwar erhebt sich auch manches Thier zur Abstraktion von der Welt, aber nur durch die isolirende Empfindung. Der Begriff von Einheit oder die vier großen Ideen: Staat (Gesellschaft), Pflicht, Gott und Weltordnung sind den Menschen eigenthümlich, aber das Thier handelt oft so, als ob es sie kennte; es handelt diesen Ideen gemäß; es handelt in denselben und für dieselben, doch ohne sie, d. h. ohne die Verbindung zwischen seinem Thun und der Idee zu denken. Das kann nur der Mensch.

Wir richten jetzt unsern Blick auf die Ordnungen. Man nimmt sechs Ordnungen an: Würmer, Insekten, Fische, Amphibien, Vögel und Säugethiere. Ich behalte diese Reihenfolge bey, weil ich keinen Grund finde, sie abzuändern; die Beobachtungen der Seelen dieser Ordnungen bestätigten für mich die Richtigkeit dieser Reihenfolge. Grundzug meines Systems für die Ordnungen ist:

Der vollkommenste Wurm hat keine so vollkommene Seele, als das vollkommenste Insekt u. s. w.; oder kein vollkommner Vogel leistet nur das, was z. B. der vollkommenste Fisch leistet. Jede höhere Ordnung leistet etwas Höheres. Aber nicht jedes Individuum jeder Ordnung, oder jedes Geschlechtes, oder jeder Art leistet, was das andre.

Ich gebe nun einige Beyspiele und Winke; zu Ausführungen ist hier nicht Ort und Zeit.

Die Würmer haben nur Unterscheidungsgabe um Nahrung und Nichtnahrung von einander zu unterscheiden. In ihnen ist alles nur Lebenstrieb, Trieb zur Fortdauer ihres irdischen Seyns. Es läßt sich naturhistorisch vom Infusionsthierchen bis zum vollkommensten Wurme, z. B. dem Blakfisch, nachweisen, daß aller Trieb der Würmerwelt nur auf Nahrung geht und sie nichts anders unterscheiden kann. Auch die List des Blakfisches ist nur finstrer Lebenstrieb. Zu den vollkommnern Würmern gehört auch psychologisch der Gartenwurm. Seine artige ausgeglättete Wohnung im Boden, deutet schon auf die Unterscheidung zwischen angenehm und unangenehm, zwischen bequem und unbequem; doch würde ich ihm deswegen die Empfindungsgabe noch nicht einräumen. Die Glätte gehört zur Erhaltung seines weichen Körpers. Auch sein Krümmen bey Gefahren und Verstümmlungen beweist keine Empfindung. Ich sehe darin nur finstern Lebenstrieb. Zwar sorgt er auch für seine Winternahrung mit scheinbar ausgesuchter und feiner Klugheit, allein diese Klugheit ist ihm doch nur gegeben. Von Gedächtniß und Einbildungskraft entdecke ich in Würmern keiner Art irgend eine Spur; freylich ist die Beobachtung hier sehr schwer, wie jeder sich durch leicht zu machende Versuche, z. B. mit Gartenwürmern und Schnecken, überzeugen kann, und leicht ist die Täuschung; doch schließen wir nun einmal, weil wir nicht anders können und auch nicht anders dürfen, vom Nichtäußern auf ein Nichtvorhandenseyn. Im Schneckengarten zu Appenzell hatte ich Gelegenheit, das Leben und die kleine Seele der Weinbergsschnecke zu beobachten; aber ihr Zusammenleben ist nur ein Beyeinanderseyn. Liebe zu den Jungen ist noch keine da. Liebe zu den Jungen ist die erste Spur zu gesellschaftlichem Sinn, von Unterscheidung zwischen sich und andern. Es ist aber die Unterscheidung zwischen Individuum und Individuum genau noch mit dem Lebenstrieb verwandt. Bey dieser Liebe beginnt die erste Spur von Gesellschaft oder Staat. Von dieser Liebe, die in den Thierseelen die Stelle der Idee des Staats vertritt, ist noch nichts in den Würmern zu entdecken. Von höhern Ideen sprechen wir hier nicht einmal andeutend.

Die Insekten sind auch noch dem Trieb unterworfen, aber ihr Trieb ist schon Kunsttrieb. Schon finden sich Spuren von Empfindung bey ihnen. Die Spinne hat schon Gedächtniß, denn sie läßt sich zähmen; der Hirschkäfer läßt sich schon abrichten. Sie sorgen schon für ihre Brut. Die Termiten, Bienen, Ameisen handeln der Idee von Staat gemäß. Nicht alles geht bey ihnen blos auf Erhaltung des Lebens. Sie scheinen schon eine Empfindung für Spiele durch Bewegung zu haben und das Vergnügen zu kennen; doch sind sie noch arm daran. Schon finden sich in ihnen auch Spuren von Eigensinn und Sinn für die Ehre andrer; doch beydes nur noch um des Lebenstriebes willen. Auffallend aber ist schon zwischen den einzelnen Bienen ein kleiner Unterschied in den Seelenfähigkeiten, denn die einen merken schneller, was man mit ihnen will, als die andern. Die Biene scheint mir das vollkommenste Insekt, psychologisch genommen, zu seyn. Eben um der Bienen und der wunderbaren, rein unbegreiflichen Kunsttriebe der Termiten und andrer Insekten wegen, ist mancher Naturforscher geneigt, die Insektenwelt höher zu heben, als ich es thue; allein das Unbegreifliche darf unsre Neigung nicht beherrschen, und der Kunsttrieb der Biene ist nicht unbegreiflicher als derjenige des Edelquarzes, sich sechsseitig und pyramidenartig zu kristallisiren. Was der Edelquarz blos als Trieb thut, thut die Biene mit Empfindung, daß sie es thue. Er macht sich selbst zum Sechseck; die Biene macht aus dem Wachs ein Sechseck. Sie handelt schon, denn sie ist Thier. Uebrigens ist aller Trieb, eben weil er Trieb ist, und unmittelbar aus der allgemeinen Naturkraft in einer unsäglichen, unbestimmbaren Tiefe entquillt, chaotisches Dunkel. Deßnahen ich den Insekten die rechte Stelle angewiesen zu haben vermuthe.

Die Fische sind schon weniger dem bodenlos scheinenden Trieb unterworfen, und die Empfindung spricht sich aus ihnen deutlich heraus. Schon sind viele Spuren von Gedächtniß vorhanden. Der Karpfen läßt sich zähmen; eben er verräth auch schon Verstand, denn er ist, aber einzig noch um seiner Nahrung willen, listig; also ist der Verstand noch im Dienste des Lebenstriebes. Am listigsten sind die alten Karpfen; demzufolge können sie ohne Menschenhülfe nur durch Umgang mit ihresgleichen sich vervollkommnen. Das Insekt ist auch perfektibel, aber nur durch den Menschen; der Wurm ists noch nicht; nur am Blakfische oder Dintenwurme mögen sich Spuren finden. Schon stellen auch einige Fischarten große gemeinschaftliche Züge an. Für ihre Brut sorgen sie nicht, aber das Geschlechts-Verhältniß tritt bey ihnen deutlicher auf, als bey den Insekten, oder wohl gar bey den Würmern. Auch zeigen die Karpfen schon Sinn für musikalische Töne; die Insekten nur für Töne von ihresgleichen, z. B. die Bienen, Heuspringer. Die Würmer haben keinen Tonsinn. Die vollkommensten Fische, wofür ich den Karpfen oder Aal halten möchte, stehen also ein wenig höher als die Insekten; eben deßwegen ist auch unter ihnen schon mehr Individualität als bey den Insekten und Würmern, d. h. zwischen Fisch und Fisch ist psychologisch ein größerer Unterschied als zwischen Insekt und Insekt, oder wohl gar zwischen Wurm und Wurm. Die Seele eines Gartenwurms und einer Schnecke sind nicht so weit von einander, als die Seelen des Schmetterlings und der Biene oder des Krebses, aber noch größer ist der Unterschied zwischen einer Karpfen- und etwa einer andern recht dummen Fischseele.

Die Amphibien zeigen in den Schlangen viel Gedächtniß, Einbildungskraft, Verstand, den wir List nennen. Wie verschlagen ist der eßbare Frosch? In mehrern Schlangen ist der Tonsinn sehr stark. Auch zeigen sich Spuren übeln Willens, den wir Bosheit nennen. Sie sind also schon weniger dem bloßen Lebenstrieb unterthan, und verrathen auch mehr Empfindung als die Fische. Unter den Amphibien ist aber auch noch mehr Mannigfaltigkeit als unter den Fischen. Welch ein Abstand ist zwischen einer Schlange und einer Schildkröte! Ich beobachtete mehrere lebendige Schildkröten und Vipernarten. An Eidechsen fand ich jederzeit nur sehr wenig Seele. Kunsttriebe sind in den Amphibien weniger als in den Insekten und Würmern zu finden. Der Wurm, z. B. die Auster, die Schnecke macht sich ihr Haus, allein ihr Haus ist noch zum Theil sie selbst, und wächst mit ihr, und ist demnach nur Aeußerung des Lebenstriebs, nur Mittel, das Leben zu sichern. Das Haus besteht mit dem Thier und ist ihm angewachsen. Das Insekt macht sich schon Häuser für gewisse Zeiten und Umstände, und webt und knetet und würkt sich Zellen und Wohnungen zum Fang, und für die Jungen und zu anderweitigen Zweken. Aber der Fisch und das Amphibium haben wenig Kunsttrieb, weil sie schon selbstständiger sind. Der Kunsttrieb ist ja nur die

Denkkraft des allgemeinen Lebenstriebes der Natur, die nicht mehr so stark wirkt, wo das Thier ihrer nicht mehr so sehr bedarf, sondern für sich aus sich selbst sorgen kann.

Höher stehen die **Vögel**. Ihr Nahrungstrieb ist schon geordnet; ihre Kunsttriebe stehen nicht mehr isolirt, wie bey den Insekten, sondern sind mit dem Verstand gepaart, denn sie richten sich nach Zeit und Ort und Umständen; ihr Gedächtniß ist vortrefflich; ihre Einbildungskraft groß. Zeisige, Kanarienvögel, Störche träumen schon, wie ich oft selbst beobachtete. Sie lieben ihre Jungen und werden, was in keiner untern Thierklasse bemerkbar ist, hinwiederum ein wenig von ihnen geliebt. Hühner stellen Haushaltungen vor, nicht blos wie bey den Bienen, von denen kein Individuum etwas für sich selbst ist. Die Hähne zeigen im Kampfe große Ehrliebe. Ehrliebe ruht auf einem Gedanken und ist nur durch das gesellschaftliche Leben und den Sinn für ein solches möglich. Eine Krähenart vereint sich zu einem gemeinschaftlichen Zwecke, mit deutlichem Bewußtseyn ihres Wollens und Thuns. In dem Ziehen der Zugvögel herrscht gesellschaftliche Ordnung und Abwechslung; bald führt dieser, bald jener Starke an. Die Streite aller Vögel unter einander verrathen Verstand, und der Mensch muß die List zu Hülfe nehmen, um die Vögel zu überlisten und zu fangen; bisweilen wird aber er selbst noch von ihnen überlistet. Der Tonsinn ist in Kanarienvögeln sehr stark, darum kann man sie mit Orgeln singen lehren. Mit Dompfaffen gab man kleine Conzerte. Eine Art Würger (Lanius) lernt von andern Vögeln, z. B. der Nachtigall, Lieder, zum Täuschen, so daß man eine Nachtigall singen zu hören meynt, wie **Bechstein** erzählt. Die Dompfaffen müssen im Frühjahr ihr Lied wieder lernen;

sie probieren oder sie dichten, wie man sich ausdrückt. Sie haben auch schon Farben-Sinn. Das Insekt kennt die Farben auch; es kennt sie wohl auch der Fisch und das Amphibium, um die Nahrung zu kennen; aber der Vogel kennt die Farbe der Kleider der Menschen. Der Kanarienvogel lernt die großen Frakturbuchstaben kennen, mit denen man auch die Kinder lesen lehrt. Das dunkle Schwarz unterscheidet sich ja lebhaft vom hellen Weiß. Schon lieben auch die Vögel das Spiel, z. B. die Schwalben. Sie treiben einander munter herum und neken einander. Die kleinen Vögel necken die Eulen bey Tage. Welche lebhafte Empfindungsfähigkeit, die sich der menschlichen nähert! Sie sind schon der menschlichen Freude empfänglich, und erhöhen die Freude andrer durch Theilnahme mit einigem Bewußtseyn. Ihre Gesellschaftlichkeit ist also schon von der Natur abgetrennter, selbstständiger. Die Nachtigall ist neugierig; Neugierde ist Wißbegierde mit schwachem Bewußtseyn, aber lebhafter Empfindung. Am vollkommensten ist vermuthlich unter den Vögeln der Storch, deren ich mehrere in meinem Hause lange beobachtete. Was wird nicht alles von ihm erzählt! Aber Blick und Mienen, in die der Mensch seine Gedanken legt, unterscheidet noch kein Vogel.

Die Säugthiere stehen auch deßwegen, weil sie fast alle Kunsttriebe mangeln, dafür aber ehrenvoll und vortheilhaft entschädigt wurden, auch psychologisch mit Recht oben an. Die Vernunft abgerechnet, kommen ihnen alle Seelenfähigkeiten zu. Der Biber richtet sich in seinem Bau verständig nach Zeit und Ort; der Fuchs ist listig; der Hund träumt, und kennt wie der Elephant den Blick und die Miene und das Wort, auch den Accent des Wortes seines Herrn. Das Pferd ist stolz und kann immer stolzer gemacht werden; der Hund ist neidisch und kann immer neidischer gemacht werden; der Hund kann gebildet und verbildet werden. Auf viele Säugethiere wirkt die Erziehung und der Umgang mit Menschen sehr stark ein; bessere Nahrung und sanftere Behandlung kultivirte die ganze Arabische Pferderaçe, die zu einem Haus- oder Zeltthier des Arabers geworden ist. Eben so konnten die Hunde ganzer Inseln cultivirt werden, so daß sich ein Theil ihrer Cultur auf ihre Jungen fortpflanzte, und also schon die folgende Generation in der alten veredelt wurde. Nur die Säugethiere sind nicht blos in einem Sinn, sondern in ihrem Ganzen perfektibel. Welche große Empfindungsgabe haben sie? Des Hundes Gedächtniß und Einbildungskraft; des Pferdes Ehrsucht, Gelehrigkeit und Wahrnehmungsgabe, Muth und Furcht; die Furcht des Mäusegeschlechtes, die sonst in keiner untern Thierordnung vorkommt und eine Folge gemachter Erfahrung, theils auch eine höhere und eigene Anlage ist, und sich darum auch in den Vögeln, weniger in den Amphibien, noch weniger in den Fischen, noch weniger in den Insekten, am allerwenigsten in den Würmern (im Menschen aber am stärksten) findet; die Klugheit der Katze; die Nachahmungssucht der Affen und deren Possirlichkeit u. s. w. beweisen bald höhere, bald niedrigere Geistesgaben; beweisen eine große Mannigfaltigkeit von Anlagen und Kräften. Schon tritt in den Säugethieren das Naturell und Temperament nicht blos in den Arten, sondern auch in den Individuen auf, wodurch ihre mehrere Selbstständigkeit beurkundet, ihr Wesen isolirter und ihr Verhältniß zu ihren Umgebungen, z. B. zum Menschen und andern Thieren, ganz anders wird, als dasjenige z. B. der Insekten und Fische. Darum treten auch Neigungen und Abneigungen in dieser vollkommensten Thierklasse auf. Welche Zuneigung hat der Hund zu seinem Herrn! welche

Zuneigung zu manchen Menschen, sobald er sie sieht? welche Abneigung gegen andere? Erscheinungen, die sich blos aus dem Dunstkreis der Menschen und dem Geruchsinn des Hundes nicht erklären lassen! Welche Abneigung hat er gegen die Tonkunst? Das Kameel aber hat viel Tonsinn, und die Kuh sogar hat viel Farbensinn, denn eine weiße oder gelbe Kuh ist im Stall und auf der Weide den braunen verhaßt und wird von denselben verfolgt. Was wird nicht von den Ratten und der Liebe der Jungen zu ihren Eltern erzählt? Sind die Erzählungen richtig, so beweisen sie weit mehr, als von irgend einer Thierklasse erwartet und gehofft werden durfte. Selbst Spuren des Mitleidens scheinen entdeckt worden zu seyn. Beydes könnte als Anfang eines sittlichen Sinnes, und die Fähigkeit des Elephanten, Langeweile zu empfinden, nicht nur als Thätigkeitstrieb, sondern auch als Spur von Spontaneität geltend gemacht werden. Doch ist fast alles im Säugethiere noch Empfindung und höchstens kann ihm ein klares, konkretes (kein deutliches abstraktes) Bewußtseyn von sich selbst eingeräumt werden, und noch schmelzt es zum Theil mit der Natur zusammen. Darum ist auch sein Trieb noch so stark und unbezähmbar. Eine alte Jungfrau in Luzern lehrte zwar etwa dreyssig Thiere verschiedenen Naturells, Hunde, Katzen, Mäuse, Sangvögel, aus einem Speisegefäß in scheinbarer Zuneigung und Liebe mit einander essen; allein nur Hunger und Furcht waren die Lehrerinnen, und der Trieb war nur gefesselt. Alte Triebe lassen sich nicht leicht mehr brechen, noch zähmen, noch bilden. So war es mir einmal unmöglich, einen alten Fuchs durch Hunger, durch Schläge, durch Liebkosungen zu schrecken oder zu gewinnen. Im Säugethier wird als Resultat von zahllosen Beobachtungen: dunkler Sinn für die Gesellschaft und

die

Gesellschaft und die Pflicht, die mit der Liebe zu den Jungen anfängt, gefunden. Höher steigt es nicht, doch steht es auch nicht tiefer.

Zu oberst steht der Mensch. Seine Triebe sind alle bezähmbar und bildsam; der Kunsttrieb ist in ihm Kunstsinn; seine Empfindung ist die feinste. Der Trieb wird in ihm zum Bewußtseyn und seine Unterscheidungsgabe zum Scharfsinn; seine Verbindungsgabe, Witz; sein Trieb mit Unterscheidungsgabe, Willen oder Wahlvermögen; Trieb mit Verbindungsvermögen, gesellschaftlicher Sinn oder Systemsgeist; denn, Menschen oder Gedanken verbinden ist eins. Im Menschen allein aber liegen die Ideen von Gott und von Weltordnung. Darum sind die Menschen viel individueller als ein Thier; jeder ist ein Selbst, weßwegen von jedem einzelnen Menschen eine Psychologie geliefert werden kann.

Hiehin gehört die Menschenkenntniß, die von Menschheitskenntniß unterschieden ist. Von individueller Thierpsychologie kann jedoch auch schon die Rede seyn, weil einzelne Thiere, z. B. Pferde, Hunde, Katzen und Elephanten, schon Eigenheiten besitzen und also schon Originale sind. Aber nur im Menschen sind entwickelte Ideen; im Thier ist nichts entwickelt. Alle Gedanken des Thiers sind größtentheils noch Folgen von Naturstößen. Es muß; wir müssen auch, aber auf andere Weise. Das Thier ist mehr der äußern, wir beynahe ganz der innern Natur gegeben. Darum ist er kein Orang Utang mehr, sogar nicht im blinden und stärksten aller Triebe. Nur im Menschen ist auch vollkommene Harmonie aller Triebe, aller Empfindungen, aller Zwecke; darum kann er sich selbst durch sich selbst vervollkommnen und andere Wesen. Kein Thier kann sich selbst durch sich selbst vervollkommnen; doch kann es seine Jungen, zwar nicht zu Gedanken, aber doch z. B. zum Schwimmen anleiten. Wenn sich (das ist freylich eine große Frage) der Trieb in Empfindung und die Empfindung in Gedanke verwandeln kann und alle potenzirt werden können, so kann auch das Thier unsterblich seyn. Verwechseln wir aber nicht den Stoff, die Materie, in der der Trieb, die Empfindungskraft und der Gedanke wohnt, mit dem Trieb, mit der Empfindungskraft, mit dem Gedanken selbst, um nicht in Thorheit zu gerathen. Vielleicht kann das Thier auch unsterblich seyn, weil es empfinden kann. Alles, was empfindet, muß unsterblich seyn; denn, wenn es empfindet, erfährt es auch Schmerz; alles was Schmerz, selbst einen Moment nur erfährt, m u ß schadlos gehalten werden für diesen Schmerzensmoment. Kein Schöpfer hat das Recht, einem empfindenden Wesen ohne Schadloshaltung irgend eine Beleidigung zuzufügen; das einzige Gesetz aber, dem wir den Schöpfer selbst unterwerfen müssen, ist das Gesetz der Liebe und der Barmherzigkeit. Schwindeln wir nicht vor diesem Gedanken! Was Empfindung und also Schmerzempfänglichkeit hat, ist, auch um der Gerechtigkeit willen, unsterblich; unsterblich ist auch der Gedanke oder die selbstständigere, abgezogenere, sublimirte, höhere Empfindung; und alles, was Leben und Athem hat, lobe den Herrn! Empfindung und Gedanke nehmen keinen Raum ein, darum füllt die Unsterblichkeit auch keinen Raum, und es ist unnöthig, wegen der Menge unsterblicher Wesen zu erschrecken. Verwechseln wir aber Unsterblichkeit ja nicht mit Seligkeit oder auch nur mit einem Zustand von Belohnung und Bestrafung, der für die Thiere noch nicht statt finden kann. Den Zustand überlassen wir dem, der Geschöpf und Zustand schafft. Kann nicht auch der Trieb in Empfindungskraft, die Empfindungskraft in den Gedanken umgestaltet werden? Hier hört auch das Thier auf; seine Bestimmung ist zu Ende; doch nur für hier. Es endigt mit der Empfindung; wir endigen mit dem Gedanken. In was wird unser Gedanke verwandelt worden seyn? Die dritte Stufe des innern Lebens, der Gedanke, wird nicht die höchste! Nein; jetzt noch ungeahnte Aeußerungen der Lebenskraft warten unser. In was aber werden wir umgestaltet? Hier ziehe manum de tabula! Wir können noch nicht über uns hinaus. Eher noch erklären wir uns das unter uns stehende Thier, weil wir für dasselbe noch einen Maaßstab, nemlich uns selbst, haben. Für uns und unsere Zukunft aber haben wir keinen Maaßstab mehr. Unser Maaßstab heißt: der Unendliche, Unnennbare! Doch wir reissen uns aus solchen Ideen heraus und steigen aus jenen schwindelnden Höhen wieder herab in das Reich naturhistorischer Erfahrungen.

Lassen Sie mich, verehrte Gesellschafter! nur noch zum Schlusse, wie ich es oben versprochen habe, einige psychologische Notizen über den Lämmergeyer und das Murmelthier mittheilen:

Der Lämmergeier, den ich ein und dreyviertel Jahre lebendig unter meinen Augen hatte, zeigte ein äußerst schwaches Gedächtniß; Personensinn keinen, nur Farbensinn; also doch Unterscheidungsgabe. Er kannte mich, obschon ich ihn immerdar fütterte, im ungewöhnlichen Kleide nicht, im gewöhnlichen aber recht gut. Trat ich im ungewöhnlichen Kleide vor ihn, so sträubte er die Kopffedern und vergrößerte sein Aug; das gewöhnliche Kleid aber affizirte ihn nicht. Furcht vor mir und allen Menschen behielt er mehr und minder stets bey. Furcht verräth Gefühl von Schwäche und Lebenstrieb. Willenskraft zeigte er wenig, denn er war träg. Alles machte nur schwache Eindrücke auf ihn (sogar das Licht, wenn es auch noch so plötzlich vor sein Aug gehalten wurde), nur plötzlich entstehender Lärm und Angriffe auf seinen Körper ausgenommen. Nur äußerst schwache Spuren von Freyheitstrieb waren zu entdecken. Nur die Kunst, das Fleisch von Hühnern und Tauben aus dem Gefieder heraus zu nehmen, war an ihm bemerkenswerth; denn er würgte ihnen den Hals, die Füße und die Flügel ab, ritzte den Bauch auf, streifte das Gefieder an der Haut auf beyden Seiten herüber und zog den Rumpf sehr geschickt heraus. Ahnung von Schmerz des Thiers, das er tödten wollte, oder Mitleid, war nicht in ihm. Unruhe beym Anblick eines gleichartigen Thiers, das gemartert wird, ist nur in wenigen Säugethieren. Ganz ruhig, als ob er an einem todten Vogel zerre, zerrte er lebendigen Hühnern den Kopf, und zwar sehr langsam, ab. Kaum ein Vierteljahr, nachdem ich ihn dem König von Würtemberg verkauft hatte, besuchte ich ihn in Ludwigsburg, wurde aber von ihm, obschon er mich hätte kennen sollen, nicht eines Blickes gewürdigt. Der Bartgeier ist also auch der Seele nach ein Vogel, steht aber als Vogel sogar weit unter dem Zeisig und Storch.

Höher steht das Murmelthier. Sein Gedächtniß bewies sich vortrefflich, rücksichtlich der einmahl kennen gelernten Nahrungsmittel, die ich ihm auftischte; doch waren die Eindrücke jeder andern Art nie tief und dauernd. Den Schrecken vergaß es bald, wie groß die Furcht in ihm, dem mausartigen Thiere, ist. Furcht vor Menschen behielt es immer bey. Groß war sein Streben nach Freyheit; es schien seines frühern Lebens auf den freyen Bergen noch bewußt zu seyn. Es zerstieß mir z. B. einen ganzen Fensterflügel mit dem Kopfe, um durch die runden Scheiben und das verbindende Bley sich einen Ausweg zu verschaffen; vor dem Fenster aber ruhte es, sich sonnend und wagte den Sprung nicht in den Garten herab. Die Ansicht der Lebensgefahr hielt den Freyheitstrieb, oder der stärkere und ursprüngliche den schwächern und abgeleiteten, wie es sich für's Thier geziemt, noch in Schranken. Um der Freyheit willen gibt kein Thier sein Leben hin, weil es nur Empfindung, noch nicht Idee hat. Selbst durch dicke Bohlenbretter suchte es sich hindurch zu arbeiten; ja es durchnagte beynahe eine dicke, rothgebrannte Thonblatte. Um sich ein weiches Lager zu bereiten, suchte es einmahl in meinem Studirzimmer alle Papiere, und aus Decken Landkarten und Kupferstiche zusammen, zerriß alle und leerte ein Büchergestell fast bis zu oberst, wozu es große Sprünge machen mußte. Auch riß es Stücke aus Büchern heraus, wenn ihr Papier weich war. (So zerrte es mir namentlich aus Reineccius Septuaginta fast den ganzen Propheten Jeremias heraus.) Kaum konnte ich glauben, daß ein so kleines Thier, das kaum eine Stunde vorhin an der Sonne aus dem Winterschlafe erwacht war und zum erstenmahl wieder Nahrung genossen hatte, in Zeit von einer halben Stunde solchen großen Unfug stiften konnte. Welches Erwachen des Lebenstriebes und der Bequemlichkeitsneigung! Welche sehr große Thätigkeit und schnelle Unterscheidungsgabe! Mit seines Gleichen kam es sehr gut zurecht und liebte deren Gesellschaft in hohem Grade. Zähmen ließ es sich nicht gern. An Verstand dazu fehlte es ihm offenbar nicht, aber an Zutrauen zu mir. Bemerkenswerth ist vorbeygänglich seine zähe Lebenskraft. Ich erwürgte es, um es auszustopfen. Nach einer halben Stunde fand ich es auf der Stiege, auf der ich es als ganz todt niedergelegt hatte, wieder auf einer Stufe herum kriechen, doch wagte es noch kein Steigen auf die obere, noch einen Fall auf die untere Stufe. Auch in andern Murmelthieren fand ich ziemlich viel Verstand, der sich den Umständen anpaßt; wovon hingegen der Lämmergeier, wenn er sowohl in der Gefangenschaft als in der Freyheit angesprochen wird, kaum eine Spur verräth.

Nun ende ich, und zwar mit dem Wunsche, daß irgend ein Naturforscher, der zugleich Psycholog ist, die ganze Litteratur der Thierseelen sammeln und kritisiren möchte. Vielleicht lohnte es sich der Mühe, die Seelenkunde der Alpenthiere einmahl ins besondere zu bearbeiten, aber — nach gemachten Beobachtungen. Vielleicht würden wir auf interessante Eigenheiten treffen. Eine Kritik der bisherigen Literatur, eine Sichtung der bisher als wahr aufgestellten Erfahrungen, ein vorurtheilsfreyer Blick in die gesammte Thierwelt, in jede Ordnung, in jedes Geschlecht und jede Art, ein guter, sorgfältiger Beobachter, ein nur an der Hand der Natur systematisirender, aber doch systematisirender Geist, da uns mit Aggregaten von Anekdoten, die mit den „es hatte einmahl ein gewisser u. s. w." nicht in die Länge gedient seyn kann, verbunden mit großer Bescheidenheit, weil das Beobachten und Systematisiren in einem sehr dunkeln Gebiete geschehen sollte — könnte uns vermuthlich — um einen Schritt weiter fördern. Ehemahls glaubte ich selbst zu diesem Schritte helfen zu können — allein, je älter und gescheider ich werde, desto schwächer fühle ich mich dazu.

Verzeihen Sie mir, verehrte Mitgesellschafter! diese hingeworfenen, nicht viel bedeutenden Gedanken, und denken Sie über dieselben besser nach, als ich Ihnen vordenken konnte. Mein Wunsch ist befriedigt, wenn Sie das thun; befriedigt, wenn ich auch nur das Wenigste geleistet haben sollte. Uebrigens verzeihen Sie mir ja, daß ich Sie mit Hypothesen (die freylich für mich nicht blos Hypothesen sind) unterhalten wollte. Sie kehren sich nun wieder zu andern Abhandlungen, die nicht wie die meinige, einer fliegenden Seifenblase im weiten Luftraume gleichen, sondern festern Trittes auf sicherm Boden wandeln.

Anhang.

Sollte diese Vorlesung: „Grundzüge einer Thierseelenkunde" nicht ungünstig beurtheilt werden, so würde ich mich geneigt fühlen, die Kritik der Literatur selbst zu versuchen, das System selbst zu entwerfen, die Grundzüge auszufüllen und ihre Richtigkeit, so gut ichs vermag, vom Zoophyten bis zum Homo sapiens hinauf, darzuthun. Wird sie aber ungünstig beurtheilt, so ziehe ich mich ganz ruhig in mich selbst, wie die erschreckte Schnecke ins Häuschen, zurück; das Sicherste ist dieß in jedem Falle.

IV.

Phänerogamische Gewächse des Rheinthals und der dasselbe begränzenden Gebirge;

beobachtet

in den Jahren 1816, 1818 und 1819

von

Doctor Custer,
Rheinthaler Bezirksarzt.

Vorläufige Bemerkungen über dieß Verzeichniß.

Das Studium der botanischen Geographie gewinnt täglich an Interesse. Als Erfahrungs-Wissenschaft ist ihr kein, auch noch so geringer, practischer Beytrag gleichgültig, und in dieser Hinsicht glaubt der Verfasser Verzeihung zu erlangen, wenn er die nachstehende Liste, die in eigentlich botanischer Hinsicht keinen Anspruch auf Interesse machen kann, vor das Publicum bringt.

Die Gegend, deren Gewächse hier angeführt werden, ist das am nordöstlichen Winkel der Schweiz gelegene vorzugsweise sogenannte Rheinthal, welches sich, in der Mitte vom Rheine durchströmt, auf deutscher Seite von Bregenz bis zu dem über Feldkirch gelegenen Nendeln, auf schweizerischer Seite aber von Staad am Bodensee bis nach Rüti, am Fuße des Kamors, erstreckt.

Die Thal-Ebene liegt wenige Fuß über der Höhe des Bodensees, und beträgt in ihrer größten Breite gegen vier Stunden. Im Osten oder auf der deutschen Seite wird sie von einer Gebirgskette geschlossen, welche als letzte Ausläufer der Montafuner- und Allgäuer-Alpen zu betrachten ist; im Westen aber südwärts vom Berge Kamor und seinem Anhang der Fähnern, als dem nördlichsten Ende der südöstlichen Kette der unter dem Collectiv-Nahmen Alpstein bekannten Appenzell-Innerrhoder Alpen, und nordwärts durch eine Hügelreihe, welche gleichsam als Abdachung der hohen Gebirgsfläche Ausserrhodens gegen die Thal-Ebene des Rheins zu betrachten ist, begränzt. Diese Hügelreihe, welche an einigen Stellen sich in die regio subalpina erhebt, ist, wie das ganze Ausserrhoden, aus übereinanderhingefluthеten Sandstein- und Nagelfluhschichten und Lagern gebildet, und selbst bis auf die obersten Höhen mit Winterwohnungen besetzt.

Der Kamor hingegen und die Fähnern bestehen aus Kalkstein und schicken kleine Ausläufer, niedrige Hügel bildend, quеer über die Thal-Ebene hin. Ersterer erreicht, mit 4320 Fuß Höhe über den an seinem Fuße fließenden Rhein, die eigentliche Alpenregion.

Das gleiche gilt vom östlichen Grenzgebirge, dessen höchste Gipfel unter dem Nahmen Freschen (Frexen), Arberg (First), Rothe Wand (Kreuzberg) sich sämmtlich zwischen 5—6000′ über das mitteländ. Meer erheben. Es besteht gleichfalls hauptsächlich aus Kalk, verflächt sich gegen Bregenz hin schnell in niedrige Hügel, wo dann die Nagelfluhe wieder vorherrschend wird.

Die Flora dieser Berge und des von ihnen eingeschlossenen Thales gehört zur nördlichen helvetischen; aber einige hier vorkommende Gewächse, z. B. Hieracium stipitatum Jacq., Hieracium chondrilloides ejusd., Valeriana saxatilis L., Veronica urticæfolia Schrad. deuten schon auf ihre Annäherung an die Oesterreichische oder östliche Alpenflora hin.

Das Rheinthal hat es, trotz der Nähe von Schwabens Ebenen, trotz der Breite und Tiefe des Thalgrundes, mit andern Gebirgsthälern auf der Nordseite der Alpen gemein, wenige sogenannte plantæ campestres und ruderales zu beherbergen; die Hauptmasse der Pflanzen, sowohl der Ebene als der niedrigern Berge, machen plantæ pratenses und palustres montanæ aus.

Das sumpfichte Riedt, das noch heute einen großen Theil, vor noch nicht 150 Jahren aber (ehe dessen Urbarmachung begonnen wurde) wenigstens 7/8 der Thal-Ebene einnahm, hat ganz die nehmlichen Pflanzen, wie die es einschließenden Hügel und die höheren Berge an ihren untern Stufen; ein Umstand, der leicht zu erklären ist, wenn man annimmt, daß vor unbestimmbaren Zeiten die Thal-Ebene vom Bodensee bedeckt, daß also nach dessen allmähligen Abfluß der Boden nothwendig von den nahen Bergen aus mit Pflanzen besetzt worden.

Bedenkt man ferner, daß bis zum Anfang des vorigen Jahrhunderts noch fast kein Ackerbau, sondern beynahe einzig der vorherrschenden Viehzucht wegen künstlicher Wies- und auf den untersten Abhängen der Hügel Weinbau getrieben wurde, so begreift man dieß Mißverhältniß der plantæ arvenses und campestres zu den pratenses palustres, und wie noch heut zu Tage, wo doch, besonders auf der Westseite des Rheines, beträchtliche Strecken dieses Riedts in herrliche Aecker umgewandelt sind, alle Interstitien derselben mit Riedtpflanzen besetzt und die Arundo phragmites als Acker-Unkraut den Landmann belästigen könne.

Demnach hat der Verf. bis jetzt noch kein Erodium,

kein Alyssum, kein Holosteum, noch Lycopsis, Anchusa gefunden; Lamium amplenicaule, Spergula, Anthenis, aphanes sind seltene Erscheinungen, und obschon der Boden hinreichend erwärmt wird, um türkisches Korn (Mays), ein Hauptprodukt dieses Thales, in reichlicher Fülle und guten Wein zu reifen, so trifft man doch weder Onopordon Acanthium, noch Martubium vulgare, noch Mercurialis annua etc. etc.

Diese Einförmigkeit der Pflanzenwelt in der Ebene und den untern Gebirgsstufen ist auch Ursache, daß die Mannigfaltigkeit der Arten (species) geringer ist, als in manchen Gegenden des ebnern Deutschlands, z. B. um Halle. (s. Sprengels flora Halensis.)

In den Gebirgen finden sich einige Pflanzen der höhern Alpen, z. B. Hypochæris uniflora, Cherleria, sedoides, Cirsium alpinum, Androsace bryoides Decand u. a. m.

Obschon auf der Nordseite der Alpen, und hiermit der nördlichen Flor angehörend, als deren eigentliche Bewohner wir Empetrum nigrum, Andromeda polifolia, Vaccinium Oxycoccos, uliginosum, Lysimachia thrysiflora, Sparganium natans außer vielen im Norden einheimischen Alpenpflanzen besitzen, finden sich doch auch einige mehr südeuropäische Gewächse, z. B. Staphylea pinnata, Evonymus latifolius, Salvia verticillata, Silene gallica etc.

Schreiber dieses ist bis jetzt noch zu wenig genau mit den östlichen (Vorarlbergischen) -Gränzgebirgen des Thales bekannt worden, um eine Parallele zwischen ihrer Vegetation und derjenigen der westlichen Berge ziehen zu können; insofern diese Gebirge von verschiedenen Alpstöcken (Centra) ausgehen, möchte eine solche Vergleichung interessant seyn. Einen kleinen Fingerzeig hierüber suchte er dadurch zu geben, daß er diejenigen Species, welche er bis dato nur auf der Ostseite des Rheines angetroffen, eigends (mit einem *) bezeichnete. Für deutsche Botaniker bemerkt er, daß sie daselbst (also im Vorarlbergischen) die Arundo speciosa Schrad., Ar. pseudo-phragmites ejusd., die Festuca nigrescens Gaudin., die Festuca pumila Vill., Poa distichophylla Gaud., die Avena versicolor und distichophylla finden werden, und daß, vorzüglich auf dem B. Freschen, die Arundo tenella Schrad. mit und ohne Arista und die Festuca pulchella ejusd. so häufig sind, als ob hier ihr eigentliches Vaterland wäre.

Der Verf. dieses Verzeichnißes hat keine Gewächse darin aufgenommen, die er nicht, als in der bezeichneten Gegend gesammelt, selbst gesehen hat, und bescheidet sich daher natürlich, daß dasselbe nichts weniger als vollständig seyn könne. Er ist nur Dilettant in der Botanik, und sollte und würde von Rechtswegen sich gar nicht damit abgeben, wenn nicht beym Menschen der Hang zu unerlaubtem Vergnügen so groß wäre. Mehrere Species verdankt er der Güte des Herrn Schneider in Altstädten.

Da das Rheinthal wenigstens zur Hälfte in das Bereich des Tentamen de vegetatione Helvetiæ septendr. des Hrn Dr. Wahlemberg gehört, so hat Schreiber dieses diejenigen Species, welche im tentamen de veget. fehlen, eigends (mit einem †) bezeichnet. Es wird dadurch eine Art Nachtrag zum botanischen Theil dieser Schrift geliefert, der ohnehin sehr der Vervollständigung bedarf, und auch nicht, wie es ihr Verf. in einem spätern Werke (in der Vorrede zur flora Carpatica) selbst andeutet, nicht der Hauptzweck des Tentaminis war.

Wegen der diesem Verzeichniß hin und wieder eingestreuten botanischen Noten und Beschreibungen bittet Schreiber derselben um gütige Nachsicht; die Hauptabsicht dabey war, dadurch so viel möglich über die Identität einer bestimmten Pflanze mit der Art, mit deren Nahme sie belegt worden, den Leser zu vergewissern. Nichts wird ihn besser freuen, als Belehrung über manchen Zweifel und Ungewißheit.

Noch ist zu bemerken, daß absichtlich, um nicht gar zu viele unnütze Worte auf einander zu häufen, nur bey den mehr seltenen Species der Standort specialiter angegeben, und daß eben deßwegen so viel möglich Citationen weggelassen worden sind.

---

1. Ptenis aquilina L. *Plantæ hujus familiæ secundum Weber et Mohrii Floram German. cryptagam. denominatæ.*
2. Blechnum spicant.
3. Scolopendrium officinale. Prope Berneck; in monte Hohenems, et a. l.
4. Asplenium trichomanes.
5. — viride.
6. — ruta muraria.
7. Adianthum nigrum. In m. Heldsberg, unico loco.
8. Aspidium filix femina. Valde varians sicuti sequens.
9. — fragile. Ad muros planitici et in cryptis alpium c. gr. Ober-Kamor.
10.* — alpinum? frondes steriles. M. Freschen.
11. — filix mas.
12. — lonchitis.

13. Aspidium aculeatum.
14. — spinulosum (cristatum).
15. — Oreopteris.
16. Polypodium vulgare.
17. — Phegopteris.
18. — Dryopteris.
19. Osmunda lunaria.
20. Lycopodium clavatum.
21. — selago.
22. — selaginoides.
23. — annatinum.
24. — helveticum. In nemorosis ad Rhenum.
25. Equisetum arvense.
26. — Telmateja Ehrh.
27. — palustre.
28. — sylvaticum.
29. Chara vulgaris. Rarior, uti et sequens.
30. — flexilis. In fossis palustrib.
31. Anthoxanthum odoratum. Variat. spicis pubescentibus.
32. Alopecurus agrestis.
33. — geniculatus. — Alop. pratensem in Helvet. orientali nondum vidi, sed in Suevia propinqua ad Danubii ripus prope Donaueschingen frequentissimum.
34. Phleum pratense.
35. — alpinum.
36. — Michelianum Schrad. Cum priore in omnibus alpibus.
37. Phalaris arundinacea.
38. Leersia oryzoides. In omnibus fere fossis majoribus planitici; sed nonnisi annis calidioribus, uti 1818 et 1819, florere videtur.

39. Panicum verticillatum.
40. — viride.
41. — glausum.
42. — crusgalli.
43. Syntherisma vulgare. In hortorum ambulacris rarius.
44. Agrostis vulgaris Schrad. Rarior; in faginetis siccis.
45.† — alba Schrad. Maxime variat magnitudine, directione culmi, florum colore. Varietates præcipuæ sunt:
   β. magna, aristâ rubrâ. A. gigantea Roth. Ad fossas paludos.
   γ. minor, decumbens, flcrib. purpurascent. A. stolonifera multorum.
   δ. minima, decumbens, panic. spiciformi, quæ videtur A. decumbens Gaudin. In sabulosis ad Rhenum.
46. Agrostis spica venti.
47. — canina, aristata et mutica. Circa Oberegg et in alpinis m., Kamor.
48. — rupestris. Hohenkasten.
49. — alpina. In alpinis. In his tribus ultimis speciebus ipse glumam valvulâ internâ instructam vidi.
50.*† *Agrostis pilosa Gaud.* (Arundo tenella Schrad.) Frequens in m. Freschen jugis. Frequentius *mutica*, sed et *aristata* occurrit, aristâ geniculata calycem multum superante, floribus Arundinis variæ Schrad. similibus, quamquam multo minoribus. Species ambigua inter Agrostides et Arundines, arista geniculata et fasciculo pilorum (penicillo sessili) ad dorsum valvulæ

glumæ internæ tribum quasi propriam cum Arundine sylvatica, varia, acutiflora Schrad. formans, sed habitu Agrostidibus simillima.

51. *Arundo varia Schrad.* (Ar. montana Gaud.) In omnibus nostris sylvis et nemoribus, etiam in regionem alpinam adscendens, ubi multo minor. A. sylvaticam Schrad. vero hisce in locis nondum observavi. In subalpinis m. Freschen adest varietas insignis:

β. pilis corollâ dimidio brevioribus, calycibus acuminatis, quibus notis ad A. acutifloram Schrad. accedit, a qua tamen aristis calycem longius excedentibus multum recedit. Spiculæ hujus var. plumbei coloris.

52. † *Arundo acutiflora Schrad.* Adhuc dubiosus hûc arundinem refero, omnibus partibus bene ad descriptionem hujus auctoris quadrantem, in eo solum discrepantem, quod pili glumâ corollinâ longiores sint atque calycem fere æquent, quâ nota potius cum Ar. varia Schrad. convenit, a qua tamen culmis majoribus, foliis latioribus, panic. majore, strictiore, calycibus acuminatis longioribus, sed angustioribus, glumâ corollina calycibus saltim 2/3 breviore atque aristâ, uti jam dictum, calyce inclusa, nunquam eum excedente, differt. — Color paniculæ diluto rutilans, cum in A. varia ex purpureo-cœruleptcens. Venicillus stipitatus adest, quem Schrader uti et in A. varia omisse videtur. Arista geniculata glumâ suâ paullulum longior pilos vero non superat. — Crescit in sabulosis humidis ad Rhenum in consortio cum Arundine littorea Schrad. prope St. Mar-

gretha, m. Augusto florens. — An forte propria species?

53.† *Arundo epigejos* L. In montosis. In rupibus supra balneas Hohen-Ems occurrit varietas:

β. multo minor, fol. angustior.; florib. minor., valvulâ glumæ externa non bifida, solum apice summo acute emarginata, ut in Ar. littorea Schrad., a qua cæterum brevitate et insertione aristæ diversa.

54. *Arundo littorea* Schrad. (A. pseudo-phragmites Gaudin). Ad Rheni ripas vulgaris. Occurrit variet.

β. paniculâ magis diffusa, aristâ *non* exacte *terminali*, sed paullulum (1/2‴) *sub apice oriente*, affinitatem, quæ inter hanc speciem et antecedentem, præcipue ejus var. β. existit, ostendens.

Cur in arundinibus, arista tam magni momenti a botanicis habetur, cum in aliis graminum generibus, et quidem præcipue in Agrostidibus, Arundinibus tam affinibus, characterem tam variabilem præbet!

55.*† *Arundo pseudophragmites* Schrad. (A. Halleriana Gaud.) In m. Frescher. sub-alpinis, supra balneas Laterns. Pili glumam æquant, cæterum copia et longitudine variant. Colore paniculæ similis sequenti.

56. A. phragmites.

57. Melica uniflora.

58. — nutans.

59.* — ciliata. Ad muros arcis dirutæ Hohen-Ems.

60. Avena flavescens. Spicul. flavescent. et purpurascentibus coloratis.

61. Avena pubescens. maxime frequens vere.
62.* — versicolor.
63.* — distichophylla Vill. Cum antecedente in jugis m. Freschen.
64. *Stipa Calamagrostis Wahlemb.* (Agrostis L. Gaudin. Arundo Schrad.) Ad muros prope Feldkirch et ad rupes apricas prope Berneck; hîc ultimus versus septentrionem locus erit, ubi gramen hoc stipis habitu simillimum deget.
65. Holcus avenaceus Schrad. (Avena elatior.)
66. — mollis.
67. — lanatus. In arvis versus Budhen infra Rheineck.
68. *Aira aquatica* L. Schrad. (Poa Flor. Franç.) In fossis e. gr. intr. Rebstein et Marbach. — Var. β. *minima*, digito humilior, spiculis unifloris. In udis ad lacum Bodamicum prope Brigantium.
69. Aira *cæspitosa* var. α. major β. minor et γ. colorata occurrunt. v. Gaudin Agrostogr.
70.* — flexuosa. In m. Kugel, Freschen ubi et: var. β. spicul. minorib. albidis in umbrosis sylvarum.
71. Köleria cristata. (Aira L.)
72. Danthonia decumbens. (Festuca L.)
73. Festuca ovina. Rarius in planitie; maxume varians, uti et sequens, a qua interdum vix distinguenda.
74. — rubra Schrad.
75. — heterophylla Juss. In sylvis e. gr. Mellech supra Au.
76. — duriuscula Schrad. In sylvaticis. Var. β. lævigata Gaudin Agrostogr. In m. Freschen.

77. † Festuca ovina. *nigrescens* Lam. Gaudin. Nil frequentius in montibus alpinam regionem attingentibus. Optime cum descriptione in Agrostogr. helvet. quadrat, excepta radice, quam repentem invenio, nec fibrosam; cæterum colore spicularum constanter atro violaceo ab F. rubræ et duriusculæ omni varietate facile distinguenda.

78. *Festuca pumila* Vill. β. (F. varia Schrad.) F. pumila Host. In omnibus alpibus.

79. † — sylvatica Schrad. (Poa trinervata) In sylvis montanis e. gr. Oberegg.

80 * — Scheuchzeri Gaud. Sine ullo fere dubio = F. pulchellæ Schrad., quamquam suo gramini radicem fibrosam Auctor tribuit, quæ nostro repens est. — Vulgaris in plerisque jugis m. Freschen.

81. *Festuca pratensis* Schrad.

82. — elatior Schrad.

83. Enodium cœruleum (Melica L.) Var. major et minor; hæc im Riedt, ista in sylvis.

84. Poa nemoralis. Maxime varians. Occurrunt præcipue:

Var. β. grandiflora, quæ cum Var. cæsia Gaud. Agrostogr. convenit.

— γ. firmulæ Gaud. similis. Præcipue in pratis alpinis. Panic. elongata, contractiore, erectiore.

85. *Poa annua*. Præcipue frequens circa bovilia alpina, ubi variat culmis breviorib., spiculis solito majoribus, quo in statu similis P. annuæ b. variæ Gaudin Agrostogr. evadit.

86. *Poa alpina*. Ex alpibus in regionem fagineam

descendit e. gr. circa St. Antonii sacellum. Sæpiùs vivipara, quod ab humiditate soli dependere videtur.

Var. β. brevifolia Gaudin Agrost. in m. Freschen. Ibi et spiculis multifloris legi.

87 *Poa distichophylla* Gaudin. P. laxa Schrad.? cum qua saltem rad. repente præter cæteras notas convenit. In m. Freschen, Gurtiserberg. Non est laxa Hænkii, quam ex herbario, Hopp. vidi. — Observavi spiculis solito multo minoribus, ligulis foliorum infimorum nunc exsertis, nunc brevissimis truncatis.

88. Poa compressa. In muris, petris.

89. — pratensis cum β. angustifolia.

90. — trivialis cum variet. majore, vaginis ancipitibus.

91 † — serotina Schrad. Ad muros humidos pr. Rheineck, Berneck, varietati majori Poæ nemoralis similis.

92. — aquatica L. Ad lacum Bodamicum ad Fussach; pr. Brigantium.

93. — fluitans.

94. Bromus sylvaticus Poll. (Fest. gracilis Schrad.) spicul. glabris et pilosis.

95. — pinnatus L.

96. — erectus Huds. Maxime vulgaris in muris, collibus siccis, ad vias; valde varians colore spicularum, glabritie, hirsutie.

97. Bromus giganteus Schreb. Rami panic. fructiferæ deorsum versi, quasi retrofracti.

98. — asper Schreb.

99. — sterilis L.

99.? tectorum.

100 Bromus giganteus Schreb. Mollis L.

101. — racemosus Schrad. valv. glumæ externa apice integerrima, nec fissa. Circa Bernegg variis locis. Spiculæ glabræ.

102. — arventis L. Ad muros ad Morstein et alibi.

103. — secalinus L. Aristatus et muticus.

104.† — velutinus Schrad. (grossus Desfont. Gaudin) In agris præcipue secalinis. Occurrit et variet.

β. spiculis etiam pubescentibus, sed multo minoribus, angustioribus, culmo humiliore.

105. *Bromus commutatus* Schrad.? elongatus Gaudin? quocum vaginis glabris, spiculis oblongis, pedunculis sub simplicibus scaberrimis convenit, a quo vero differt panicula potius nutante. In agris. — Bromus simplex Gaudin, Bromus elongatus ejusd., Bromus grossus β. spiculis glabris ejusd. et Bromus commutatus Schrad., racemosus Smith. atque Br. multiflorus Willden. Hostii plantæ obscuræ, et forsitan ad unam vel duas ad summum species reducendæ videntur.

106. *Briza media.*

107. Dactylis glomerata.

108. Sesleria cœrulea. In m. Mellech supra Au. In alpinis vulgaris.

109. Cynosurus cristatus.

110. Lolium perenne. Var. memorabilis *festucæ formis*, spica abbreviata, spicul. dense imbricatis. Ad Bauried.

111. — temulentum. Aristat. et submuticum. — Hordeum murinum nondum cum certitudine observavi.

112. Triticum repens cum var. α. β. γ. Gaudini Agrost. helv.
113. Nardus stricta.
114. Milium effusum.
115. Cyperus flavescens. Ad lacum Bodamic.
116. — fuscus. In sabulosis ad Rhenum e. gr. Dieholtsau.
117. Schœnus albus. In palude inter Kriessern et balneas Kobelwies.
118. Scirpus Bœothryon L. In palustr. montanis.
— — β. minor (campestris Roth.) In sabulosis ad Rhenum, jam m. majo florens.
119. — palustris. Major et minor.
120. — cæspitosus L. In paludibus m. Saurucken versus Gais.
121. — caricinus Schrad. Vulgaris locis palustr.
122.* — acicularis. Ad lacum bodamic. prope Brigantium.
123. — lacustris.
124.† — setaceus L. Loco paludoso hinter der Burg bey Berneck.
125. sylvaticus L.
126. Eriophorum alpinum. In palude cum scirpo cæspitoso v. supra. Et in planitie Rhenana circa Lustenau.
127. — vaginatum. Cum priore iisdem locis. (cæspitosum Host.)
128. — angustifolium Willden.
129. — latifolium Hoppe.
130† Elyna spicata Schrad. (Scirpus Wahlemb.) Hohenkasten in consortio cum carice capillari.
131. Carex dioica. Adnotatio. Carices omnes secundum illustr. Gaudini Agrostr. helvet. nominatæ sunt.

132. Carex davalliana.
133. — pauciflora (leucoglochin Ehrh.) paludes m. Sauruchen.
134. pulicaris (psyllophora Ehrh.) variis locis e. gr. im Riedt gegen Kriessern, im St. Margarether Holz.
135. — intermedia.
136. *paniculata*. Panicula valde variat, nunc simplicior, contractior, et tunc sequentis paniculæ persimilis, nunc interrupta, diffusior. Locis paludosis, præcipue in alpinis.
137. Carex *teretiuscula*. Prope Berneck, Oberegg.
138.† — *paradoxa*. Ad viam inter Dieboltsau et Widnau. Mihi maxime in eo paradoxa, quod panicula tam mire variat, nunc spicam densam brevem, nunc paniculam veram fere patulam in eodem cæspite repræsentans.
139. Carex *vulpina*.
140. — ovalis. Oberkamor, ubi m. Septembr. adhuc florentem legi.
141. — muricata.
142. — remota.
143. — stellulata.
144. — curta (canescens) Ad rivulum unweit der St. Antons Capelle.
145. — atrata. m. Freschen, Kamor.
146. — mucronata. In rupibus orientem versus positis Hohenkasten.
147. — *stricta*. Major et minor. Hæc species, copiâ ingente prata paludosa planitiei Rhenanæ implens radicib. suis intricatis maxima ex parte tursam seu caustogœam nobis usitatissimam efformat. Et in montanis atque alpinis, C. cæ-

spitosam quærentis semper nonnisi C. stricta obvenit.

148. *Carex acuta.* Ad Rheni littora copiose.

149. — *tomentosa.* Prope Rheineck versus Bauried.

150. — *montana.* In nemorib. montosis, et in planitie Rhenana.

151. *præcox.* Var. β. procerior, umbrosæ Hostii affinis. Occurrit et spicis femineis longissime pedunculatis radicalibus, ut in C. alpestri. — Ubique, et in alpinis.

152. Carex *pillulifera.* In pratis paludosis prope Leuchen (Walzenhausen.)

153. — digitata.

154. — ornithopoda.

155. — alba. Prope St. Margaretha.

156. — flava et ejus Var. γ. Oederi.

157.† — fulva. Species quasi intermedia inter priorem et sequentem.

158. — distans.

159. — pendula (maxuma) In sylvis vulgaris.

160. — pallescens. In pratis macilentis, nec Alpes fugit.

161. — panicea. Præcipue im Riedt i. e. planitie Rhenana.

162. — pilosa. In monticulo Blättler prope Berneck frequens, sed unico loco.

163. — firma Host. C. sempervirentis variet. apud Agrostographiæ helvet. auctorem.

— — — β. subalpina. Wahlemb. tentamen etc. C. sempervirens Agrost. helvet.

164. Scopolii Agrost. helvet. (ferruginea) Var. α. β. in montibus alpinis vulgares.

165.† — *brachystachys.* Non possum non ad hanc

speciem caricem referre pricri (Scopolii) partibus fructificationis maxime affinem, sed diversam fructibus longioribus, angustioribus, glaberrimis, rostro elongato curvulo apice bifido, totis viridibus, squamis longius mucronatis, fere aristatis, fructib. brevioribus, foliis angustissimis apicem versus vere setaceis, triquetris, incurvatis, quamvis non revera convolutis saltem in statu recente, uti ea describit auctor Agrostogr. — Ad rupes umbrosas pone St. Antonii sacellum. — Habitu C. sylvaticæ similior fere, quam C. Scopolii, sed omnibus partibus multo gracilior. Folia horna culmum æquant, præcedentis anni persistunt, emarcida, culmum superantia, vaginæ fasciculorum juniorum rubellæ, exacte uti in C. montana.

166. Carex sylvatica.
167. — pseudo-Cyperus. Infra Rheineck.
168. — capillaris. In summo Hohenkasten.
169. — hirta.
170. — glauca et ejus var. β. major.
171. — paludosa.
172. — ampullacea.
173. — vesicaria.
174. Typha latifolia.
175.† — *minor Smith.* (T. minima Agrost. helv.) De vera T. minima L. vide m. Bieberst. floram Tauro-Caucasicam. T. II. Copiosa in sabulosis ad Rhenum. Spica fœminea elliptica, præcipue maturans.
176. Sparganium ramosum L.
177. — natans L. Natat in fossis profundis inter Lustenan et Lutrach; infra Rheineck in piscinis.

178. Arum maculatum. Prope Montlingen.

179. Acorus calamus. Prope pagum Au. (Copiosior circa Werdenberg.)

180. Luzula pilosa.

181. — sylvatica Sm. In alpes e. gr. summum m. Freschen ascendit.

182* — spadicea All. In m. Freschen summitate, magnitudine valde varians.

183. — albida Hoffm.

184. — campestris L. Cum priore in alpes adscendit summas nostras.

185. — alpina. L. nigricans Hoppe. In omnibus alpibus, sed parce, priori serius floret, a qua capsul. nigerrimis splendentib. facile distinguenda.

186. Luzusa spicata Willd. m. Freschen. Caps. matura brunnea. (Et in Alpib. Abbatiscell.)

187. Juncus effusus.

188. — glaucus.

189. — conglomeratus.

190. — trifidus. In alpinis. Sæpius culmo folioso gaudet.

191. — bufonius.

192. — bulbosus.

193 — obtusiflorus Ehrh. Gaudin Agrostogr. helv. (sylvaticus Willd.) Prope Dieboltsau in fossis. Ab omni varietate sequentis speciei differt panicula elongata, involucri et perigonii foliolis obtusiusculis, nunquam acutis. Culmo plerumque crassitudine et altitudine Scirpi lacustris, totus erectus.

194. — acutiflorus Gaudin Agrost. helvet. Varietates occurrunt sequentes:

α. panicula maxima, supra decomposita diffusa, culmo altiore suberecto. — Species propria videtur. In fossis planitiei. Capsula longius mucronata, perigonium multum excedens. An *lampocarpos* Ehrh.?

β. Culmo basi decumbente, tunc erecto, humiliore, panicula composita, capsula antecedentis paullulum brevius mucronata. Hæc est forma vulgaris, ubique in humidis proveniens. Capsula involucrum, superat. Sæpe vivipara occurrit.

γ. Culmo erecto 1/2 et 1 pedali, panicula sub simplici, glomerulis florum atrofuscis, foliolis involucri et perigonii minus acutis, capsula brevissime mucronata, involucrum et perigonium non superante. J. *atratus* Hoppe (herbæ exsicc. in itinere ad mare Adriat. collectæ.) J. *alpinus* Villars. — Species propria videtur; in sylvis alpinis e. gr. Kamoris. Planta vix humilior, quam β.

δ. Decumbens totus, stolonifer, radicans, panicula dichotoma divaricata, capitulis rarioribus 6—10 floris, capsulis breviter mucronatis. Maxime affinis J. uliginoso Roth (J. subverticillatus Var. α. Sprengel Flor. Halens.) diversus tamen mucronatâ capsula, quæ *retusa* dicitur in J. uliginoso. In arena mobili (Letten) ad Rhenum. Involucra et perigonia viridula. Sæpius est viviparus. Transit per innumeros gradus in formam β. vulgarem.

195. Triglochin palustre. Ad Rhenum.

196. Tofieldia palustris. Varietas aut potius mon-

strositas occurrit pedicellis florum ramosis, paniculam repræsentantibus. In m. Freschen. Spica nunc longior, nunc brevior. Planta apud nos frequentissima, in planitie uti in Alpibus.

197. Paris quadrifolia L.

198. Convallaria majalis.

199. — verticillata. Ad St. Antonii sacellum.

200. — polygonatum.

201. — multiflora.

202. Majanthemum bifolium.

203. Tamus communis. Radix sub nomine Schmerwurz frequenter effoditur.

204. Potamogetum natans.

205. — perfoliatum.

206. — crispum. Varietas adest foliis minime undulatis, solum evidenter serratis.

207.* — lucens. In fossis profundis pr. Brigantium. Folia summa floralia petiolata, omnia cætera sessilia.

208. — densum.

209. — compressum.

210.* — *marinum* L. Foliis distichis vaginantibus remotis, vaginis folior. apice ligula exserta nervosa, nervis in cilias longas erectas excurrentibus, instructis. Folia omnia, summa uti infima, alterna, quamquam apice ramulorum opposita videantur. In paludosis pr. Hohen-Ems.

211.*† *Sagittaria sagittifolia.* Ad lac. bodamicum pr. Fussach.

212. *Alisma plantago* L.

213. *Veratrum album.* Præcipue circa bovilia al-

pina. Jam in regione faginea e. gr. prope St. Antonii sacellum.

214. *Colchicum autumnale.* Frequentiss.; primum autumni nuntium, sæpe etiam primo vere florens, provenit. Colchicum montanum hodie in m. Kamor, ubi olim Gessnerus (v. Halleri hist. stirp.) legisse dicitur, frustra quæritur, et certe aut nunquam aderat, quod probabilius, aut planta nunc deleta est.

215. *Lilium martagon.* Vulgare.

216. Phalangium ramosum. In montanis e. gr. versus p. Laterns.

217. Ornithogalum luteum L. Circa Rheineck, Berneck.

218. — umbellatum. Altstädten, Rheineck.

219. Scilla bifolia. Altstädten. comm. amiciss. D. Schneider.

220. Hyacinthus botryoides L. In vineis e. gr. Balgach.

221.† Allium angulosum L. In pratis. Rheineck.

222. — ursinum. Ad sepes, Rheineck, Grünenstein.

223. — victoriale L. non rarum in summo vertice Hohenkasten, locis præruptis.

224. — schœnoprasum. Im Riedt infra Rheineck, Gaissau perfrequens.

— — *β.* caule altius folioso. A, foliosum Flor. Franç. In regione alpina m. Freschen, Axberg. Caulis unius alteriusque folii vaginâ usque ad medium tectus. Planta omnibus partibus multo major quam planta hortensis.

225. *Levcojum vernum.*

226. Iris *pumila*. Muri prope arcem dirutam Grimmenstein. An spontanea?

227. — *germanica*. In muris vinearum, An culta?

228. — *pseudoacorus*. — Crocum vernum auctor hujus catalogi nondum in his montibus vidit.

229. *Orchis bifolia* L.

230. — fusca L. Sequente plerumque multo major. v. Halleri tabulam t. 31. Cum sequente conjungitur a pluribus, an recte?

231. — militaris. Flores extus semper albi. Hall. t. 28.

232.† — pyramidalis. Altstädten. comm. D. Schneider.

233.* — globosa. m. Freschen, Axberg.

234.* — ustulata. m. Gurtiserberg.

235. — morio. Cum tribus sequentibus pervulgaris.

236. — mascula.

237. — maculata.

238. — latifolia. Bracteis maximis distincta.

239. — conopsea. Ubique, et in alpes ascendit, ubi multo minor graciliorque.

240.*† — *odoratissima*. Exacte odorem Heliotropii peruviani aut Orch. nigræ spirat gratissimum. In m. Emserberg; ad alpem Köpfahl.

241. *Orchis viridis*. Planta socialis, gregatim crescit.

242. — nigra. Ornamentum omnium alpium.

243. — albida. Planta solitaria, cæterum in alpinis non rara.

244. Ophrys alpina. m. Kamor.

245. — monorchis. Circa Kobelwies. comm. D. Schneider.

246. Ophrys myodes. In collibus aridis e. gr. im Schutz bey Rheineck, Blättler bey Berneck.

247.† — apifera Decand. synops. flor. gall. locis aridis, Blättler, sed rarissime.

248. Neottia spiralis. Altstædten. comm. D. Schneider.

249. Serapias palustris.

250. — latifolia.

251.† — lancifolia. m. Spielberg supra Berneck; Gebhardtsberg pr. Bregentz.

252. — rubra. In sylvis minime rara.

253. Epipactis ovata.

254. — nidus avis. circa Altstædten comm. D. Schneider.

255. Cypripedium calceolus.

256. *Pinus sylvestris.* Colles humiliores, arenosi. Rarius in montibus altis eorumque convallibus.

257. — *montana.* Species certe propria. In convalle profunda ad pedem m. Axberg, longe infra terminum abietinum, videri potest sine ulla formæ solitæ mutatione. Pone pagum Frastenzadist ingens ex hac subarbore constans sylva latus orientale et præcipue occidentale atque dorsum montis Sonnenwaldberg spatio saltem milliarii quadrati tegens, seque solito profundius in subjacentem sylvam abietinam extendens. Inter multa millia hujus sylvæ individua nonnulla etiam trunco arboreo basi erecto potius, quam decúmbente vidi. Juga altiora montis Freschen uti corona cingit, vastis pratis a supremis sylvæ abietinæ arboribus separata.

258. *Pinus abies.* Arborum omnium nostratium frequentissima, sylvas nostras præcipue formans. Et planitiem amat, nemora integra ad Rheni ripas formans. Trunci et radices hujus arboris frequenter in pratis turfosis planitici sic dictæ großes oder Eisen-Riedt a caustogœæ fossoribus sub terra inveniuntur; credendum ergo, olim vastas, sylvas planitiam vallis Rhenanæ tegisse, quæ hodie arboribus omnino fere orbata est.

259. *Pinus picea.* Regionem mediam montium nostrorum præcipue occupat.

260. — *larix.* Pineta Laricina, parvula quidem, sed numerosa, circa pagos Walzenhausen, Rüti, Oberegg, Wolfhalden, in m. Gebhardtsberg prope Bregantium format. Alpinam regionem apud nos fugit, quin in sylvis maximis alpinis et subalpinis montium Vorarlbergens. ne unicum individuum vidi.

261. *Juniperus communis* L. et var. *β.* alpina. In m. Axberg.

262. *Taxus baccata.* Sparsim in omnibus montib. humilioribus.

263. Salix monandra L. omnium prima floret; amat vicinitatem Rheni. De Salicibus vide Seringe monographiam Salic. helvet.

264. — repens L. paludosa Oberegg.

265. — acuminata auctor. ad rupes apricas prope Berneck et in alpinis, ubi folia tomentosiora. In umbrosis arborescit, foliis majoribus, glabrioribus et tunc videtur esse S. cinerascens Willden.

266. Salix capræa L.

267.† Salix aurita L.
268. — reticulata L. In omnibus nostris alpibus, ad latus septentr. et occidentale jugorum.
269. — hastata Seringe. Alpes. In m. Axberg varietas occurrit:
β. foliis integris, junioribus pilis longis deciduis cum petiolis incanis.
270. — *prunifolia* Seringe. Cum multis formæ variationibus; neque semper distinguere possum a sequente.
271. — *arbutifolia* Ser. Cujus varietatem: β. foliis integris, junioribus pilis longis sericeis appressis splendentibus facile deciduis subtus obtectis, in m. Axberg observare licet.
272. Salix *nigricans* Seringe. m. Kornberg supra Altstædten.
273. — *phylicifolia* Wahlemb. (stylaris Ser.) ad Rheni ripas et in subalpinis. Amenta mascula sæpe nutantia subpendentia. Forma foliorum, sicuti et glabrities variationi nimiæ subjectæ. Invenitur etiam foliis subtus tomentosis.
274. — *lavendulæfolia Lapeyr.* Ser. In alnetis ad Rhenum et ad torrentes alpinos.
275. — viminalis vera L. Rara. Prope Walzenhausensem Ecclesiam, sed culta potius, quam sponte.
276. — triandra. β. foliis subtus glaucis.
277. — fragilis Seringe. Colitur.
278. — alba L. spontanea et culta (vitellina L.)
279. — retusa. Alpes humidæ omnes. Descendit in regionem subalpinam e. gr. ad Haggen montem supra Aldstædten cum Saxifraga cæsia.

280. Populus nigra.

281. — tremula.

282. Betula alba. Inter alias arbores nemorum humid. — Betulinæ integræ sylvalæ perpaucæ inveniuntur e. gr. in montibus supra Rebstein, Balgach.

283. *Betula pubescens.* In sylvaticis circa St. Margretha.

284.* *Alnus viridis* (Betula ovata) frequens in m. Kugel, Axberg.

285. — *glutinosa.* Alneta maxima ad Rheni ripas scrupulose conservantur ad molium fluvii impetibus resistentium constructionem. — Alnum incanam nondum cum certitudine observavi.

286. Carpinus betulus.

287. *Fagus sylvatica.* Olim vastas sylvas formabat; hodie parva solum fagineta invenies.

288. *Castanea vulgaris.* Vere spontanea in nemorosis pagi St. Margretha et quidem non rara, sed cæditur, ante quam arborescit. Tamen plures arbores exstant infra villam Schellengrund. Culta videtur pluribus locis e. gr. prope Buchen (Thal.)

289. *Corylus avellana.* Cito versus montes altiores evanescit.

290. Quercus *sessilis.*

291. — *pedunculata.* In tota planitie ad fossas, rivulos solitarie crescit cum antecedente; etiam in montibus humilioribus cernitur, sed nonnisi paucis locis lucos integros antiquos format e gr. supra Balgach, St. Margretha.

292. *Humulus lupulus.* Frequens; nusquam cultus,

293. Urtica urens.
294. — dioica.
295. Parietaria officinalis. Ad Hirzensprung.
296. Mercurialis perennis. In nemoribus. M. annuam non habemus.
297. Euphorbia peplus.
298. — exigua.
299. — helioscopia.
300. — *Cyparissias* et monstrositas degener. vulgaris, præcipue in montanis subalpinis.
301. — *sylvatica Jacq.* In nemoribus, primovere, Planta suffruticosa, foliis infimis perennantibus, subtus amœne rubentibus.
302. *Euphorbia platyphyllos* L. Prope Au.
303.† — *verrucosa* L. Ubique, ad fossas.
304. *Asarum Europæum.* Prope Rheineck; ad pedem m. Kamor; supra Hohen-Ems.
305.*† Thesium *linophyllum.* Supra Röthispagum.
306. — *alpinum.* Jam in montanis legitur.
307. *Hippophæ rhamnoides.* In alnetis ad Rhenum copiosa.
308. *Daphne striata Trattin.* (D. Cneorum botan. helvet.) floribus extus glabris. In m. Freschen non rarum.
309. Daphne mezereum L.
310. Polygonum bistorta.
311. — viviparum.
312.† — incanum variat.

— *β.* fol. undique glabris latioribus. Agri.

— *γ.* fol. undique glabris angustioribus. loci humidi.

313. Polygonum *hydropiper*. In fossis. An hujus mera varietas.

314.† — *pussillum* Linn.? radicans, multo minus, fol. angustioribus. Ad Pol. hydropiper se habet uti *Ranunculus reptans* ad *R. flammulam*. — In fossis versus Haslach.

315. Polygonum persicaria.

316. — aviculare. Nunc totum reptat, nunc adscendens est.

317. — convolvulus.

318. Rumex alpinus. Circa bovilia alpina.

319. — crispus.

320.† — nemolapathum.

321. — *acutus? obtusifolius?* Rumicis species adest frequenter, ad unam aut alteram harum duarum specierum referendus, sed adquam hucusque dubiosus sum.

322. — *aquaticus*. Prope Widnau.

323. — *acetosa*.

324. — acetosella.

325.* — arifolius (scutatus.) m. Sonnenwald.

326. Atriplex patula L. Berneck.

327. Chenopodium bonus Henricus.

328. — murale.

329. — viride.

330*† — glaucum. pr. Bregentz.

331. — polyspermum.

332. Plantago media L.

333. — major L.

334. — lanceolata L. Spicæ quoad formam variantes, nunc ovatæ, nunc fere globosæ. Sed capsulæ squamis nunquam longiores.

335.*† *Plantago montana Decand.* Flor. Franç. P.

nigricans Hoppe? A. lanceolata diversa: foliis lanceolato-linearibus, carnosiusculis, scapo oblique adscendente, nunquam erecto, digitali, palmari, capitulis globosis, sqamis latissimis flore longioribus, capsulis maxumis squamas superantibus. In m. Freschen intermixtim cum Pl. alpina. (et in alpib. Abbatiscell adest.) Scapi nunc glabri, nunc pilis albidis longis plus minus obsiti. Idem de foliis valet, quæ nunc undique glabra, nunc ad marginem longius ciliata, nunc et in paginis pilosa observari possunt. Capsulæ magnæ turgidæ hanc speciem præcipue distinguunt.

336. *Plantago alpina.*

337.† Centunculus minimus L. prope Dieboltsau, St. Margretha.

338. Anagallis phœnicea.

338.? — cœrulea. Adesse videtur, sed nondum vidi.

339. Lysimachia vulgaris.

340.* — *thyrsiflora* L. Hæc in Helvetia, uti videtur, rarius observata stirps mense Junii frequenter potest legi in palude ad viam inter Hohen-Ems et Dieboltsau, haud procul a balneis.

341. Lysimachia numularia.

342. — nemorum.

343. Androsace bryoides Decand. (Aretia helvetica) In rupibus meridiei obversis Hohenkasten.

344. — hirsuta. v. Manuel l'herborisation en Suisse etc. — Veram A. villosam ex Sibiria orientali et Caucaso possideo, diversam.

345. Primula elatior. In alpibus adhuc initio Julii floret.

346. — officinalis. In montanis apud nos nunquam vidi; sed in pratis macilentis planitiei e. gr. pr. Dieholtsau.

347. — farinosa. Cum Gentiana verna et Orchide morio pucherrimum ornamentum pratorum palustrium planitici Rhenanæ, seu Riedts. In summos montes adscendit cum Gentiana.

348. Primula auricula. Alpes.

349. — *integrifolia.* In m. Kamor, uti in Alpib. Abbatiscellaneis, frequens. Trans Rhenum nondum observavi.

350. Soldanella alpina major. Alpes omnes.

351. Polygala vulgaris.

352. — amara. Floribus albidis et cœruleis. Alpes non fugit, sicuti et sequens.

353. — chamæbuxus. In collibus siccis supra vineas incipit, seseque supra regionem abietinam extendit.

354. Veronica urticæfolia. Hanc loco V. latifoliæ, quæ plane deest, habemus.

355. — chamædrys.

356. — scutellata.

357. — anagallis.

358. — beccabunga.

359. — officinalis.

360. — saxatilis. Montes jam subalpinos ornat e. gr. prope St. Antonii sacellum, in Ruppen; tum in alpibus.

361. — aphylla. Præcipue in alpibus Voralbergens.

362.* — alpina. m. Freschen. (Et in alpibus Abbatiscell.)

363. Veronica arvensis.
364. — agrestis. Ubique. Adest varietas: suberecta, subsimplex, elongata, floribus albidis. Inter segetes densas.
365. — hederæfolia.
·366. — serpyllifolia. Et in alpibus observatur. — Veronicæ agrariæ foliis partitis nobis carent.
367. Euphrasia officinalis. Ex planitie Rhenana in summam regionem alpinam adscendit, variabilis quoad granditudinem plantæ totius et florum, quorum tuba nunc longius e calyce eminet nunc et eo brevior fere est; color tamen florum constans.
368.† Euphrasia alpina Flor. Française. Videtur E. *salisburgensis* Auctor. german. — In alpibus nostris e. gr. Kamor. A priori discrepat: segmentis (dentibus) galeæ diversis acutis integris, non bifidis, corollis multo minoribus, semper usque ad faucem calyce inclusis, violaceis; caule breviore strictiore ramosiore, foliis glabris incisoserratis seu potius incisis, incisuris (dentibus) 2—3 in singulo latere, elongatis subulatoacuminatis squarrosis, calycibus glabris. Planta tota præter caulem pilis crassis albidis appressis cinerascentem fuscescit vel rubescit. Corollæ magnitudine variat prout labium inferius longius aut brevius protractum est. A sequente differt: foliorum dentibus divaricatis, acuminatis, colore florum, labio inferiore longius protracto, saltem galeâ semper longiore.
369* — minima Flor. Franç. Posset etiam *flava* nominari. Floribus semper minimis totis fla-

vis aut saltem labio inferiore brevissimo, vix galeâ longiore, *flavo*, in capitulum congestis, foliis ovatis obtusis crenatis, crenis obtusis, caule filiformi flaccido simplicissimo paucifloro a præcedentibus diversa. Capitulum florum post inflorescentiam in spicam elongatur. Caulis pilis flexuosis albidis tomentosulus, 1—2—3 pollicaris. Calyx glaber, sub lente dentium marginibus asperis, ut in priore. Calicis segmenta in hac, ut in duabus antecedentibus speciebus, nimis quoad longitudinem et latitudinem variationi subjecta sunt, ut characterem bonum pro speciebus distinguendis præbeant. Capsula, ut et antecedentis, glabra, marginibus sub lente pilis aliquot viridulis ciliata, matura calycem subæquans. In m. Freschen. Semina in omnibus tribus speciebus eandem formam superficiemque habent.

370. Odontiles vulgaris (Euphrasia odontites L.). Ad versuras agrorum.
371. Bartsia alpina L. In alpibus vulgaris.
372. Rhinanthus glabra (crista Galli).
373. — hirsuta (Alectorolophus Hoffm.).
374. Pedicularis palustris. In planitie Rhenana.
375. — versicolor Wahlemb. helvet. In m. Kamor frequens; in montibus Voralbergensibus plane deest.
376. — recutita. Kamor. Freschen. Axberg.
377. — verticillata. Kamor.
378. — foliosa. Hohenkasten, Freschen.
379. Erinus alpinus. m. Kamor.
380. Melamphyrum arvense.
381. — pratense.

382. Melamphyrum *sylvaticum*. In alpinis m. Freschen.
383. *Tozzia alpina*. Unter-Kamor. In adscensu a m. Axberg.
384.*† *Orobanche major*. Sonnenwald in regione alpina.
385. *Lathræa squamaria*. Umbrosa pr. Rheineck.
386. *Fraxinus excelsior*. Sparsim; præcipue circa domos montium Abbatiscell.
387. Ligustrum vulgare.
388. Verbena officinalis.
389. Lycopus Europæus.
390. Salvia *pratensis*. Invenitur etiam floribus albis et coccineis.
391.† — *verticillata*. Inter Altstædten et Stoss; prope Brigantium.
392. — *glutinosa*. Collium nemora ornat, sed et in sylvas alpinas adscendit e. gr. in m. Emserberg.
393. *Ajuga reptans*. Florib. cœrul. et carneis. In alpinis etiam.
394. Teucrium scorodonia. Ad arcem Grimmenstein.
395. — chamædrys. Ad rupes supra Berneck. prope St. Antonii sacellum. In adscensu m. Kamor.
396. — montanum. In planitie ad Rhenum prope Höchst, et in subalpinis.
397. Mentha sylvestris.
398. — arvensis. In agris.
399. — An Austriaca Jacq. (palustris Mönch. meth.)? an mera varietas m. arvensis? In aruddinetis ad lacum bodamic. m. Septembri floret. Gaudet caulibus e radice repente pluribus, erectis, sesqui pedalibus, pilosis, fol.

petiol. anguste ovatis serratis pubescentibus, subtus sub lente punctatis, pedicellis purpur. bifariam pilosis, pilis deorsum versis, calyce toto piloso, pilis erectis, fauce nuda; corollâ calyce longiore, lobis obtusis, extus pubescente, fauce libera, dilute carneâ, stamin. minimis cum antheris fauce corollæ inclusis, stylo eminente. In omnibus, præter pedicella *non* glabra, cum m. austriacæ descriptione convenit; ab arvensi differre videtur: caulibus erectis, nec diffusis, glabritie multo majore, directione pilorum pedicellorum et calycum. Tamen discernere non audeo, nonne hæ differentiæ loco natali *aquoso* sint productæ? Glabrities enim, caulium directio, staminum longitudo apud menthas, ut apud alia plura genera plantarum amphibia, nimis prout locum natalem variationi subjectæ sunt.

400. *Mentha hirsuta (aquatica)*. In fossis omnibus.
401. Glechoma hederacea.
402. Lamium album.
403. — purpureum.
404. — maculatum. florib. antecedentis multo majorib.
405. — amplexicaule. Rarius. Circa Bernegg in agro arenoso cum Arabi thaliana.
406. Galeopsis tetrahit. Florib. albis et rubris.
407. Betonica officinalis.
408. Stachis sylvatica. Ubique, in ipsis pagis.
409. — palustris. Oberried.
410. — alpina. In sylvis alpinis non rara.
411. — recta. Röthis, Altstædten. Cæteras Stachydes, arvensem, annuam nondum inveni.

412. Ballota nigra.
413. Leonurus Cardiaca. Hirzensprung.
414. Galeobdolon luteum.
415. Clinopodium vulgare.
416. Origanum vulgare. Marrubium nobis caret.
417. Thymus serpyllum. Var. florib. albis. De cæteris varietatibus quoad formam foliorum, odorem, pilositatem, caulis directionem vide Floristas Germanicos subtilissimos.
418. — acinos.
419. — alpinus.
420. Melissa nepeta L. (Thymus alior.) ad Hirzensprung certe spontanea.
421. Prunella vulgaris.
422. — grandiflora.
423. Utricularia vulgaris. pr. Berneck.
424. — minor. In fossis inter Leytenau et Brigantium frequenter.
425. Pinguicula vulgaris. Et apud nos vulgaris in planitie inque alpibus.
426. — (flavescens Schrad.) Alpina L. umbrosa alpium.
427. Limosella aquatica. Ad lacum bodam. pr. Brigantium.
428. Scrophularia nodosa.
429. — aquatica.
430. Linaria cymbalaria.
431. — minor.
432.*— *alpina.*) In lapidosis Axberg, Freschen (et in alpib. Abbatiscell.). Flores palato nunc concolore, nunc aurantiaco. In horto ita degenerat, ut pro alia specie haberi potest.
433. *Linaria vulgaris* (officinalis). Frequens.

434. Digitalis ambigua.
435. — lutea. Præcipue supra balneas Emsenses in sylvaticis, et alibi.
436* Hyoscianus niger. Rarissimus; pr. Getzis.
437. Verbascum thapsus.
438. — lychnitis.
439. — nigrum. In montes alpinos adscendit c. gr. Kamor.
440. Datura Stramonium. In vineis, hortis, Rheineck.
441. Atropa, Belladona.
442. Physalis alkekengi. Berneck, Ems.
443. Solanum dulcamara.
444. — nigrum.
445.*† *Cerinthe glabra* Flor. Franç. Corolla nunc flava, nunc rutilans, calyce sæpius longior. Antheræ staminibus brevibus incurvis insidentes. Faux immaculata. Folia Glaberrima undique, et saltem juniora lævissima. In jugo Omadonna m. Freschen; ad pedem montis Axberg.
446. *Echium vulgare*. pr. Altstædten, Grünenstein, Ems, Brigantium.
447. Lithospernum arvense.
448. — officinale. Sabulosa ad Rhenum.
449. *Symphytum officinale*. florib. albidis et rarius purpureis. — Pulmonarias hucusque in sylvis nostris non vidi, nec Anchusas, Cynoglossa, Lycopus.
450. Myosotis annua (arvensis.).
451. — perennis (scorpioides). In alpibus flores multo pulchriores.
452. Convolvulus sepium.

453. Convolvulus arvensis.
454.† Cuscuta Epithymum. In Medicagine sativa pr. Herrbruck.
455. Menyanthes trifoliata.
456. Chlora perfoliata. In collibus aridis omnibus.
457† Gentiana lutea L. Potius ad Swertias referenda. Contra Wahlenbergii assertionem in omnibus Alpibus.
458. — punctata. Alpes.
459. — cruciata.
460. — asclepiadea. Pulchra autumni nuntia, in montosis ubique.
461. — pneumonanthe. Im Riedt.
462. — acaulis. Ornamentum omnium alpium, præcipue Kamoris.
463. — *verna*. Prata palustria planitiei et montium usque in summos alpes.
— — Var. *β. major*. Florib. majorib., petalis serrulatis. In m. Ober-Kamor. hûc *G. utriculosa* Wahlemb. in tentamine de veget. helvet. trahenda. — Caulis Gent. vernæ fructifer valde elongatur.
464. — *prostrata* Hænke (bavarica L.) et ejus varietas *β. subacaulis* (G. imbricata Fröhlich.). In m. Freschen ad nives deliquescentes, ubi latos cæspites efformat.
465. — *nivalis*. In jugo Omadona m. Freschen; in Hohenkasten, sed rarissime.
466. — *amarella*. In pratis montanis. Latitudo laciniarum calycis valde variabilis.
467. — *campestris*. Ex planitie in alpes adscendit, sero adhuc florens.
468. — *ciliata*. Colles aridi; et in alpibus, ubi flores majores, intensius colorati.

469. *Erythræa centaurium.* Montosa sicca et prata palustria planitiei. Flores *bracteati.*

470.† — *pulchella* Pers. *Flores sine bracteis.* In palustr. pr. Berneck.

471.† — *inaperta* Willd. Plantula hæc a pulchella differt: laciniis calycis tubo corollæ dimidio brevioribus, cum in pulchella tubum æquant, subpatulis corollæ laciniis semiapertis. Caulis pusillus, sæpius digito non altior, plerumque simpliciss. uniflorus, rarius per dichotomiam ramosus, pauciflorus; flores *ebracteati.* In paludosis ad Rhenum pr. Dieboltsau in consortio cum centunculo minimo, Cypro flavescente.

472. *Vinca minor.* Florib. cœruleis et elegantissime purpureis.

473. Asclepias vincetoxicum.

474. Rhododendrum ferrugineum.

475. — hirsutum. Inferius descendit, quam ferrugineum, e. gr. infra ecclesiam Walzenhausen.

476. Erica carnea. Alpes omnes.

477. — vulgaris (Calluna).

478. *Andromeda polifolia.* Eodem loco cum Scirpo cæspitoso, quem vide.

479. *Arbutus alpina.* m. Kamor, Axberg. Foliis rubentibus autumno jam e longinquo discernitur.

480. Pyrola rotundifolia.

481. — secunda.

482. — uniflora. Circa St. Antonii sacellum in sylvis abietinis.

483.* Empetrum nigrum. Frequens in m. Axberg, Freschen.

484. Vaccinium. Myrtillus.

485. Vaccinium vitis Idæa.
486. Vaccinium uliginosum. In alpinis vulgare.
487. Vaccinium oxycoccos. Eodem loco cum Andromeda polifolia.
488. Campanula *pusilla*.
489. — *rotundifolia*. Valde varians, uti et antecedens; folia infima radicalia cito evanida, et tunc non cum C. linifolia commutanda.
490. Campanula *patula*. Minime rara; idem valet de sequentibus:
491. — *rapunculoides*.
492. — *trachelium*.
493. — *glomerata*. Sæpe alpina.
494. — *thyrsoidea*. m. Kamor; præcipue in m. Freschen jugis.
495. — *barbata*. Jam in subalpinis e. gr. circa St. Antonii sacellum, tum in alpibus vulgaris.
— Var. β. *uniflora*, caule digito minore. Locis aridis alpium. An *Allionii?*
— — γ. *major*. Pedalis et ultra, multiflora. Sylvæ alpinæ.
496. Campanulas campestres, persicifoliam, mediam, rapunculus, speculum hucusque non observavi.
497.* *Phyteuma betonicæfolium*. m. Freschen.
498. — *orbiculare*. Vulgatissimum in subalpinis et alpinis.
— Var. β. minus, foliis betonicæ simillimis. Ibidem.
499. — spicatum.
499 b Lampsana communis.
500. Prenanthes purpurea.
501. *Chondrilla* (Prenanthes) *muralis*. Ad muros præcipue. — Chondrilla prenanthoides (Lac-

tuca Scop.) Villars (Iter botan.) in nostra valle nondum reperta, sed paullo altius versus Rhætiam non rara ad Rheni littora.

502. Sonchus oleraceus. Polymorphus, uti et sequens.

503. — asper.

504. — arvensis.

505.* — alpinus. m. Freschen adhuc in regione abietina.

506. *Hieracium aureum.* Jam in montibus humilioribus e. gr. pr. St. Antonii Sacellum.

507.* — *alpinum.* Freschen (et in alpib. Abbatiscell.)

508.* — *aurantiacum.* Ibidem.

509.* — *villosum.* Alpina lapidosa.

— — † var. β. Hæc varietas aut subspecies ab α differt florib. minorib. 1—3, involucri squamis minus numerosis ex angusta basi lanceolato-linearibus, omnibus erectiusculis, (cum in α sint ex ovata basi lanceolato-lineares, et quidem externæ patulæ, sæpius reflexæ sicque involucrum secundum formantes) pilis omnium partium, involucri præcipue, brevioribus multoque minus copiosis. Cæteris partibus plane cum α convenit, latitudine foliorum, pilis sub lente denticulatis etc. etc. Illustr. D. Dr. Zollikofer eam sub nomine H. *obscurum* ut propriam speciem ab α separat. Videtur esse H. *villosum angustifolium* Vill.

510. — *pilosella* L.

511. — *dubium.* v. Sprengel supplem. flor. Halens. occurrit scapo 1—2 floro humiliore et tunc

est

est H. auricula var. β. Flor. Franç. — Folia utrinque glauca, margine plus minus ciliato.

512. *Hieracium auricula* L. Spreng. flora Halens. p. 222. In agris montosis rarissime.

513.† — *florentinum* Spreng. flor. Halens. H. *piloselloides* Flor. Franç. H. *præaltum* Vill. iter botan. — Ad muros; in agris montosis frequens. Variat.:

β. scapis basi foliosis, foliis margine pilis longiss. copiosis ciliatis, stolonibus reptantibus. Videtur esse H. *collinum* Gochnat. Vill. iter botan. In agris montosis. Ibidem adhuc modo alio variat.: γ. quasi intermedium inter H. piloselloides Flor. Franç. et *cymosum* Flor. Franç., Villarsii et transitum ab una ad alteram speciem faciens. Foliis undique hispido-pilosis, scapo toto pilis basi nigris, apice dealbatis, in scapo summo elongatis, uti in H. aurantiaco esse solent, hispido, pedicellis propriis magis glomeratis cum H. cymoso convenit; habitu toto vero, foliis glaucescent., minime intense viridibus, qualia H. cymoso adscribuntur, loco natali cum H. florentino (piloselloide). Stolones nullos habet. — Calyces in α, β et γ pilis sub lente glanduliferis munitos observo.

514.† — *porrifolium*. Prope St. Antonii sacellum, et in sylva alpina Sonnenwald.

515.† — *montanum*. Alpes, præcipue orientales.

516. — *murorum* L. In planitie et in alpinis. Magnitudine et foliorum formâ valde varians, in alpina regione pusillum, sæpius uniflorum. Folia sæpe subtus purpurescunt. Notatu digna

forma videtur in m. Freschen obveniens, omnibus partibus minor, fol. radical. ovatis subintegris, basi integerrimâ in petiolum longum excurrentibus, caulino unico sessili lanceolato-lineari, margine denticulo uno alterove notato, caule apice 1 — 3 floro, inferne glaberrimo, superne, uti involucra, tomento breviss. albido præter pilos nigros glanduliferos obducto, squamis involucri externis squarrosis. An *nigrescens* Willden. (in hort. berol. enumeratione.)?

517.† *Hieracium sylvaticum* Smith. (in Transact. linnean.) In sylvaticis pr. Berneck.

518.† — *sabaudum*. Fol. caulin. superior. ex basi amplex. late ovatis brevibus. — Rarius. — Circa Berneck.

519. — *umbellatum*. Autumno floret; frequentissimum. variat. caule pusillo, unifloro.

520.† — *amplexicaule*. Ad rupes Hirzensprung; ad arcem Hohen-Ems.

521. — blattarioides. In alpinis vulgare.

522. — paludosum.

523† — *Jacquini* (*humile*). In rupibus alpinis m. Freschen. multo majus ad arcem Hohen-Ems cum amplexicauli, et in m. Gebhardtsberg pr. Brigantium. Hûc Halleri hist. T. I. N° 46. var. γ. foliis basinversus pinnatifidis.

524.*† *Hieracium chodrilloides* Jacq. et quidem ejus var. β. involucro nigro — lanuginoso. Copiosum, m. Augusto exeunte florens una cum Valeriana saxatili, Arenaria polygonoide in m. Sonnenwald latere orientali auf Rüfenen Schutt.

525. *Crepis biennis* Flor. Franç. Haller dissert. de Crepidibus im naturhistor. Anzeiger. Rarior in planitie, frequentior in pratis montanis e. gr. circa pagum Ebnat. Semina longa, sed non in stipitem attenuata, costis integerrimis, nec serrulatis. Occurrit foliis carnofiusculis undique glaberrimis, supremis et integerrimis.

526. — *virens* Haller de Crepid. dissert. C. tectorum multorum. Semina leviter sulcata, costis integerrimis, nec crenulato-serrulatis. Pappus involucro brevior. Flores parvuli. Junio Julio floret, vulgaris, et iterum m. Octobr., Novembr., varietatem δ serotinam laudati auctoris repræsentans.

527. — *taraxacifolia* Haller de crepid. *Borkhausia taraxacifolia* Flor. Franç. Apud nos m. Mojo, Junio frequentior etiam duabus præcedentibus in pratis, ad muros. Semina matura elongata attenuata valde, ita ut pappus stipitatus videatur, costis evidenter serrulatis. Involucri tomentum intensitate valde variat, ante anthesin copiosius; foliola involucri interni dorso pilis nigris uti in aliis Crepidibus, e. gr. bienni muriculata. Flores paullum minores quam in Cr. bienni.

528. — *Wiebelia apargioides* Hoppe. (Hieracium stipitatum Jacq. Crepis apargioides Willd.) Planta in Floris helveticis adhucdum neglecta, in montibus nostris tam humilioribus e. gr. circa pagum Oberegg, quam alpinis e. gr. Aaberg, Freschen minime rara, semper in consortio cum Hieracio paludoso proveniens, quocum ultra regionem abietinam adscendit.

Semina similia seminibus Chondrillæ et Leontodontis L. et ejusdem constructionis, apice quasi truncata, (nec attenuata) coronulaque terminata, e cujus centro concavo stipes pappi simplicis verus i. e. cum pappo decidens assurgit. Squamæ involucri externæ 3 — 4 erectæ, minimæ, pilis longis nigris obtectæ, ut vix conspiciantur atque involucrum simplex videtur. Toto habitu a Crepidibus atque Barkausiis discrepat, affinior Hieraciis. — Propter seminum formam clariss. D. Zollikofer bene nomen *Peltidium* huic generi dedit.

529. *Apargia autumnalis.* (Leontodon Flor. Franç.)

530. — *hastilis.* Foliorum forma eximie variat. Hujus varietas habetur nonnullis botanicis.

531. — *hispida* L. Pili nunc simplices, nunc furcati, nunc trifidi, nunc creberrimi, nunc pauciores; folia in eadem planta glaberrima et hispida. In floribus character distinguens nullus. In m. Axberg occurrit varietas hujus aut hastilis:

β. scapo et calyce hirsutis, foliis glaberrimis. Tandem in sabulosis ad Rhenum observari potest:

γ. foliis hirsutis, scapo involucroque glabris.

532. *Apargia alpina* Host. Willden. (Leontodon squamosum Flor. Franç. Apargia pyrenaica Suter.) In regione alpina, Ap. hastili valde affinis, et uti hæc formarum variationi valde subjecta. Observavi præcipue:

*α. *majorem*, scapis 2 — 3 floris, 1 — 4 ex una radice exeuntibus, involucris magis villosis, pilis longis griseo-viridibus, intermixtis nigris, lanuginosis. Similis debet esse Apargiæ taraxaci L. (Leontodon montanum Flor. Franç.), sed foliis omnibus subintegris diversa. In m. Freschen.

β. *minorem*, 1/2 pedalis et palmaris, uniflora, involucris multo minus villosis, absque pilis griseo-virescentibus, præter pilos nigros pauciores tomento brevissimo pulverulento albido obductis. Folia plerumque hirsuta. In m. Freschen cum α; in monte Kamor.

Folia harum varietatum in omni statu subintegra, nunc vero glaberrima, nunc præcique in β pilis crebris simplicibus hispida.

533. Picris hieracioides L.

534. Hypocharis radicata L.

535.* — uniflora L. M. Freschen, ubi in alpe Zalufer non rara.

536. *Scorzonera humilis* Decand. Fl. Fr. Hall. hist. stirp. N. 16 nota. Im Riedt prope Dieboltsau, pr. Bernegg, in m. Fähnern. — Radix circa collum folior. rudimentis obsita, caulis minime aphyllus, sæpissime foliis 4 — 5 — 6 obsitus nunc angustissim. linearibus, nunc pollicem latis.

537. *Tragopagon pratense.*

538.† Leontodon palustris Engl. bot. (lividus). Im Riedt.

539. — taraxacum L.

540. Cichorium intybus L.

541. Arctium tomentosum. Altstædten.

542.† Silybum marianum. In vineis pr. Berneck.

543. Carduus defloratus. Ex alpinis in Juglandis regionem descendit.

544.* — personata. Prope pagum Ebnat Vorarlberg. in subalpina regione situm.

545.† — Serratula tinctoria. In siccis montosis et in paludosis ad locum Bodamicum.

546. Cirsium palustre.

547. — lanceolatum.

548. — spinosissimum.

549. — arvense.

550.* — alpinum. In m. Freschen jugis altissimis. Pappus omnis plumosus; quare ad Saussuream Decand referre non audeo, cæterum affine.

551. Cirsium oleraceum.

552.* — acaule. Prope pagum Ebnat.

553. Centaurea jacea.

554. — montana.

555. — scabiosa. In alpibus valde pusilla.

556. — cyanus.

557. Carlina subacaulis. In alpes adscendit.

558. — vulgaris.

559. *Cacalia alpina.* Subtus foliis glabriusculis. — In subalpinis e. gr. jam prope St. Antonii sacellum.

560. — *albifrons* L. (petasites Flor. Franç.) Foliis subtus tomentosis, petiolo appendiculato. — Alpina.

561. *Eupatorium Cannabinum* L.

562. *Gnaphalium rectum* Smith. In sylvis montium inferioribus.

562.b — — β. foliis undique lanatis. *Gn. fuscatum* Pers. In alpinis e. gr. m. Freschen, ubi interdum perpusillum evadit, caule brevissimo, vix bipollicari, florib. in spiculam capituli formem congestis atque tunc ægerrime a Gnaphalii supini varietate β, solum fere tomento caulis et foliorum intensiore, candidiore et squamis involucri toto apice sphacelatis (nigrescentibus) distinguendum.

563.* *Gnaphalium supinum* L. Solitarie et gregatim crescit in jugis summis m. Freschen. Caulis simpliciss., foliformis flexuosus quasi propter debilitatem decumbens, florib. 1—4 subsessil. spicatis, post anthesin plus minus remotis. Nescio an jure ut variet. β. huc trahenda plantula G. supino etiam minor 1— et ad summum 2'' alta, sed caule firmiore, magis erecto floribus 3—4 in spicam capituliformem congestis, cæterum colore griseo-albo tomenti aliisque notis cum G. supino conveniens. Hæc plantula gregatim crescit, cœspites formans, in quibus semper individua inveniuntur cauliculo subnullo, floribus subradicalibus, quæ nil aliud erunt quam *Gnaphalium pusillum* Hänke; Gnaphalium sylvaticum β en mignature repræsentat optime, præcipue a supra memoratis individuis pusillis vix nisi tomento leviore minus albo involücrisque pallidioribus distinguitur, atque, nisiforte eodem jure aut etiam majore ad Gnaph. fuscatum refertur, saltem affinitatem maximam inter Gnaphalium supinum et fuscatum ostendit. — Semina harum Gnaph. specierum sub lente pilosula.

564. — *uliginosum*. In agris cum Bidente tripar-

tita. Semina sub lente muriçulata (hispidula) sunt.

565. *Gnaphalium dioicum*.

566. — luteo-album. Ad Monstein rariss.

567. Conyza squarrosa.

568. Erigeron acre.

569. — canadense.

570* *Erigeron uniflorum*. In summo m. Kugel (et in alpib. Abbatiscell.). Præter minutiem ab omni E. alpini varietate differt involucri squamis latioribus, a basi ad medium villis longis albidis laxe pendulis barbatis, a medio ad apicem glabriusc. atropurpureis.

571. — *alpinum* L. Hujus tres formæ diversæ seu varietates in his montibus observari possunt:

* Var. α. *alpinum hirsutum*. E. *alpinum Hoppe* plant. exsicc. Pili articulati albidi, simplices, caulis diametrum æquantes aut et superantes, non viscidi stirpem totam, folia undique, caulem præcipue basi, involucri squamas usque ad earum apices obtegunt Planta 1—4 flora, 3—8″ alta. In m. Freschen (et in alpib. Abbatiscell.).

— β. *alpinum glabrisculum*. E. *glabrum Hoppe* plant. exsicc. — Antecedente plerumque minus, plerumque 1—, multo rarius 3—4 florum. Totum glabrum præter foliorum marginem, pilis simplicibus nunc obsolete, nunc evidenter ciliatum atque summum caulem, qui pilis rigidis, appressis simplicibus, intermixtis aliquot glanduliferis brevissimis scaber est, tamen nil viscidi habet. Squamæ involucri sæpius totæ glabræ, interdum pilis ejusdem conditionis, in summo caule, scabræ. — Folia subtus aliquid scabriusculi pro digito tangente habent. Involucra hujus et var. α. viridia.

Var. γ. *alpinum ramosum.* Multiflorum pedale et sesquipedale, omnibus partibus var. α et β majus; caule inferiore foliisque præter marginem obsoletius ciliatum glabris; caule superiore involucrisque purpureis scabris *viscidisque* pilis brevissimis, purpurascentibus, glanduliferis omnibus. — Foliorum pagina inferior aliquid scabriusculi habet ut in var. β.; summa folia viscida sunt, uti jam de summo caule et involucris dictum est. Flores paullo majores quam in α et β, ejusdem coloris, tamen radii ligulæ vix longiores quam in α et β. — Etiamsi propter pappum *rufescentem*, nec *candidum* ad Erigeron Villarsii (Atticum Vill.) Flor. Franç., cujuscum descriptione in libro laudato et in Wahlembergii flora Carpatica partibus reliquis omnibus bene convenit, referre nequit, saltem ei proximum atque affinitatem inter E. alpinum et E. Villarsii docet. — Habitat in jugis m.

Freschen in consortio cum phaca alalpina.

Folia E. alpini in omni varietate 3—5 nervia apice calloso instructa.

572. *Aster alpinus* L. In omnibus alpibus, locis aridis.

573.† — annuus L. (Erigeron). In arvis pr. St. Margaretha.

574. Solidago virga aurea L. In alpibus multo minor.

575. Tussilago alpina. Alpina et subalpina e. gr. circa St. Antonii sacellum, Ruppen.

576. — alba. Inter Wald et Trogen. In alpinis locis umbrosis.

577.*† nivea. Locis similibus, uti prior, cujus in consortio sæpe provenit. e. gr. ad pedem m. Axberg.

578. — farfara.

579. Senecio vulgaris. Per totum annum floret.

580. — jacobæa.

581.† — erucæfolius Flor. Franç.

582. — sarracenicus.

583. — paludosus. Ad lacum bodamic.

584.* — Doronicum. Alpes Orientales m. Freschen (et in alpibus Abbatiscell.).

585.† Cineraria alpina Willd.

586. — *cordifolia*. Per innumeros variationis gradus in priorem transit aut illa in hanc.

587.* *Arnica scorpioides* L. m. Freschen ad nives deliquescentes.

588. — *montana*. Frequentissima in alpinis montium Voralberg.; in Occidentalibus solum in m. Fähnern. (Vulgaris vero in Innerrhoden.)

589. *Arnica bellidiustrum.* Stirps vulgaris, et ex collibus infimis in alpes migrat, eo minor, quo altius adscendit.
590. Inula dysenterica L.
591. Bellis perennis.
592. Chrysanthemum leucanthemum. In alpibus multo minus.
593.* *atratum.* Frequentiss. in alpinis Orientalibus seu Voralberg.; caret in m. Kamor. Distinctum foliis carnosis.
594.† *Pyrethrum Parthenium.* Quasi sponte ad vinearum muros circa Buchen (Thal.)
595.* *Artemisia absynthium* L. Ad rupes m. Gebhardtsberg pauca individua. Circa oppidum Sargans copiosa. Artemisias alias nondum observavi spontaneas.
596. *Anthemis arvensis* L. St. Margretha in sabulosis ad Rhenum. Copiose in agro quodam quieto inter Lustenau et Brigantium.
597. Matricaria Chamomilla. Rarissime in arvis.
598. Achillea millefolium L. florib. albid. et rubeolis.
599.* — macrophylla. m. Freschen (et in alpib. Abbatiscell.).
600.* — atrata. m. Freschen, Schnenwald. Hûc *moschata* Wahlemb. tentam. helvet. (et in alpib. Abbatiscell.)
601.* ptarmica. Prata paludosa nostra fugere solet; tamen ad lacum bodamicum provenit in arundinetis.
602. Buphtalmum salicifolium L. Ubiqe vulgaris, nec alpinam regionem fugit.
Buphtalm. salicifol. var. β. grandiflora. Ad muros arcis Hohen-Ems.

603. Bidens cernua L. Agri inter Lustenau et Dornbirn Septemb. mensc.
604. — tripartita. Vulgaris fere ubique - præcipue in agris humidis.
605. Dipsacus sylvestris.
606. — pilosus.
607. Scabiosa succisa.
608. — arvensis.
609. — columbaria. Hæc præcipue et in alpes adscendit, ubi valde parvula.
610. — sylvatica.
611. Valeriana officinalis. Ripas Rheni præcipue amat; in montanis siccis fere nunquam videtur.
612. — dioica.
613. — *tripteris*. Jam in collibus, vineis, tectis, locis præruptis provenit, unde in alpinam regionem adscendit.
614. Valeriana *montana*. Multo magis planitiem fugit, quam prior.
615*† — *saxatilis*. Planta austriaca, copiosa loco indicato v. Hieracium chondrilloides. Neglecta hucusque in Floris Helveticis.
616. — olitoria.
617.† — dentata.
618. Sherardia arvensis.
619. Asperula odorata.
620. — taurina. Supra Ems, prope Oberried, Kobelwald non rara.
621.† arvensis. Agri supra Balgach.
622.* — cynanchica. Prope Röthis.
623. Galium *verum* L.
624. — *cruciatum* L.
625. — *palustre*. Variat caule minore, erecto, subsimplici.

626. Galium *mollugo*. Folia patentissima, supra nitentia. Occurrit etiam, nisi mera varietas G. Molluginis.

627. — *erectum Hoffm.* Aliquantum diversum foliis angustiorib. longiorib., panicula minore.

628. — *austriacum Jaq.* (læve Flor. Franç.) Maxime variat, glabritie præcipue et magnitudine. Variationes præcipue his locis observandæ fere sequentes erunt.

α. Totum glabrum, foliis margine lævibus, brevius mucronatis. G. *læve* Flor. Franç.

β. Parte superiore glabra inferiore pubescente, foliis margine asperulis. G. *Bocconi* multorum botanic.

γ. Totum glabrum, foliis margine asperulis, apice in mucronem longiorem piliformem excurrentibus. Videtur esse *supinum* Lam. et aliorum.

Interdum etiam, præcipue in alpinis, valde elongatur, internodiis magis distantibus quam folia multo longioribus, paniculâ magis divaricatâ, et tunc Mollugini accedit.

629.* — *saxatile*. In m. Freschen, Axberg. Flores sordide albi. Est quasi G. mollugo en mignature et ad Molluginem se habet, uti Pinus montana ad P. sylvestrem.

630. — *aparine* L

631. — *rotundifolium*. In umbrosis sylvorum abietin. non rarum.

632. Lonicera caprifolium.

633. — alpigena. Jam in collibus humilibus e. gr. Schutz pr. Rheineck provenit.

634. — xylosteum.

635. Viscum album. In Malo communi et Pyro communi; nunquam in aliis arboribus vidi.
636. Viburnum lantana L.
637. — opulus L.
638. Sambucus Ebulus. pr. Berneck.
639. — nigra.
640. — racemosa.
641. Cornus sanguinea.
642. Hedera helix. Omni anno floret fructûsque fert; trunco crassitie femoris humani invenitur.
643. Aegopodium Podagraria L.
644. Pimpinella magna. florib. albidis et purpurascentibus.
645. — saxifraga L.
— — β. caule foliisque pubescentibus. An *nigrescens* Willden.? Caulis sine succo cœrulesc. In pratis montanis.
646. Carum Carvi. In pratis montanis.
647. Athamantha cretensis. m. Freschen et Hohenkasten.
648. Imperatoria Osthrutium L. m. Freschen, Ober. kamor.
649. Angelica sylvestris.
650. Chærophyllum sylvestre L. Prata omnia.
651. — hirsutum L. In planitie, sicuti in alpibus frequens.
652. — temulum L. Inter Rebstein et Balgach.
653. Aethusa Cynapium L.
654. Cicutaria virosa (aquatica). In stagnis Fuchsloch pr. Rheineck.
655. Sium angustifolium L.
656. Ligusticum mutellina. Florib. albidis et rubris in omnibus alpibus.

657.* Selinum palustre. Supra Röthis. Prope Lustenau. Semina hujus speciei juniora hirsuta sunt, sicut et radii umbellæ.

658.? — oreoselinum L. Prope Oberried.

659.† — carvifolium L. Ad Sonnenberg prope Berneck.

660. Laserpitium latifolium. Alpina regio.

661. Heracleum Sphondylium L. Semina pubescentia.

662. Daucus Carotta L.

663. Caucalis Anthriscus L. Ad sepes ubique.

664. Peucedanum Silaus L. Prata macilenta.

665. Apium petroselinum L.

666. Pastinaca sativa.

667. Bupleurum angulosum

— — β. ranunculoides multorum. Cum priore in m. Freschen, Kamor.

668. Astrantia major.

669. Sanicula Europæa.

670. Saxifraga aizoon Jacq. Jam in monticulo Schlossberg supra Ems; tum in alpibus omnibus vulgaris.

671. — mutata L. Supra Ruppen in petris conglobatis (Nagelfluh) frequens.

672. — stellaris L. In m. Freschen.

673. — cæsia L. In m. subalpinum Haggen descendit cum Salice retusa; tum in alpibus vulgaris.

674. — oppositifolia L. In m. Freschen et in Kamor.

675. — aizoides L. Flore pallido et β. aurantiaco. Cum rivis e. gr. Ill in planitium descendit.

676. — androsacea L. m. Freschen, Kamor.

677. Saxifraga rotundifolia. Jam in sylvis montanis e. gr. circa Oberegg.
678. — muscoides Jacq. Kamor.
679. Chrysosplenium alterni folium L.
680.† Adoxa moschatellina L. Prope Altstædten comm. D. Schneider.
681. Sedum thelephium.
682. — album.
683. — atratum. β. floribus atque capsulis albidis remanentibus. Jam in m. Sauruchen, tum præcipue β in m. Frexen et Kamor.
684. — dasyphyllum. Ad muros vetustos e. gr. prope Ecclesiam St. Margretha, in p. Berneck.
685. — villosum. In sylvaticis palustribus e. gr. prope balneas Schönenbühl; Gebhardtsberg prope Brigantium.
686. — acre.
687. — fexangulare. Priore multo frequentius.
688. Sempervivum tectorum. In muris vetustis; et in alpibus e. gr. in alpe Zalufer.
689. Tamarix germanica. Ad Rhenum.
690. Scleranthus annuus. In agris montosis e. gr. supra Buchen.
691. Ribes uva crispa. Ad sepes. Ribes rubrum cum R. nigro et R. grossularia adsepes occurrit, potius vero cultum, quam spontaneum.
692. Lythrum salicaria.
693. Ceratophyllum demersum. In fossis ad p. Au.
694. Callitriche sessilis et var. β. intermedia. In fossis vulgaris.
695 Lemna minor. In stagnis.
696. Hippuris vulgaris. Ad Lustenau, Bauren. Occurrit et variet. β. fluitans.

697.

697. Myriophyllum verticillatum L. In fossis e. gr. prope Berneck.
698. Circæa lutetiana L.
699.† Oenothera biennis. Ad Oberried.
700. Epilobium *angustifolium* L.
701. — *parviflorum* Schreb. stigmate 4 fido.
702. *montanum* L. stigmate 4 fido.
703. — *palustre* L. stigmate simplice, uti et 4 species sequentes.
704.† — *tetragonum* L.
705.† — *obscurum* Schreb. (ramosissimum Mönch. meth.) A tetragono præcipue latitudine foliorum majore atque caule ramosissimo discrepat.
706† — *roseum*. Flor. Franç. m. Freschen et Kamor.
707. — *origanifolium* Decand. Synops. quod idem videtur cum *alsinifolio* Aitonii. Valde affine tetragono, sed multo humilius, multoque minus ramosum. Folia splendentia. In cryptis m. Kamor.
708. Malus communis L. Sæpius, uti et sequens, spontanea.
709. Pyrus communis L.
710. Prunus avium. In sylvis.
711. — spinosa L.
712. — padus L. Ad Rebstein.
713. Mespilus cotoneaster. In rupibus humilioribus.
714. — amelanchier. Circa Berneck.
715.* — chamæmespilus. In m. Axberg, Freschen frequens ad limitem termini abietini.
716. Cratægus aria.
717. — oxyacantha.
718.† — monogyna. Præcipue in Alnetis ad Rhenum.

719. Sorbus domestica.
720. Rosa alpina. Jam in montibus humilioribus provenit.
721. — canina.
722.† — alba. In sylvis præcipue.
723.*† — cinnamomea L. In alpibus inter Brigantium et Haard. Alias Rosarum species nondum observare licuit.
724. Poterium Sanguisorba L.
725. Sanguisorba officinalis L.
726. Agrimonia Eupatorium L.
727. Alchemilla vulgaris.
† — — β. montana sericea, de qua vide Wahlemb. flor. Carpat. — In m. Kamor.
728. — alpina. Descendit in montes humiliores e. gr. prope St. Antonii sacellum frequens.
729. — aphanes. Rarius. In agris pagi Walzenhausen, in planitie Rhenana nunquam observavi.
730. Tormentilla erecta.
731. Potentilla *verna* β. *filiformis* Pers. In muris, aridis planitiei et montium humiliorum.
732.† — *salisburgensis*. Semper alpina, antecedente multo major, foliis multo profundius incisis, supremis tripartitis. In m. Kamor.
733. — aurea. Kamor. Freschen et in montibus humilioribus e. gr. in m. Saurucken supra Altstædten.
734. — anserina.
735. — reptans.
736. — caulescens. In omnibus montibus alpinis; et in planitiem descendit e. gr. ad Hirzensprung.

737. Potentilla fragaria. Primo vere perfrequens.
738. Fragaria vesca.
739. Comarum palustre.
740. Geum urbanum.
741. — rivale. In planitie et in alpibus.
742. — montanum. m. Kamor. In m. Axberg frequens.
743. Dryas octopetala L. Ubique in regione alpina, ex qua plus minus descendit.
744. Rubus saxatilis. Prope Berneck; in Emserberg.
745. — Idæus.
746. — *fructiosus*. et var. β. *foliis subtus non incanis, solum pubescentibus?* Variat etiam foliolis petiolatis aut sessilibus seu subsessilibus.
747.† — *glandulosus* Bellardi. A priori et ab omnibus cæteris hujus terræ speciebus calycis foliolis longissimum in apicem, sæpius foliaceum attenuatis distinctus. Pili rubescentes, apice globuliferi calycem (cæterum brevissime tomentosum, ut in aliis Rubi speciebus) pedunculos atque petiolos, caulem et ramos obtegere solent; tamen characterem ad distinguendam hanc speciem constantem non præbent; non raro enim albidi sunt et multo rariores aut fere carent. In sylvis montosis minime rarus.
748. — cæsius L. Ubique.
749.† — corylifolius L. Ad vinearum mœnia e. gr. prope Hausen. Glabritie foliolisque sessilibus a R. *glanduloso*, foliolis semper subtus viridibus a R. *fruticoso*, caule 5 — angulari a R. *cæsio* diversus; cæterum ultimo maxime omnium affinis. Foliis ternatis, lateralibus plerumque

bilobis sessilibus, medio longius petialato et foliis quinatis, foliolo medio petiolato, lateralibus sessilibus integris in eodem ramo florifere gaudet.

750. Spiræa ulmaria.
751. — aruncus.
752.† Genista tinctoria.
753.† Spartium Scoparium.
754. Ononis arvensis.
755. Anthyllis vulneraria.
756. Trifolium repens.
757.† — hybridum.
758*† — cæspitosum Rain. Priori habitû simillimum, sed minus, cæspitosum, capitula unicoloria albescentia. In m. Freschen jugo summo frequens; in aliis vero Alpibus nondum vidi.
759. — pratense L.
760.† — medium.
761. — montanum.
762. — arvense.
763.† — fragiferum.
764. — badium Schreb. In alpinis.
765. — agrarium (aureum multor.). Ad m. Kamor pedem orientalem. Flor. Franç.
766. Trifolium procumbens L. ed. Willden. In pratis, agris.
767. — filiforme L. edit. Willden. In pratis madidis.
768. Melilotus officinalis. Plerumque florib. flavis, rarius albis.
769. Medicago sativa. Pluribus locis olim sata, nunc spontanea.

770. Medicago falcata.
771. — lupulina.
772. Lotus siliquosus.
773. — corniculatus et β. variet. uliginosa.
774.*† Phaca alpina. In jugo Omadonna m. Freschen.
775.* — frigida. m. Freschen sparsim. Folia sæpius 6—8 juga quam solum 4 juga.
776.* Astragalus alpinus L. m. Freschen.
777. — glyciphyllos L. In pratis montanis.
778. Oxytropis montana L. In m. Kamor.
— — β. caulescens. m. Freschen.
779. — campestris. Hohenkasten.
780. Lathyrus pratensis.
781. — sylvaticus.
782.* Orobus niger. In sylva Balgacherholz.
783.*† — luteus. m. Freschen.
784. — vernus.
785. — tuberosus. In nemoribus siccis frequens.
786.* Vicia sylvatica. Ad terminum abictinum in m. Freschen.
787. — cracca.
788. — sepium.
789.† Ervum 4-spermum.
790. — hirsutum.
791. Hippocrepis comosa.
792.* Coronilla Emerus. Supra Ems copiose.
793.* — minima. In scopulis Aridis summi montis Axberg.
794. Onobrychis sativa. Spontanea vulgaris in planitie Rhenana in pratis macilentis; in alpinis nusquam vidi.
795.* Hedysarum obscurum (alpinum). In m. Freschen frequens.

796. Staphylea pinnata. In nemoribus pr. Berneck; ad sepes prope Altstædten.
797. Evorymus Europæus L.
798.† — latifolius. Frutex formosus, vulgaris in sylvulis collium Hausen et Buchholz pr. pagum Berneck; vix alibi observatur.
799. Ilex aquifolium.
800. Rhamnus frangula.
801.* — pumilus. Ad rupes Orientem versus spectantes jugorum m. Frechen.
802. Berberis vulgaris.
803. Nymphæa alba.
804. — lutea.
805. Papaver Rhœas L.
806. — dubium L. In agro arenoso prope Berneck cum priore copiosum, nec alibi vidi.
807. Chelidonium majus.
808. Corydalis cava et var. β. floribus albidis. In montanis.
809. Fumaria officinalis. Valde rara.
810. Raphanus raphanistrum. Flor. luteis et albis.
811. Sinapis arvensis. Occurrit siliquis glabris et hispidis.
812. Brassica oleracea. Spontanea quasi in fossis exsiccat, ad vias, in agris.
813.† — erucastrum L. Saltem Halleri histor. N. 459. Eruca var. γ. floribus, flavis. — Magnitudine valde varians planta vulgaris in muris, ad vias, præcipue etiam in sabulosis ad Rhenum. An Erysimum obtusangulum nec auctorum?
814.*† Hesperis matronalis L. vere spontanea in sylvaticis mtis Schlofsberg pr. Hohen-Ems.
815. — alliaria (Erysimum).

816. Erysimum barbarea.
817. — officinale.
818.† — cheiranthoides. Hinc inde in agris.
819. Sisymbrium nasturtium L.
820.† — palustre.
821. Arabis alpina.
822. — hirsuta. In montibus et alpibus, ubi valde parvula.
823.* — pumila (aspera Decand.) (nutans Willden.) Sonnenwaldberg.
824. — thaliana. In agro arenoso pr. Berneck.
825. Cardamine pratensis L. In pratis omnibus.
826. — amara. Ad fossas.
827. — impatiens. Ad arcem dirutam Zwingenstein.
828. — hirsuta L. (Link.) In vineis, jam m. Februario florens, frequentissima, fere semper tetrandra. Petala calyce duplo longiora.
829. Dentaria digitata Flor. Franç. In sylvis umbrosis e. gr. circa p. Grub.
830. Biscutella lævigata. In montibus alpinis. Biscutella saxatilis Decand. in alpibus abbatiscell. provenit.
831. Draba aizoides. m. Oberkamor.
832. — verna. In agris.
833. Thlaspi (Lapidium) sativum. Circa domos.
834. — bursa pastoris. Ubique. Occurrit et β. foliis radical. integris et integerrimis. (Thl. Schrankii.)
835. — arvense.
836. — campestre.
837.† Iberis amara.
838.* Lepidium alpinum. In m. Sonnenwaldberg.

839. Myagrum saxatile. In alpibus, ex quibus et in planitiem descendit e. gr. ad Hirzensprung.

840. Alyssum sativum (Myagrum). In agris inter linum pr. Dieboltsau.

841.† Reseda lutea.

842. Parnassia palustris. Ex planitie Rhenana in alpes e. gr. Oberkamor adscendit.

843. Drosera rotundifolia L.

844. — longifolia L. In palude ad viam inter Saurucken et p. Gais.

845. Gypsophila repens. In alpibus, ex quibus in sabulosis ad Rhenum prope St. Margretha, Höchst descendit.

846. Saponaria officinalis L.

847. Dianthus sylvestris. In m. Freschen jugo Omadona et in regione Juglandis in m. Schlossberg pr. Hohen-Ems.

848. — cæsius Smith. Supra vineas ad scopulos frequens.

849. — superbus. In nemoribus, etiam in alpinis.

850. Silene quadridentata. M. Kamor et in subalpino monte Emserberg.

851. — acaulis. In m. Kamor frequentissima. Occurrit monstrosa, foliis rosulas carnosas formantibus.

852. — inflata (Cucubatus behen.) In planitie, ut et in alpibus vulgaris.

853. — nutans.

854.† — gallica. In agris versus monasterium Grimmenstein cum sequente.

855.† — noctiflora.

856. Lyohnis flos Cuculi.

857. — dioica.

858. Lyohnis sylvestris. Priori multo præcocius floret.
859. Agrostemma Githago (Lychnis).
860. Sagina procumbens. Rarius apud nos video.
861. Alsine saxatilis Wahlemb. helvet. (Arenaria cœspitosa Suter.) In m. Kamor frequens.
862. Arenaria 3-nervia L.
863. — serpyllifolia L.
864. — ciliata β. multicaulis frequens in Kamor.
865.* — polygonoides L. In m. Sonnenwald.
866. — Stellaria media L. (Alsine media.) Per totum annum florens ubique.
867. — nemorum L. In m. Kamor, Kugel.
868. — graminea L.
869. — alsine Hoffm. (aquatica.) Ad rivulos.
870.* — cerastoides L. Wahlemb. flor. Lappon. In m. Freschen ad nives deliquescentes.
871. *Möhringia muscosa.* Alpina et subalpina e. gr. ad sacellum St. Antonii.
872.* *Spergula saginoides.* m. Freschen. (et in alpib. Abbatiscell.) v. Wahlemb. flor. Lappon. p. 138. — In paludosis magis elongata, major et tunc Saginæ procumbenti ita simillima, ut vix discerni queat, præcipue quando, uti videre licuit, numero partium fructificationis quaternario gaudet.
873? *Spergula arvensis.*
874. *Cherleria sedoides.* Cæspites magnos in m. Ober-Kamor format in consortio cum Silene acauli.
875. *Cerastium vulgatum* Linn. Willden. (viscosum Smith. Flor. Franç.) Planta polymorpha. In agris magis diffusum, procumbens, in pratis potius erectum aut adscendens, simplicius. Pa-

nicula ante anthesin et florens contracta, quasi glomerata, caule apice simplici aut in ramos duos breves diviso. Sed post anthesin panicula evolvitur, rami elongantur, iterum dividuntur, ita ut panicula dichotoma, secundum numerum florum plus minus ampla, patula evadit. Pedicelli in eodem individuo longitudine variâ; idem de latitudine et formâ foliorum valet. Pili caulis et pedunculorum simplices, paucis glanduliferis intermixtis, caulis diametrum æquantes. Cerastium viscorum L., quod secundum m. Biebersteinii floram Tauro-Caucasicam et Wahlemb. floram Carpaticam, caules pedunculosque pilis omnibus glanduliferis (capituliferis), densis, brevioribus obtectos habet, in terra nostrâ nondum cum certitudine observavi, nec C. semidecandrum, nec C. arvense.

876.† *Cerastium brachypetalum Persoon syn.?* In agris planitiei et montium humiliorum m. April., Majo florens. Jam primo adspectu a C. vulgato, viscoso, semidecandro calycibus usque ad summum apicem barbatociliatis, non calvis, nec diaphanis distinguitur. Cum descriptione C. brachypetali Pers. convenit, præter caulem, quem auctor laudatus *tomentosum* appellat, in nostra planta solum pilis simplicibus, horizontalibus aut seorsum spectantibus, diametrum ejus superantibus, pallidis villosum. Perbene etiam in C. *barbulati* descriptionem in cl. Wahlembergii Flora Carpaticâ p. 137 quadrat, nisi forte C. brachypetalum Pers. et barbatulum Wahlemb. una eademque sunt planta. Cæterum viride, totum villosum radix subrepens, caulis erectus, basi ramos plures ipsum æquantes, primo decumbentes, tunc erectos protrudens, tunc simplex aut jam a medio iterata vice dichotomus; — folia subovalia seu oblonga, longitudine variantia, tamen semper latiora quam in C. vulgato W. Flores in apicibus ramorum seu caulis, quando simplex, per paniculas glomeratas, quasi umbellatas dispositi, pedicellis longiores, minores et angustiores quam in C. vulgato Willd. — Calycis foliola acuminata, medio tenus pilis glanduliferis cum simplicibus immixtis obtecta, a medio ad summum apicem pilis simplicibus distantibus barbatociliata; interna margine angusto scarioso, omnia usque ad apicem viridia. Petala calycem subæquantia, potius breviora, usque ad 1/3 bifida, lobis pararellis acutiusculis. Stamina decem antherifera. Capsula minus incurva, quam in C. vulgato, subrecta, dentium paribus 5, calyce dimidio longior.

Pili foliorum et caulis inferioris atque medii simplices, articulati; caulis summi, pedicellorum atque bractearum glanduliferi potius, subviscidi. — Variat caulibus simplicissimis, digito minoribus aut bipollicaribus, foliis tunc late ovalibus brevioribus seu formæ subrotundæ appropinquantibus, infimis in rosulam congestis.

877. *Cerastium alpiaum* L. Petalis calycem multum superantibus. In m. Freschen, Oberkamor, Kasten.

878. — *aquaticum*. In agris, ad fossas.

879. Linum catharticum L. Ubique in montibus et in planitie.

880. Viola odorata. Præcipue in vinearum disjectamentis,
881. — hirta. Ibidem, sed et in pratis macilentis.
882. — canina.
883. — biflora. In alpinis.
884. — tricolor. Coloribus varians in agris montanis.
884.b — arvensis. In agris planitiei.
885. Helianthemum vulgare. Ex planitie in alpes adscendit. Occurrit varietas monstrosa, foliis in capitulum congestis, sterilis.
886. — œlandicum Decand. (alpinum Wahlemb. helvet.) In alpinis frequens.
887. Tilia grandifolia. Arbor solitarie, præcipue circa pagos, invenitur.
888. Malva rotundifolia L.
889. — sylvestris L.
890. Geranium sylvaticum. In sylvis montanis. In summum cacumen m. Freschen adscendit.
891. — palustre. Prope Leuchingen, Getzis.
892. — columbinum. In agris planitiei.
893. — (pariviflorum) pusillum L. Flores pusilli, sed planta tota minime pusilla. Berneck.
894.† — molle. In nemorosis m. Kamor prope casas pastorum.
895. — dissectum. In agris montanis.
896. — robertianum. Ubique.
897. Impatiens nolitangere. In p. Berneck; prope Ecclesiam Walzenhausen.
898. Oxalis acetosella L.
899. Hypericum quadrangulum L.
900.† — dubium Vill. In omnibus sylvis montanis et in alpibus e. gr. Kamor.

901. Hypericum perforatum L.

902. — montanum. In nemorosis Hausen circa Berneck.

903. — hirsutum. Prope Rheineck.

904.† — humifusum. In agris humidis prope monasterium Grimmenstein.

905. Acer pseudoplatanus. Arbores ingentes videre potes supra pagum Ebnat.

906. — campestre.

907. Clematis vitalba.

908. Thalictrum aquilegifolium L. Ad fossas, in arundinetis planitiei et in alpinis m. Axberg.

909. Hepatica nobilis.

910. Anemone nemorosa.

911. — alpina L. Semper floribus albis observavi.

912. — narcissiflora. Cum præcedente in alpinis omnibus.

913. Ficaria ranunculoides.

914. Ranunculus aconitifolius. In alpinis et pratis montanis e. gr. prope Rüti, Heiden, Wolfshalden.

915. — alpestris. In omnibus alpibus.

916. — aquaticus Decand.

917. — montanus Willd. Decand. In alpinis, præcipue m. Kamor.

918. Ranunculus sceleratus L. Prope Leuchingen ad fossas. Solito minor ad lacum bodamicum prope Brigantium.

919.† — nemorosus Decand. syst. veget. In nemorosis in adscensu m. Kamor supra p. Plonen; in m. Frechen, ubi multo minus pilosus, pilis potius appressis occurrit.

920† — lanuginosus L. Ad rivulos.

921. Ranunculus repens. L. Valde variat prout siccitatem loci natalis.

922. — acris L.

923. — bulbosus L.

924.† — philonotis Ehrh. (hirsutus auctor.) Carpella ad marginem lævia, nec tuberculata, uti cl. Decandollius ea describit; cæterum optime cum descriptione auctoris hujus et aliorum convenit. Radix fasciculata. Pedunculi sulcati. Pili caulis et foliorum appressi, quandoque etiam patentes. Stylus uncinatus. In pratis planitiei et montium alpinorum.

925. — arvensis L. Inter segetes.

926. — flammula L.

927.† — reptans L. Ad lacum bodamicum prope Brigantium.

928. — lingua L. Ad lacum bodam. et quidem β. foliis pilosiusculis.

929. Trollius Europæus L. In pratis montanis (Oberegg) et alpinis (Ober-Kamor.)

930. Aquilegia vulgaris L. In sylvaticis.

931. Delphinium Consolida L. In agris.

932. Aconitum Napellus Willden. Decand. flor. Franç. (A. vulgare Decand. systema Vegetabil.)

933. — lycoctonum L. Alias hujus generis species in nostris montibus hucusque non observavi; sed ex alpibus abbatiscellaneis. A. pyrenaicum et A. paniculatum Decand. in herbario clariss. Dr. Zollikofer vidi.

934. Caltha palustris L. Primo vere et sero autumno floret.

935. Actæa spicata L. In nemoribus montosis.

ANNOTATIO. Signum ? positum ante speciei nomen indicat, auctorem nondum certum esse, an in valle Rheguscorum planta hæc proveniat, nec ne ? tamen magna cum verisimilitudine suspicari.

Signum ? post nomen speciei positum dubia de identitate stirpis cum indicata specie designat.

Asteriscus vero, plantam transrhenanam, sive partis germanicæ (austriacæ) vallis incolam esse neque ab auctore hucusque cis Rhenum observatam îndicat.

Signum † tandem species designat his locis crescentes, tamen in clar. Wahlembergii opere, cui titulus: Tentamen de vegetatione Helvetiæ septentrionalioris, plane omissas.

Plantæ cultæ præcipuæ sunt fere sequentes; omissis plantis mere hortensibus:

Panicum miliaceum. Colitur præcipue circa Berneck.

— *italicum.* Rarissime cultum observatur.

Holdeum vulgare L. Ad 3000′ et altius colitur.

— *hexastichon.* Satis frequens, uti et sequens.

— *distichon.*

Secale cereale. Rarius colitur.

Triticum spelta. Frequentissime colitur, nostrorum cerealium princeps post Zeam Mays.

— *sativum.* Adhuc rarius satum videtur, quam Secale cereale.

— *compositum.* Circa pagos Balgach, Widnau colitur.

— *monococcon.* Minus frequens.

Avena sativa L. In regione subalpina adhuc cum successu satur.

Zea Mays L. Primum et amatissimum frumentarium gramen nostratium, sed solum in planitie viget, vix ultra 800′ supra Rhenum cum successu coli potest.

Ficus carica. Colitur a nonnullis rusticis; sed tegi debet hieme terrá aut stramine.

Cannabis sativa. Præcipue in media vallis Rhenanæ parte culta, circa Widnau, Au, Dieboltsau, Berneck, Balgach.

Buxus sempervirens. Frequens in hortis, ambulacris; hiemes nostros semper perdurat.

Beta vulgaris.

Spinacia spinosa. Cum antecedente multum colitur.

Nicotiana tabacum. Colitur inter p. Frastenz et oppidum Feldkirch; nunc etiam prope Rheineck.

Solanum tuberosum. Plures varietates coluntur. Solamen optimum nostratium. Regionem subalpinam adscendit.

Cucurbita Pepo. Ad margines agrorum, præcipue circa Altstædten, Marbach; sed apud nos a hominibus non editur.

Lactuca sativa L.

Cornus mas.

Daucus carotta. Apud nos rarissime in agris colitur, plurime vero in Thurgavia,

Pimpinella Anisum L. In vineis.

Ribes nigrum.

— *rubrum.*

— *grassularia.* Frutices frequenter in omnibus hortis, ad sepes.

Mespilus germanica. Rarius colitur.

Pyrus communis. Inummeræ varietates et frequentissime coluntur, præcipue ad parandum vinum (Sicera.)

Pyrus

Pyrus cydonia. Non rara.

Malus communis. De hac arbore valet, quod de Pyro communi dictum est.

Prunus avium. In regionem subalpinam inter omnes arbores domesticas maxime adscendit.

— *cerasus.* Rarius colitur.

— *domestica.*

— *insititia.* Cum præcedente frequentissima, præcipue in planitie.

Persica vulgaris. Hinc inde in vineis, ad muros.

Armeniaca vulgaris. Ad domos.

Phaseolus vulgaris L.

— *nanus* L.

— *multiflorus* Lam.

Pisum vulgare L. cum suis varietatibus.

Trifolium pratense hodie coli incipit circa Balgach.

Medicago sativa. Fere nusquam hohie satur; idem valet de Onobrychide sativa.

Juglans regia. In nostra valle perfrequens, sed cito desistit in montes adscendens, vix elevationem 1000 pedem supra Rhenum attingit; de Castanea jam supra mentionem feci.

Brassica oleracea et quidem præcipue. Brassica oleracea laciniata, tunc Brassica capitata, gongylodes et Napo-Brassica.

— *Rapa* L. Frequentissima; Brassica Napus vero apud nos nondum colitur, quod et de aliis plantis oleiferis (præter Linum) et de plantis tinctoriis valet.

Linum sativum. Colitur præcipue circa p. Diebortsau, Schmitter et Widnau.

Vitis vinifera. Colitur frequenter, præcipue latere occidentali seu helvetico vallis; in p. Walzenhausen circa 1000 pedes supra Rhenum adscendit. Discernuntur præter vitem muscatelliferum 3 varietates præcipuæ; scilicet: Vitis *a.* vinifera rubra, tum *b.* vitis alba nobilis (Edelweifs) uvis minus densis, baccis maturis flavescentibus maculis brunneis et *c.* vitis alba Burgaueriana (Burgauern) uvis densioribus, baccis maturis colorem viridem retinentibus.

Nachtrag zu vorstehendem Verzeichniß.

1. *Equisetum limosum* L. Arundineta ad Rhenum.
2.* *Chara hispida* L. Cum Potamog. pectinato in paludib. pr. Baurer-Fahr.
3.* *Andropagon Ischæmum* L. Bey der Kobleter-Kirche.
4.† *Syntherisma glabrum* Schrad. Fl. Germ. Prope Berneck.
5. *Arundo Calamagrostis* L. Copiose ad Rheni littora intermixtim cum A. littorea Schrad., a qua vix nisi *aristæ brevitate* distinguenda.

Arista cæterum nunc exacte terminalis, nunc paullulum (1/4—1/6''') sub apice valvulæ oriens. Valvula glumæ externæ nunc apice fere truncatula, lacinulata, non acuminata, nec evidenter emarginata seu subbifida, nunc magis acuminata, angulo acutissimo emarginata seu brevissime bifida, laciniis acutis apice iterum lacerulis. Interdum et valvula glumæ interna aristâ parvula dorsali instructa invenitur. Pili calyce nunc evidenter longiores, nunc eum æquantes, aristam semper bene superantes.

Culmus plerumque simplex, singulus ex

una radice repente, erectus cum foliis totus glaucescens. Involucri valvulæ sub anthesi maxime patentes.

6. *Triticum caninum* L. Ad flumen Frutz.
Scirpus lacustris β. medius Schrad. Fl. Germ. Ad lacum Bodamic.

7.*† *Scirpus triqueter* Schrad. Germ. Culmus plerumque unicus ex una radice, durus.

8.*† — *mucronatus* Schrad. Germ. Stirps in Germania rarior, inter urbem Brigantium et Lustenau in fossis palustrib. frequens floret m. Septbr. Tota est aphylla; nam sic dicta folia nil aliud sunt, quam culmi steriles; semper enim apicem versus nodulo sive glomerulo florum incompletorum, intra cavitatem suam latitante, instructa sunt.

Mucro S. apex culmi ante anthesin totus erectus; sub anthesi et sub tempore seminum maturationis non solum horizontaliter, sed deorsum retrofractus; post seminum elapsum iterum assurgit totusque erectus fit, uti ante florescentiæ tempus. Culmi plures ex una radice.

9.* *Schönus nigricans* L. Schrad. ad lac. Bodam. pr. Höchst.

10.*† — *fuscus* Schrad. Fl. G. Ab albo distingui posse videtur præter florum colorem spiculis majorib., pauciorib. corymbis, involucris multo latiorib., longiorib., stigmatib. stylo multo longioribus. Sed setæ VI adsunt, ut in albo. Ad lacum Bodam. iisdem locis cum albo.

11.* *Carex limosa* L. m. Freschen pr. alpem Gornitza.

12.* *Luzula nivea* L. In sylvis circa urbem Feldkirch freq.

13.*† *Gladiolus communis* L. In pratis planitiei paludos. Altenstadt inter et Koblet.
Iris pumila in Catalogo delenda est.
Orchis ustulata. Circa Altstædten, in m. Fähnern.

14.* *Potamogeton lucens* L. In lacu Bodam. — Potam. pectinatus fructibus gaudens in palúd. ad Baurer-Fahr.

15.* *Salix herbacea* L. In valleculis diu nive tectis versus cacumen m. Freschen frequens, d. 7mo Septembr. adhuc florens lecta.

16.* *Polygonum amphibium* aquaticum et terrestre. Ad lac. Bodamic.

17. *Chenopodium album* (leiospermum Sm.) freq. cum Ch. viridi (ficifolium Sm.)
Euphrasia minima etiam labio infer. floris violaceo s. albido occurrit; itaque character specif. ex labii infer. colore desumptus, delendus est.
Teucrium Scorodonia ex Catalogo excludendum est.

18.* *Galeopsis ladanum* L. pr. Röthis.
Loco: *Melissæ Nepetæ* legas: *M. Calamintha* L. Pluribus locis e. gr. pr. Berneck, Septbr. exeunte adhuc florens.

19.* *Linaria spuria* L. pr. Röthis.

20.* *Gratiola officinalis* L. pr. Fufsach ad lac. Bodam.

21.* *Cynoglossum officinale* L. pr. Feldkirch.

22.* *Myosotis lappula* L. pr. Feldkirch cum Cirsio acauli.
Chironia inaperta Willd. frequens ad lac Bodam.

23.* *Hieracium molle* Suter. (Jacq.?) Hall. 43 α. videtur esse Hieracium prenanthoides Flor. Franç. et Wahlemb. Carpat. nec vero Villarsii (v. ejus iconem in itinere botanico.) Pappum habet sordide albidum, fere rufescentem, quo optime differt ab H. succisæfolio Suter, Flor. Franç. (Hall. 47), in alpib. Abbatiscellaneis habitante, cui pappus albissimus, vere niveus est. — Varietas adest:

β. foliis evidenter dentatis, subinde incisis, (dentibus patentibus, triangularibus, acutis.) Valde similis debet esse *H. sylvatico* Gouan, p. 56, Decand. Flor. Franç.; sed caulis non firmus, foliosior. Transit in Var. α per formas intermedias.

Folia Hier. hujus supra læte viridia, subtus multo pallidiora, subglaucescentia; caulina amplexicaulia, sed sine auriculis protractis. — In m. Freschen supra et intra terminum abietinum.

24.*† *Hieracium cerinthoides* Fl. Franç.? Varietati β Hieracii villosi seu Hierac. obscuro Zollik. valde cognatum, differens vero caule majore, foliosiore, floribus numerosioribus onusto, absentiâ squamarum involucri foliacearum, laxarum, pilis totius plantæ, inprimis involucri multo brevioribus.

Planta firma, 1 — 1 1/2' alta, flore corymbi centrali sæpius sessili. — In m. Freschen supra termin. abietinum una cum H. villoso, H. obscuro, H. molli; initio Septembr. florere incipit.

Crepis biennis Flor. Franç. frequens, sed multo

serius apparet quam Crepis (Barkhausia) taraxacifolia. Semina sub lente punctis convexis minimis muriculata apparent ideoque costæ eorum quasi serrulatæ cæterum paullo magis elongata, quam semina Crepidis viridis. Crepis biennis scriptor. Germanicor. aliquor. e. gr. M. Bieberst. Flor. Taur. Cauc. alia planta, forsan eadem cum Crepide (Barkhausia) taraxaci folia Flor. Franç., esse videtur.

25.† *Cirsium rivulare* Jacq. C. *tricephalodes* Flor. Franç. Occurrit flosculis rubris et albidis; caule nunc 1 — nunc 2—3 floro, involucris nunc bracteâ una alterâve foliaceâ munitis, nunc ebracteatis.

Frequens in pratis paludosis parœciæ Eggerstanden ad pedem septentrionalem m. Fähnern.

26.† *Cirsium* (Cnicus) *uliginosum* M. Bieberst. Flor. Taur. Caucaz. C. *Willdenovii* s. *uliginosus* hortulanorum Dieterich Nachträge. Involucra ante anthesin subglobosa, postea ex basi hemisphærica elongato-cylindrica evadunt. Radix crassa, cylindrica, subrepens, nec vero tuberosa. Folia nunc brevius, nunc longius decurrentia, nec vero usque ad folium proximum, unde caulis supra axillas nudus sine alis. Involucra arachnoideo-villosa, folia superiora subtus leviter lanuginosa. Species vix diversa videtur a *Cirsio pratensi* (Card. tuberoso L.) Floræ Gallicæ, etiamsi in hoc opere involucra foliaquo superiora glabra dicuntur. Non rarum in pratis humidis montosis.

27. *Carduus crispus* L. Rarior; præcipue circa urbem Feldkirch obvenit.

28. † *Chærophyllum aureum* L. Prata montosa subalpina e. gr. pr. St. Antonii sacellum.

29.*† *Conium maculatum* L. Hucusque unice in arce prope Feldkirch vidi.

30. † *Laserpitium pruthenicum* L. Auf der Burghalden pr. Berneck; tum pr. Feldkirch, Röthis. Laserpitium uniflorum in alpibus Abbatis cell. frequens nostris in montibus nondum inventum est.

31.* *Selinum* (Athamanta) *Oreoselinum* L. Circa Feldkirch pr. Fellengatter.
Adoxa moscatellina L. in summum montem Kamor adscendit.

32. *Epilobium grandiflorum* Roth. (hirsutum L.) pr. Rheineck.

33. *alpinum* L. m. Freschen.

34. *Myriophyllum spicatum* L. In rivo Eichele pr. Berneck.

35. *Vicia sativa* L. nusquam culta; spontanea vero in agris avenaceis.

36.*† *Sisymbrium sylvestre* L. — Siliquæ pollicares, lineares, multo tenuiores longioresque quam in S. palustri. pr. Feldkirch.

37. *Spergula arvensis.* In agris montanis paræciarum Walzenhausen, Oberegg.

38.* *Viola palustris.* In Alpe Gornitza m. Freschen cum Carice limosa.

39. † *Malva Alcea.* pr. Rheineck, circa Feldkirch.

40.*† *Aconithum paniculatum* Lam. Decand. Umbrosa sylvatica m. Freschen.

Numerus specierum spontanearum in Catalogo additamentisque memoratarum est 974.

V.

Ueber die Verdienste des Doctor Conrad Geßners von Zürich, und des Pfarrer Daniel Sprünglis von Bern um die Schweizer'sche Ornithologie überhaupt und nahmentlich um die Naturgeschichte der Alpenvögel insbesondere.

Vorgelesen in der allgemeinen Schweizerischen Gesellschaft für die gesammten Naturwissenschaften den 26ten Heumonat 1819.

von

Pfarrer Steinmüller in Rheineck.

So wie es für den geistigen Menschen eine äußerst angenehme und aufmunternde Beschäftigung ist, über die stufenweise Erweiterung des Kreises seiner eigenen Erfahrungen und Kenntnisse nachzudenken — eben so lohnt es sich reichlich der Mühe, die Fortschritte des menschlichen Geistes im Reiche der Wissenschaften überhaupt, und jedes einzelnen Faches insbesondere zu beobachten. Wir freuen uns bey dieser Untersuchung einerseits des vorhandenen vermehrten Erkenntnißschatzes; bemerken aber, nach unserm jedesmahligen individuellen Beurtheilungsvermögen, die noch statt findenden kleinern und größern Lücken, und fühlen uns dabey zugleich aufs Neue ermuthigt: auch unser Schärfgen zur Ausfüllung derselben beyzutragen.

Dieses Gesagte möchte ich gegenwärtig einzig auf das wichtige und ausgedehnte Studium der Natur anwenden, und zugleich bemerken, daß — nach meinem Dafürhalten — eine gedrängte Angabe dessen, was früher bis auf unsre Zeiten in der wissenschaftlichen Bearbeitung der Naturgegenstände unsers schweizer'schen Vaterlandes geleistet worden ist, nicht anders, als äußerst unterhaltend und lehrreich für uns seyn müßte.

Dürfte in der Folge nicht die Ausarbeitung einer Geschichte der Naturgeschichte der Schweiz eine Aufgabe werden, deren Beantwortung die naturforschende Gesellschaft auf eine höchst interessante Weise beschäftigen müßte?

Unser Verein zählt in seiner Mitte für alle naturhistorischen Fächer eine hinreichende Anzahl gelehrter Mitglieder, die jene Aufgabe mit dem beßten Erfolge lösen, und dadurch der Wissenschaft selbst einen wesentlichen Dienst leisten könnten. Wir würden dadurch zugleich eine klare Einsicht von dem erhalten, was nun in jedem Fache für das Fortschreiten in der Wissenschaft besonders, und nahmentlich auch von uns noch gethan werden könnte und sollte; — und wahrlich! einzig erst dann, wenn unsere Gesellschaft (nach den nun gemachten gegenseitigen Bekanntschaften) in einzelnen Abtheilungen, je nach den Fächern der Wissenschaft selbst wirkliche Arbeiten übernehmen und in jeder Hauptversammlung die Resultate dessen, was von diesen Abtheilungen geleistet wurde, zusammen stellen würde, gewiß erst dann müßten durch unsre Verbindung die erfreulichsten und heilsamsten Endzwecke: Beförderung der Kenntniß der Natur überhaupt, und der vaterländischen insbesondere, erreicht werden! —

Ohne diesen Wunsch, der schon früher und umständlicher in Ihrer Versammlung geäußert worden ist, weitläuftiger zu motiviren, füge ich dem Gesagten nur noch folgenden fragmentarischen Beytrag zu einer vorgeschlagenen Geschichte der Naturgeschichte der Schweiz bey, der sich einzig auf die Fortschritte in der Kenntniß der Naturgeschichte einiger der vorzüglichsten Alpenvögel der Schweiz beschränken soll, — zu diesen zähle ich den Lämmergeyer, die Schnee- und Steinkrähe, die Steindrossel, den Mauerläufer, den Alpenfluhvogel, den Citronenfink und die verschiedenen Alpenhühner-Arten.

Ich bitte Sie übrigens, hochzuverehrende Herren! gegenwärtig von mir nur einige kurze Bemerkungen und ja keine vollständig ausgearbeitete Abhandlung zu erwarten, da es ohnehin unbescheiden wäre, wenn ich Ihre Aufmerksamkeit bey diesem Anlaße zu lange in Anspruch nehmen wollte.

Conrad Geßner ist unstreitig der erste und lange der einzige Schweizer gewesen, der sich große Verdienste um die Naturkunde in ihrem ganzen Umfange erwarb, und der nahmentlich auch unsere Alpenvögel beschrieb und viele auf ihn gefolgten Naturforscher benutzten seine Nachrichten auf Treue und Glauben hin, meistens wörtlich.

Vom Lämmergeyer (Gypætus barbatus) besaß er eine befiederte Haut mit Kopf und Füßen aus Bünden und nach demselben verfertigte er seine kurze, aber getreue Beschreibung. Selbst die von ihm beygefügte Abbildung, so roh sie auch geliefert ist, stellt doch die charakteristischen Kennzeichen der Art recht gut vor.

Die Naturgeschichte der Schneekrähe und der Steinkrähe (Corvus Pyrrhocorrax et Graculus) ist von jeher mit einander verwechselt und vor unsern

Zeiten nirgends vollständig beschrieben worden. Conrad Geßner kannte den ersten Vogel gut; hingegen der *Corvus Eremita Linn.*, den Geßner unter dem Nahmen Waldrapp (Corvus sylvaticus) beschreibt und den Linne, auf dessen Autorität hin, in das System aufgenommen hat, existirt, als besondere Art, gar nicht in der Natur, und ist bestimmt aus einer Verwechslung mit der Steinkrähe (Corvus Graculus Linn.) entstanden. — Vermuthlich hat die Steinkrähe zu Geßners Zeiten in der öden Gegend von Pfeffers gebrütet; er sah sie aber nie selbst, sondern erhielt darüber nur unvollständige mündliche Nachrichten, nach denen er seine freylich ganz unbrauchbare Zeichnung des Vogels, ohne ihn selbst zu sehen, verfertigen ließ.

Die Steindrossel (Turdus Saxatilis L.) beschreibt Geßner richtig. — Vielleicht ist auch diese Art ehemals in Bündten weniger selten, als jetzt, gewesen. Auch der Mauerbaumläufer (Certhia Muraria) war unserm Geßner bekannt, und was er von seiner Lebensart sagt, ist richtig.

Eben so hat Geßner den Alpenfluhvogel (Accentor Alpinus) gekannt und in dem Anhange seiner Ornithologie Nro 725. Edit. Francof. einige Nachricht davon gegeben, wo er unter der Aufschrift: Avis Kyburgensis zwar schlecht, doch noch kennbar genug, abgebildet ist.

Vom Schneefink (Fringilla Nivalis) wußte Geßner gar nichts; hingegen den Citronenfink (Fringilla Citrinella) stellt er sehr richtig in die Classe der Alpenvögel und söndert ihn vom Gierlitzkernbeisser (Loxia Serinus), welche beyde Gattungen nachher die Deutschen fälschlich wieder mit einander vermischten.

Der Alpenhühner-Arten erwähnt Geßner umständlich.

Vom Schneehuhn (Tetrao Lagopus) hatte er das Unterscheidende der Geschlechter, durch die schwarzen Zügel des Männchens, welche dem Weibchen fehlen, gut angegeben. Sein Lagopus varia ist das Schneehuhn im Sommerkleid.

Auch die Pereise der Alpen (Tetrao Græca) war ihm bekannt.

Von der Naturgeschichte des großen Waldhuhns (Tetrao Urogallus) sagt Geßner beynahe nichts und behauptet sehr unrichtig: das Weib sey vom Mann in der Farbe des Gefieders nur darin unterschieden, daß es so schwarz sey. Die Beschreibung von Geßners Grygallus major giebt übrigens ganz die richtige Beschreibung des Weibs.

Unvollständig und unrichtig ist auch Geßners Beschreibung des schwarzkehligen Waldhuhns (Tetrao Tetrix); sein Urogallus *minor* ist das Männchen, und sein Grygallus *minor* das Weibchen davon.

Aus Geßners hinterlassenen naturhistorischen Schriften erhellet übrigens klar: daß er unsre Alpenthiere nicht im Hochgebirge selbst aufsuchte und beobachtete; hingegen erhielt er viele schriftliche Nachrichten darüber, und zwar meistens aus der östlichen Schweiz; weniger Bekannte hatte er im westlichen Alpenlande. — Obschon wir indessen jetzo viele Unrichtigkeiten und Lücken in Geßners Nachrichten und Beschreibungen entdecken, so werden wir seine großen Verdienste um die Wissenschaft dennoch jederzeit dankbar erkennen, und nie vergessen, daß dem forschenden menschlichen Geiste keine Grenzen angewiesen sind, und daß einst unsre Nachkommen auch diejenigen naturhistorischen Nachrichten und Beobachtungen, welche wir ihnen hinterlassen, eben so unvollständig und mangelhaft finden werden, wie wir diejenigen unserer Vorgänger. —

Von Conrad Geßner an verflossen mehr als 200 Jahre, in denen die Naturgeschichte unserer Alpenvögel keine oder nur geringe Erweiterungen und Berichtigungen erhalten hatte.

Zu Ende des siebenzehnten und zu Anfang des achtzehnten Jahrhunderts sammelten zwar Doctor Wagner, Doctor J. J. Scheuchzer und Doctor Joh. Geßner, alle von Zürich, einige Nachrichten über unsere Alpenvögel, die sie meistens in ihren Manuscripten hinterließen und wovon die Abschriften in meinen Händen liegen; allein sie sind nicht von solcher Bedeutung, daß die Wissenschaft durch ihre Publikation einen großen Gewinn erhalten hätte.

Erst in der Mitte des vorigen Jahrhunderts lebte ein Mann in unserm Schweizerischen Vaterlande, der seit Conrad Geßner wieder der erste war, welcher die Naturgeschichte aller inländischen Vögel überhaupt und der Alpenvögel insbesondere mit Fleiß studierte und umarbeitete, und der es verdient, daß ihm für damahls, so wie dem Conrad Geßner zu seiner Zeit, der erste Platz in der Reihe Schweizerischer Ornithologen angewiesen werde. Dieser ist der selige Pfarrer Daniel Sprüngli von Bern.

Sein Geburtstag fällt auf den 6ten Jänner des Jahrs 1721. Er war das einzige Kind eines armen, aber rechtschaffenen Vaters, Rudolf Sprünglis, Schuhmachers und nachher Zolleinnehmers beym obern Thor in Bern. Seine Mutter war eine geborne Weyermann, ebenfalls von Bern.

Unser Sprüngli wurde dem geistlichen Stande gewidmet, mußte aber schon frühe mit großem Ungemach und vielen Hindernissen kämpfen. Täglich, vom frühen Morgen bis gegen Abend hin widmete er sich meistens dem Jugendunterrichte, um seine arm... Eltern von seinem sauer erworbenen Verdienste zu unterstützen; zugleich aber brachte er den größten Theil der Nacht auf dem Ofen mit Selbststudieren zu. Dessen ungeachtet wurde sein guter Vater von den Gläubigern gedrängt und hart bedroht. Dieß schmerzte den ehrliebenden Jüngling empfindlich; er wagte es, einen ihm sonst ganz fremd und unbekannt gewesenen, reichen Anverwandten, dem damahligen Geheimrathschreiber Müller, seinen Schmerz zu entdecken und ihn um Hülfe anzusprechen. Dieser edle Mann bemerkte die gute, kindliche, sorgsame Gemüthsart des jungen Sprünglis für seine unglücklichen Eltern mit großem Beyfall und belohnte sein Zutrauen zu ihm nicht nur damit, daß er der dringenden Noth der Eltern abhalf, sondern nahm sich auch Sprünglis selbst, von dem er die vortheilhaftesten Zeugnisse eingezogen hatte, lebhaft und thätig an. —

Den 1ten May des Jahrs 1741 ward Sprüngli ins Predigtamt aufgenommen und in eben diesem Jahre reiste er, von seinem Wohlthäter unterstützt, nach Göttingen, um seine gelernten Kenntnisse daselbst zu erweitern und zu vermehren. Der große Haller befand sich eben damahls in seinem größten Glanze daselbst. Neben und mit Sprüngli studirten dort auch der berühmt gewordene Ritter Zimmermann von Brugg, Doctor Langhans und Jenner von Bern, nachheriger Venner und Tochtermann von Haller.

Den 14ten Herbstmonat des Jahrs 1750 ward Sprüngli Helfer an der Nydeggkirche zu Bern. Im Frühjahr des Jahrs 1752 disputirte er für den erledigten philosophischen Lehrstuhl an der Akademie (S. Mus. helvet. T. VII. p. 497.); ward aber von dem etwas ältern und in der damahls ganz neuen Wolfischen Dialektik weit bewandtern Walthard überflügelt. Schon diese

Hintansetzung wirkte nachtheilig auf ihn und von da an behielt er immer einen geheimen Widerwillen gegen blos metaphysische Spitzfindigkeiten und Grübeleyen.

Im Jahr 1758 den 15ten May erhielt er die Pfarrey Stettlen, eine Stunde von Bern entfernt, resignirte aber dieselbe wieder den 6ten Brachmonat des Jahrs 1775 wegen seiner schwachen Brust. Von da an lebte er bis an sein Ende (welches den 11ten Herbstmonat d. J. 1801 erfolgte) als Privatmann auf seinem Landgute, Baumgarten genannt, das ganz nahe an die Stadt grenzt, und wo er nur für seine Lieblings-Wissenschaften und für die Aufnahme und Verbreitung derselben unter jungen Mitbürgern, die sie lieb gewonnen hatten, auf vielfache Weise thätig war.

Seine Liebe zur Naturgeschichte scheint sich erst von dem Jahr 1755 oder 56 an ausgebildet zu haben, nachdem er als einziger Erbe seines, im Jahr 1754 verstorbenen Vetters und Gutthäters zum Besiz eines nicht unbeträchtlichen Vermögens gelangt war. Vom Jahr 1756 an bildete und ordnete er seine verschiedenen Sammlungen; zuerst *Médailles* und Mineralien, und nachher Petrefakten und Conchilien, nebst Corallen; seine ornithologische Sammlung gründete und vermehrte er erst zu Stettlen, wo er für seine Schränke einen schönen geräumigen Platz fand, woran es ihm in der Stadt gemangelt hatte. — Er besaß auch eine Sammlung von getröckneten Alpenpflanzen.

Laut einem spezificirten Ausgaben-Verzeichniß, das Sprüngli hinterließ, hat er für seine sämtlichen Sammlungen vom Jänner d. J. 1756 bis zum Christmonat d. J. 1800 — 4634 Kronen 23 Batzen und 2 Kreuzer (oder 11587 Schweizerfranken und 3 1/2 Batzen) baar ausgelegt, wobey die Ausgaben für seine sehr beträchtliche und gut ausgewählte Bibliothek nicht mitbegriffen sind. Die erste darin vorkommende Auslage für Ornithologie ist vom 3ten Weinmonat d. J. 1757. Seinen Eifer für dieselbe scheinen die zwar ganz unwissenschaftlichen Sammlungen eines damahligen Spezereyhändlers und nachmahligen Regierungsgliedes, Kastlans Ulrich, belebt zu haben, mit dem er wetteiferte. Seine ersten Vögel stopfte ihm ein gewisser Berner-Künstler, König, aus, der die dazu erforderlichen Handgriffe, nach seiner freylich sehr unvollkommenen Methode, nachher auch den Knecht unsers Sprünglis lehrte.

Schon in den siebenziger Jahren fühlten einige aufgeklärte Berner: daß Sprünglis Sammlungen, zu öffentlichem Gebrauche, Gemeingut der Stadt seyn sollten, das um so eher von ihm gefordert werden dürfte, da er unverheyrathet und kinderlos lebte; allein der Einfluß von jenen wenigen war damahls noch — ungeachtet genugsame Hülfsquellen dazu vorhanden gewesen wären — nicht durchgreifend! Es wurde nemlich unserm Sprüngli von dem damahligen Stadtschulrathe der Antrag gemacht: er möchte sein Cabinet der Akademie überlassen; aber die damit verknüpften Forderungen und Bedingnisse, und die von einigen Gliedern des Schulraths damahls gefällten Urtheile über den Werth und Nutzen des Studiums der Naturgeschichte waren von solcher Art, daß Sprüngli die Unterhandlungen deßwegen plötzlich abbrach, und auch nachher derselben nie ohne Empfindlichkeit erwähnte.

Sprünglis vortreffliche naturhistorische Bibliothek, für welche er nach obgedachtem Ausgaben-Verzeichniß nur vom Jahr 1772 bis und mit dem Jahr 1801 — 3376 Kronen 15 Batzen, oder 8441 Franken und 13 Kreutzer ausgegeben hatte (seine früher ange-

kauften

kauften Bücher scheint er nicht besonders aufgezeichnet zu haben) ward nach seinem Tode von den Erben versteigert und die kostbarsten Werke daraus sind leider nach Italien gekommen, indem sie der sich damahls in Bern aufhaltende auswärtige Gesandte, Venturi, in sehr niedrigen Preisen kaufte.

Das, was früher nicht möglich war, ist 30 Jahre später dennoch bewirkt worden. — Wie manches gemeinnützige Unternehmen, das vor der Revolution, als Staatsschätze und Partikular-Vermögen noch unberaubt und ungeschmälert vorhanden waren, unterbleiben mußte, wurde späterhin, bey viel geringern Hülfsquellen, mit viel weniger Schwierigkeiten ausgeführt! — So wurde auch nach Sprünglis Tod sein ornithologisches Cabinet, größtentheils aus freywilligen Beyträgen patriotisch gesinnter Berner, die eine solche Zierde ihrer Vaterstadt nicht ins Ausland führen lassen wollten, angekauft und auf der geräumigen schönen Gallerie der dortigen Bürgerbibliothek aufgestellt, und mit den schon vorhandenen naturhistorischen Sammlungen verbunden und bereichert, daß es nun nicht allein für den bloßen Liebhaber einen unterhaltenden Anblick gewährt, sondern auch von dem Kenner und Forscher zu allen Zeiten studirt und literarisch benutzt werden kann. — Das an der festgesetzten Ankaufssumme, nach Abzug der Subscriptionsgelder, noch Mangelnde ergänzte die Bibliotheks-Commission. — Auch die Sprünglischen Sammlungen von Versteinerungen und Corallen sind dem Stadtmuseum einverleibt worden; jene wurden von Herrn Rathsherrn Zerleder gekauft und dahin geschenkt; diese aber vergabten die Sprünglischen Erben. Die Gesellschaft vaterländischer Naturforscher in Bern, an deren Spitze die vortrefflichen Männer Studer, Wittenbach,

Meisner u. a. m. stehen, beseelt vom lebendigen Eifer zur Beförderung und Verbreitung naturwissenschaftlicher Kenntnisse möglichst beyzutragen, hat die Aufsicht und Besorgung des Ganzen übernommen; sie wurde auch zugleich durch einen beträchtlichen Fond, welcher für jene Sammlungen insbesondere bewilligt wurde, in den Stand gesetzt, für zweckmäßige Vermehrung derselben gehörig sorgen zu können. *) —

Die kostbare Sprüngliſche Medaillensammlung nahm der noch lebende Erbe, Pfarrer Sprüngli von Köniz, zu seinen Handen, der dieselbe seitdem beträchtlich vermehrte; — die Conchilien sollen vermuthlich nächstens unserm hochgeschätzten Professor Studer zu Theil werden, wo sie bestens aufbewahrt seyn werden; und für die Mineralien sucht man schon seit 20 Jahren vergeblich einen anständigen Käufer!

In mehrern Briefen, die Sprüngli in den Jahren 1776 bis 1783 an seinen gelehrten Freund, Doctor Johannes Geßner in Zürich, schrieb, äußerte er den empfindlichsten Schmerz darüber: daß die damalige hohe Regierung so wenig zur Ermunterung und Erleichterung für naturwissenschaftliche Studien beygetragen habe; er hätte den jungen studirenden Mitbürgern so gerne mit seinen naturhistorischen Kenntnissen und Sammlungen gedient! — Erst in seinem hohen Alter, wenige Jahre vor der

*) Möchte dieses rühmliche Beyspiel der Berner in allen Schweizerstädten immer mehr Nachahmuug finden! Möchten die vielen Besitzer von Privat-Naturaliensammlungen schon bey ihren Lebzeiten dafür sorgen, daß diese öffentlichen Museen übergeben und nicht nur vor künftiger Zerstüklung oder gar Zertrümmerung gesichert, sondern für alle künftigen Zeiten gemeinnützig gemacht würden!

helvetischen Revolution, ernennte ihn der kleine Rath zum *Professor honorarius hist. naturalis*, mit Sitz und Stimme im Schulrathe, doch ohne Einkommen; wovon er aber nie Gebrauch machte. Hätte man ihn dieser Auszeichnung und Ehre in seinen jüngern, kraftvollen Jahren gewürdigt, so würde ihn dieselbe damahls gewiß gefreut und zu gemeinnütziger Thätigkeit ermuntert haben.

Auch Sprüngli war kein Jäger und unternahm wenige Fußreisen; hingegen stellte er die sorgfältigsten Vergleichungen zwischen seinen erhaltenen Vögeln und den vorhandenen Beschreibungen an und verfertigte sehr gehaltvolle Kritiken über die vorhandenen literarischen Schätze. — Im Jahr 1799 schrieb er mir: Daß er vor mehr als 40 Jahren eine naturhistorische Reise über Pfeffers und Glarus in die übrigen kleinen Kantone gemacht, damahls aber nur Pflanzen und Mineralien zum Augenmerk gehabt habe. — So wie Conrad Geßner seine meisten ornithologischen Nachrichten und Beyträge aus der östlichen Schweiz bezog, so stammte Sprünglis Erndte hierin aus der westlichen und nahmentlich vom Neuchateller-, Murtner- und Genferseeufer her; und wirklich zeichnete sich seine Sammlung in Hinsicht der Sumpf- und Wasservögel äußerst vortheilhaft aus. —

Unserm Sprüngli haben wir unstreitig in Hinsicht der Naturgeschichte des Lämmergeyers äußerst interessante und wichtige Nachrichten zu verdanken. Vorzüglich durch ihn sind die deutschen Naturforscher auf diesen Alpenvogel aufmerksam gemacht worden. In Andreä Briefen, aus der Schweiz nach Hannover geschrieben, stehen diese Beschreibungen. Keine Abbildung dieses Vogels genügte ihm. „Von dem Vultur barbatus" (schrieb er mir im Jahr 1798) „fehlt uns noch eine ge„treue Abbildung; die bey Andreä taugen gar nichts;

„besser ist Edwards seine, doch ist sie falsch colorirt und „der Schnabel nicht charakteristisch genug. In dem dritten Theil der Gmelinischen Reisen steht eine schlechte „Abbildung und kurze Beschreibung eines Vogels, der „sich auf den Caucasischen Schneegebirgen aufhalten soll „und meiner Meinung nach unser Lämmergeyer seyn „muß, welches in der Geschichte dieses Vogels bemerkt „zu werden verdient."

Meine Beschreibung über den *Corvus pyrrhocorax* (im Wochenblatt für den Kanton Säntis, auf das Jahr 1799, 1s Heft, S. 64—69) nahm Sprüngli sehr gut auf, und theilte mir zur Ermunterung seine gesammelten Beobachtungen in einem Schreiben vom 28sten Hornung des gleichen Jahrs, sowohl über diesen Vogel, als über den *C. Graculus* mit. Vom Erstern schrieb er mir: „daß „er dafür halte, die Verschiedenheit des Alters sey Ur„sache der ungleichen Farbe der Füße dieser Vögel. — „— Den Corvus Graculus" (so lautete seine Nachricht ferners) „habe ich nach langem vergeblichem Nachsuchen „endlich auf den Ormonder-Bergen, vormahls zu Aigle „gehörig, erhalten; auch nachher vom St. Bernhards„berg, wo sie sich zahlreich aufhalten, und unter dem „Nahmen Corneille royale bekannt sind; in gleicher „Gebirgsreihe, weiter gegen Osten bis an den Gotthard „hin, konnte ich ihn nicht entdecken; wohl aber mehr „nach Westen in den Savoyer-Gebirgen. Saussure traf „ihn an auf dem Bon-homme und auf dem Col de „Géant elevé de 1763 toises. (Vide Voyag. VI, 230 „und II, 181.")

„Unser Geßner kannte den C. Pyrrhocorax gut „und aus eigener Erfahrung; seine Abbildung ist auch „noch ziemlich kennbar; den C. Graculus aber scheint „er nur nach einer mitgetheilten unrichtigen Zeichnung

„und Beschreibung gekannt zu haben, daher er auch „beyde nicht genug unterscheidet, und sogar glaubt: die „gelbe Farbe des Schnabels des C. Pyrrhocorax könne, „nach der Jahreszeit, roth werden. Belon, Aldrovand, „Ray u. a. reden verwirrt von diesen beyden Vögeln. „Die illuminirten Planches von beyden beym Büffon „sind sehr gut, die Beschreibung der äußern Theile aber „unvollständig, musterhaft hingegen im Brisson. Büf„fons Abhandlung vom Pyrrhocorax ist zu mager; von „dem Graculus hatte er ein Mehreres zu sagen, obschon „noch manches hinzuzusetzen wäre. — In der Schweiz „zeigt er sich an wenigen Orten, vornehmlich in mittä„gigen Gebirgen gegen Italien; er hält sich auch bey „Derbent auf und in den Caucasischen Gebirgen (Gme„lins Reisen III, 365.), auch in den Dänischen Gebir„gen (Pallas Reisen III, 229, 326.) Er nährt sich im „Sommer vorzüglich von Insekten und Würmern, im „Winter vom Gesäme; er nistet in unzugänglichen Fel„sen, daher konnte ich keine Eyer von ihm erhalten. „Die Füße der Jungen sind weniger roth. Im Herbste „versammeln sie sich in große Schaaren; so zeigen sie „sich alle Herbste bey dem Kloster auf dem Bernhards„berg, halten sich daselbst 2—3 Tage auf und reisen „wieder weg, vermuthlich ins Augstthal."

„So viel vom C. Graculus; seltener ist der *C. Ere„mita*, der auf das Ansehn C. Geßners, der ihn allein „unter dem Nahmen *Corvus Sylvaticus* beschrieben und „der nach ihm von Niemand wieder gesehen worden, von „den Ornithologen ins System ist aufgenommen worden. „Dieser Vogel bleibt mir ein Räthsel, wenn er nicht „das Gleiche mit dem C. Graculus ist. Büffon will zwar „das Gegentheil beweisen, ohne mich zu überzeugen; „wichtige Gründe lehren mich vielmehr, daß Geßner bey

„seiner Beschreibung keinen andern Vogel als den Gra-„culus vor sich gehabt habe, und kann als diese Art im „System nur durchgestrichen werden."

Ueber die Steindrossel (Turdus Saxatilis) hatte Sprüngli mehrere Nachrichten vorzüglich in den sechsziger Jahren des vorigen Jahrhunderts von einem Pfarrer zu Aubonne erhalten, der ihm meldet: daß jener daselbst als Zugvogel in Löchern von hohen alten Mauern und Thürmen Einmahl des Jahrs brüte. Er habe ein solches Nest vor einiger Zeit in einem Kennelloch der dortigen hohen Schloßmauer gefunden, aus dem er die vier flick gewordenen Jungen, welche in seinen Pfarrgarten heruntergefallen seyen, erzogen habe. Acht Jahre lang habe man einen solchen Vogel im Käfig mit einem Teig aus Eyern, Mandeln, gehacktem Fleisch und ein wenig Petersilienkraut genährt nnd lebend erhalten; er lasse sich sehr zahm machen und sey ein freundlicher Sänger. Späterhin sey er in jener Gegend verschwunden, werde aber auch auf dem Signal zu Bouji gefunden.

Sprüngli gebührt das Verdienst, den Alpenfluhvogel (Accentor Alpinus) zuerst umständlich und richtig in Andreä Briefen beschrieben zu haben, allein seine damahls gelieferten Nachrichten über desselben Naturell und Eigenheiten sind sehr kurz und unvollständig; was er mir über drey im Bauer verpflegte Vögelchen dieser Art schrieb, habe ich in dem ersten Band der Alpina eingerückt. — Späterhin erhielt Sprüngli ein Nest von diesem Vogel, das eine Halbkugel bildete, vier Zoll im Durchmesser maß und aus dürrem Gras mit etwas Moos vermischt, ziemlich nachläßig geflochten und inwendig mit wenigen Federchen weich ausgefüttert war, und worin sich vier länglichte, blaugrüne Eyerchen befanden, jedes noch ein Mahl so groß, als das Ey des schwarzkehligen

Steinschmützers (Saxicola Rubicola), das auch grün, aber von lebhafterer Farbe ist.

Sprünglis Nachrichten über den Schneefink (Fringilla nivalis) haben uns Meisner und Schinz in ihrer Beschreibung der Vögel der Schweiz mitgetheilt.

Von dem Mauerbaumläufer (Certhica Muraria) schrieb mir Sprüngli: daß er ein gar nicht seltener Alpenvogel sey, scheu und in beständiger Bewegung, flatternd mit den Flügeln, wie ein Schmetterling. Am häufigsten halte er sich bey Burgdorf, an den Felsen bey Thorberg und in Unterseen auf; sey fröhlich, häufig allein, und singe in diesem Zustande lieblich. — Im Bauer sey er einige Zeit mit Mandeln und Nüssen, auch Mücken und Schnee oder Wasser munter erhalten worden, wo er bey starker Kälte und heftigem Nordost einen ziemlich lauten, kurzen, angenehmen und recht musikalischen Gesang von sich hören lasse.

Auch über die verschiedenen Alpenhühnerarten, so wie über alle übrigen Vögel der Schweiz enthalten die Sprünglischen Manuscripte wichtige, sehr genaue und vollständige und kritisch-beleuchtete Beschreibungen, nach den mannigfaltigsten Abweichungen, und es wäre ein äußerst verdankenswerther Beytrag zur Schweizerischen Ornithologie, wenn unser hochgeschätzte Kollege, Professor Meisner, (nach seinem schon im Jahr 1804 gethanen Versprechen *) „uns alles Interessante, Wichtige und Neue „aus den hinterlassenen Manuscripten des „seligen Sprünglis" mittheilen würde.

*) S. Systematisches Verzeichniß der Vögel, welche die Schweiz entweder bewohnen, oder theils zu bestimmten, theils zu unbestimmten Zeiten besuchen, und sich auf der Gallerie der Bürgerbibliothek in Bern ausgestopft befinden. Bern. 1804.

Noch bleibt die Beschreibung der dritten Epoche für die Naturgeschichte unserer Alpenvögel unerledigt, und ich sollte daher gegenwärtig noch dessen erwähnen, was unsere jetzt lebenden Schweizerischen und Teutschen Ornithologen einerseits bisher geleistet haben, und anderseits, was sie hierin noch leisten sollten; doch ich verschiebe dieses für einen andern Anlaß. — Es sind gewiß seit Sprünglis Zeiten große Fortschritte auch in diesem Fache der Naturwissenschaft gemacht worden; indessen sind wir noch lange nicht im Reinen damit! — Für dießmahl genüge es mir: in Ihrem bedeutungsvollen Kreise, hochverehrteste Kollegen und Freunde! den Nahmen und die großen Verdienste eines Mannes um die vaterländische Naturgeschichte der unverdienten Vergessenheit zu entreissen, der es werth ist, in seinem Fache einem großen Conrad Geßner an die Seite gesetzt zu werden und der von uns allen die dankbarste Verehrung verdient. — Würde er noch unter uns leben, wie freudig nähme er an unsern Versammlungen und Unterhaltungen Theil! In mehrern Briefen an seinen Freund Johannes Geßner bedaurte er, daß so wenige seiner Mitbürger damahls einem Beyspiele in der Liebe zum Studium der Naturgeschichte nachfolgten!

Sein forschendes — beobachtendes — prüfendes — mittheilendes und aufmunterndes Vorbild wollen wir alle nachahmen!

VI.

Kurze Naturgeschichte

der

gemeinen Viper, der Ringelnatter und der Blindschleiche.

Der St. Gallischen naturwissenschaftlichen Gesellschaft vorgelesen den 1ten September 1819

von

G. L. Hartmann,
Erziehungsrath.

Ein Land wie Helvetien, in welchem einst so viele Drachen und Lindwürmer ihr unholdes Wesen trieben, muß wohl manches Plätzchen enthalten haben, das dem Amphibiengezüchte ausserordentlich angemessen war. Die sorgfältige Aufbewahrung der fürchterlichen Erzählungen von jenen Unthieren, in Chroniken und durch mündliche Ueberlieferungen, benahm hernach manchem den Muth, diejenigen Thiere genauer zu beobachten, welche mit jenen eingebildeten Wesen, ihrer Natur nach, etwas ähnliches haben; und darum mitunter ist das Studium der Schweizerischen Amphibiologie bisher zu sehr vernachläßiget worden.

Wirklich hat diese Thierklasse etwas an sich, das der Menschennatur eher widrig, als angemessen scheint; indem die kalte schlüpfrichte Eigenschaft der einen, sowohl als die warzige Haut andrer, die oft eine scharfe, beissende Materie von sich läßt, in uns, anstatt Anmuth, gewöhnlich mehr oder weniger Eckel gegen sie erregt. Und das Bewußtseyn, daß manche Schlangen, wie wenige Geschöpfe aus irgend einer andern Thierklasse, mit einem fürchterlichen Gifte versehen sind, bildete in uns gleichsam eine Regel, nach der wir überhaupt alle Schlangen für scheubar halten.

Die Veranlassung aber, warum ich dießmahl dennoch mit nichts gefälligerm, als mit Schlangen-Naturgeschichte vor Ihnen auftrete, ist: das vor ein Paar Monaten in hier ergangene Gerücht, „daß auf einem benachbarten Bauernhofe, als ein unerhörtes Ereigniß, eine ungeheure Menge von Schlangen sich erzeigen." — Nach Untersuchung der Sache, an Ort und Stelle, berichtete ich Ihnen, in unserer letzten Sitzung, mündlich: wie, aus Unkunde von Naturkenntniß, Furcht und Aberglaube auf der einen, und Betrug und Eigennutz auf der andern Seite, ein gewöhnliches Ereigniß zu einem ungewöhnlichen Aufsehen gebracht haben. Die Wiederholung dessen ist daher überflüssig.

In heutiger Vorlesung werde ich mich nicht in die Aufzählung aller Schlangenarten einlassen, die bisher in der Schweiz aufgefunden worden sind, sondern mich nur auf drey Arten beschränken, deren Naturgeschichte ich durch Selbstbeobachtungen theils einigermaßen ergänzen und berichtigen, theils wie wir sie schon kennen, als richtig bewähren kann. Indessen bin ich weit entfernt zu glauben, daß dadurch die Kenntniß ihrer Natur nun größtentheils erschöpft sey; zumahlen ich einige meiner Beobachtungen nicht öfter wiederholen, und andere nur in der Schweiz anstellen konnte.

1. Die gemeine Viper, Vipera Berus.

Benennung.

Sie heißt gemeiniglich Viper, wurde aber bisweilen unter den Namen Natter, Hecknatter, Otter und Kupferschlange mit andern Schlangenarten verwechselt.

Schweizerische Literatur.*)

Schon Conrad Geßner **) beschrieb diese Viper sehr gut. Obgleich es ihm noch nicht bekannt war, daß sie auch in der Schweiz einheimisch ist, und ohngeachtet er in ihre Naturgeschichte theils noch andere Schlangenarten vermengte, theils sich über alles Fabelhafte nicht ganz zu erheben vermochte, so gebührt ihm dennoch ein bleibendes Verdienst.

Mehr als hundert Jahre hernach, schrieb J. J. Harder †) in ärztlicher Rücksicht, von dem Bisse der Viper. Ich habe seinen Aufsatz nicht selbst gesehen.

A. von Haller ††) bemerkte auf seiner ersten Schwei-

---

*) Unter dieser verstehe ich: sowohl was Schweizer über eine Thierart, wo es immer wäre, geschrieben, als aber auch, was fremde Naturforscher in der Schweiz beobachtet haben. Uebrigens mag einigermaßen Dondorfs Fortsetzung von Göze europäischer Fauna, als Grundlage meiner Beschreibungen angesehen werden, und wo ich noch andere ausländische Schriftsteller benutzt habe, da sind sie eigen citirt.

**) Schlangenbuch, Fol. Zürich, 1589. S. 52. ff.

†) Miscell. nat. curios. 1685.

††) Zimmermann, Leben des Herrn von Haller. 8. Zürich. 1755. S. 59.

zerreise nur äußerst kurz etwas von den Vipern zu Baumle am Jura.

Der viele Jahre zu Lausanne wohnende Graf von Razumowsky, der alles gründlich kennen wollte, was sich am Jura und seiner Umgegend vorfindet; aber bisweilen in seinem Buche *) etwas dahin versetzte, was in der Natur dort nicht vorkömmt, macht aus unserer Viper, nach ihrem äußern Ansehen, zwo Arten. Ueber ihre Naturgeschichte aber findet man bey ihm nichts neues.

Herr von Matthisson **) ertheilt in kurzem eine merkwürdige Nachricht über die Vermehrung der Viper und ihre Wanderungen bey Salvador, am Luganersee.

Herr Wanger †) in Arau beschrieb, genauer als zuvor niemand, die Jura-Viper; hält sie aber für eine eigne Art.

Herr Wyder ††) in Lausanne theilt vornehmlich Bemerkungen über ihre Lebensart und Eigenheiten mit, die auf mehrjähriger Selbstbeobachtung beruhen.

Beschreibung.

Die Viper weicht, gleich allen Schlangenarten, in Betreff ihrer Größe und der Nüancirung ihrer Grundfarbe, nach Beschaffenheit des Alters, und der Länder, wo sie vorgefunden wird, unter sich merklich ab, wie dieß schon Geßner bemerkt hat; weniger in Betreff der Zeichnung, die sich auf der Grundfarbe der Haut befindet. Die Anzahl der Bauchschilde wird gewöhnlich auf 140 bis 146

*) Histoire naturelle du Jorat. 2 Vol. 8. Lausanne.

**) Erinnerungen. 8. Zürich. T. III, 359.

†) Miscellen für die neueste Weltkunde. gr 4. Arau. 1812. No 53.

††) Biblioth. universelle. 8. Genève. 1816. October.

angegeben, und die der Schwanzschuppe, von 36 bis 41 Paare. Ich habe an denen, die ich von Baumle erhielt, 152 — 157 Bauchschilde und 44 — 45 Paar Schwanzschuppen genau gezählt. So trüglich ist es, durch deren Anzahl die Art bestimmen zu wollen! Am Jura kömmt diese Viper in der Länge von 20 bis höchstens 24 Zoll groß vor.

Gemeiniglich ist die Grundfarbe der Viper schmutzig dunkelgrau, mehr oder weniger ins rostfarbe oder gelbe übergehend. Längs dem Rücken läuft im Zickzack eine Reihe unregelmäßig geformter, dunkelbrauner oder schwärzlicher Flecken. Hinter den Augen erzeigt sich, gegen den Hals hin, ein schwarzer oder dunkelbrauner Streif. Auf dem Scheitel zwey dunkle Linien, in Gestalt eines unvollkommenen V. Der Hals ist dünne. Die Kehle gelblich weiß. Die Bauchschilde stahlfarb, mit äußerst feinen schwarzen Pünktchen besäet, jeder hat einen etwas hellern, unpunktirten Rand. Die Schwanzschuppen nähern sich der Grundfarbe des Rückens. Der kurze Schwanz endet in eine kleine, harte, gelbliche Spitze.

Der Kopf ist oben platt, an den Seiten zusammengedrückt, ziemlich herzförmig, doch bey der Schnauze abgestumpft, mit aufgeworfener Nase. Die Augen sehr lebhaft und blitzend, goldgeld, mit einer Pupille von einem schwarzen, senkrechten Striche; daher ihr Geßner schon ein „frefel Gesicht" zuschreibt.

Die Zergliederung

dieses Thieres war schon von Charras *) so genau ver-

*) Mémoires pour serv. à l'Histoire natur. des animaux, par M. M. de l'Academie roy. des Sciences. III, 605. und deutsch: Perrault, Charras und Dodart Abhandlungen aus der Naturgesch. III, 1 — 48.

genommen, daß man nur auf seine Abhandlung verweisen darf.

Verbreitung und Aufenthalt.

Sie bewohnt vorzüglich alle wärmern Gegenden der alten Welt. Und obwohl Geßner noch glaubte, daß in Deutschland keine vorgefunden werden, so weiß man seither, daß sie sich nicht nur da, sondern selbst in Schweden und Rußland vorfindet. In der Schweiz war sie zuerst am Jura bekannt, wo sie sich am häufigsten nahe bey dem Dorfe Baumle, in sehr sonnigten Gegenden, unter Steinen, Zäunen und Gebüschen, aber nie im bebauten Ackerlande oder im Wasser erzeigt. An trocknen, felsigten Orten findet man sie auch auf den Berghöhen. Und längs dem Fuße des Jura hat man sie in neuern Zeiten bis in den Kanton Argau entdeckt und in dem Kantone Zürich am Albis. Auch soll sie im Kanton Glarus vorkommen. *) An einem schroffigten, der Sonne sehr ausgesetzten Felsen, in der Alp Fliß, im obern Toggenburg, hält sich, jedoch nicht in großer Anzahl, eine Schlange auf, deren Biß allerdings gefährlich ist, und die ich, nach mir gegebner, freylich unvollständiger Beschreibung, für eine Viper halten muß. Es möchten sich wohl mehrere Unglücksfälle ereignen, wenn ihr Aufenthaltsort da nicht auf eine kleine Strecke beschränkt wäre, wo fast nur die Wildheuer hinkommen. Nach Meisner **) trifft man sie auch in Oberhaßli

*) Helvetischer Almanach 1809. S. 66 und 77. Es wären dann wohl die kleinen rothgelben Schlangen, von denen Wagner (Hist. nat. helv. p. 243.) nur bemerkt, daß sie da Grütschen genennt werden, und von denen man nun, wenigstens unter diesem Namen, nichts mehr wissen will.

**) Lehrbuch der Naturgesch. 8. Bern, 1806. T. I, 289.

an. Am häufigsten zeigt sie sich in den Kantonen Wallis und Tessin, und da an manchen Orten nur zu häufig. An dem Fuße des Salvadorberges am Luganersee, mußte, vor beyläufig 40 Jahren, ein ansehnliches Landhaus, einzig wegen der furchtbaren Vermehrung der Vipern in dieser Gegend, verlassen werden.

Fortpflanzung und Wachsthum.

Die Paarung fängt an, sobald der Frühling den Erdboden erwärmt. Man trifft dann fast immer Männchen und Weibchen zusammen an. Da das Weibchen etwa 3 Monate trächtig bleibt, so findet man oft schon im May junge Vipern. Sie schlüpfen noch in Mutterleibe aus den Eyern und kommen dann eines nach dem andern, von 12 bis über 20 an der Zahl, lebendig zum Vorschein; und, wie Wyder bemerkt, kaum, daß sie das Tageslicht erblickt haben, so trachten sie auch schon zu beissen. Razumowsky hat sehr unrecht, daß er, ohngeachtet der Beobachtungen mehrerer Naturforscher vor ihm, schreibt: Die Viper lege Eyer, die durch die Sonnenhitze ausgebrütet werden. Am Ende des July erfolgt eine neue Paarung. Die Zeit ihres vollkommenen Wachsthums setzt man auf 6—7 Jahre. Sie sind aber vor der Hälfte dieser Zeit schon im Stande, ihr Geschlecht fortzupflanzen. Wie hoch sie ihr Alter bringen, ist noch nicht bekannt.

Nahrung.

Sie besteht aus Insekten, Eidexen, Fröschen, Kröten und Mäusen; was sie nicht selbst lebendig fangen kann, läßt sie unberührt, und an die Amphibien geräth sie nicht eher, als wenn sie keiner Mäuse, die ihre Lieblingsspeise sind, habhaft werden kann. Sie kann ihren

Schlund so weit ausdehnen, daß sie im Stande ist, einen ganzen Maulwurf zu verschlingen. In der Gefangenschaft aber, wenn sie auch noch so lange dauert, nimmt sie gar keine Nahrung zu sich. Herr Wyder hielt einmal eine 16 Monate lang gefangen, ohne daß sie etwas genoß.

Naturell und Eigenheiten.

Die Viper ruht immer mit dem Kopfe gegen die Sonne gerichtet. Wenn sie in Ruhe gelassen wird, so gehet sie weder auf Menschen, noch große Thiere los. Unter gewissen Umständen flieht sie sogar den Menschen. Und ungeachtet sie für gewöhnlich ziemlich langsam kriecht, so weißt sie ihren Verfolgern doch schnell zu entrinnen. Wann sie aber aufgestört, gereitzt, oder zufälliger Weise getreten wird, so geräth sie leicht in Zorn; zischt, rollt sich schneckenförmig zusammen, und schnellt mit einemmahle auf ihren Feind los. Nachdem sie gebissen hat, verfolgt sie ihn nicht weiter.

Ihr Zischen wird, nach Conrad Geßner, beynahe auf einen Steinwurf weit gehört. Es ist zugleich ein Ruf für andere Vipern in der Nähe, die dadurch herbey gelockt werden.

Sie halten sich nicht das ganze Jahr hindurch an der nemlichen Stelle auf. Am Jura kommen sie im Herbste von den Anhöhen in die Ebenen herunter und gehen bisweilen selbst in die Häuser, bevor sie ihre Schlupfwinkel für den Winter aufgefunden haben; diese sind nicht unter der Erde, wie bey manchen andern Schlangen, sondern in Mauerlöchern und unter Steinhaufen; hier bleiben sie, oft mehrere in einander gewickelt, den Winter über in Erstarrung liegen. Jene vom Salvadorberge sollen, nach dem Berichte des Herrn von Matthisson, im im Frühjahr, bey zunehmender Sonnenwärme, in mächtigen Colonnen, den Luganersee durchschwimmen, um die kühlen Wälder des Gegenufers bis zum Spätherbste zu bewohnen, wo sie dann wieder in ihre Winterquartiere zurückkehren. Allein es ist sehr wahrscheinlich, daß dießfalls die Ringelnattern für Vipern angesehen wurden; denn diese geben freywillig nicht so leicht ins Wasser, wie jene.

Bisweilen zanken und beissen sie sich unter einander, ohne daß der Biß unter sich selbst ihnen nachtheilig wäre. Mit andern Schlangen leben sie, nach Wyders Bemerkung, friedlich, und diese scheinen sich vor ihnen auch nicht zu fürchten.

Die Viper legt alle Frühlinge, und gemeiniglich auch im Herbste, ihre Haut ab; wo sie dann, einige Tage über, weit schöner und glänzender von Farbe erscheint.

Nutzen.

Man hielt diesen ehedessen für größer als heut zu Tage; indem vormahls viel ärztlicher Gebrauch von dieser Viper gemacht wurde, was in Italien zum Theil noch geschieht. Ihr Fleisch ist ein Ingrediens des venetianischen Theriaks.

Wo sie sich im Freyen aufhält, da verzehrt sie eine Menge Insekten; besonders aber viele Mäuse und Maulwürfe.

Der Schaden

aber, den ihr Biß durch die Wirkung des Giftes an Menschen und Thieren verursacht, ist oft fürchterlich, und wenn die von dem Bisse entstehenden Zufälle den Menschen nicht immer und schlechterdings zum Tode führen, so sind sie doch allemahl gefährlich. Die schädliche

liche oder tödtliche Wirkung des Giftes hängt freylich von der Größe oder Kleinheit des Thieres ab, das gebissen wird; aber auch von der Temperatur des Klima und der Jahrszeit, und ob die Viper mehr oder weniger böse war, als sie biß. Redi *) und Fontana **) haben über das Vipergift eine Menge Versuche angestellt, deren Resultate sich zum Theil zu widersprechen scheinen; daher in unsern Tagen Mangili neue Versuche unternommen und gefunden hatte: daß es unmittelbar in den Magen gebracht keine tödtliche Wirkung äussere; hingegen konnte er mit Vipergift, welches 14 bis 26 Monathe in einem wohl verschlossenen Glase aufbewahrt wurde, Tauben tödten, denen es in einer Fußwunde beygebracht wurde. †)

Das Gift bewirkt augenblicklich heftige Geschwulst; es erfolgen gänzliche Entkräftung, Beklemmungen und andere Uebel, und wenn nicht alsobald Hülfe geschafft wird, so gerinnt das Blut und bringt eine greuliche Zerstörung in der animalischen Oekonomie zuwegen. Indessen ist der Biß dieser Viper bey uns, in den meisten Fällen, nicht so fürchterlich wirksam und minder lebensgefährlich, als der von der Redischen Viper, die man sonst nur für eine Varietät der gemeinen Viper hielt; die aber, bey weniger Körpergröße, doch größere Giftbeutel und stärkere Giftzähne hat.

Wer zu wissen verlangt, welch eine Menge unsicherer

---

*) Er gab seine Beobachtungen 1664 und 1670 zu Florenz in Italienischer Sprache heraus. Lateinisch übersetzt erschienen sie zu Leiden 1729.

*) Seine Versuche erschienen 1767 zu Lucca italienisch, und in einer deutschen Uebersetzung zu Berlin 1787.

†) Tübinger Morgenblatt, 1818. S. 192.

und oft abergläubischer Mittel man ehedessen gegen den Viperubiß gebrauchte, der lese Conrad Geßners Schlangenbuch. In den neuern Zeiten rieth Fontana Aussaugung der Wunde, Unterbindung und Vergrößerung derselben durch mehrere Einschnitte und schnelle Anwendung des Aetzsteines. Andere Aerzte fanden die Anwendung des flüchtigen Laugensalzes als ein bewährtes Mittel. Herr Professor Chaussier, in Paris, erwies dieß durch Experimente, und zugleich, daß wie das flüchtige Laugensalz uns ein Heilmittel gegen den Vipernbiß sey, es für die Viper selbst ein schnelltödtendes Gift sey. Er goß ihnen nur wenig davon in die Kehle, sogleich zogen sie sich in gewaltigen Bewegungen zusammen und starben unter Convulsionen schnell weg. *)

Fang.

Da der ärztliche Gebrauch der Vipern noch sehr groß und fast allgemein war, so wurde die gefährliche Jagd auf sie überall, wo es nur Vipern gab, jedoch auf verschiedene Weise, getrieben.

Unter mancher nach Aberglauben riechender Angabe sagt Geßner auch, daß die Vipern sehr begierig nach dem Weine seyen; daß man ihnen daher solchen in irdenen Gefässen unter die Hecken setze und sie dann berauscht sehr leicht fangen könne. Wo diese Fangmethode statt finden solle, weiß ich nicht. Sie wäre aber für die armen Bestien immerhin eine angenehmere Anlockung, als diejenige, die bey der Stadt Poitiers in Frankreich üblich ist. Dort finden sie sich in den Ritzen der Felsen, um die Stadt her, in großer Menge. Der Vipernfänger naht sich kaltblütig dem Felsen, den der Wanderer

*) Miscellen für die neueste Weltkunde. 1808. S. 384.

scheut, mit einem Kessel und Dreyfuße beladen. Dort macht er ein Feuer an, wirft die erste Viper, deren er habhaft werden kann, in seinen Kessel und läßt sie die Marter eines langsamen Röstens erdulden. Ihr Zischen in der Todesangst lockt die andern Vipern herbey, der beherzte Jäger ergreift sie mit einem Handschuh und steckt sie in einen ledernen Sack. Ein Augenzeuge versicherte, daß er dieser Jagd, die ihn an den Hexenkessel im Makbeth erinnerte, nie ohne Grausen habe zusehen können. *)

Die gewöhnlichste Fangart ist, daß sich die Viperfänger, mit einem zischenden Pfeifchen und einer Zange in der Hand, auf einen Platz stellen, wo sie zuvor Reife in die Erde gesteckt haben; wann nun durch das Pfeifen die Vipern daherkommen und an den Reifen heraufkriechen, so werden sie mit der Zange gefaßt und in einen Sack gesteckt. In Mailand trifft man solche an, die 60 und mehr lebendige Vipern in einem Kasten auf dem Rücken tragen und, je nachdem man sie gebrauchen will, lebendig oder todt verkaufen.

Zu Baumle, am Jura, war ehedessen eine eigene Viperie, deren letzter Besitzer, ein Arzt, Namens Gout, vor bald vierzig Jahren starb. Diese Viperie war ein kleines, viereckigtes Gebäude von Steinen; in der Mitte hatte es einen Wasserbehälter und längs den Mauern hin hölzerne Kasten mit einer Menge eingebohrter Löcher, in welche sich die Vipern verkrochen. Was in der Gegend gefangen wurde, sammelte hier Gout und verkaufte dann das Stück für 10 Batzen nach Lausanne, Neuenburg, Bern und weiter in die deutsche Schweiz. Der Handel hörte endlich auf, weil von den Apothekern keine mehr verschrieben wurden.

---

*) Französische Miscellen III, 107.

Jetzt geht dort nur noch ein armer Taglöhner bisweilen ihrem Fange nach. Er hat einen Stock, um sie aufzuhalten und durch Schläge auf den Kopf zu betäuben, mit einer Zange oder auch mit der bloßen Hand faßt er sie beym Schwanze und schiebt sie in einen Sack. Er sucht der Viper immer von hinten beyzukommen, um sie bey der Schwanzspitze zu fassen, indem sie, so angepackt, nicht vermögend ist, sich bis zur Hand aufzuschwingen, um beissen zu können.

Gewöhnlich wurden sie in Schachteln mit Sägespänen lebendig versandt. Wollte sie der Apotheker tödten, so faßte er sie mit einer Zange am Halse und peitschte sie mit einer Ruthe zu Tode, im Wahne, daß sie durch diese Behandlung ihr Gift von sich speyen.

Feinde

hat sie, ausser dem Menschen, an den fleischfressenden Vögeln, die, wie Haller bemerkt, sie oft aus den Vipereyen wegholen, ohne daß ihr Gift etwas auf sie vermöge. Wyder meldet, daß auch das Schwein sie begierig fresse und ihr Gift ihm unschädlich seyn solle.

Irrthümer und Vorurtheile

herrschten ehedessen über diese Thierart in Menge, da sie aber längst schon als solche erkannt sind, so übergehe ich ihre Aufzählung.

2. Die Ringelnatter, Coluber Natrix.

Benennung.

Sie wird in der Schweiz gewöhnlich Otter, oder Schießotter, auch Wasserschlange und Hecknatter genennt, im Kanton Glarus hieß sie ehemahls Grünling; anderswo hat sie noch andere Nahmen.

Conrad Geßner *) beschrieb die Ringelnatter als solche recht kenntlich; führt sie dann aber auch wieder unter andern Schlangenarten mit an, und ist, wie sich nicht andres erwarten läßt, mit ihrer Naturgeschichte nur noch sehr dürftig bekannt.

J. J. Wagner **) der nur ein Compendium schrieb, folgte meistens dem Geßner. Und ohne die Art im mindesten genauer zu bestimmen, bleibt gleichartiges getrennt, und fremdartiges wird hineingemischt; daher solche Beschreibungen heut zu Tage keinen Werth mehr haben können.

Cappeler †) schrieb beyden nur nach, ohne eine neue, bedeutende Bemerkung beyzufügen.

Graf von Razumowski ††) macht auch noch aus einer und ebenderselben Art zwo verschiedene Arten, ohne irgend etwas zu bemerken, das man zu seiner Zeit nicht schon gewußt hätte.

Beschreibung.

Sie hat von 160 bis auf 175 Bauchschilde und bis auf 60 Paare Schwanzschuppen. Der Kopf ist nach vorn zugespitzt, oben platt; die Augen schwarz, doch die Pu-

*) Schlangenbuch. Fol. 47 b. Zuvor aber Fol. 20 kömmt sie schon vor, als „eine Art, die sich den Schoßschlangen vergleichen;" und Fol. 29. ist sie unter dem Nahmen Berus gemeint. Fol. 48 kömmt sie als Hausunk vor. Im Fischbuche gedenkt er ihrer auch, jedoch nur kurz und ohne eine eigene Bemerkung.

**) Historia naturalis helvetiæ curiosa, p. 243 et seq.

†) Pilati montis historia, pag. 115 et seq.

††) a. a. O. I, 120 und 286.

pille mit einem zarten, goldgelben Kreise eingefaßt. Die Grundfarbe des Rückens ist in jüngern Jahren stahlfärbig, später olivenfarb, mit schwarzen Flecken, in ziemlich gleich abgemessener Entfernung hinter und neben einander. An jeder Seite des Nackens erzeigt sich ein heller Fleck, beyde stossen nahe an einander und bilden zusammen gleichsam ein Halsband; in der Jugend sind diese Flecken gelb, gehen später ins Weisse über und werden bey sehr großen Nattern bisweilen ganz vermißt; jeder wird, gegen den Körper zu, mit einer großen, schwarzen Mackel eingefaßt. Die Bauchschilde sind an den Seiten weiß, mit dunkelm Rande, unten größtentheils schwarz; der Schwanz meistens schwarz. Man findet auch solche, die oben fast ganz schwarz und am Unterleibe stahlfärbig sind. Die Länge der Ringelnatter reicht gewöhnlich auf etwa 4 Fuß; jedoch findet man in den Wäldern noch immerhin auch solche, die 6—7 Fuß lang sind und einen Durchmesser von mehr als 2 Zoll haben.

Die Zergliederung

dieser Natter lieferte Blumenbach *) umständlich und Schrank **) theilte hernach vergleichende Bemerkungen und Ausfüllung einiger Lücken in dem Aufsatze des erstern mit. Auf diese beyden verweise ich hiemit.

Verbreitung und Aufenthalt.

Sie findet sich überall in Europa und hält sich sowohl in Gebirgen, als in dem Plattlande auf; in Wäldern, Wiesen, Teichen und Bächen, in zerfallenen Schlös-

*) Lichtenbergs und Voigts Magazin für das Neueste aus der Physik und Naturgesch. V. 1, 3—10.

**) Fauna Boica I. 1. 288.

sern, in Kellern und Ställen; sie kriecht auf die Bäume und Zweige der Gesträuche. Zahlreich aber findet man sie nirgends, als wo Wasser, besonders sumpfigtes, in der Nähe ist. Zu Geßners Zeiten mag einmahl eine, durch Zufall, in die warmen Bäder zu Baden gekommen seyn; nun wurde lange nachgeschrieben, man finde sie auch in den Bädern zu Baden, was die Erfahrung durchaus widerlegt. Es mag seyn, daß sie sich in diesem Badwasser eine Zeitlang lebendig erhalten kann; aber in dem höchst reinen Wasser von Pfeffers soll sie bald sterben. Auf dem Lande sucht sie gewöhnlich schattige Oerter auf, ausser wann sie eben ihre Haut abgelegt hat, wo sie sich dann gerne auf trockne, der Sonnenwärme ausgesetzte Wege hinlegt.

Fortpflanzung und Wachsthum.

Sie paaren sich gewöhnlich jährlich nur einmahl, nach Beschaffenheit der Jahrestemperatur, im May oder Juny. Das Weibchen sucht seine Eyer, wo es immer kann, in einem Mistſtocke abzusetzen. Sie sind in der Größe der Elstereyer und an der Zahl von 14 bis über 30, je nachdem die Natter selbst noch jung, oder schon mehr erwachsen ist; sie hängen durch eine galertartige Materie traubenförmig zusammen und ihre Schale ist eine pergamentartige Haut. Wann die Natter aus dem Ey kriecht, so ist sie wenigstens 6 Zoll lang und ehe sie zur Länge von 2 Schuh erwachst, ist sie schon der Fortpflanzung fähig. Ihr Alter läßt sich noch nicht bestimmen; aber man glaubt, daß sie ihr ganzes Leben durch wachsen.

Nahrung.

Sie frißt Insekten, Würmer, Schnecken, vierfüßige Amphibien, Fische, aller Arten Mäuse und junge Vögel.

Vor allem aus geht sie den Fröschen nach, und je grösser ein Frosch ist, ein desto willkommener Leckerbisse ist er dieser Natter; denn der kleinen bemächtiget sie sich nur zur Zeit der Noth. Daß sie in die Keller gehe, um Milch zu trinken, wird von Bauren und Sennen allgemein behauptet, jedoch nicht als ein fast täglich gewohntes Ereigniß angegeben; mir scheint, es möge mehr aus Zufall, als durch besondere Lüsternheit nach der Milch, bisweilen einmahl eine Natter bey einem Milchgefässe angetroffen worden seyn. Aber daß sie die Milch den Kühen aus den Eutern sauge, ist gewiß nur eine öfter aufgewärmte Fabel. Ich kann bezeugen, daß ich, unter mehr als hundert Nachfragen, noch keinen wahrheitsliebenden Mann angetroffen habe, der dieß selbst beobachtet haben wollte.

Naturell und Eigenheiten.

Die Ringelnatter ist, überhaupt genommen, zwar ein unschuldiges Thier, das keine Giftzähne hat, nicht leicht beißt, und wenn sie beunruhiget wird, sich öfter auf die Flucht macht, als zur Wehre setzt. Sie läßt sich zahm machen und gewöhnt sich leicht an das Haus und an ihren Meister. Allein alles dieses ist durchaus nicht von alten, sehr großen, im Zustande ihrer Wildheit zu verstehen; denn es ist ganz gewiß, daß, wenn man solchen zu nahe kömmt, sie sich zischend empor richten, mit Pfeilesschnelle auf den Menschen loszuschiessen trachten, und wenn er flieht, ihn wohl eines Büchsenschusses weit verfolgen. Man nennt sie darum Schoß- oder Schießnattern und hielt sie ehedessen für eine besondere Art. Conrad Geßner hat schon ein Beyspiel angeführt, wie gewaltsam eine solche Natter sich einem Bauer um den Arm gewunden, jedoch ohne ihn zu beissen. Scheuchzer *) erzählt den sonderbaren Kampf eines Mannes mit einer großen gekämmten Schlange. Lassen wir den Kamm weg, so ersehe ich in der Geschichte nichts fabelhaftes und nichts, was sie von unserer Ringelnatter söndern könnte. Obgedachter Bauer sagte dem Conrad Geßner, es gebe an der Glatt Schlangen mit goldfarbenen Binden um den Kopf, „als wenn sie gekrönt wären" — nun, die Nackenflecken unserer Ringelnatter, die diesem kronenähnlich vorkamen, mögen andere im Schrecken für eine wirkliche Krone, für einen Kamm, oder gar für Hörner angesehen haben; denn was sieht man nicht alles im Schrecken! — Cappeler führt auch ein Beyspiel an, wo eine Schlange gegen einen Bauer schoß und sich bis zu seinem Kopfe gegen ihn aufbäumte; er konnte entwischen. Zweyen meiner Freunde begegnete ein ähnliches Abentheuer, dem einen in einem Walde zwischen Ambden und Wesen, dem andern auf der Straße ohnweit Bilten; auch sie suchten ihr Heil in der Flucht. Ich bin von beyder Wahrheitsliebe so überzeugt, als wenn ich selbst zugegen gewesen wäre.

So schnell die Ringelnatter sich auf dem Lande fortbewegen kann, eben so vortrefflich kann sie schwimmen; daher sie auch den Nahmen Wasserschlange erhielt.

Ihre Haut wirft sie des Sommers nicht immer zur gleichen Zeit ab. Mehrere Tage vorher verliert sie die Freßlust und alle Munterkeit. Die sonst so lebhaften

---

*) Acta phys. med. Acad. nat. curios. Vol. III, 102 — 107. Auch in seiner Physica sacra III, 460 gedenkt er dieses Abentheuers und läßt es in Kupfer darstellen, Taf. DXXVIII. Fig. A. B. So umständlich der Kamm beschrieben ist, so sehr verdächtiget die Abbildung des Schlangenkopfes eine richtige Beobachtung.

schwarzen Augen werden immer matter und bläulichter; (in diesem Zustande muß sie Razumowsky gesehen haben, da er schrieb, ihre Augen seyen türkisblau) endlich werden sie nach und nach wieder klarer und überhaupt erzeigt sich die Lebhaftigkeit des Thieres, unmittelbar vor der Häutung, wieder immer mehr. Das Abschälen der Oberhaut fängt bey dem Kopfe an und setzt sich bis zur Schwanzspitze fort, so daß sich die Natter wie aus einem Darme herauswindet; sie bedarf dazu bisweilen mehrere Stunden, oft aber ist der ganze Prozeß schon vor einer Stunde beendet. Das Thier erscheint dann frischer von Farbe und die Bauchringe mehr stahlblau als weiß.

Merkwürdig ist ihr spezifischer, einigermaßen bocksartiger Geruch, den sie besonders zur Begattungszeit ausdünsten; er ist dann so stark, daß selbst die Stelle, wo eine Natter lag, davon infizirt wird.

Im Winter verbergen sie sich in Löchern, etwa 1 1/2 Fuß tief unter die Erde, an Orten, wo sie vor Ueberschwemmungen gesichert sind, meistens unter Hecken, an Reinen. Zuweilen beziehen sie die Höhlen der Maulwürfe und Nülmäuse, oder sie gehen nach Miststöcken und in Ställe.

Der Nutzen

dieser Thiere ergiebt sich zum Theil aus ihrer Nahrung; aber der Gebrauch, den man ehedessen in den Apotheken von ihnen machte, hat aufgehört. Als Nahrungsmittel mögen sie wohl selten gebraucht werden, wenn schon ihr Fleisch von dem Aalfleische kaum zu unterscheiden seyn solle. Ich wenigstens bedankte mich für eine Natterpastete zum voraus recht sehr.

Der Schaden,

der von ihnen herkömmt, ist unbeträchtlich; am erheblichsten dürfte er seyn, wo sie in großer Anzahl einen Fischteich beziehen.

Feinde

haben sie, ohne was sie der Mensch theils aus Muthwillen, theils aus Unverstand verfolgt, an verschiedenen Thieren, die ihnen jung und alt und auch ihren Eyern nachstellen. Den jungen stellen die Elstern und andere Vögel nach, den alten die Adler, Habichte und Eulen, die Störche und mehrere Reiherarten; auch das Wiesel ist ihr Feind und das Schwein nach ihren Eyern besonders begierig.

3. Die Blindschleiche, Anguis fragilis.

Benennung.

Ich weiß nicht, daß sie bey uns noch einen andern Nahmen hätte. In Deutschland heißt sie auch Bruchschlange, Aalschlange, Kupferschlange, Haselwurm und Hartwurm.

Schweizerische Literatur.

Weder Geßner, Wagner, Cappeler noch Razumowsky, die ihrer erwähnen, melden etwas bedeutendes.

Beschreibung.

Der kleine Kopf hängt, ohne einen Hals, mit dem Körper zusammen. Die Mundöffnung ist groß; die Zunge platt, vorn abgestumpft und nur wenig gespalten. Die Augen glänzend schwarz, äußerst klein, doch deutlich genug, um sie nicht übersehen zu können. Der Körper beynahe Fingers dick, nicht länger als der Schwanz, beyde zusammen bisweilen über 1 1/2 Schuh lang; überall hart und von einer Glätte, wie lakirt anzufühlen. Die Rückenfarbe braungrau, mit Längsstreifen, die in ihrer Deutlichkeit auf verschiedene Weise variren. Die Seiten mehr oder weniger silberfarb; der Unterleib bey einigen ganz schwarz, bey andern hellgrau, mit einem schwarzen Sternchen auf jeder Schuppe. Der Schwanz endet sich in einem stumpfen, hornartigen Dorn.

Zergliederung.

Es ist mir von diesem Thierchen noch keine umständliche oder befriedigende bekannt.

Verbreitung und Aufenthalt.

Die Blindschleiche findet man in ganz Europa und auch in Sibirien. Vom Frühlinge bis in Herbst trifft man sie in Hecken, Gebüschen, Wiesen, faulen Baumstöcken, altem Gemäuer, auf Feldwegen und an den Heerstrassen an.

Fortpflanzung und Wachsthum.

Sie paaren sich wie andere Schlangen; das Weibchen geht dann wenigstens 1 1/2 Monath trächtig, und gebiert hernach lebendige Junge. Im Jahre 1806 den 31. August fand ich eines von ungefähr 13 Zoll Länge, das ich schon mehr als einen Monat in einem Glase aufgehoben hatte, des Morgens mit 12 Jungen umgeben. Sie krochen, mit der Mutter, in einer sehr stinkenden, etwas galertartigen Flüssigkeit, in der die Eierhäutchen abgelöst lagen, doch zeigten sich an ihren Körperchen noch Spuren davon, wie von einer Nabelschnur; wovon man aber des folgenden Tages auch keine Spur mehr entdecken konnte. Ich nahm mit Bewunderung wahr, daß die Regsamkeit dieser so eben gebornen Thierchen weit lebhafter und behender als die der Erwachsenen ist. Ihre Länge war 3 Zoll, ein paar davon hatten noch einige Linien mehr. Die Farbe des Unterleibes und der Seiten ist pechschwarz; der Rücken silbergrau, etwas ins gelbliche spielend, mitten über denselben eine scharfe, schwarze Linie und durch die Lupe konnte man, an jeder Seite derselben, noch eine schwärzliche Linie bemerken; die mittlere Linie entspringt aus einem grossen, schwarzen Flecke hinten am Kopfe. Alle sahen sich so gleich, daß keines von dem andern zu unterscheiden war. Die Mutter schien sich nicht im geringsten um sie zu bekümmern; man mochte ihr eines oder alle wegnehmen, sie regte sich darum gar nicht. Innert 14 Tagen starben mir nach und nach alle weg, so daß ich über ihren Wachsthum so wenig zu berichten weiß, als bisher andere es wußten.

Nahrung.

Diese besteht in Würmern, Schnecken, Insekten und deren Larven. Die Behauptung ist irrig, daß sie in der Gefangenschaft nichts geniessen; die meinen verschlangen Spinnen, Regenwürmer und Ackerschnecken, jedoch nur des Nachts; da ich sie hingegen in der Freyheit, auch bey Tage, an Schnecken saugend angetroffen habe.

Naturel und Eigenheiten.

So träge und unbehülflich die Blindschleiche zu seyn scheint, so weiß sie im Grasboden doch mit großer Gewandtheit aus den Augen zu entwischen. Auf den Fußwegen und Strassen weicht sie selten aus, und wenn man sie berührt, oder sonst reizt, so macht sie sich so steif wie ein Stück Holz. Sie bricht durch einen kleinen Ruthenschlag, besonders am Schwanze, leicht entzwey und die

Stücke bewegen sich noch Stunden lang; ist nur der Schwanz abgeschlagen, so wächst er dem Thier ohne Schaden wieder stumpf zu.

Es ist ihnen am allerempfindlichsten, wenn man sie gerade hinter dem Kopfe faßt; sie schlagen dann mit dem Schwanze um sich und besudeln einem oft die Hände mit einem sehr stinkenden, flüssigen Auswurfe.

Mit ihrer hornartigen Schwanzspitze bohrt sie sich in die Erde, auch stemmt sie sich, wo sie immer kann, damit gewaltig an, wenn man sie in der Hand hält, um eher loszukommen. Auf dem Boden richtet sie sich oft in die Höhe, indem sie sich auf den spiralförmig zusammengewundenen Schwanz stützt. Sie entwich mir mehrmahlen aus einem 7 Zoll hohen Zuckerglase, indem sie einen leichten Deckel von Holz oder eine Glasscheibe wegschob. Auch habe ich einmahl eine in einem faulen Baumstocke 5 Fuß hoch von der Erde angetroffen. Im Winter erstarren sie in Löchern der Erde, kommen aber bey gelinden Tagen, zuweilen zum Theil oder auch ganz aus denselben hervor, entfernen sich jedoch nicht weit davon, um sich sogleich wieder verbergen zu können.

Ihr Nuzen

besteht darin, daß sie eine Menge Schnecken, Würmer und Insekten verzehren. Nach C. Geßners Bericht ward ehedessen auch eine Art Theriak aus ihnen verfertiget.

Schaden,

den sie verursachen möchte, ist mir keiner bekannt.

Feinde.

Ausser was sie von den Knaben zu leiden hat, verfolgen sie die Störche und andere Vögel. Andre *) sah

*) Andre und Bechsteins Spaziergänge V, 168.

einmahl eine von einem Entrich verschlingen; sogleich kroch sie ihm wieder zum After hinaus. Der Entrich verschlang sie aufs neue und sie fand wieder, ihre, eben nicht beneidenswerthe, Triumphspforte. Das Spiel wiederholte sich noch einige Mahle; der Entrich wurde wie wüthend. — Es ist schade, daß Andre nicht zugewartet hat, wie endlich das Ende abgelaufen sey.

Nachdem ich Ihnen, M. HH. und F. über die Naturgeschichte dreyer Schlangenarten, nun dasjenige mitgetheilt habe, was mir aus glaubwürdigen Schriften und Zeugnissen und aus eignen Beobachtungen als zuverlässig bekannt ist, so sey es mir erlaubt, noch mit einer Bemerkung zu schliessen, die mitunter vielleicht etwas sonderbar scheint. Als Mitglieder einer naturwissenschaftlichen Gesellschaft liegt es uns allen ob, nach eines jeden Vermögen, mittelbar oder unmittelbar, der Verfolgung nüzlicher Thiere so viel möglich Einhalt zu thun und die Vermehrung der schädlichen zu hintertreiben. Die Ringelnatter bedarf in den meisten Fällen, und die Blindschleiche in jedem Falle geschont zu werden; und der Anlässe es zu predigen werden sich lange noch, gewiß nicht wenige darbieten. Eine ganz andere Bewandtniß hat es mit der Viper. Mir scheint beynahe, sie verbreite sich nach und nach in Gegenden, wo ehedessen keine hausten. Wenn man zu C. Geßners Zeiten noch nicht wußte, daß sie sich auch in Deutschland und der Schweiz finde, so ist es freylich noch lange kein Beweis, daß sie sich damahls in diesen Ländern wirklich noch nicht vorfand; denn man merkte auf die Natur noch überhaupt zu wenig. Aber da sie im Canton Aargau erst zu Anfange des jetzigen Jahrhunderts zuverlässig bemerkt wurde, so macht mich dieß bedenklicher, weil früherhin bey Baumle (wo der Mittelpunkt ihres Auf-

Aufenthaltes längs dem Jura ist) alljährlich viele hunderte gefangen und dadurch unzählbare Generationen vertilgt wurden; da nun seit bald einem halben Jahrhunderte ihr Gezüchte fast ungestört vor sich geht, so mußten sie sich immer mehr vermehren. Man bemerkt aus Leichtsinn die Gefahr nicht sobald; aber mit einem Mahle kann sie sich furchtbar erzeigen, wie vom Salvadorberge ein Beyspiel angeführt wurde, das deutlich erweist, wie eine allzugroße Vermehrung am ursprünglichen Wohnorte, nothwendig auch Vergrößerung oder Ausdehnung des Wohnortes zur Folge haben muß. Wie leicht kann ein trächtiges Weibchen, durch irgend einen Zufall, sich weit aus der Heimath verirren und den Rückweg nicht wieder finden. Und wo es zuvor nie Vipern gab, entsteht nun eine Brut, ohne daß man weiß, wie? Ein solcher Fall ist bey mehreren Thierarten schon öfter eingetroffen. Und so vielleicht, zogen sich die Vipern nach und nach bis in den Kanton Aargau und weiter. Es wäre meines Bedünkens aller Aufmerksamkeit werth, zuverlässig und genau zu wissen, ob? oder wo dermahlen in unserm Kantone oder denen ihm angränzenden Kantonen, es Vipern gebe? Allerdings kann dieß nicht durch den Ausspruch solcher Leute entschieden werden, die keine Natter von einer Viper zu unterscheiden wissen; man möchte aber wohl am zuverlässigsten auf die Spur kommen, wenn das L. Sanitätskollegium ersucht würde, seine Bezirksärzte eigen und bestimmt anzufragen: ob sie jemahls von Schlangen gebissene Personen zu behandeln gehabt hätten und welche Symptome sie an ihnen wahrgenommen haben? Müßte dann, hie oder da, auf eine verdächtige Gegend geschlossen werden, so wäre es schon leichter genauere Erkundigung anzustellen, und wenn sich das Daseyn so unwerther Gäste irgendwo zuverlässig erwahren sollte, so dürften obrigkeitliche Prämien, für ihre Ausrottung, eben so wohl angewandt seyn, als die für reissende Thiere und Raubvögel. Auch würde man an andern Orten desto eher lernen sich nicht vor jeder Natter, wie vor einer Viper, zu fürchten.

VII.

System der Erd- und Flußschnecken der Schweiz.

Mit vergleichender Aufzählung aller auch in den benachbarten Ländern, Deutschland, Frankreich und Italien sich vorfindenden Arten,

von

W. Hartmann,

Naturalienmahler und Kupferstecher, von St. Gallen.

Ich theile hier, als eine kleine Probe meiner Bearbeitung einer neuen Eintheilung der Erd- und Süßwasserconchylien einen Auszug mit, der diejenigen Gattungen enthält, welche die Schweiz bewohnen. Man wird die Beobachtungen und Entdeckungen der ältern und der neuesten Naturforscher benuzt finden. Vorzüglich verwandte ich viele Sorgfalt in Auffindung der natürlichen Verkettung der Gattungen und Arten; da es aber kaum möglich ist, nur in der Uebersicht der Bewohner eines kleinen Landes diese natürliche Verkettung bey den Gattungen klar darzustellen, so fügte ich noch ein Verzeichniß aller mir bekannten Arten bey, welche sich nicht nur in der Schweiz selbst, sondern auch in ihren angränzenden Ländern, in Deutschland, Frankreich und Italien vorfinden, und suchte durch vergleichende Anmerkungen die Anreihung hier und da näher zu bestimmen, besonders wo die Varietäten in den bisherigen conchyliologischen Werken nicht deutlich genug beschrieben sind. Ich muß hier über die Ausdrücke Abart, Spielart, Blendling und Mißbildung einige Rechenschaft geben. Die Abart (varietas) hat wesentlichere Kennzeichen als die Spielart (mutatio). Von der Art unterscheidet sich die Abart entweder durch die Größe oder durch geringe Abweichungen im Bau des Thieres, oder seiner Schaale; sie ist aber mit der Art, zu welcher sie gezählt wird, durch eine gewisse Uebereinstimmung des Ganzen, und durch Individuen, welche vollkommene Uebergänge bilden, unzertrennbar verbunden. Ob sich diese Abarten aber durch Begattung vermischen, ist beynahe zu bezweifeln. Clima, Höhe der örtlichen Lage wo sie sich finden, und mehrere ganz unbekannte Ursachen sind es, welche solche Veränderungen hervorbringen. Merkwürdig ist, daß wir von mehrern Arten ganz gleichgebaute, und bis an weniges gleichgefärbte Abarten finden, die aber constant beträchtlich kleiner sind, z. B. bey der Helix mutabilis ist var. hortensis der var. nemoralis nur den hellern Mundsaum ausgenommen, ganz gleich; alle die mannigfaltigen Abänderungen der Farbe und Zeichnung der erstern, finden sich auch bey den leztern. Es ist sicher, daß nur Clima und Höhe der Gegend diesen Unterschied hervorbringen. Die größere H. nemoralis finden wir in tiefer liegenden mildern Gegenden weit häufiger; die H. Hortensis in höhern, kältern, in den mannigfaltigsten Spielarten. So ist in der östlichen Schweiz bey St. Gallen und im Canton Appenzell H. nemoralis nicht sehr gemein, und nur einfärbig roth zu finden. H. hortensis dagegen in den zahlreichsten Farbenabänderungen häufiger. In der westlichen Schweiz zeigt sich aber H. nemoralis häufig und verschieden, da H. hortensis seltener und unansehnlich ist. Zudem finden wir auch Uebergänge in der Größe unter ihnen, so hat H. hortensis bey St. Gallen nur 8 Linien im Durchmeßer, im wärmern tiefer liegenden Rheinthal erreicht sie die Größe welche bey uns H. nemoralis hat, welch leztere aber bey Arau, Bern, in der Waadt rc. noch größer wird; auch zeigt sich, jedoch sehr selten, auch H. nemoralis mit weißer, H. hortensis mit brauner Lippe. So finden wir auch beym Bulimus sylvestris, die Var. montanus mehr in höher liegenden Gegenden und schattigen kühlen Wäldern, weil diese Art hauptsächlich den höhern Gegenden und dem kältern Clima zuzugehören scheint; var. obscurus mehr in flachern Ländern, an Rainen, unter Hecken und seltener. H. obvoluta minor, und Clausilia parvula var. 1. gehören ebenfalls den bergigten Ländern zu. Helix arbustorum dagegen, ist in Alpengegenden selten, und kömmt da nur klein und blaß gefärbt vor. H. aspersa, aus der wärmern französischen Schweiz nach Bern und Zürich versezt, pflanzt sich nur in Individuen fort, welche um die Hälfte kleiner sind u. s. w.

Die Spielart (mutatio) ist von der Art oder Abart, unter welcher sie steht, einzig durch Farbe und Zeichnung verschieden, diese begatten sich unter einander.

Der Blendling (albinus) unterscheidet sich durch schwache, zarte, fast pergamentartige, halbdurchsichtige, weißliche Schaale, welche ihren gehörigen Glanz hat, aber wenig Kalkstoff enthält. In den wärmern Ländern finden sie sich häufiger, und beynahe ist zu glauben, daß jede Art solche aufweise; ich habe bey Pomatias Studeri, Clausilia fragilis, bidens, Chondrus variabilis, Pupa marginata, Bulinus lubricus, obscurus, Helix lapicida, rotundata, coelata, circinnata, incarnata etc. solche aufzuzählen. Bey einigen Arten sind nur einzelne Flecken und Bänder ganz dünn und durchsichtig, aber auch das kalkartige nicht mit Farben geziert, z. B. bey den Blendlingen der Helix mutabilis, var. montana aus Wallis. Merkwürdig ist ein Exemplar der Helix lapicida das quer über die Schaale durch diese Beschaffenheit gleichsam getheilt ist. Die eine Hälfte ist undurchsichtig, braun und mit den gewohnten Schildkrötenflecken versehen, die andere Hälfte pergamentartig und farbenlos. Dieses merkwürdige Exemplar fand ich lebendig bey St. Gallen; es befindet sich daselbst in der Sammlung meines Vaters.

Mißbildungen (monstra) endlich, sind ganz ungewohnte und wider die Regel gehende Abweichungen der Form einer Schaale, z. B. die ganz in die Höhe gezogenen und durch getrennte Umgänge sehr seltenen Individuen der Helix pomatia, welche unter dem Namen Helix scalaris bekannt sind. Solche finden sich zuweilen auch bey Helix mutabilis (var. hortensis et montana.) Herr von Charpentier, Bergwerkdirektor in Bex, welchem ich vorzügliche Beyträge zu dieser Abhandlung verdanke, besizt mehrere interessante Stücke der Scalarisform von einigen Arten, und wird solche in dem Prachtwerke des Herrn Baron Daudebard de Ferussac abbilden lassen. Unter Mißbildungen müssen auch links gewundene Exemplare von Schnecken, die sonst in der Regel rechts gewunden sind, gezählt werden, und umgekehrt.

Solche nur äußerst selten linksgewundene finden wir ebenfalls bey Helix mutabilis (var. nemoralis et hortensis), ferner bey Helix arbustorum aspersa, pomatia etc. und mehrern ausländischen Arten der Gattung Bulimus, in welcher sich auch einige gewöhnlich linke Arten finden, die zuweilen, gegen die Regel, rechts gewunden sind.

Mehreremale kam ich schon auf den Gedanken, die Gattung Helix noch in Familien zu theilen, z. B. a) conische, b) gestreifte, Bund- und Gürtelschnecken, c) hornfarbigte, d) schildkrötenfarbigte, e) rauhe, f) gerippte, g) glänzende u. s. w., allein es ist alles so innig verbunden, daß es schwer würde, sie mit Genauigkeit zu trennen und die Familien abzusondern; könnte z. B. Helix conica bey den gestreiften nicht eben sowohl stehen, als bey den conischen? Helix cornea nicht eben so gut bey den umgürteten als bey den hornfarbigten? und wohin soll vollends Helix pulchella, welche mit ihrer Oberhaut zu den gerippten gehört, und ohne dieselbe zu den glänzenden? Ich lasse daher solche Zwischenabtheilungen lieber weg, führe aber jede Varietät, welche von irgend einem Naturforscher als eigne Art angesehen wurde, auch eigen an, um die sanftesten Uebergänge zu zeigen und auf die feinsten Verschiedenheiten aufmerksam zu machen.

Ueber die in dieser Abhandlung gewählte Terminologie habe ich nichts zu bemerken, als daß ich die ersten Umgänge des Gewindes diejenigen nenne, welche schon beym ersten Bilden der Schaale vorhanden sind, den letzten Umgang nenne ich also denjenigen, welcher von der Schnecke zuletzt bey ihrem völligen Auswachsen angesetzt wird, und sich mit der Lippe der Mündung endet.

Die Gattungsnamen sind meistens die von Müller, Draparnaud und andern ertheilten und schon angenommenen. Pomatias ist von Herrn Prof. Studer aufgestellt worden, Chondrus von Cüvier, Paludina von Lamark, Auricella von Brard; ich wählte diesen weil ich den Namen Auricula für die nun gesonderten Arten, Voluta auris midæ, Judæ, Sileni, Leporis etc. beybehalte. Von mir selbst sind die Namen Limacina, Amphibina und Acmea; erstere bedarf keiner weitern Erklärung. Amphibina wählte ich statt des barbarischen und sinnlosen Amphibulima, denn Succinea ist ebenfalls nicht zweckmäßig, weil ein Gattungsname nie von einem zufälligen Kennzeichen einzelner Arten hergenommen werden soll, wie eine Farbe ist, eben darum nahm ich auch die Namen Vitrina, Hyalina etc. nicht an. Acmea endlich kommt von ακμε, Spitze (Pfeilspitze) her.

I. Synopti

des

Mollusc

Weichthiere m

Uebersicht
ms.

phalica.
lichem Kopfe.

und organischer	spitze contraktile Fühler.	Acmea. Pomatias.
	stumpfe retraktile Fühler.	Cyclostoma.
	stumpfe retraktile Fühler.	Auricella. Acicula.
	stumpfe retraktile Fühler.	Clausilia. Chondrus. Pupa. Bulimus. Helix. Limacina. Limax. Limacia.
	etwas platte retraktile Fühler.	Amphibina.
	etwas platte contraktile Fühler.	Lymneus. Physa. Planorbis.
	stumpfe contraktile Fühler.	Ancylus.
und organischer	spitze contraktile Fühler.	Valvata. Paludina.

Einige Bemerkungen
über die
vorstehende Tabelle.

Zwischen die Adelobranchien und die Dermobranchien gehören die Siphonobranchien, da aber letztere nur Meerbewohner enthalten, so sind sie hier weggelassen, eben so finden sich aus der erstern Division, den Adelobranchien, die Gattungen Testacella und Lucena nicht in der Schweiz, und aus den Dermobranchien mangeln uns Nerita und Hydrobria. Auch diese vier Gattungen stehen dem zufolge nicht in dieser Tabelle. In dem wärmern Frankreich findet sich die Testacella haliotidea und die Lucena tapada (Helix naticoides), und in der Donau, der Elbe, der Rhone u. a. die Nerita fontinalis und fluviatilis; in den warmen Bädern von Pisa die Hydrobia thermarum; und an mehrern Orten von Frankreich und Italien Hydrobia acuta, auch die zweifelhaft zu bestimmenden Arten Cyclostoma breve, gibbum et vitreum.

Analyse des Systems.

Mollusca Cephalica
Weichthiere mit deutlichem Kopfe.

III Ord. Gasteropodes.
Bauchfüßler - Schnecken.

Sie haben einen mit 2—4 Fühlern, mit Augen, Mund, Zähnen und Zunge versehenen Kopf, eine kalkartige, mehr oder weniger spiralförmig gewundene Schaale, welche ihnen als Gehäuse dient, und unten am Körper eine Muskelplatte, Fuß genannt, welche ihnen sowohl zum Fortbewegen auf dem Lande, als zum Schwimmen nothwendig ist. *)

I Div. Adelobranchien.

Sie athmen durch eine einfache Oeffnung.

I Sect. Moorschnecken.

Sie wohnen auf der Oberfläche der Erde, an sehr feuchten, moorigten Orten; im Waßer selbst sterben sie, sie können aber darinn doch weit länger aushalten, als die eigentlichen Landschnecken (II Sect.). Ihr Kopf hat

*) Das Daseyn oder der Mangel der untern Fühler bey mehrern Gattungen der IIten Sect. scheint nicht sehr wichtig zu seyn, in der VIten Sect. den Seeschnecken, finden wir 4 Fühler, indem die Augen zuweilen auf kleinen Erhöhungen stehen, welche kleine untere Fühler bilden. In der ausländischen Gattung Onchydium mangeln die untern Fühler; bey Acera, Bullæa und Bulla unter den Dermobranchien mangeln alle vier.

zwey cylindrische Fühler, die Augen am Grunde derselben. Ihr Mund ist oft rüsselförmig. (Cyclostoma, Auricella etc.)

1 Abtheil. mit verschlossenen Schaalen.

Sie haben getrennte Geschlechter, die Augen sind aussen am Grunde der Fühler, und ihre Schaale ist mit einem organischen Deckel verschlossen, welcher auf der Schwanzmuskel des Thieres befestigt ist.

Fam. A. mit spitzen contraktilen Fühlern.

1 Gatt. *Acmea.*

Die Schaale ein vollständiges Gehäuse, rechts gewunden, ganz in die Höhe gezogen, oft beynahe nadelförmig, oft aber etwas aufgeblasen, besonders der letzte Umgang, die Umgänge durch die Nath nur wenig getrennt, gegen den Wirbel zugespitzt, die Mündung oval, sehr stark, aber ohne eigentlichen Mundsaum, falten- und zahnlos, der Deckel eingeschachtelt.

2 Gatt. *Pomatias.*

Die Schaale ein vollständiges Gehäuse, rechts gewunden, stark in die Höhe gezogen, [illegible]eclus-kenförmig, die Umgänge etwas getrennt, gegen den Wirbel zugespitzt, die Mündung fast rund, falten- und zahnlos, der Deckel eingeschachtelt.

Fam. B. mit stumpfen retraktilen Fühlern.

3 Gatt. *Cyclostoma.*

Die Schaale ein vollständiges Gehäuse, rechts gewunden, rundlich, doch in die Höhe gezogen, wendeltreppenförmig, die Umgänge stark getrennt, der Wirbel stumpf, die Mündung fast rund, falten- und zahnlos, der Deckel gewunden.

2 Abtheil. mit offenen Schaalen.

Sie sind Zwitter, die Augen sind hinten am Grunde der Fühler, die Schaale ist mit keiner Art von Deckel verschlossen.

Sie haben stumpfe retraktile Fühler.

4 Gatt. *Auricella.*

Die Schaale ein vollständiges Gehäuse, rechts gewunden, in die Höhe gezogen, schmetterlingspuppenförmig, die Umgänge sehr anpassend, gegen den Wirbel äußerst spitzig, der letzte Umgang ist länglich und aufgeblasen, die Mündung länglich, mit Falten und Zähnen versehen.

5 Gatt. *Acicula.*

Die Schaale ein vollständiges Gehäuse, rechts gewunden, ganz in die Höhe gezogen, fast nadelförmig, die Umgänge anpassend, allmählig sich gegen den Wirbel zuspitzend, der Wirbel selbst stumpf, die Mündung falten- und zahnlos. *)

II Sect. Landschnecken.

Sie wohnen auf oder unter der Erde, sterben im Wasser bald. Ihr Kopf hat 2—4 cilindrische und etwas keulenförmige Fühler, auf den Spitzen der obern stehen die Augen, die untern sind beträchtlich kleiner, oft kaum bemerkbar (z. B. bey Clausilia und Helix pulchella), oft fehlen sie ganz (bey mehrern Arten der Gattung Pupa, welche von Müller und Ferussac, als

*) Die nähere Untersuchung wird wohl noch lehren, daß die einzige hieher gehörige Art: Acicula lineata, mit einem Deckel versehen ist, auch die Fühler sind eher spitzig, sie gehört dann zu Acmea, und die Gattung Acicula fällt weg.

Vertigo, eigen aufgestellt worden). Sie sind Zwitter. Sie haben keinen organischen Deckel, einige jedoch die Eigenschaft, über den Winter die Oeffnung ihrer Schaale mit einem Epiphragmum zu versehen und verschließen zu können, welches aber beym Eintritte wärmerer Temperatur wieder weggestoßen wird und verloren geht.

Sie haben stumpfe retraktile Fühler.

6 Gatt. *Clausilia.*

Die Schaale ein vollständiges Gehäuse, links gewunden, ganz in die Höhe gezogen, spindelförmig, die Umgänge anpassend, allmählig gegen den Wirbel sehr spitzig, der Wirbel selbst stumpf, die Mündung verzogen, eyförmig, mit Falten und einer elastischen Schließe versehen.

7 Gatt. *Chondrus.*

Die Schaale ein vollständiges Gehäuse, rechts gewunden, ganz in die Höhe gezögen, walzenförmig, die Umgänge anpassend, der Wirbel spitzig, die Mündung halbeyrund, mit Falten und Zähnen versehen.

8 Gatt. *Pupa.*

Die Schaale ein vollständiges Gehäuse, rechts oder links gewunden, ganz in die Höhe gezogen, faßförmig, die Umgänge sehr anpassend, der Wirbel ganz stumpf, die Mündung halbeyrund, gezähnt.

9 Gatt. *Bulinus.*

Die Schaale ein vollständiges Gehäuse, bey einigen Arten rechts, bey andern links gewunden, ganz in die Höhe gezogen, oft nadelförmig, oft pyramidalisch, und zuweilen sehr aufgeblasen, der letzte Umgang ist meist länglich und beträchtlich größer, der Wirbel spitzig, die Spindel zuweilen gegen den Rand der Mündung unvollständig, oder wie ausgebrochen, die Mündung verzogen eyförmig, auch halbmondförmig, meistens zahn- und faltenlos.

10 Gatt. *Helix.*

Die Schaale ein vollständiges Gehäuse, rechts gewunden, rundlich, oft kugelich, oft etwas in die Höhe gezogen, oder conisch, oft aber ganz niedergedrückt, platt, bisweilen mit einem scharfen Außenrand (carina) versehen. Die Mündung rund oder halbmondförmig, zuweilen durch den Saum der Lippe entstellt (Helix personnata, obvoluta etc.), meistens falten- und zahnlos. *)

11 Gatt. *Limacina.*

Die Schaale ein Gehäuse, das bey vollständiger Form, jedoch seinen Bewohner nicht ganz faßt, rechts gewunden, rundlich oder beynahe ohrförmig, die Umgänge sehr anpassend, die erstern sind sehr klein, bilden aber doch einen vollständigen Wirbel, der letzte Umgang ist groß, die Mündung halbmondförmig, oft sehr ausgeschweift und weit, falten- und zahnlos.

12 Gatt. *Limax.*

Die Schaale ist kein Gehäuse, sondern unter dem Mantel des Thieres verborgen, ungewunden, länglich und deckelförmig.

---

*) Bey dieser Gattung finden sich oft merkwürdige Mißbildungen, z. B. links gewundene, oder außer der Regel in die Höhe gezogene, und bey den Thieren dieser Gattung trifft man den Liebespfeil an.

13 Gatt. *Limacia.*

Die Schaale fehlt ganz. **)

III Sect. Amphibienschnecken.

Sie wohnen auf der Erde, sehr nahe am Wasser, halten auch einige Zeit in demselben aus, und einige davon haben die Fähigkeit mit unterwärts gekehrtem Körper und Schaale, vermittelst ihres ausgebreiteten Fußes, gleich den Limneen, an der Oberfläche des Wassers zu schwimmen. Ihr Kopf hat 4 kegelförmige Fühler, die Augen auf den Spitzen der obern; beym Schwimmen applatiren sich die Fühler noch mehr. Sie sind Zwitter. Sie haben keinen organischen Deckel, können aber bey kalter Witterung ihr Gehäuse, wie die eigentlichen Landschnecken, auch einigermaßen mit einem Epiphragmum verschliessen.

Sie haben stumpfe, etwas platte retraktile Fühler.

14 Gatt. *Amphibina.*

Die Schaale ein Gehäuse, das bey vollständiger

*) So eben ersehe ich aus den ersten Lieferungen von d'Audebard de Férussac's Werk, sur les mollusques terrestres et fluviatiles, daß diese Gattung unter dem Namen *Arion* ebenfalls eigen aufgestellt ist. Férussac hat ferner bey Helix das Sous genre *Lucena*, welches ich für Helix naticoides, und die übrigen rundlichen Arten gern als eigne Gattung erkenne und zwischen Helix und Limacina stelle. Die lymneenförmigen Lucena putris, succinea etc. aber belasse ich eigen als Amphibinæ, wie oben steht. Auf meiner ersten Kupfertafel liefere ich nun als Anhang die uns nachbarlichen französischen Gattungen Testacella und Lucena nach Férussac, und Flerita nach Adanson nach.

ger Form, jedoch seinen Bewohner nicht ganz faßt, rechts gewunden, etwas in die Höhe gezogen, die Umgänge anpassend, die erstern klein, der letzte länglich, aufgeblasen, groß, die Mündung schief eyförmig, weit, falten- und zahnlos.

IV Sect. Pfützenschnecken.

Sie wohnen im Wasser, müssen aber, da sie als Adelobranchien nur durch Lungen athmen, von Zeit zu Zeit auf die Oberfläche desselben kommen, um freye Luft zu schöpfen. Auf dem Trocknen sterben sie, halten aber weit länger aus, als die Siphono und Dermobranchien (auf dem feuchten Laimgrunde oft Wochenlang). Ihr Kopf hat zwey breitgedrückte Fühler, die Augen inwendig am Grunde derselben, sie sind Zwitter und ihre Schaale ist mit keiner Art von Deckel versehen.

Fam. A. mit platten contraktilen Fühlern von dreyeckigter Form.

15 Gatt. *Lymneus.*

Die Schaale ein vollständiges Gehäuse, rechts gewunden, in die Höhe gezogen, bald kinkhorn-, bald blasen-, bald ohrförmig, die ersten Umgänge sind anpassend, bilden einen spitzigen Wirbel und sind zuweilen sehr von dem letzten Umgang durch ihre Kleinheit gesöndert, der letzte ist länglich aufgeblasen und sehr groß, die Mündung länglich, etwas schief, weit und zahnlos.

Fam. B. mit platten contraktilen Fühlern, welche zugespitzt und borstenförmig sind.

16 Gatt. *Physa.*

Die Schaale ein vollständiges Gehäuse, meist

links gewunden, wenig in die Höhe gezogen, blasenförmig, die ersten Umgänge oftmals stumpf, niedergedrückt, der letzte länglich, aufgeblasen, groß; die Mündung länglich, etwas schief, enge, zahnlos.

17 Gatt. *Planorbis.*

Die Schaale ein vollständiges Gehäuse, meist rechts gewunden, concentrisch, platt, daher tellerförmig, die Umgänge oben und unten sichtbar, oft mit einem scharfen Außenrande (carina) versehen, die Mündung rund, eyrund, auch herzförmig, falten- und zahnlos.

II. Div. Siphonobranchien.

Athmen durch eine Respirationsröhre, die in einem Canal oder Ausschnitt der Schaale liegt.

V Sect. Meerschnecken.

Gehören als solche nicht in diese Abhandlung.

III Div. Dermobranchien.

Athmen durch äußerlich sichtbare Lamellen, faden- oder büschelförmige Kiemen.

VI Sect. Seeschnecken.

Sie wohnen in der Tiefe des Wassers, sterben auf dem Trocknen sobald. *) Ihr Kopf hat meist zwey cilindrische Fühler, die Augen am Grunde derselben, bisweilen auf kleinen Erhöhungen. Ihr Mund ist oft rüsselförmig (Valvata, Paludina).

*) Das Wasser, welches sie in der Schaale zwischen sich und dem Deckel aufbewahren, erhält sie nur noch eine kleine Zeit.

1 Abtheil. mit offenen Schaalen.

Sie sind Zwitter. Die Augen stehen inwendig am Grunde der Fühler, letztere sind stumpf, kurz, oft kaum bemerkbar, bey einigen Gattungen fehlen sie ganz. Ihr Gehäuse ist ohne Deckel.

Sie haben stumpfe contractile Fühler.

18 Gatt. *Ancylus.*

Die Schaale ein unvollständiges Gehäuse, bedeckt jedoch den Bewohner ganz; ungewunden, deckelförmig, der Wirbel etwas vorstehend, rechts oder links gewunden, die Mündung länglich, weit, falten- und zahnlos.

2 Abtheil. mit verschlossenen Schaalen.

Sie haben getrennte Geschlechter, die Augen sind auswendig am Grunde der Fühler, und die Schaale ist mit einem organischen Deckel verschlossen, der auf der Schwanzmuskel des Thiers befestigt ist.

Fam. A. mit kurzen zugespitzten Fühlern.

Hat keine inländischen Arten.

Fam. B. mit borstenförmigen, contraktilen zugespitzten Fühlern.

19 Gatt. *Valvata.*

Die Schaale ein vollständiges Gehäuse, rechts gewunden, oft concentrisch, platt und die Umgänge oben und unten sichtbar, oft aber stark in die Höhe gezogen, wendeltreppenförmig, die Umgänge immer stark getrennt, die Mündung kreisrund, falten- und zahnlos, der Deckel eingeschachtelt.

20 Gatt. *Paludina.*

Die Schaale, ein vollständiges Gehäuse, rechts gewunden, in die Höhe gezogen, doch rundlich, deßwegen fast Wendeltreppenförmig; die Umgänge meist stark getrennt; die Mündung fast rund, etwas schief, Falten- und Zahnlos. Der Deckel eingeschachtelt.*)

Verzeichniß
der
Erd- und Süßwasserschnecken,
welche in der Schweiz, Deutschland, Frankreich und Italien gefunden worden, und von mir selber untersucht wurden.

(Das Citat der Abbildung ist immer aus Draparnaud hist. naturelle des mollusques terrestres et fluviatiles de la France genommen, wo nur Drap. steht, und der Name der Art ist gleich mit dem seinigen, wenn er nicht eigen beygefügt ist.)

---

1. Acmea truncata.

Var. α. A. truncata. Drap. tab. 1. f. 28. 29. Cyclostoma truncatulum.

---

*) Die Thiere der Gattung Valvata haben sehr große, vor die Schaale ragende federbuschähnliche Kiemen, und die männliche Ruthe hängt gleich einem dritten Fühler heraus; bey Paludina sind die Kiemen verborgener und die Ruthe steckt bey einigen Arten im rechten Fühler, welcher dann stumpfer und dicker als der linke ist. S. Tab. I. fig. 35, 36 und 40.

β. A. truncatula. Drap. tab. 1. f. 30. 31. Cyclostoma truncatulum. var. β. et γ.

In Frankreich, mittäglicher Seite, an den Ufern der Teiche, an Pflanzen und oft etwas in den Sand vergraben. So werden die meisten Arten der Gattung Acmea gefunden, und gehören daher durchaus zu den Moorschnecken. Die feste Schaale, die starke Mündung und die tiefen Furchen auf derselben geben dieser, so wie den folgenden Arten, das Ansehen von Meerbewohnern, daher lange bezweifelt wurde, daß sie keine Wasserthiere seyen. Die Var. β. ist beträchtlich kleiner und hat noch zwey Spielarten, die gefurchte und die abgeglattete.

2. Acmea acicula, s. meine Tab. II. f. 1, a, b.

In der Schweiz, im Canton Zürich, am Ufer des Rheins, nicht selten. Es ist dieß eine ganz neue Entdeckung. Herr Brämi von Dubendorf, der sich mit glüklichem Erfolge mit Conchyliologie beschäftigt, fand sie daselbst; auch an der schwäbischen Seite ward sie von Hr. Pfarrer Martin im Eixel, am Rhein gefunden. Diese Art ist Nadelförmig, weiß, durchsichtig, in frischem Zustande der Länge nach mit Erhabenheiten versehen, welche dazwischen Furchen bilden, doch ist die Schaale glänzend. Die Mündung ist sehr groß, stark gerandet, ohne eigentlichen Mundsaum. Auch von dieser Art finden sich ganz abgeglattete, furchenlose, noch durchsichtigere Exemplare.

3. — picta.

Diese Art, deren Fundort mir noch nicht bestimmt bekannt ist, hat mehr den Bau einer Auricella, der lezte Umgang ist sehr groß, aufgeblasen, die Mündung auf ähnliche Weise wie bey der vorigen Art gerandet. Die Schaale mit ähnlichen Erhabenheiten geziert, von Farbe weiß, mit braunen Linien und Punkten niedlich bezeichnet. Auch diese findet sich zuweilen abgeglattet und glaslauter.

4. Acmea circinnata.

Die Mündung dieser Art ist runder, die Schaale, weil der lezte Umgang wieder etwas kürzer ist, obeliskenförmig. Wie die vorige Art den Uebergang der Form von Acmea acicula bildet, so bildet diese den Uebergang der vorigen Art, und der Gattung Acmea zu Pomatias.

5. Pomatias Studeri.

Var. α. P. obscursus. Drap. tab. 1. f. 13. Cyclostoma obscurum.

β. — patulus. Drap. tab. 1. f. 9 — 12. Cyclostoma patulum et maculatum.

Diese kleine Schnecke ist eine der schönsten Entdeckungen von Herrn Prof. Studer, welcher auch die Gattung Pomatias zuerst errichtete, die mit großem Unrecht hernach von den französischen Conchyliologen wieder in Cyclostoma (der olla potrida der französischen Naturforscher) geworfen wurde. Graf von Razoumowsky ist zwar der erste, der dieser Art erwähnte, und sie in seiner hist. nat. du Jorat unter dem Namen Helix septemspiralis aufzählt; aber seine Beschreibungen und Nachrichten sind kaum bey einer Art der Erwägung werth, und systematische Bestimmung findet sich bey ihm noch weniger. Studer kann also als Aufsteller der Gattung den meisten Anspruch auf diese Entdeckung machen, weswegen ich sie nach ihm, dem ersten Schweizerconchyliologen, benannte. Var. α. findet sich im nördlichen Frankreich; die kleinere Var. β. in der Schweiz, in Bayern und ganz Frankreich. Sie hat noch zwey Spielarten, eine hornfarbigte, ungeflekte (das wahre Cyc. patulum Drap) und eine geflekte (Cyc. maculatum Drap.) Ferner erhielt ich von Baden in der Schweiz auch Blendlinge.

6. Cyclostoma elegans.

Var. α. C. sulcatum. Drap. tab. Supl. f. 1.
β. — elegans. Drap. tab. 1. 5 — 8.

Var. α. ist in Frankreich einheimisch; Var. β. wechselt noch in zwey Spielarten, einfärbig, röthlich und röthlich-grau mit Linien und Punkten zierlich bemahlt. Beyde finden sich in der Schweiz, Frankreich und Italien.

7. Auricella myosotis. Drap. tab. III. f. 16. 17. Auricula myosotis.

In Frankreich.

8. — carychium. Drap. tab. III. f. 18. 19. Auricula minuta.

In der Schweiz, Deutschland, Frankreich und Italien.

9. Acicula lineata. Drap. tab. III. f. 20. 21. Auricula lineata.

In der Schweiz, Frankreich und Bayern.

10. Clausilia fragilis. Drap. tab. IV. f. 4. Pupa fragilis.

In der Schweiz und Frankreich.

11. — parvula.

Var. α. C. parvula.
β. — media.
γ. — rugosa. Drap. tab. IV. f. 19. 20.

Erstere Abart findet sich in der östlichen Schweiz, sie

hat nur 3‴ Länge und ziemlich feste Schaale; die zweite, aus der westlichen Schweiz und Frankreich, ist 4‴ lang und äußerst zerbrechlich, besonders die Mündung. Var. γ. ist 6‴ lang. Ich fand sie in den Steinbrüchen zu Wabern bey Bern.

12. Clausilia plicatula.

Var. α. C. dubia. Drap. tab. IV. f. 10.
β. — cruciata.
γ. — plicatula. Drap. tab. IV. f. 17. 18.
δ. — roscida.

Var. α. unterscheidet sich von Var. δ. durch den Mangel der kleinen Zähne zwischen den beyden großen Falten; ihre Mündung ist auch länglicher, enger; die ganze Schaale dicker, feiner gestreift, und etwas mehr aufgeblasen. Es existirt eine röthlichere und eine dunkelbraune Spielart. Ich fand sie häufig an Baumstämmen, in Laubholz, in der Schweiz und in Frankreich. Var. β. unterscheidet sich von dieser nur durch zwey Falten, welche in Form eines Andreaskreuzes über einander gehen. Hr. Prof. Studer fand sie im Kant. Bern. Var. γ. hat stärkere Streifen auf der Schaale, offenere Mündung, und noch kleine Zähne zwischen den beyden Hauptfalten; sie findet sich im Moos, an Steinen und Mauren. Var. δ. welche etwas größer und weitläufiger gestreift ist, fand ich bey Zürich. Von der folgenden Art, der C. plicata unterscheiden sich sämmtliche Abarten der C. plicatula durch geringere Größe, ihre Farbe ist auch dunkler, und die Zähnchen am Außenrande fehlen; ihre Schaale aber ist stärker.

13. — plicata.

Var. α. C. plicata. Drap. tab. IV. f. 15. 16.

Var. β. C. similis.

γ. — ventricosa. Drap. tab. IV. f. 14.

Die erstere Abart hat am obern Rande eine Menge kleiner Falten oder Zähnchen. Var. β. unterscheidet sich nur durch den Mangel derselben. Var. γ. durch den Habitus, indem sie viel aufgeblasener ist. Alle drey Abarten finden sich in der Schweiz, Deutschland und Frankreich; erstere mehr an Gemäuer, leztere in Wäldern, unter Moos und an Baumstämmen, wo ich sie auch mit Var. 2 im englischen Garten zu München sehr häufig fand.

14. Clausilia strigosa.

Noch unbestimmt; hat beynahe die Länge der Cl. corrugata und ward am Uetliberg bey Zürich gefunden; das einzige Exemplar das mir zu Gesicht kam, findet sich in der Sammlung des Entomologen Herrn Pfarrer Nordorfs zu Seen bey Winterthur.

15. — bidens.

Var. α. C. bidens. Drap. tab. IV. f. 5 — 7.

β. — dyodon.

γ. — solida. Drap. tab. IV. f. 8. 9.

δ. — ampla.

Diese Art unterscheidet sich von Cl. plicata durch ihre glänzende, ganz glatte Schaale, auch zeigt sie immer nur zwey, aber sehr deutliche Falten in ihrer Mündung. Var. α. findet sich in der Schweiz, Deutschland und Frankreich; ich erhielt auch Blendlinge von derselben. Var. β. ist brüchiger und kleiner, Herr von Charpentier fand sie in den Piemonteser-Gebirgen an Felsenstücken, Hr. Venetz in Wallis. Var. γ. hat mit voriger gleiche Größe, ist aber sehr hartschaaligt, sie kömmt in Italien und Frankreich vor. Var. δ. ist etwas größer, sehr bauchig, und mit stark erweiterter Mündung versehen; sie findet sich bey Zürich.

16. Clausilia papillaris. Drap. tab. IV. f. 13.

In Frankreich und Italien. Diese wurde eigentlich von Linnée Turbo bidens genannt.

17. — corrugata. Drap. tab. IV. f. 11. 12.

In Frankreich.

18. Chondrus cinereus. Drap. tab. III. f. 53. 54. Pupa cinerea.

In Frankreich.

19. — variabilis.

Var. α. C. variabilis. Drap. tab. III. f. 55. 56. Pupa variabilis.
β. — incertus.
γ. — frumentum. Drap. tab. III. f. 51. 52. Pupa frumentum.
δ. — polyodon. Drap. tab. IV. f. 1. 2. Pupa polyodon.

Diese unterscheidet sich von voriger Art durch festere Schaale und glatte, etwas glänzende Oberfläche, auch ist sie weniger gestreckt und hat eine stärkere Mündung. Var. α. findet sich in Frankreich und ist 5''' lang. Var. β. ist in Frankreich und der westlichen Schweiz, sie ist nur 3 1/2''' lang, und etwas bauchiger. Var. γ. kömmt voriger an Gestalt ganz gleich, hat aber mehr Falten in der Mündung. Var. δ. aus Frankreich, nähert sich mehr der folgenden Art, sie hat von allen Chondrusarten die meisten Falten und Zähne.

20. — secale.

Var. α. C. secale. Drap. tab. III. f. 49. 50. Pupa secale.
β. — hordeum.

Var. γ. C. avena. Drap. tab. III. f. 47. 48. Pupa avena.

Sie unterscheidet sich von der vorigen Art durch schwächere, aber dunklere Schaale u. a. Var. α. findet sich unter Moos, in Wäldern an steinigten Orten. Var. β. ebendaselbst. Var. γ. an Mauern; leztere ist viel kleiner als Var. α. dunkler von Farbe, der Mundsaum schwächer, der lezte Umgang beträchtlich größer, die Gewinde überhaupt getrennter. Var. β. steht ganz zwischen inne, scheint sich jedoch mehr der ersten zu nähern. Alle drey Abarten finden sich in der Schweiz, Deutschland und Frankreich.

21. Chondrus granum. Drap. tab. III. f. 45. 46. Pupa granum.

In Frankreich.

22. Pupa 4 dens. Drap. tab. IV. f. 3.

In der Schweiz, Deutschland und Frankreich.

23. — 8 dentata.

In der Schweiz.

24. — vertigo.

Var. α. P. 7 dentata. Drap. tab. III. f. 32. 33. Pupa antivergio.
β. — vertigo. Drap. tab. III. f. 34. 35.
γ. — 6 dentata.

Hat eine weniger rundliche Mündung als die vorige Art, ist überhaupt weniger aufgeblasen, und von dünnerer Schaale, Stand und Zahl der Zähne wechselt etwas ab; die linke Abart kömmt am meisten vor. Alle drey finden sich in der Schweiz und Frankreich.

25. — pygmea.

Var. α. P. 5 dentata.
β. — pygmea. Drap. tab. III. f. 30. 31.

Die Mündung dieser Art ist rundlicher als bey der vorigen; die Umgänge sind anpassender, auch ist sie nicht sehr aufgeblasen. Die Zahl der Zähne wechselt zwischen 5 und 4; erstere Abart ist etwas weniger größer, leztere kömmt häufiger vor. Aus der Schweiz und Frankreich.

26. Pupa 3 plicata.

Ist eine Entdekung des Herrn von Charpentier in Bex.

27. — muscorum.

Var. α. P. muscorum. s. m. Tab. II. f. 2.
β. — unidentata. Drap. tab. III. f. 26. 27. Pupa muscorum. s. m. Tab. II. f. 3.
γ. — edentula. Drap. tab. III. f. 28. 29. (Diese Abbildung stellt die Schnecke noch nicht ganz vollendet vor.) M. Tab. II. f. 4.

Var. α. hat zwey kleine Zähne in der Mündung. Var. β. ist stumpfer, etwas kleiner, und mit einem kleinen Zahn versehen. Var. γ. ist noch kleiner, sehr länglich, die Umgänge anpassend, und die Mündung enthält keinen Zahn. Diese Schnecke wechselt in der Größe von 1''' bis 1 1/2''' und findet sich in der Schweiz und Frankreich.

28. — minutissima. S. meine Tab. II. f. 5.

Ganz Faßförmig, länglich, die Umgänge sehr anpassend; die ganze Länge beträgt nur 1/2''' auch ist die Schaale dünne. Die Mündung enthält einen Zahn. Sie findet sich in der Schweiz.

29. — umbilicata. Drap. tab. III. f. 39. 40.

Aus Frankreich.

30. — marginata. Drap. tab. III. f. 36 — 38.

In ganz Frankreich, Deutschland und der Schweiz.

Sie wurde oft mit P. muscorum verwechselt, und es ist unentschieden wohin Linné's Turbo muscorum gehört; wahrscheinlich wirklich zu dieser P. marginata. Von dieser fand Hr. von Charpentier auch Blendlinge.

31. Pupa doliolum. Drap. tab. III. f. 41. 42.

In der südlichen Schweiz und in Frankreich. In der Jugend enden sich die starken Streifen auf ihrer Schaale bey der Nath in kleine Spitzen, daher bekommt sie bey der, alsdann noch rundlichen Form, das Ansehen einer Krone oder Tiare; sie wurde deßwegen von Herrn Baron de Ferússac einst als eigne Art, unter dem Namen Helix spinosa aufgestellt; auch im ausgewachsenen Zustande erhielt sie von einigen Naturforschern den Namen Helix coronata. Im Alter bleibt die Schcale noch rauh, aber die Spitzen und Stacheln verliert sie ganz.

32. — dolium. Drap. tab. III. f. 43.

In Frankreich und der ganzen Schweiz.

33. — obtusa. Drap. III. f. 44.

Aus Schwaben erhielt sie Draparnaud von dem ältern Herrn Baron de Ferússac, und nahm sie irrig in seine Conchylien von Frankreich auf. Noch habe ich diese Art nicht selber gesehen.

34. Bulinus 3 dens.

Var. α. B. tridens. Drap. tab. III. f. 57. Pupa tridens.
β. — variedentatus.

In der Schweiz, Deutschland und Frankreich. Meistens hat sie drey deutliche Zähne, und oft noch mehrere kleinere, bisweilen zusammen gegen 8. Auch in der Größe wechselt sie sehr ab. Dieß hat Herrn von

Alton verleitet, sie mit dem Chondrus secale zu verwechseln, und leztern Turbo 3 dens zu nennen, diesen aber bey Turbo quadridens (Pupa 4 dens) anzuführen und für eine rechtsgewundene Abart desselben zu halten.

35 Bulinus obscursus.

Var. α. B. montanus. Drap. tab. IV. f. 22.
β. — obscurus. Drap. tab. IV. f. 23.

Beyde Abarten finden sich in der Schweiz, Deutschland und Frankreich, und kommen auch als Blendlinge vor.

36. — lubricus.

Var. α. B. lubricus. Drap. tab. IV. f. 24.
β. — pulchellus.

Beyde Abarten zeigen sich in der Schweiz, Deutschland und Frankreich. Von ersterer erhielt ich aus hiesiger Gegend auch Blendlinge.

37. — acicula. Drap. tab. IV. f. 25. 26.

Diese Schnecke hatte das sonderbare Schicksal mit mehrern andern, sehr von ihr verschiedenen Arten, verwechselt zu werden; indem Müllers Buccinum acicula (unser Bulinus acicula) von Gmelin fälschlich zu Linné's Helix octona gezogen wurde, welche durch Größe, Form, Zahl der Umgänge, Farbe rc. doch außerordentlich verschieden ist. Ferner wurde sie verwechselt mit Acmea acicula, von der sie aber außer dem Bewohner, auch noch natürlicher Weise der Mangel des organischen Deckels, ferner die dünnere Schaale und die ungesäumte Mündung und gebrochene Spindel sattsam unterscheidet; endlich ward sie sogar mit dem ganz jungen Limneus stagnalis, Var. fragilis vermengt. Sie findet sich an Felsen, Mauern, jungen Küchengewächsen in Gärten ꝛc. in der Schweiz, Deutschland und Frankreich.

38. Bulinus decollatus. Drap. tab. IV. f. 27. 28.

In Frankreich und Italien. Diese Schnecke hat in ihrer Jugend, wann der Wirbel noch nicht abgestuzt ist, viele Aehnlichkeit mit B. octonus; doch sind die Umgänge etwas weniger gestreckt, und der lezte ist sehr bauchig, daher die ganze Form pyramidalischer. Im ausgewachsenen Zustande verliert sich zwar beydes, dann unterscheidet sie aber die beträchtlichere Größe, und die Stutzung des Wirbels, so wie auch die vollständige Columelle hinlänglich.

39. — sepium. Drap. tab. IV. f. 21. Bulinus radiatus.

Diese Schnecke gehört überhaupt einem mildern Clima zu; nur in den südlichern Ländern, Spanien, Italien, Frankreich, und in der Schweiz einzig im Kanton Wallis, findet sich eine Spielart welche mit braunen Streifen schön geziert ist; in den kältern Gegenden und in Deutschland kömmt sie nur einfärbig, schmuzig weiß vor.

40. — variabilis.

Var. α. B. acutus. Drap. tab. IV. f. 29. 30.
β. — ventricosus. Drap. tab. IV. f. 31. 32.

Beyde Abarten wechseln sehr stark, aber beyde auf gleiche Weise, in der Färbung und Zeichnung ab. Zuweilen kommen sie ganz weiß, nur mit durchsichtigen kleinen Längsstreifen vor, zuweilen sind diese braun, oft ziert den lezten Umgang untenher ein Band, oft aber ist das ganze Gewind umgürtet u. s. w. Beyde

Varietäten finden sich in der Schweiz, Deutschland und Frankreich.

41. Helix conoidea. Drap. tab. V. f. 7. 8.

42. — pyramidata. Drap. tab. V. f. 6.

43. — conica. Drap. tab. V. f. 3 — 5.

Alle diese drey Arten werden im südlichern Frankreich gefunden.

44. — striatula

Var. α. H. thymorum. Drap. tab. VI. f. 21. Helix striata. var. ι.
β. — stigatula s. m. Tab. II. f. 6. a. b.
γ. — rugellosa.
δ. — fuscensens.
ε. — candidula. Drap. tab. VI. f. 18. Helix striata. var. ζ.? s. m. Tab. II. f. 7.
ζ. — striatula. Drap. tab. VI. f. 19. 20. Helix striata var. α.? eher gehört diese Abbildung wirklich zu Helix striata.

Varietät α. ist eine schöne Entdeckung des Herrn von Alten; sie unterscheidet sich von den folgenden durch ihre sehr starke und glatte Schaale, die ganze Form ist noch ziemlich in die Höhe gezogen, der Nabel sehr enge, die Mündung mit einem starken innern Saum und zwey Zähnchen versehen, die Färbung ist weiß, mit braunen Längsstreifen, welche nicht ganz bis an die Nath und die Carina hingehen. Sie findet sich bey Augsburg. Var. β. hat eine etwas dünnere Schaale, und ist ziemlich tief gestreift; die Mündung hat schwächern Saum und weniger Spuren der Zahnähnlichen Erhöhungen; die Färbung ist wie bey der vorigen Abart, oder auch weiß mit einer braunen Binde. Sie findet sich in der westlichen Schweiz. Bey Var. γ. geben die Streifen gegen die sehr tiefe Nath in wahre Runzeln über. Diese ist auch flacher

als

als Var. α und β ja beynahe eben; sie kommt aus Italien und ist weiß. Bey Var. δ. erhebt sich das Gewind wieder ein wenig, die Streifen sind schwächer, aber der Nabel ist noch etwas erweitert, so wie bey der vorigen Abart; ihre Farbe ist blaßbräunlich mit wenigen braunen Sprengseln auf der obern Seite. Var. ε. ist dieser ähnlich, doch ganz glatt und weiß von Farbe; sie ist die größte dieser Abarten und findet sich im Kanton Wallis. Var. ζ. aus der westlichen Schweiz schließt sich genau an diese an, doch ist sie kleiner und kugelichter und der Nabel enge; sie ist weißlich, oben meist mit einem braunen Bande, unten mit Linien geziert. Der Innenrand der Mündung aller dieser Abänderungen ist weiß.

45. Helix striata.

Var. α. H. striata. Drap. tab. VI. f. 19. 20?
β. — clivorum. Drap. tab. VI. f. 12. Helix ericetorum.
γ. — intersecta. Drap. tab. VI. f. 13. Helix neglecta. Var. α.

Diese Schnecke unterscheidet sich von der vorigen, besonders von der letzten Varietät derselben, beynahe nur durch die beträchtlichere Größe; sie ist ziemlich erhaben, der Nabel sehr enge, die Mündung rundlich, der Innenrand röthlich. Var. β. ist nur größer, beyde finden sich in Frankreich, erstere auch in der Schweiz im Kanton Wallis. Var. γ. hat die Bänder und Linien auf der untern Seite mit weißen Flecken unterbrochen; auch diese ist aus Frankreich, und *Draparnaud's* Helix neglecta. s. tab. VI. f. 13. Var. α. hat er als Helix striata l. c.

f. 19. Var. β. aber unter Helix ericetorum auf gleicher Tafel fig. 12. angeführt, also alle drey irrig.

46. Helix cespitum. Drap. tab. VI. f. 14 und 15.
Sie ist wenig flacher als die vorige Art, aber größer, die Mündung um ein weniges gegen die Spindel verengter, der Innenrand derselben doppelt und violet, der Nabel etwas weiter, die untere Seite der Schaale entweder mit Linien und einem mit weißen Sprengseln versehenen Bande geziert, oder aber mit zackigten Punkten und Linien, sehr ähnlich der Helix variabilis, mit welcher sie auch schon verwechselt wurde. Sie findet sich im südlichen Frankreich, die erstere Spielart ist bey *Draparnaud* tab. VI. f. 14 und 15 sehr gut dargestellt.

47. — neglecta. Drap. tab. VI. f. 16. Helix cespitum.
Sie ist mehr niedergedrückt als die vorhergehenden Arten, die Mündung noch mehr verengt, der Innenrand derselben röthlich. Der Nabel wie bey Helix cespitum. Die Bänder oder Linien reichen nicht bis gegen die Mündung, sondern sind dort wie verwischt, eben so sind die Bänder untenher durch Stellen unterbrochen, die wie ausgewischt oder unvollendet scheinen, daher der Name H. neglecta. Eine Spielart davon hat nur Linien, die andere aber Bänder und Linien, erstere findet sich bey Augsburg und in Frankreich. Sie ist bey Draparnaud tab. VI. f. 16 irrig als H. cespitum abgebildet; die andere kömmt in Frankreich, bey Straßburg vor; auch erhielt ich sie von Wien.

48. — ericetorum.

Var. α. maxima.

Var. β. magna. Drap. tab. VI. f. 17.
γ. media.
δ. minor.
ε. H. dubia.

Diese in unendlich vielen Abänderungen zu findende Schnecke ist in ganz Europa verbreitet; sie unterscheidet sich leicht von den vorigen Arten, mit welchen sie in der Färbung und Zeichnung ziemlich übereinkömmt, durch die gegen die Spindel und das Gewind zu verengte und etwas ausgeschweifte Mündung, durch den sehr weiten Nabel, die dünnere Schaale u. s. w. Die Varietäten α—δ. sind nur durch die Größe als solche verschieden. Var. α. ist aus Italien, Var. β. von Biarits bey Bayonne, die übrigen finden sich in der Schweiz, Deutschland und Frankreich. Alle sind entweder obenher mit Bändern und unten mit Linien geziert, oder ganz weiß, oder auch, aber seltener, nach Art der Helix striatula Var. α. thymorum, mit Querstreifen bezeichnet. Auch diese kommen in Deutschland und der Schweiz vor. Var. ε. endlich ist aus Frankreich, hat sehr anpassende Umgänge, ist weniger ausgeschweift und der Nabel ist etwas kleiner. Von Helix ericetorum, dieser in so vielen Abänderungen so gemeinen Schnecke, existirt bey Draparnaud doch keine Abbildung unter ihrem richtigen Namen, denn die auf seiner tab. VI. f. 17. dargestellte Art ist unsere Var. β. (magna), aber irrig H. cespitum benannt.

49. Helix pyrenaïca. Drap. tab. Supl. f. 7.

Diese Schnecke hat sehr viele Aehnlichkeit mit der letzten Abänderung der vorigen Art, welche ich unter dem Namen Helix dubia anführte. Die Mündung ist aber rundlicher, gewährt eine flachere Ansicht, der Nabel ist noch enger und die Lippe der Mündung etwas auswärts gebogen, also mit einem schwachen Mundsaum versehen. Sie kommt aus den Pyrenäen.

50. Helix zonaria.

Var. α. H. zonata. s. meine Tab. II. f. 8.
β. — zonaria. s. meine Tab. II. f. 9.
γ. — fœtida. s. meine Tab. II. f. 10.
δ. — fasciola. Drap. tab. VIII. f. 1 — 3. Helix cornea.

Kömmt in den südlichen Ländern Europa's vor, und unter merkwürdigen Abänderungen. Var. α. ist stets hornfärbig, nicht sehr durchsichtig und mit einer sehr deutlichen Binde versehen. Die Umgänge sind anpassend und etwas erhöht. Die Lippe weiß. Herr Baron de Férussac fand sie in Friaul und Steyermark, Herr von Voith in Bayern, in der Schweiz zeigt sie sich auf dem Gotthard und in Wallis. Var. β. ist flacher, größer, weiß, undurchsichtig, mit einer braunen Binde umgeben. Sie kömmt in Italien vor und in der Schweiz bey Lugano im Kanton Tessin. Sie ist deutlich bey Martini und andern abgebildet, und die wahre H. zonaria der Auktoren Var. γ. ward von Herrn Venetz im Wallis entdeckt, hat eine etwas schwächere und weit durchsichtigere, glänzende, hornfarbige Schaale und immer zwey, aber sehr blasse, undeutliche Binden. Das Thier stinkt auffallend widrig. Var. δ. ist der vorigen sehr ähnlich, die Mündung ist, wie bey jener, untenher etwas flach gedrückt, weil die Unterseite der

Schaale flacher ist, daher ist der Mundsaum auch beynahe dreyeckigt. (Bey den Varietäten ist dieß weniger bemerkbar.) Der Nabel ist ebenfalls klein, die ganze Schaale ist hornfarb, unten etwas weißlich, über das Gewind lauft nur eine Binde, welche auf den Mundsaum geht. Sie findet sich in Deutschland und Frankreich, und ist bey Draparnaud auf tab. VIII. f. 1 — 3. unter dem Namen H. cornea unverkennbar abgebildet.

51. Helix cornea. Drap. tab. VI. f. 22 — 24. Helix fasciola.

Diese Art fand ich im englischen Garten bey München auf Gesträuchen; sie ist hellbornfärbig, durchsichtig, etwas erhabener als vorige Art, die Mündung rundlicher, von zwey Binden ist meist nur auf dem Mundsaum eine Spur zu sehen; der Nabel ist weiter geöffnet als bey voriger Art. Es scheint mir dieß die wahre H. cornea von Draparnaud zu seyn, und die vorgenannte Var. δ. der H. zonaria ist sicher seine H. fasciola, die Namen stimmen auch ganz dafür, die Abbildungen hingegen widersprechen, was sicherlich durch eine Irrung geschah. Die Worte im Text: pag. 110. bey *Helix fasciola* oder Helice bandelette, testa *subdepressa*, *unifasciata* peristomate albo, marginato, incrassato, *subangulato*; ferner: Coquille *deprimée cornée* et agréablement striée en dessus, *blanchetre* assez *lisse*, *luissante en dessous*; weiter: le dernier tour est marque d'une bande dorsale d'un *brun-rougeâtre*, qui se continue un peu sur l'avant dernier tour; Ouverture *non* arrondie, mais un peu *triangulaire*; Trou ombilical un peu ouvert, stimmen ganz mit oben erwähnter Var. δ. der *Helix zonaria*, und der Abbildung auf tab. VIII. f. 1—3 überein, gar nicht mit der, in der Kupfererklärung H. fasciola benannten, f. 22—24 auf der VIten Tafel, welche weder die eine noch die andere Schnecke richtig darstellt. Ich wage es demzufolge, da diese angeführte Beschreibung so ganz mit der letzten Varietät der vorigen Art übereinstimmt, sie für dieselbe zu halten, und die bey München gefundene für *H. cornea*, von welcher Draparnaud sagt: cette espèce ressemble un peu à la précédente, (Hélice bandelette) mais elle en diffère en ce que son ombilic est *plus évasé*; l'ouverture *plus arrondie et plus inclinée vers le bas de la coquille*. Herr von Voith hat diese in Sturms Fauna als eine Abart der Helix strigella beschrieben, von welcher sie aber durch den Mundsaum und den ganzen Bau der Schaale sehr verschieden ist.

52. Helix lapicida. Drap. tab. VII. f. 35—37.

Diese Art findet sich in ganz Europe. Bey St. Gallen und Lausanne wurden auch Blendlinge gefunden; die pergamentartige weiße Schaale derselben ist fleckenlos, aber ihrer Durchsichtigkeit halber scheint der Mantel des Thieres mit seinen Flecken so durch, daß man sie beym Leben desselben von den gewöhnlichen kaum unterscheiden kann.

53. — explanata. Drap. tab. VI. f. 25—27. Helix albella.

In der Schweiz, Deutschland und Frankreich.

54. — elegans.

Var. α. H. elegans.

β. — trochulus. Drap. tab. V. f. 1. 2. Helix elegans.

In Frankreich und Italien. Var. β. hat bey weit geringerer Größe doch mehr Umgänge und ist viel pyramidenförmiger. Linnées und Müllers Helix crenulata ist ganz sicher nicht diese Schnecke, denn globosa ist sie nicht, fascia fusea fehlt, und weniger als 6 Umgänge hat auch Var. α. nie. Die H. crenulata dieser beyden Naturforscher scheint mir wirklich die nemliche zu seyn, welche Olivier aus Mesopotamien gebracht, und unter diesem Namen in seiner Voyage tab. 31. f. 5. a. b. bekannt gemacht hat; welche aber durchaus nicht mit unserer H. elegans verwandt ist, sondern im System mehr bey H. pyramidata zu stehen käme.

55. Helix oculus capri. Drap. tab. VII. f. 38. 39. Helix aligra.
In Frankreich und Italien, auch bey Wien, wo Herr Doctor Klees auf dem Kahlengebirg eine kleinere Abart fand.

56. — rotunda. Drap. tab. VIII. f. 4—7.
In der Schweiz, Deutschland und Frankreich; Herr von Charpentier fand bey Bex Blendlinge und erhielt dergleichen auch aus England.

57. — ruderata. s. meine Tab. II. f. 11.
Der vorigen ähnlich, aber aufgeblasener, rauher, weniger Umgänge. Sie findet sich in der Schweiz.

58. — pygmea. Drap. tab. VIII. f. 8—10.
In der Schweiz und Frankreich.

59. — rupestris. Drap. tab. VII. f. 7—8.
In Frankreich, und in den Alpen der Schweiz zu Millionen an den Felsblöcken.

60. — aculeata. Drap. tab. VII. f. 10. 11.
In der Schweiz, Deutschland und Frankreich.

61. Helix pulchella.

Var. α. H. costata. Drap. tab. VIII. f. 30—32. Helix pulchella. Var. α.
β. — pulchella. Drap. tab. VIII. f. 33. 34.

Noch ist unentschieden, ob Var. α und β. wirkliche Abarten sind, oder letztere nur Exemplare, die sich zwar bey Leben des Thieres schon abgeschliffen haben; letztere ist häufiger; selten ist die gerippte Epidermis ganz schön, meistens findet man Mitteldinge zwischen Var. α und β. Sie ist in der Schweiz, Deutschland und Frankreich nicht selten.

62. — nitens.

Var. α. nitidula. Drap. tab. VIII. f. 21. 22.
β. — nitens.
γ. — cellaria. Drap. tab. VIII. f. 23—25. Helix nitida.
δ. — tenera.

Draparnaud führt unter dem Namen H. nitidula meine H. nitens, Var. β. an, und noch eine kleinere Abart (meine Var. α.), welche mir noch nie zu Gesichte kam. Meine Var. β. ist die H. nitens, welche mein Vater in der Alpina II, p. 222. anführt; ich bin geneigt zu glauben, daß dieß Gmelins H. nitens, und folglich H. nitida Müllers sey, allein letztere wird insgemein für meines Vaters und meiner H. succinea (die H. lucida Drap. und von Alten) gehalten. Die Worte: fulvo-*cornea* apertura *larga*, incola *pallide-cœrulea*, magn. 1—4''' beweisen indessen mehr für diese, denn das Thier dieser meiner H. nitens ist stets blaßbläulich; jenes unserer succinea aber tiefschwarz; auch kann die Mündung letzterer nicht larga heissen. Von Var.

γ und δ. unterscheidet sich Var. α und β. durch ihre mindere Größe, mattern Glanz, ausgedehntern letzten Umgang und größern Nabel, ihr Wohnort ist in Gras und Laub unter Hecken, sie ist sehr gemein in der Schweiz und Frankreich, Var. β. ist unstreitig Müllers H. cellaria, und auch Gärtners (s. Abhandl. in der naturforschenden Gesellschaft, die Wetterau). Der Wohnort beweist es vollkommen. Ich fand sie sehr schön, und oft unter faulenden Brettern an sehr schattigten Orten, in Kellern und Hausfluren; sehr groß, aber weniger klar, auf Weinbergen unter Steinen; auf letztere Weise erhielt ich sie auch aus Frankreich und Deutschland. Ich habe vorhin bemerkt, daß ich Müllers H. nitida für Var. α und β. halte und für synonim mit Gmelins H. nitens; diese Var. γ. aber für H. cellaria. Die Worte testa glaberrima, pellucida, magn. 3 1/2''' anfr. 5. und die Beschreibung des Thiers beweisen es mir, auch außer der Angabe des Wohnortes, vollkommen, denn diese Charakterisirung paßt nicht auf Var. α oder β. Auch Herr Baron d'Audebard zieht in seinem Essai diese zusammen. Crard und Draparnaud in den Tabl. des Moll. nennen diese H. lucida. Später in der hist. nat. des Moll. legte letzterer diesen Namen gar meiner H. succinea bey. Ich wünsche desnahen die zu fernern Verwechslungen Anlaß gebenden Namen lucida und nitida ganz aufzugeben, wurde doch sogar der Planorbis nitidus mit in diese Confusion gezogen! Unsere Var. γ. oder H. cellaria unterscheidet sich von den beyden vorigen Varietäten durch die beträchtlichere Größe, die regelmäßigere Ründung der Umgänge und die Abstuffung derselben und die weißlichere, oft bläuliche

Farbe von unten, durch den, besonders in der Jugend, oft zierlichen Glanz und den weitaus engern Nabel. Letzterer ist zuweilen fast ganz geschlossen, und bildet dann die Var. δ., welche von Herrn Professor Studer H. tenera genannt wurde. Sie findet sich mit der andern ebenfalls in der Schweiz, Frankreich und Deutschland.

63. Helix cristallina.

Var. α. H. eburnea. Drap. tab. VIII. f. 18 – 20. Helix cristalina. Var. β.
β. — cristallina. Drap. tab. VIII. f. 13 – 17.

In Frankreich, Deutschland und der Schweiz. Var. α. ist seltener und hat offneren Nabel und weniger Glanz, auch beynahe einen Umgang weniger, den Aufenthalt aber hat sie mit Var. β. gemein.

64. — fulva. Drap. tab. VII. f. 12. 13.

In der Schweiz, Deutschland und Frankreich. Was Müller unter einem, aus der Schweiz erhaltenen, sehr großen Exemplar versteht, ist unstreitig H. succinea, welche hernach irrig für seine H. nitida ausgegeben wurde.

65. — succinea. Drap. tab. VIII. f. 11. 12. Helix lucida.

Ist Helix lucida von Draparnaud in der hist. des Moll. und seine nitida in den tableaux, auch Brard's, was einige verleitet haben mag, sie auch für Müllers H. nitida zu halten, wogegen aber die Beschreibung bey genauer Erwägung genugsam widerspricht, wie ich oben bey H. nitens gezeigt habe. Wahrscheinlich ist diese succinea Müllers sehr große H. fulva, welche er aus der Schweiz soll erhalten haben. H. fulva wird in der Schweiz nirgends größer als anderswo. Der Name succinea wurde von unserer jetzt aufzuzählenden Schnecke von Herrn Prof. Studer zuerst in Coxes famula helvetica gegeben, und hernach auch von meinem Vater in seiner im IIten Band der Alpina befindlichen Abhandlung angenommen; ich behalte ihn als sehr passend bey, um zugleich die verwirrenden Namen lucida und nitida einmal ganz aufheben zu können, denn mit Amphibina succinea kann sie von niemand verwechselt werden, der systematische Kenntniß besitzt. Unsere H. succinea findet sich in der Schweiz, Deutschland und Frankreich.

66. Helix incerta. Drap. tab. Supl. f. 8. 9.

In Frankreich bey Agen und Lanzerte.

67. — strigella. Drap. tab. VII. f. 1. 2.

In der westlichen Schweiz, Frankreich und Deutschland. Draparnaud's Var. tab. VII. f. 19. dürfte anderswohin gehören.

68. — villosa.

Var. α. H. villosa. Drap. tab. VII. f. 18.
β. — detrita.

Erstere Varietät wechselt in zwey Spielarten, braun und gelblich, letztere ist bey uns die gemeinere; beyde finden sich in bergigten Gegenden der Schweiz, Deutschland und Frankreich, in Wäldern, unter Moos und Laub und auf Haselgesträuch. Var. β. findet sich an nemlichen Orten, sie ist sehr schwer von der vorigen und der folgenden Art zu unterscheiden; sie ist flacher und ihre Mündung weniger aufgeblasen als bey H. strigella und immer etwas kleiner. Von H. cœlata Var. α. unterscheidet sie sich da gegen durch ihre beträchtlichere Größe, erweitertere und rundlichere Mündung und die weniger scharfe Nath. Oft aber hat sie die graue glänzende Farbe und die fast runzliche Oberfläche der Schaale mit ihr gemein.

69. Helix corrugata.

Var. α. H. clandestina.
β. — corrugata.
γ. — cœlata. s. meine Tab. II. F. 12.
δ. — Charpentieri.

Gehört unter die neuern Entdeckungen seit Draparnaud. Ihre Umgänge sind in äußerst regelmäßiger Abstufung ein klein wenig in die Höhe gezogen, obschon die Schaale unter die flachesten gerechnet werden darf. Die Carina ist nicht sehr merklich, doch ist bey allen vier Abarten weit mehr Anlage dafür, als bey H. villosa. Die Schaale ist durchscheinend, stark gestreift, doch glänzend, denn die Streifen sind mehr breit als scharf. Der Nabel ist sehr erweitert; an der Mündung fand ich auch bey den größten Exemplaren nie eine Spur von äusserer Lippe. Var. α. ist die H, clandestina des Herrn von Born, sie ist am schärfsten gestreift, mehr in die Höhe gezogen und größer als die folgenden Varietäten; ich erhielt sie von Wien und fand sie selbst in der Schweiz bey Zürich. Var. β. ist von Neuwied, beträchtlich kleiner als die vorige und runzlicher. Var. γ. ist der vorigen ganz gleich, nur flacher, und findet sich in der Schweiz in den Gebirgen des Berneroberlandes und auf dem Jura. Sie kommt auch als Blendling vor. Var. δ. ist noch kleiner, und wurde von Herr von Charpentier bey St. Maurice in Wallis gefunden.

70. Helix hispida.

Var. α. H. depressa. Drap. tab. VII. f. 22. Helix hispida. Var. γ.
β. — similis.
γ. — circinnata. s. meine Tab. II. f. 13.
δ. — glabra. s. meine Tab. II. f. 14.
ε. — rudis. Drap. tab. VII. f. 21. Helix hispida Var. β.
• — hispida. Drap. tab. VII. f. 20.
η. — plebeya, Drap. tab. VII. f. 5. H. plebeyum.
ϑ. — glabella. Drap. tab. VII. f. 6.
ι. — sericea. Drap. tab. VII. f. 16. 17.

Sie ist kugelichter, zarter gestreift und enger genabelt als die vorige Art; auf der Stelle der Carina befindet sich oft ein blasses Band, und stets ist die Schaale, wenigstens in der Jugend, mit Haaren versehen; die Mündung ist im ausgewachsenen Zustand auch mit einer schwachen äußern Lippe versehen. Var. α. ist der letzten Abart der H. corrugata sehr ähnlich, aber die Carina ist wirklich mit dem blassen Bande bezeichnet und die Schaale stets mit dem haarigten Ueberzug bekleidet, sie kommt in der Schweiz, aber selten, vor. Var. . hat eine stärkere, unbehaarte, platte Schaale, sie ist weniger scharf gegen den Rand, daher die Mündung schon etwas rundlich, sie findet sich in der ganzen Schweiz. Var. γ. ist voriger sehr ähnlich, nur etwas gewölbter und beträchtlich größer, der Nabel ist etwas enger; ich erhielt sie besonders schön aus dem Kanton Wadt und durch Herrn von Charpentier von Mont zwischen Valorbe und Lac de Joux, auch Blendlinge. Var. δ. ist sehr glatt und stark, die Nath tief, die Umgänge sehr in die Höhe gezogen, oft beynahe wie bey Valvata piscinnalis. Die Mündung ist rundlicher, und der Nabel enger als bey Var. γ., die Carina fehlt ganz, aber das Band ist oft vorhanden. Ich fand sie bey St. Gallen und erhielt sie auch von Bex und aus der Gegend von Yverdon. Var. ε. ist eben so kugelicht, ihr Nabel ist eben so enge, aber die Gewinde sind sehr anpassend, und ihre Farbe dunkelrothbraun, auch die Binde fehlt. Sie findet sich in Wäldern auf Gesträuchen, in der Schweiz aber selten. Var. ζ. ist ganz mit etwas gebogenen Haaren bedeckt, Gestalt und Farbe hat sie übrigens mit der vorigen gemein; sie findet sich in Deutschland und der Schweiz, aber nicht sehr häufig. Var. η. ist etwas größer, blaßer von Farbe, und mit einem ganz schwachen Außenrande versehen, der meist mit einem Bande von hellerer Farbe bezeichnet ist; sie findet sich in der Schweiz im Kanton Bern ziemlich häufig. Var. ϑ. ist derselben ganz ähnlich, nur unbehaart, man findet sie ebenfalls bey Bern. Var. ι. ist etwas kleiner, flacher, Außenrand und Binde sind stärker, ihre Haare zarter und kürzer, aber weit dichter und regelmäßig. Ich fand sie außerordentlich häufig in der ganzen Schweiz auf Gesträuchen ꝛc. und bey München an Latten hölzerner Umzäunungen. Auch eine noch blässere Spielart von dieser Varietät ist nicht selten, welche **Studers** H. albula ist.

71. Helix obvoluta.

Var. α. H. obvoluta. Drap. tab. VII. f. 27 – 29.
β. — parvula.

In Frankreich, Deutschland und der Schweiz. Var. β. ist beträchtlich kleiner, und findet sich etwas seltener.

72. — holosericea. S. m. Tab. II. f. 15.

Eine von Hr. Prof. Studer entdeckte Art, die sich durch zerbrüchlichere Schaale, weniger Umgänge und statt der eigentlichen Haare durch einen sammetartigen Ueberzug und zwey starke Zähne an der Lippe unterscheidet. Dr. Gärtner schreibt der H. obvoluta zwey Zähne zu, und doch giebt er die Zahl der Umgänge so stark an, wie sie sich nie bey H. holosericea finden. Leztere kömmt in der Schweiz in den Gebirgen des Berneroberlandes und im Wallis vor.

73. Helix personata. Drap. tab. VII. f. 26.

In der Schweiz, Deutschland und Frankreich.

74. — pyramidea.

Var. α. H. bidentata.
β. — unidentata. Drap. tab. VII. f. 15.
γ. — monodon.
δ. — depilata.
ε. — edentula. Drap. tab. VII. f. 14.

Die erste Abart ist sehr dünnschaalig, etwas platt gedrückt, stark behaart, in der Mündung sind zwey starke Zähne; ich fand sie bey München und Augsburg, und ebendaselbst auch Blendlinge davon. Var. β. ist hartschaalig, sehr in die Höhe gezogen, unbehaart, die Mündung ist offener und die rosenrothe Lippe enthält nur einen, aber deutlichen Zahn; sie kömmt in der Schweiz vor. Var. γ. ist weit grösser und kugelicher, sie kömmt aus Savoyen. Var. δ. ist pyramidalisch und etwas kleiner als die vorige, aber grösser und hartschaaligter als die folgende, mit welcher sie näher verwandt ist; sie ist unbehaart und findet sich in der Schweiz und Frankreich. Var. ε. ist die kleinste; so wie die vorige hat sie, in der sehr engen Mündung, keine deutlichen Zähne, nur eine fast unmerkliche Erhabenheit, sie ist stark behaart und findet sich in der Schweiz in Laubhölzern nicht selten.

75. Helix ciliata f. m. Tab. II. f. 16.

Eine ganz neue Entdeckung von Herrn Venetz in Wallis. Auf der Carina ist diese Schnecke mit einer Franse versehen, welche aber nicht aus Haaren, sondern aus etwas platten, fast dreyeckigten häutigen Auswüchsen besteht.

76. — cinctella. Drap. tab. VI. f. 28.

In Frankreich.

77. — incarnata.

Var. α. H. limbata. Drap. tab. VI. f. 29.
β. — incarnata. Drap. tab. VI. f. 30.
γ. — sylvestris.

Die erste Abart ist am meisten in die Höhe gezogen, und hat noch eine schwache Carina. Sie findet sich in Frankreich in Gegenden, wo sich var. β., welche in der Schweiz, Deutschland und dem größten Theil von Frankreich gemein ist, nicht findet. Var. γ. ist platter, am meisten abgerundet und nähert sich schon sehr der folgenden Art, von allen dreyen finden sich auch Blendlinge.

78. — carthusiana.

Var. α. H. cincta. Drap. tab. VII. f. 34. Helix carthusianella var. β.
β. — carthusianella. Drap. tab. VI. f. 31.
γ. — carthusiana. Drap. tab. VI. f. 32. 33.

Var. α. ist sehr klein, in Frankreich und Italien kömmt sie, wie auch die folgenden beyden Arten, nur blaß und einfärbig vor; in dem heißen Clima des Orients aber ist sie mit Bändern umwunden. Var. β. ist größer als die vorige, sie ist in der Schweiz von Hr. Prof. Meißner bey Orbe entdeckt worden, in Frankreich ist sie gemein. Var. γ. ist noch größer, rundlicher, und kömmt nur in Frankreich vor.

79. Helix fruticum. Drap. tab. V. f. 16. 17.
Sie ändert in der Färbung, weiß, Rosenroth, dunkelfleischfarb, mit und ohne Band, diese Spielarten alle sind in der Schweiz, Deutschland und Frankreich nicht selten.

80. — variabilis.
Var. α. H. pyramidalis.
β. — sionesta. Drap. tab. V. f. 11. 12. Helix variabilis.

Die erstere Abart ist schwer von H. conoïdea zu unterscheiden, die kugelichtere Form, die viel rundlichere Mündung und der stumpfere Wirbel, so wie die Uebergänge zu var. sionesta weisen ihr aber den Platz hier an. Sie kömmt in Frankreich und Italien vor. Var. β. wechselt sehr in der Farbe, ganz weißlich, oder weißlich mit einzelnen Punktlinien, oder mit Bändern und Querstreifen prächtig geziert; leztere hat untenher oft die Zeichnung wie H. cespitum und diese hinwieder wie jene, so daß sie mit derselben verwechselt wurde. H. sionesta hat aber immer ein anpassenderes und mehr in die Höhe gezogenes Gewind, ihr Nabel ist kleiner, und die Mündung rundlich. Blaß sowohl als mit den zierlichsten Zeichnungen findet sie sich im südlichen Frankreich.

81. — rhodostoma. Drap. tab. V. f. 13 — 15.
In Frankreich und Italien.

82. — strigata.

Var. α. H. strigata.
β. — muralis.

Die erstere Varietät hat einen ganz offenen Nabel; bey var. β. ist er von dem Mundsaum bedeckt. Beyde kommen aus Italien.

83. Helix splendida. Drap. tab. VI. f. 9. u.? f. 10. 11. Kömmt in mehrern Spielarten in Frankreich vor.

84. — mutabilis.
Var. α. H. hortensis. Drap. tab. VI. f. 6.
β. — nemoralis. Drap. tab. VI. f. 3 — 5.
γ. — sylvatica. Drap. tab. VI. f. 1.
δ. — montana. Drap. tab. VI. f. 2. Helix sylvatica var. ζ.

Var. α. ist meistens kleiner als die übrigen Abarten und hat eine weiße Lippe. Sie kömmt in der Schweiz, Deutschland und Frankreich vor. Var. β. ist größer, etwas dünnschaaligter und mit dunkelbrauner Lippe versehen, welche etwas weniger flach ist, auch hat sie gegen die Spindel eine kleine Erhabenheit, etwas stärker als die vorige. Auch diese kömmt häufig in den vorhin bemerkten Ländern vor. Var. γ. ist wieder hartschaaligter, an der Größe der vorigen gleich, die Lippe ist bräunlich violet, noch weniger flach und ihre Erhöhung stärker. Sie kömmt in Frankreich vor. Var. δ. ist kugelichter, hartschaalig, die Mündung röthlich, nur gegen die ziemlich verstärkte Erhabenheit etwas flach. Sie ist häufig in Frankreich und der Schweiz längs dem Jura. Diese Varietäten sind auch durch ihre Färbung etwas verschieden; nur α. und β. sind sich gleich in den unzähligen Abänderungen deren jede unterworfen ist; wir finden beyde braun, gelblichroth oder Fleischfarb mit und ohne ein braunes, oft gelb eingefaßtes Band, oder mit mehrern dunkelrothen, oft deutlichen, oft halbverwischten Bändern, meist aber blaßgelb oder citrongelb, ohne, oder mit 1 bis 5 dunkelbraunen Bändern versehen. H. nemoralis ward schon mit 6 Bändern gefunden, H. hortensis mit 7; auch findet man solche mit unterbrochenen und verwischten, und in der Schweiz im Argau und bey Bern zeigen sich öfters fahle mit ganz durchsichtigen Banden. Von Straßburg erhielt ich auch ähnliche von röthlicher Grundfarbe. Einige sehr schöne Abänderungen führt Wolf in Sturms Fauna an; Helix hortensis kömmt in der östlichen Schweiz weitaus häufiger und in zahlreicheren Spielarten vor als anderswo. H. nemoralis nur einfärbig roth, ohne Band. Merkwürdig ist auch, daß (aber äußerst selten) H. nemoralis mit weißer Lippe vorkömmt, und H. hortensis mit brauner. Von ersterer befindet sich ein Beyspiel in der Sammlung meines Vaters; auch zeigen sich bey dieser Art einige Monstrositäten, sehr conisch in die Höhe gewundene Exemplare, ferner vollkommene Skalariden, so wie auch links gewundene; von diesen besizt Herr Professor Studer in Bern sehr merkwürdige Beyspiele. Var. γ. ist weißlich mit breiten dunkelbraunen Banden und Strahlen von gelblichter Farbe geziert. Var. δ., welche eigentlich den Bergen zugehört, findet sich auf denselben weiß oder bräunlich, immer mit starken, zum Theil aus Flecken bestehenden Bändern versehen, die Exemplare aus den Thälern sind flacher und kommen nur mit blaßer fast ganz verwischter Zeichnung vor. Im Wallis fand Hr. Professor Meißner weiße mit ganz durchsichtigen, fast blaulichten Banden und weißer Lippe, eine Art Blendlinge; sparsam kommen solche auch noch bey Ber vor. Var. δ. ist die wahre H. lucorum der ältern Autoren.

85. Helix candidissima. Drap. tab. V. f. 19.
In Frankreich.

86. — arbustorum.

Var. α. H. alpinula. S. meine Tab. II. f. 17.
β. — arbustorum. Drap. tab. V. f. 18.

Var. α. ist sehr klein, unansehnlich, blaßgelblich, mit und ohne Band, und kömmt aus den schweizerischen Alpen. Sehr schöne glänzend weiße Exemplare, also Blendlinge, fand Hr. von Charpentier bey Valorbe. Var. β. kömmt in verschiedenen Spielarten vor, meist dunkelbraun mit gelblichten Sprengseln dicht übersäht, und mit einem dunkeln Band umwunden; oft sind diese Sprengsel größere Flecken, und nur äußerst selten fehlen sie ganz; es ist mir ein einziges Exemplar, das bey Zürich gefunden wurde, vorgekommen, das sich nun in der Sammlung meines Vaters befindet. Oefter aber fehlt das Band. Alle diese Spielarten haben eine weiße Lippe und sind in der Schweiz, Deutschland und Frankreich zu finden. Im Naturforscher XVIII Band p. 72. ist ein Beyspiel mit brauner Lippe angeführt, welches Schrank unter dem Namen H. striatula als eigne Art, aufstellte, aber deßhalb doch nur Spielart von var. β. der gewöhnlichen H. arbustorum ist. S. auch seine Fauna boïca. III. 2. pag. 270.

87. — Lactea. Drap. tab. VI. f. 7. 8. Helix vermiculata.

Im südlichen Frankreich; sie ändert in der Farbe ab, gelblich mit blaßen Sprengseln, nach Müllers

Vergleichung wie Rahm auf geronnener Milch überstreut, diese Sprengsel zeigen sich auch wenn die Grundfarbe dunkel ist und Bänder vorhanden sind, welche Spielart unter dem Namen H. vermiculata bekannt ist; die wahre H. lactea hat eine dunkelbraune Mündung, die Spielart galactea eine weisse, sonst unterscheiden sie sich nicht viel; auch vermiculata hat eine weisse Mündung.

88. Helix aspersa. Drap. tab. V. f. 23.

In Frankreich und Italien, und in der Schweiz von Lausanne längs dem Genfersee gegen das Französische zu. Es ist merkwürdig, daß Individuen welche nach Bern und Zürich versetzt wurden, eine Varietät hervorbrachten, indem sie sich bey gleich frischer Färbung fast um die Hälfte kleiner fortpflanzten.

89. — pomatia. Drap. tab. V. f. 20 — 22.

Wir finden diese Schnecke in der ganzen Schweiz, Deutschland, Frankreich und Italien, in nördlichern Gegenden meist graulich oder braun mit wenigen dunkeln Bändern, oft schon bey Leben des Thiers wie halb ausgewittert; in den höhern und wärmern Landstrichen, z. B. im Kanton Wallis aber ist die Schaale fahl und die Bande sind scharf und dunkelbraun; in Italien ist sie noch schöner und mit 5 Banden geziert, was bey uns nur selten der Fall ist. Müller hat diese lebhaftere italienische Spielart als eigne Species mit dem Namen H. ligata bezeichnet.

90. — melanostoma. Drap. tab. V. f. 24.

In Frankreich.

91. Lucena tupada. Drap. tab. V. f. 25 — 27. He-

lix naticoïdes. de Férussac hist. nat. tab. XI. f. 17 — 21.

Im südlichen Frankreich.

92. Limacina annularis.

Eine neue, von Herrn Ing. Venetz bey Sitten im Wallis entdekte Art; ihre Schaale ist völlig glatt, fast ohne Glanz. Das Thier kann sich ganz in das Gehäuse zurückziehen.

93. — pellucida.

Var. α. L. hyalina.

β. — Draparnaldi. Drap. tab. VIII. f. 34 — 37. Vitrina pellucida.

Erstere, weit kleinere Varietät hat ein schwarzes Thier und findet sich in der Schweiz und Frankreich. Var. β. ist meist beträchtlich größer, und in Frankreich und Deutschland zu Hause.

94. — vitrea.

Var. α. L. vitrea. Drap. tab. VIII. f. 38. 39. Vitrina diaphana.

β. — elongata. Drap. tab. VIII. f. 40 — 42. Vitrina elongata.

95. Arion empiricorum. de Férussac hist. nat. tab. I. f. 1 — 7. et tab. II. f. 1. 2.

In der Schweiz, Deutschland und Frankreich sehr häufig, wechselt in der Farbe, schwarz, schwarz mit rostgelbem Saum, ganz roth, und Bernsteinfärbig; in denjenigen Gegenden wo die rothen Spielarten gemein sind, finden sich die schwarzen selten, und umgekehrt.

96. — hortensis. de Férussac hist. nat. tab. 2. f. 4—6.

In Deutschland und Frankreich.

97. Limax bilobatus. de Férussac hist. nat. tab. 5. f. 11.
In der Gegend um Paris.

98. — variegatus. de Férussac hist. nat. tab. 5. f. 1 — 6.
In Frankreich, in mehrern Spielarten.

99. — agrestis. de Férussac hist. nat. tab. 5. f. 7 — 10.
In der Schweiz, Deutschland und Frankreich, in einigen Spielarten.

100. — antiquorum. de Férussac hist. nat. tab. 4. f. 1 — 8.
In der Schweiz, Deutschland, Frankreich und Italien, in vielen Spielarten, dunkelbraun, oder grau einfarbig, oder mit Streifen und Flecken geziert, oder gelblich mit braunen Flecken und Streifen.

101. — gagates. de Férussac hist. nat. tab. 6. f. 1. 2.
In der Schweiz, Deutschland und Frankreich.

102. Testacella haliotidea. Drap. tab. VIII. f. 43 — 48. und tab. IX. f. 12 — 14.
Im südlichen Frankreich.

103. Amphibina putris.

Var. α. A. albida. de Férussac hist. nat. tab. 11. f. 11.
β. — putris. Drap. tab. III. f. 22. Succinea amphybio de Férussac hist. nat. tab. 11. f. 4. 5 und 9.
γ. — similis. de Férussac hist. nat. tab. 11. f. 10.
δ. — affinis. de Férussac hist. nat. tab. 11. f. 7.
ε. — succinea. Drap. tab. III. f. 23. Succinea amphybia Var. β. de Férussac hist. nat. tab. 11. f. 6.
ζ. — fulva. de Férussac hist. nat. tab. 11. f. 8.
η. — elongata. de Férussac hist. nat. tab. 11. f. 13.

Die Varietäten α bis γ. sind von etwas aufgedunsener, weißlicher, zerbrechlicher Schaale, die ersten Umgänge sind weniger vorstehend, als bey den folgenden; alle sind unter sich auch durch die Größe verschieden und finden sich in der Schweiz, Deutschland und Frankreich.

104. Amphibina oblonga.

Var. α. A. oblonga de Férussac hist. nat. tab. II. f. 2. 3.
β. — impura. Drap. tab. III. f. 24. 25. Succinea oblonga de Férussac tab. II. f. 1.

Beyde Varietäten finden sich in der Schweiz und Frankreich.

105. Limneus minutus.

Var. α. L. nitidus.
β. — minutus. Drap. tab. III. f. 7. s. meine Tab. II. f. 18.
γ. — impurus. Drap. tab. III. f. 5. 6. Limneus minutus. Var. β.
δ. — elongatus. s. meine Tab. II. f. 19.

Var. α. findet sich in der Schweiz nur hier und da in den wärmern Sümpfen in Wallis, sonst auch in Frankreich. Var. β., welche der vorigen in der Gestalt ähnlich, aber glanzlos ist, zeigt sich an hölzernen Wasserleitungen und in sehr kleinen Wiesenbächen in der ganzen Schweiz und Frankreich. Var. γ. ist weit größer, sonst gleich geformt, und ist in Sümpfen bey Bern zu finden. Die äußerst langgestreckte Var. δ. endlich ist bey Bex, Kanton Wadt, gefunden worden.

106. — leucostoma. Drap. tab. III. f. 3. 4. Limneus elongatus.

In Frankreich.

107. Limneus corvus.

Var. α. L. corvus. Drap. tab. II. f. 40. 41. und tab. III. f. 12. Limneus palustris.

β. — palustris. Drap. tab. II. f. 42.

Abgesetztere Umgänge, schärfere Spitze und hellere Farbe unterscheiden vorzüglich die zweyte Abart von der erstern. Beyde sind gemein in der Schweiz, Deutschland und Frankreich.

108. — pereger.

Var. α. L. truncatulus. s. meine Tab. II. f. 20.

β. — pereger. Drap. tab. II. f. 34 – 36.

γ. — fossarum. Drap. tab. II. f. 37. Limneus pereger. Var. β.

Bey Var. α. ist das Thier rabenschwarz, die Schaale glanzlos und ebenfalls schwarz, wenn das Wasser, in welchem sie sich aufhalten, auch keineswegs Torfgrund hat, oder bituminös ist. Die Gewinde sind etwas gestreckter als bey Var. β., bey welcher das Thier schmutzig weißlich oder grau und bräunlich punktirt ist. Die Schaale dieser zweyten Abart ist hellhornfarb. Alle drey Abarten sind in der Schweiz, Deutschland und Frankreich in kleinen Pfützen und Bächen gemein.

109. — ovatus.

Var. α. L. fontinalis. s. meine Tab. II. f. 21.

β. — limosus. Drap. tab. II. f. 33. Limneus ovatus. Var. β.

γ. — ovatus. Drap. tab. II. f. 30. 31.

δ. — ovum. s. meine Tab. II. f. 22.

Die glatte Schaale, der letzte Umgang, der viel bauchiger ist, und die erstern, welche weniger hervortreten, unterscheiden diese Art hinlänglich von der vorigen. Var. α. ist die gestreckteste Abart, die ersten Umgänge sind stark getrennt und sehr spitz, bey Var. β. schon weniger, bey Var. γ. noch minder, bey Var. δ. sind sie sehr kurz, der letzte Umgang bildet beynahe allein die ganze Schaale. Diese letzte Abart fand ich bey Zürich; die erste ist von Bern; die beyden andern kommen in der übrigen Schweiz und in Frankreich vor.

110. Limneus acronicus.

Var. α. L. impressus. s. meine Tab. II. f. 23.
β. — deformis. s. meine Tab. II. f. 24.

Scheint dem Bodensee ganz eigen zu seyn, die längliche Mündung erweitert sich schief, die ersten Gewinde sind bey Var. α. ganz eingedrückt, bey Var. β. etwas hervorstehend, doch äußerst klein. Verkrüpplung ist der Charakter dieser Art, und ich bin geneigt zu glauben, daß er nur als Monstrosität des L. papilla, welcher als Varietät folgender Art angeführt ist, zu betrachten sey (so wie der Planorbis deformis vom Pl. albus). Ueberhaupt zöge ich gerne den Limneus ovatus, den acronicus und den auricularius mit allen ihren Abarten zusammen. Unser L. acronicus ist an dem Schweizerufer des Bodensees, bey dem Dorfe Horn, nicht selten.

111. — auricularius.

Var. α. L. bulla. s. meine Tab. II. f. 25.
β. — papilla. s. meine Tab. II. f. 26.
γ. — papillaris.
δ. — rivalis. s. meine Tab. II. f. 27.
ε. — Hartmanni. s. meine Tab. II. f. 28.
ζ. — ampla. s. meine Tab. II. f. 29.
η. — ventricosus.

Var. ϑ. L. auricularis. Drap. tab. II. f. 28. 29. 32. alle diese Abbildungen stellen diese Art nur unausgewachsen dar. s. dagegen meine Tab. II. f. 30.

Von dieser Abart hat beynahe jede Gegend ihre eigene Abart. Var. α. ganz blasenförmig kömmt aus dem Zürichsee, Var. β. beynahe gleich, nur weniger regelmäßig in den Windungen, findet sich, so wie die etwas kugelichtere Var. γ., in der Altach bey Arbon am Bodensee. Die noch aufgeblasenere, aber vorn eingedrückte Var. δ. zeigt sich in mehrern Gewässern der Schweiz, Var. ε. scheint ganz zu η. zu gehören, nur unausgewachsen. Alle die bisher angeführten Arten haben einige Spur von Mundsaum oder überschlagener Lippe, und ich glaube zuverläßig, daß Var. ζ., mein L. ampla, nur der ganz ausgebildete L. pupilla sey; er findet sich in den Canälen des Rheins bey Rheineck, in der Schweiz; auch erhielt ich ihn von Wien. Zwar finden sich oft Exemplare von L. papilla größer als L. ampla gewöhnlich vorkömmt, aber diese größern Exemplare, am Ufer des Bodensees aufgelesen, können durch Anreibung an Sand und Kies das schön ausgeschweifte verloren haben; denn auch Var. η., der wahre L. auricularius, kömmt an den meisten Gewässern Europa's nur mit ein wenig verdickter, nicht aber ganz ausgeschweifter, übergebogener Mündung vor, ist auch so bey Sturm, Draparnaud ꝛc. abgebildet, und hier als Var. η. L. ventricosus einsweilen noch als eigne Abart aufgestellt; im Katzensee aber findet er sich so stark ausgebogen als L. ampla; in der Kürze der ersten Umgänge kömmt ampla ebenfalls ganz mit papilla überein, und die jüngern Exemplare sind nicht zu unterscheiden. L. auricularius hat eine zärtere, glattere Schaale, die ersten Umgänge treten mehr vor, sind nur durch eine schwache Nath etwas getrennt und enden sich in die zarteste Spitze. L. Hartmanni Studers fand ich bisher noch nicht so sehr ausgeschweift, er kömmt aber überhaupt seltener vor und unterscheidet sich in etwas durch die tiefer abgesonderten ersten Umgänge, deren Spitze viel stumpfer als bey der vorigen Art ist. Er findet sich am Schweizerufer des Bodensees.

112. Limneus stagnalis.

Var. α. L. lacustris.
β. — medius.
γ. — stagnalis. Drap. tab. II. f. 38. 39.
δ. — roseolabiatus. Wolf, in Sturm Fauna Deutschlands. I.

Bey Var. α., welche in verschiedenen Seen der Schweiz gefunden wird, bilden die ersten Umgänge nur einen ganz kleinen sogenannten Zopf. Bey Var. β. aus dem Neufchatellersee treten sie schon mehr vor. Bey Var. γ. noch mehr; das Rauhe der Schaale, das Aufgeblasene des letzten Umgangs, und das beynahe Viereckigte der Mündung haben diese drey Abarten gemein. Var. δ. L. roseolabiatus zeichnet sich durch weit geregeltern Bau, zärtere Schaale, glattere Oberfläche derselben und weit mehr in die Länge gezogenen Bau und Mündung aus; keineswegs aber ist sie eine eigene Art, denn im Katzensee bey Zürich, wo sie sich häufig findet, kommen oft Exemplare vor, von welchen man durchaus nicht unterscheiden kann, ob sie zur Var. γ oder δ. gehören; eben solche Uebergänge fand ich, schwarz übertüncht, häufig in der Thielle bey Yverdon. Im Katzensee fand ich auch ein sehr groses, schönes und keineswegs monströses Exemplar mit ausgeschweifter, etwas übergebogener Mündung, wie sie der L. auricularius hat. Im jungen Zustand ist die Schaale der Var. δ. noch zärter und äußerst brüchig; es ist dann der wahre L. fragilis. Warum wird er immer noch zu L. palustris (= corvus) gezählt, von welchem er ganz verschieden ist?

113. Physa scaturriginem. Drap. tab. III. f. 14. 15. In Frankreich.

114. — hypnorum. Drap. tab. III. f. 12. 13. In der Schweiz, Deutschland, Frankreich und Italien.

115. — acuta. Drap. tab. III. f. 10. 11. In Frankreich.

116. — fontinalis.

Var. α. P. lacustris. Drap. tab. III. f. 8. 9. Physa fontinalis.
β. — fontinalis.

In der Schweiz, Deutschland und Frankreich. Var. α. fand Herr Professor Studer im Murtnersee, sie ist 4''' lang und 2''' breit; sie zeigt sich im Frühjahr und nur einzeln, da sich Ph. fontinalis (Var. β.) häufig, vornemlich im Herbste, findet. Es ist noch die Frage, ob dieß nur überwinterte einzelne Individuen derselben seyen, oder eine besondere Abart?

117. Planorbis contortus. Drap. tab. I. f. 39. 41. In der Schweiz, Deutschland und Frankreich.

118. — vortex.

Var. α. P. vortex. Drap. tab. II. f. 4. 5.
β. — depressus. s. meine Tab. II. f. 31. a. b.

Var. γ. L. spirorbis. Drap. tab. II. f. 6. 7. Planorbis vortex. Var. β.
δ. — gyrorbis.

Var. α. ist beträchtlich größer, als die folgenden Abarten; der Außenrand sehr scharf 7 Umgänge. Sie zeigt sich in der Schweiz bey Zürich, in Deutschland bey Hanau. Var. β. ist viel kleiner und hat nur 5 Umgänge; die Carina ist weniger deutlich, aber doch scharf. Sie findet sich in der Schweiz. Var. γ. hat 5 Umgänge, der Außenrand ist nur auf der untern Seite etwas scharf, oben ganz abgerundet. Var. δ. hat 5 Umgänge, die Carina fehlt gänzlich. Beyde finden sich durcheinander an den meisten Schweizerseen. Die Thiere aller dieser Abarten kommen, bald schwarz, bald grau, bald roth, vor. Man wird es aber gleichwohl gewagt finden, diese 4 Abänderungen als zusammen gehörig zu betrachten; die folgende Art zeigt indessen, wie wenig bedeutend die Verschiedenheit der Verschärfung des Außenrandes und die Zahl der Umgänge bey den Wasserschnecken ist.

119. Planorbis marginatus.

Var. α. Pl. marginatus. Drap. tab. II. f. 11. 12.
β. — dubius.
γ. — carinatus. Drap. tab. II. f. 13. 14.

Die erste Abart hat gewöhnlich 5 Umgänge und der abgerundete Außenrand nur eine schwache Carina gegen unten. Die meistens etwas dünnere, glattere Schaale der Var. γ., welche in der Jugend schön glänzend ist, hat nur 4 Umgänge, welche weit weniger erhaben und am Außenrand mit einer sehr scharfen Carina versehen sind; diese beyden Abarten scheinen in schönen Exemplaren zusammen gehalten eben so verschieden wie Pl. vortex und spirorbis; aber in größern Gewässern, wo Pl. marginatus und carinatus sich durch einander finden, kommen häufig Exemplare (Var. β.) von welchen schlechterdings nicht zu entscheiden ist, ob sie zu dieser oder jener Abart gezählt werden sollen; der ganze Bau zeigt Uebergang. Sonst sind beyde Hauptabänderungen in der ganzen Schweiz, Deutschland und Frankreich zu finden. Die übergehende Var. β. fand ich in der Schweiz häufig in den Canälen des Rheins bey Rheineck und in dem Katzensee im Kanton Zürich.

120, Planorbis hispidus.

Var. α. Pl. tenellus.
β. — deformis. Drap. tab. II. f. 10. Planorbis spirorbis.
γ. — albus. Drap. tab. II. f. 8. 9. Planorbis spirorbis.
δ. — hispidus. Drap. tab. I. f. 45—48.

Planorbis tenellus kömmt selten vor, er ist sehr wahrscheinlich nur ein regelmäßig ausgewachsenes Individuum von Pl. albus. Er enthält die Größe von 3 1/2'''. Planorbis deformis hat oft dieselbe Größe, ist aber stets verkrüppelt und die Mündung enger, auch ist keine Carina zu sehen; da beyde sich nie anders finden, als leer und abgebleicht am Strande des Sees, so ist keine Spur von Haaren mehr zu entdecken. Mit Var. β., ebenfalls am Strande, kömmt der Planorbis albus vor, er ist kleiner, zeigt die Anlage zur Verkrüpplung sehr oft, ist ebenfalls meist abgebleicht, hat aber doch eine schwache Carina, welche sich leicht abreibt, nur durch diese ist er von Pl. hispidus verschieden. Denn in Pfützen und

Teichen findet man beyde züsammen und beyde behaart. Herr Baron de Ferüssac fand den Pl. deformis an dem schwäbischen Ufer des Bodensees; häufig ist er auch auf dem schweizerischen; aber nie in Frankreich, er kam nur durch Versehen in Draparnaud's Werk. Pl. albus und hispidus finden sich in der ganzen Schweiz, Deutschland und Frankreich.

121. Planorbis purpura. Drap. tab. I. f. 42 — 44. Planorbis corneus.

In Deutschland und Frankreich. Seiner Gestalt nach sowohl, als auch weil er in der frühesten Jugend behaart ist, muß er in dem System hier eingereihet werden.

122. °— cristatus. Drap. tab. I. f. 49 — 51. Sehr undeutlich abgebildet.

In der Schweiz, Deutschland und Frankreich.

123. — imbricatus. Drap. tab. I. f. 49 — 51.

In eben diesen Ländern. Es bedarf noch Untersuchung, ob diese Art nicht blos die ausgewachsene der vorigen sey? Die Stacheln können sich abstumpfen, und hernach setzt sich der letzte Umgang noch ganz stachellos an. Denn die Spur der Reifen und Erhabenheiten der Carina gehen nur bis ans Ende des zweytletzten Umgangs.

124. — lenticularis. Drap. tab. II. f. 20 — 22. Planorbis complanatus.

In der Schweiz, Deutschland und Frankreich. Da der ihm von den französischen Naturforschern ertheilte Namen Pl. complanatus zuvor nach Linné u. a. dem Pl. marginatus zukam, und der noch schicklichere Name umbilicatus den jüngern Exemplaren von Pl. carinatus, so wähle ich lieber den sehr charakteristischen lenticularis, welchen ihm Herr von Alten beylegte.

125.

125. Planorbis nitidus. Drap. tab. II. f. 17—19.
In der Schweiz, Frankreich und Deutschland. Die innern Kammern, welche dem Mundsaum der Helix personata ähnlich sehen, machen ihn sehr merkwürdig.

126. Ancylus spina rosæ. Drap. tab. Supl. f. 10—12.
In Frankreich.

127. — lacustris. Drap. tab. II. f. 25—27.
In der Schweiz, Deutschland und Frankreich.

128. — fluviatilis. Drap. tab. II. f. 23. 24.
In der Schweiz, Deutschland und Frankreich.

129. Nerita fluviatilis. Drap. tab. I. f. 1—4.
In den größern Flüssen von Deutschland, Frankreich und Italien. Sie wechselt sehr in der Färbung ab.

130. Valvata planorbis. Drap. tab. I. f. 34. 35.
In der Schweiz, Deutschland und Frankreich.

131. — spirorbis. Drap. tab. I. f. 32. 33.
In der Schweiz und Frankreich.

132. — minuta. Drap. tab. I. f. 36—38.
In Frankreich.

133. — piscinnalis.

Var. α. V. obtusa. Drap. tab. I. f. 14. Cyclostoma obtusum.

β. — piscinnalis. s. meine Tab. II. f. 52.

Beyde Abarten sind in der Schweiz, Deutschland und Frankreich, die erstere besonders in Frankreich. Mit dieser und Valvata spirorbis fand oft Verwechslung statt, letztere ist glänzender und bey der mehr niedergedrückten Form dennoch sehr regelmäßig gebildet, und dünnschaaligter.

134. Paludina vivipara.

Var. α. P. vivipara. Drap. tab. I. f. 16. 17. Cyclostoma viviparum.
β. — achatina. Drap. tab. I. f. 18. Cyclostoma achatinum.

Var. α. findet man in Deutschland und Frankreich sehr gemein. Var. β., welche sich vorzüglich durch anpassendere Umgänge und gestrecktern Bau unterscheidet, zeigt sich in der Schweiz im Lago maggiore und wird noch häufiger in Italien und im südlichern Frankreich gefunden.

135. — anatina. Drap. tab. I. f. 24. 25. Cyclostoma anatinum.

In der Schweiz und Frankreich.

136. — viridis. Drap. tab. I. f. 26. 27. Cyclostoma viride.

In der Schweiz, Deutschland und Frankreich.

137. — impura. Drap. tab. I. f. 19. 20. Cyclostoma impurum.

Zuweilen von gestrecktem, zuweilen von rundlicherm Bau in allen Uebergängen, in den Teichen und Seen der Schweiz, Deutschland und Frankreich häufig.

138. Hydrobia acuta. Drap. tab. I. f. 23. Cyclostoma acutum.

In Frankreich.

139. — thermarum.

In den lauen Bädern von Pisa.

140. — diaphana.

In Italien.

Verschiedene Arten, welche in ältern Schriften noch

angegeben sind und in Deutschland, Frankreich und Italien vorkommen sollen, sind meist zu unvollkommen beschrieben und abgebildet, um solche richtig bestimmen zu können. Das eifrige Sammeln in der Natur, besonders in Italien, wird ein Verzeichniß der Conchylien dieser Länder noch unendlich bereichern und die Anreihungen ausfüllen. Aber aus Draparnaud und Brard's Werken lohnt es sich der Mühe, folgende besonders noch zur richtigen Einschiebung in das System und der genauesten Untersuchung zu empfehlen, welches ich bisher nie thun konnte.

Draparnaud tab. I. f. 15. Cyclostoma simile, möchte als kleinere Abart zu Paludina impura gehören. Auf nemlicher Tafel f. 21 und 22 ist eine Art Acmea noch unbestimmt, die er Cyclostoma vitrea nennt. Auf tab. V. f. 9 und 10 die wahre Helix maritima mit schwacher Carina, sollte sie nur das Junge der Helix sionesta seyn? schwerlich. Auf tab. VIII. f. 26—33 Helix rufa und Helix brevipes, diese beyden Arten sind wahrscheinlich zu Lucena gehörig und bilden den Uebergang zu Limacina. Endlich auf der Suplementstafel fig. 2 und 3. Cyclostoma breve, ist wahrscheinlich die räthselhafte Galba pusilla Schranks (Fauna boica III. 2. p. 285.). Dann ferner fig. 4—6 das Cyclostoma gibbum, deren Gattung ich nicht einmal aus der Abbildung und kurzen Beschreibung zu bestimmen wage. Im Texte kömmt auch noch der mir unbekannte Linneus glatinosus vor. Brard söndert die Nerita fluviatilis in zwey Arten oder Abarten und hat hier und da noch einige neue Entdeckungen, die der fernern Untersuchung werth sind, z. B. auch der Ancylus sinuosus. s. *Brard* histoire naturelle des Coquilles de Paris.

Erklärung der Kupfertafeln.

Tab. I. zur Analyse des Systems gehörig.

Fig. 1. Pomatias, a, b, c. in verschiedenen Stellungen. fig. 2. Fühler der Pomatias vergrößert. fig. 3. Cyclostoma in der fortschreitenden Bewegung. fig. 4. dieselbe von oben. fig. 5. von unten. fig. 6. der Deckel. fig. 7. a, b, c. Auricella. fig. 8. a. b. Acicula. fig. 9. Clausilia, auch als Repräsentant der Gattungen Chondrus, Pupa et Bulinus zu betrachten. fig. 10. Pupa, die Ausnahmen mit mangelnden untern Fühlern. fig. 11. Helix, wie die ganze Gattung gewöhnlich ist und folglich ähnlich mit Clausilia, Chondrus, Pupa et Bulinus. fig. 12. a. b. c. Ausnahmen mit mangelnden untern und einziehbaren obern Fühlern, nemlich Helix costata. fig. 13 Limacina (hyalina). a. in den Mantel gehüllet. fig. 14. a. b. Limacina (vitrea). fig. 15. Arion, auch als Repräsentant der Gattung Limax zu betrachten. fig. 16. Amphibina. a. wie sie gewöhnlich erscheint. b. Fühler derselben vergrößert. c. im Wasser applatirte Fühler, vergrößert dargestellt. fig. 17. a. b. Limneus. fig. 18. a. b. Physa. fig. 19. Planorbis. fig. 20. a. b. c. Ancylus. fig. 21. Valvata. fig. 22. dieselbe von unten. fig. 23. Kiemen derselben, alles stark vergrößert. fig. 24, 25 und 26. Paludina impura als Repräsentant der Gattung wie sie gewöhnlich ist. fig. 27. Ausnahme, wo der Pennis in den Fühlern steckt. Paludina vivipara. fig. 28. Deckel der Gattung Paludina. fig. 29. Nerita. fig. 30, 31. Kopf der Lucena (tapada). fig. 32. Testacella. fig. 33. dieselbe eingezogen. fig. 34. Körperende mit der kleinen Schaale vergrößert dargestellt.

Tab. II. Zur Aufzählung der Arten, welche in der Schweiz, Deutschland, Frankreich und Italien gefunden worden, gehörig. (Diese Tafel enthält aber nur Schweizerische Arten.)

Fig. 1. Acmea acicula. a. b. dieselbe vergrößert. fig. 2. Pupa muscorum. fig. 3. Pupa unidentata. fig. 4. Pupa edentula. fig. 5. Pupa minutissima. fig. 6. a. b. Helix strigatula. fig. 7. Helix candidula. fig. 8. H. zonata. fig. 9. H. zonaria. fig. 10. H. fœtida. fig. 11. H. ruderata. fig. 12. H. cœlata. fig. 13. H. circinnata. fig. 14. H. glabra. fig. 15. H. holosericea. fig. 16. H. ciliata. fig. 17. H. alpinula. fig. 18. Limneus minutus. fig. 19. L. elongatus. fig. 20. L. truncatulus. fig. 21. L. fontinalis. fig. 22. L. ovum. fig. 23. L. impressus. fig. 24. L. deformis. fig. 25. L. bulla. fig. 26. L. papilla. fig. 27. L. rivalis. fig. 28. L. Hartmanni. fig. 29. L. ampla. fig. 30. L. auricularis. fig. 31. a. b. Planorbis depressus. fig. 32. Valvata piscinnalis.

Tabelle

iologen.

:.	G. L. Hartmann.	
	In der Alpina Tom. II.	In d. Beschreib. des Bodensees.
	Helix carychium.	
	Turbo crustatus.	
	Turbo perversus.	
	Turbo bidens.	
	Turbo cylindricus.	
	Turbo 4 dens.	

Erklärung der Kupfertafeln.

Tab. I. zur Analyse des Systems gehörig.

Fig. 1. Pomatias, a. b. c. in verschiedenen Stellungen. fig. 2. Fühler der Pomatias vergrößert fig. 3. Cyclostoma in der fortschreitenden Bewegung. fig. 4. dieselbe von oben. fig. 5. von unten. fig. 6. der Deckel. fig. 7. a. b. c. Auricella. fig. 8. a. b. Acicula. fig. 9. Clausilia, auch als Repräsentant der Gattungen Chondrus, Pupa et Bulinus zu betrachten. fig. 10. Pupa, die Ausnahmen mit mangelnden untern Fühlern. fig. 11. Helix, wie die ganze Gattung gewöhnlich ist und folglich ähnlich mit Clausilia, Chondrus, Pupa et Bulinus. fig. 12. a. b. c. Ausnahmen mit mangelnden untern und einziehbaren obern Fühlern, nemlich Helix costata. fig. 13. Limacina (hyalina). a. in den Mantel gehüllet. fig. 14. a. b. Limacina (vitrea). fig. 15. Arion, auch als Repräsentant der Gattung Limax zu betrachten. fig. 16. Amphibina. a. wie sie gewöhnlich erscheint. b. Fühler derselben vergrößert. c. im Wasser applatirte Fühler, vergrößert dargestellt. fig. 17. a. b. Limneus. fig. 18. a. b. Physa. fig. 19. Planorbis. fig. 20. a. b. c. Ancylus. fig. 21. Valvata. fig. 22. dieselbe von unten. fig. 23. Kiemen derselben, alles stark vergrößert. fig. 24, 25 und 26. Paludina impura als Repräsentant der Gattung wie sie gewöhnlich ist. fig. 27. Ausnahme, wo der Pennis in den Fühlern steckt. Paludina vivipara. fig. 28. Deckel der Gattung Paludina. fig. 29. Nerita. fig. 30, 31. Kopf der Lucena (tapada). fig. 32. Testacella. fig. 33. dieselbe eingezogen. fig. 34. Körperende mit der kleinen Schaale vergrößert dargestellt.

Tab. II. Zur Aufzählung der Arten, welche in der Schweiz, Deutschland, Frankreich und Italien gefunden worden, gehörig. (Diese Tafel enthält aber nur Schweizerische Arten.)

Fig. 1. Acmea acicula. a. b. dieselbe vergößert. fig. 2. Pupa muscorum. fig. 3. Pupa unidentata. fig. 4. Pupa edentula. fig. 5. Pupa minutissima. fig. 6. a. b. Helix strigatula. fig. 7. Helix candidula. fig. 8. H. zonata. fig. 9. H. zonaria. fig. 10. H. fœtida. fig. 11. H. ruderata. fig. 12. H. cœlata. fig. 13. H. circinnata. fig. 14. H. glabra. fig. 15. H. holosericea. fig. 16. H. ciliata. fig. 17. H. alpinula. fig. 18. Limneus minutus. fig. 19. L. elongatus. fig. 20. L. truncatulus. fig. 21. L. fontinalis. fig. 22. L. ovum. fig. 23. L. impressus. fig. 24. L. deformis. fig. 25. L. bulla. fig. 26. L. papilla. fig. 27. L. rivalis. fig. 28. L. Hartmanni. fig. 29. L. ampla. fig. 30. L. auricularis. fig. 31. a. b. Planorbis depressus. fig. 32. Valvata piscinnalis.

Uebereinstimmungs-Tabelle der Schweitzerischen Conchyliologen.

W. Hartmann.	S. Studer.		G. L. Hartmann.	
In vorstehender Abhandlung.	In Coxe Travels of Switzerl.	Im Naturwissenschftl. Anzeiger.	In der Alpina Tom. II.	In d. Beschreib. des Bodensees.
1 Acmea acicula				
2 Pomatias Studeri. var. patulus	Pomatias variegatus	Cyclostoma maculatum		
3 Cyclostoma elegans var. elegans	Pomatias elegans	Cyclostoma elegans		
4 Auricella carychium	Carychium minimum	Carychium minimum	Helix carychium.	
5 Acicula lineata	Helix cochlea	Carychium cochlea		
6 Clausilia fragilis	. . . . . .	Clausilia fragilis		
7 — parvula var. parvula	Helix parvula	Clausilia parvula	Turbo crustatus.	
— — media	. . . . . .	Clausilia rugosa		
— — rugosa	. . . . . .	bey Clausilia parvula		
8 — plicatula var. dubia				
— — cruciata	. . . . . .	Clausilia cruciata		
— — plicatula	Helix perversa	Clausilia plicatula		
— — roscida	Helix roscida	Clausilia roscida		
9 — plicata var. plicata	Helix muralis	Clausilia plicata	Turbo perversus.	
— — similis				
— — ventricosa	Helix muscosa	Clausilia ventricosa		
10 — strigosa				
11 — bidens var. bidens.	Helix bidens	Clausilia bidens	Turbo bidens.	
— — dyodon	. . . . . .	Clausilia dyodon		
— — ampla				
12 Chondrus variabilis var. incertus	. . . . .	Torquilla variabilis		
— — frumentum				
13 — secale var. secale	Helix cylindrica	Torquilla secale	Turbo cylindricus.	
— — hordeum	. . . . . .	Torquilla hordeum		
— — avena	. . . . . .	Torquilla avena		
14 — granum	. . . . . .	Torquilla granum		
15 Pupa 4 dens	Helix 4 dens	Pupa 4 dens	Turbo 4 dens.	
16 — 8 dentata	Vertigo 8 dentata	Vertigo 8 dentata		
17 — vertigo var. vertigo	. . . . . .	Vertigo pusilla		
— — 6 dentata	Vertigo 6 dentata			

W.	G. L. Hartmann.	
In vorst	Alpina Tom. II.	In d. Beschreib. des Bodensees.
18 Pupa pyg		
— -		
19 — 3 p		
20 — mu		
—		
—		
21 — mi		
22 — ma		
23 — dol		
24 — dol		
25 Bulimus		
—	lvestris.	
26 —	scura.	
—	brica.	
27 —		
—		
28 —		
29 —		
30 —		
—		
31 Helix st		
—		
—		
32 — s	licetorum.	
33 — e	—	
—		
34 — z		
—		
—	pizida et rhenana.	
35 — l		
36 — e		
37 — e	rundata.	
38 — r		
39 — r		
40 — p		

W. G. L. Hartmann.

	In vor[...]	Alpina Tom. II.	In d. Beschreib. des Bodensees.
41	Helix ru[...]	Helix fulva.	
42	— ac[...]		
43	— pu[...]	stata.	
	—	ichella.	
44	— nit[...]		
	—	tens.	
	—		
	—		
45	— cr[...]		
	—	ystallina.	
46	— ful[...]	va.	
47	— su[...]	ccinea.	
48	— str[...]		
49	— vil[...]	losa.	
	—		
50	— co[...]		
	—		
	—		
51	— his[...]		
	—		
	—		
	—		
	—		
	—	ispida.	
	—		
	—		
	—	ricea.	
52	— ob[...]	voluta et holosericea	
	—		
53	— ho[...]		
54	— pe[...]	ognomostomos.	
55	— py[...]		
	—		
	—	Helix hispida.	
56	— cil[...]		

W. Hartmann.	E. Studer.		G. L. Hartmann.	
In vorstehender Abhandlung.	In Coxe Travels Switzerland.	Im Naturwissenschaftl. Anzeiger.	In der Alpina Tom. II.	In d. Beschreib. des Bodensee
18 Pupa pygmæa var. 5 dentata .	Vertigo 5 dentata . .	Vertigo 5 dentata		
— — pygmea	. . . . .	Vertigo 4 dentata		
19 — 5 plicata	. . . . .	Pupa 5 plicata		
20 — muscorum var. muscorum				
— — unidentata	. . . . . .	Vertigo unidentata		
— — edentula .	Helix exigua . . .	Vertigo edentula		
21 — minutissima . . .	. . . . . .	Pupa minuta		
22 — marginata	Helix muscorum . .	Pupa marginata		
23 — doliolum	Helix coronata . .	Pupa doliolum		
24 — dolium	. . . . . .	Pupa dolium		
25 Bulimus tridens var. tridens .	. . . . . .	Pupa tridens		
— — variedentatus				
26 — obscurus var. montanus	Helix sylvestris . .	Bulinus montanus . .	Helix sylvestris.	
— — obscurus	Helix obscura . . .	Bulinus obscurus . .	Helix obscura.	
27 — lubricus var. lubricus	Helix lubrica . . .	Bulinus lubricus . .	Helix lubrica.	
— — pulchellus	. . . . . .	— — . .		
28 — acicula . . .	Helix acicula . . .	Bulinus acicula		
29 — sepium . . .	Helix detrita . . .	Bulinus detritus et radiatus		
30 — variabilis var. acutus				
— — ventricosus				
31 Helix striatula var. strigatula .	. . . . . .	Helix strigata		
— — candidula .	. . . . . .	Helix gratiosa		
— — striatula .	Helix striatula . .	Helix candidula		
32 — striata var. striata				
33 — ericetorum var. media .	Helix ericetorum . .	Helix ericetorum . .	Helix ericetorum.	
— — minor .	— — . .	— — . . .	— —	
34 — zonaria var. zonata . .	. . . . . .	Helix zonata		
— — zonaria .	. . . . . .	Helix cingulata		
— — fœtida .	. . . . . .	Helix fœtens		
35 — lapicida . . .	Helix lapicida . . .	Helix lapicida .	Helix lapicida et rhenana.	
36 — explanata				
37 — elegans	. . . . .	Helix elegans		
38 — rotundata . . .	Helix rotundata .	Helix rotundata .	Helix rotundata.	
39 — ruderata	. . . . . .	Helix ruderata		
40 — pygmea	Helix minuta .			

	W. Hartmann.	E. Studer.		G. L. Hartmann.	
	In vorstehender Abhandlung.	In Coxe Travels of Switzerl.	Im Naturwissenschftl. Anzeiger.	In der Alpina Tom. II.	In d. Beschreib. des Bodensees.
41	Helix rupestris	Helix rupestris . .	Helix rupestris . .	irrig bey Helix fulva.	
42	— aculeata	Helix aculeata . .	Helix aculeata		
43	— pulchella var. costata .	Helix costata . . .	Helix costata . . .	Helix costata.	
	— — pulchella .	Helix pulchella . .	Helix pulchella . .	Helix pulchella.	
44	— nitens var. nitidula . .	. . . . . .	Helix nitidula		
	— — nitens . .	Helix nitida . . .	Helix cellaria . . .	Helix nitens.	
	— — cellaria . .	. . . . . .	Helix lucida		
	— — tenera				
45	— crystallina var. eburnea .	. . . . . .	Helix crystallina		
	— — crystallina	Helix crystallina . .	Helix diaphana . .	Helix crystallina.	
46	— fulva	Helix fulva! . . .	Helix fulva . . .	Helix fulva.	
47	— succinea	Helix succinea . .	Helix nitida . . .	Helix succinea.	
48	— strigella	. . . . . .	Helix strigella		
49	— villosa var. villosa . .	Helix villosa . .	Helix villosa . . .	Helix villosa.	
	— — detrita				
50	— corrugata var. clandestina				
	— — coelata .	. . . . . .	Helix coelata		
	— — Charpentieri				
51	— hispida var. depressa .	. . . . . .	bey Helix albula		
	— — similis				
	— — circinnata .	. . . . .	Helix montana		
	— — glabra .	. . . . .	Helix rufescens		
	— — rudis . .	. . . . . .	Helix rudis		
	— — hispida .	Helix hispida? . .	Helix hispida? . .	Helix hispida.	
	— — plebeya .	Helix hispida et sericea .	Helix hispida et sericea		
	— — glabella .	. . . . . .	Helix glabella		
	— — sericea .	. . . . . .	Helix albula . . .	Helix sericea.	
52	— obvoluta var. obvoluta .	Helix obvoluta . .	Helix obvoluta . .	Helix obvoluta et holosericea	
	— — parvula .	. . . . . .	— —		
53	— holosericea . . .	. . . . . .	Helix holosericea		
54	— personata . . .	Helix isognomostomus .	Helix personata . .	Helix isognomostomos.	
55	— pyramidea var. unidentata	. . . . . .	Helix unidentata		
	— — depilata				
	— — edentula	. . . . .	Helix edentula . .	irrig bey Helix hispida.	
56	— ciliata	. . . . .	Helix ciliata		

	G. L. Hartmann.	
r.	In der Alpina Tom. II.	In d. Beschreib. des Bodensees.
	Helix incarnata . .	
	Helix fruticum et turturum.	
	Helix hortensis.	
	Helix nemoralis.	
.	Helix arbustorum.	
n	Helix pomatia et scalaris	
.	Helix pellucida	
.	Helix palliata.	
.		
.	Helix putris . . .	Helix putris.
.	bey Helix putris . .	bey Helix putris.
.	Helix impura.	
.	Helix corvus Helix palustris } . .	Helix palustris.

G. L. Hartmann.

	In Alpina Tom. II.	In d. Beschreib. des Bodensees.
73	Limn	
	—	
	—	
74	—	
	—	
	—	
	—	
75	—	
	—	
76	—	
	— ıtinosa	
	—	
	—	
	—	
	—	
	— ricularia . .	Helix auricularia.
77	—	
	—	
	— ıgnalis . .	Helix stagnalis.
	—	
78	Phys	
79	—	
	— ıtinalis . .	Bulla fontinalis.
80	Plancıtorta . .	Helix contorta.
81	—	
	— rtex . . .	Helix vortex.
	—	Helix spirorbis.
	—	
82	— ımplanata . .	Helix complanata.
	—	
	— anorbis . .	Helix planorbis.
83	—	
	—	
	— ba . . .	Helix alba.
	— . . .	— —

W. Hartmann.	S. Studer.		G. L. Hartmann.	
In vorstehender Abhandlung.	In Coxe Travels of Switzerl.	Im Naturwissenschftl. Anzeiger.	In der Alpina Tom. II.	In d. Beschreib. des Bodensee
57 Helix incarnata var. incarnata .	Helix incarnata . .	Helix incarnata . .	Helix incarnata . .	
— — sylvestris				
58 — carthusiana var. carthusianella	. . . . . .	Helix carthusianella		
59 — fruticum	Helix fruticum . .	Helix fruticum . .	Helix fruticum et turturum.	
60 — mutabilis var. hortensis .	Helix hortensis . .	Helix hortensis . .	Helix hortensis.	
— — nemoralis .	Helix nemoralis . .	Helix nemoralis . .	Helix nemoralis.	
— — montana .	Helix montana . .	Helix sylvatica		
61 — arbustorum var. alpinula				
— — arbustorum	Helix arbustorum . .	Helix arbustorum . .	Helix arbustorum.	
62 — aspersa	Helix aspersa . . .	Helix aspersa		
62 — pomatia	Helix pomatia . . .	Helix pomatia et lucorum	Helix pomatia et scalaris	
63 Limacina annularis . . .	. . . . . .	Hyalina annularis		
64 — pellucida var. hyalina	Helix pellucida . .	Hyalina pellucida . .	Helix pellucida	
65 — vitrea var vitrea . .	Helix virescens . .	Hyalina vitrea . .	Helix palliata.	
— — elongata .	. . . . . .	Hyalina elongata . .		
66 Arion empiricorum				
67 — hortensis				
68 Limax agrestis				
— antiquorum				
— gagates				
69 Amphibina putris-var. albida				
— — putris .	Helix putris . . .	Tapada putris . . .	Helix putris . .	Helix putris.
— — similis				
— — affinis				
— — succinea	Helix augusta . .	Tapada succinea . .	bey Helix putris . .	bey Helix putris.
— — fulva				
— — elongata				
70 — oblonga var. oblonga	Helix elongata . .	Tapada oblonga		
— — impura	Helix impura . . .	. . . . . .	Helix impura.	
71 Limneus minutus var. nitidus				
— — minutus	Buccinum truncatulum .	Limneus minutus		
— — impurus	. . . . . .	— —		
— — elongatus				
72 — corvus var. corvus .	Buccinum palustre . .	Limneus palustris . .	Helix corvus } . .	Helix palustris.
— — palustris .	— —	— —	Helix palustris }	

	W. Hartmann.	S. Studer.		G. L. Hartmann.	
	In vorstehender Abhandlung.	In Coxe Travels of Switzerl.	Im Naturwissenschaftl. Anzeiger.	In der Alpina Tom. II.	In d. Beschreib. des Bodensees.
13	Limneus pereger var. truncatulus				
	— — pereger .	Buccinum fossarum .	Limneus pereger		
	— — fossarum	Buccinum rivale . .	— —		
14	— ovatus var. fontinalis	. . . . . .	Limneus fontinalis		
	— — limosus				
	— — ovatus .	Buccinum medium			
	— — ovum				
15	— acronicus var. impressus	. . . . .	Limneus acronicus		
	— — deformis	. . . . .	— —		
16	— auricularius var. bulla				
	— — papilla	Buccinum papilla . .	Limneus ovatus .	Helix glutinosa	
	— — papillaris				
	— — rivalis .	Buccinum rivale			
	— — Hartmanni	. . . . . .	Limneus Hartmanni		
	— — ventricosus	. . . . . .	Limneus ventricosus		
	— — auricularius	Buccinum auricula . .	Limneus auricularius .	Helix auricularia . .	Helix auricularia.
17	— stagnalis var. lacustris	Buccinum lacustre . .	Limneus lacustris		
	— — medius				
	— — stagnalis .	Buccinum stagnale . .	Limneus stagnalis . .	Helix stagnalis . .	Helix stagnalis.
	— — roseolabiatus	Buccinum fragile jung. .			
18	Physa hypnorum . . .	Planorbis turritus . .	Physa turrita		
19	— fontinalis var. lacustris .	. . . . . .	Physa fontinalis		
	— — fontinalis .	Planorbis bulla . .	— —	Bulla fontinalis . .	Bulla fontinalis.
20	Planorbis contortus . . .	Planorbis contortus .	Planorbis contortus .	Helix contorta . .	Helix contorta
21	— vortex var. vortex .	. . . . . .	Planorbis vortex		
	— — depressus	. . . . . .	. . . .	Helix vortex . .	Helix vortex.
	— — spirorbis .	Planorbis spirorbis .	Planorbis spirorbis . .	. . . . .	Helix spirorbis.
	— — gyrorbis .	. . . . . .	Planorbis gyrorbis		
22	— marginatus var. marginatus	Planorbis complanatus .	Planorbis complanatus .	Helix complanata . .	Helix complanata
	— — dubius .	. . . . . .	Planorbis umbilicatus		
	— — carinatus	Planorbis carinatus .	Planorbis carinatus .	Helix planorbis .	Helix planorbis
23	— hispidus var. tenellus .	Planorbis tenellus . .	Planorbis tenellus		
	— — deformis .	. . . . . .	Ein Planorbis hispidus		
	— — albus .	Planorbis albus . .	Planorbis corneus . .	Helix alba . .	Helix alba.
	— — hispidus .	— —	Planorbis hispidus . .	— — .	— —

G. L. Hartmann.	
In der Alpina Tom. II.	In d. Beschreib. des Bodensees.
Turbo nautileus . .	Turbo nautileus.
Patella fluviatilis . .	Patella fluviatilis.
Nerita valvata, No 51 .	Nerita valvata.
Nerita valvata, No 52 .	Helix piscinnalis.
Helix tentaculata.	

Anmerkung
zu
vorstehenden Tabellen.

In den vorstehenden Tabellen wurden alle Arten der Erd- und Wasserschnecken aufgezählt, von welchen ich versichert bin, daß sie sich wirklich in der Schweiz finden, den einzigen Chondrus granum ausgenommen, den ich aus Herrn Prof. Studers neuestem Verzeichniß aufnahm, und von welchem er den Fundort selbst nicht genau und sicher angiebt. Herr Jürine, Professor der Chirurgie in Genf, hat zwar vor seinem Tode uns auch noch ein conchyliologisches Andenken hinterlassen, nemlich ein „Verzeichniß der Weichthiere, welche zu und um Genf zu Land und Wasser gefunden werden," und welches im helvetischen Almanach auf Ao 1817 abgedruckt ist. Es enthält aber eine Menge Unrichtigkeiten und viele Arten, welche weder bey Genf, noch sonst in der Schweiz gefunden werden, namentlich folgende: *Auricella myosotis*, Pupa umbiculata (sollte heissen umbilicata), Pupa cinerea, polyodon, Bulimus ventricosus, Helix *pyramidata*, *variabilis*, *rhodostoma*, *vermiculata*, *splendida*, pubescens, *cespitum*, conspurcata, *Testacella halistidea*, und was das erbaulichste ist *Testacella — ovum?* Diese Unrichtigkeiten kommen daher, Mademoiselle Jürine, die verstorbene Tochter des Herrn Professors, die sehr viele Liebhaberey und Kenntniß der Naturgeschichte besaß, und als Darstellerin der Naturkörper in den unübertrefflichsten Zeichnungen und Gemälden en gouache öffentliche Erwähnung längst verdient hätte, sammelte auch die Erd- und Süßwasserconchylien der Gegend um Genf; erhielt durch den Ritter

W. Hartmann.	S. Studer.		G. L. Hartmann.	
In vorstehender Abhandlung.	In Coxe Travels of Switzerl.	Im Naturwissenschftl. Anzeiger.	In der Alpina Tom. II.	In d. Beschreib. des Bodense[e]
84 Planorbis cristatus	Planorbis imbricatus	Planorbis cristatus	Turbo nautileus	Turbo nautileus.
85 — imbricatus	. . . .	Planorbis imbricatus		
86 — lenticularis	. . . .	Planorbis lenticularis		
87 — nitidus	. . . .	Planorbis nitidus		
88 Ancylus lacustris	Ancylus fluviatilis irrig!	Ancylus lacustris	Patella fluviatilis	Patella fluviatilis.
89 — fluviatilis	Ancylus lacustris irrig!	Ancylus fluviatilis		
90 Valvata planorbis	Valvata cristata	Valvata cristata	Nerita valvata, No 51	Nerita valvata.
91 — spirorbis	Valvata pulchella	Valvata pulchella		
92 — piscinalis var. piscinnalis	Nerita obtusa	Valvata obtusa	Nerita valvata, No 52	Helix piscinnalis.
93 Paludina vivipara var. achatina	. . . .	Paludina vivipara		
94 — anatina				
95 — viridis				
96 — impura	Nerita jaculator	Paludina jaculator	Helix tentaculata.	

Anmerkung
zu
vorstehenden Tabellen.

In den vorstehenden Tabellen wurden alle Arten der Erd- und Wasserschnecken aufgezählt, von welchen ich versichert bin, daß sie sich wirklich in der Schweiz finden, den einzigen Chondrus granum ausgenommen, den ich aus Herrn Prof. Studers neuestem Verzeichniß aufnahm, und von welchem er den Fundort selbst nicht genau und sicher angiebt. Herr Jürine, Professor der Chirurgie in Genf, hat zwar vor seinem Tode uns auch noch ein conchyliologisches Andenken hinterlassen, nemlich ein „Verzeichniß der Weichthiere, welche zu und um Genf zu Land und Wasser gefunden werden," und welches im helvetischen Almanach auf Ao 1817 abgedruckt ist. Es enthält aber eine Menge Unrichtigkeiten und viele Arten, welche weder bey Genf, noch sonst in der Schweiz gefunden werden, namentlich folgende: *Auricella myosotis*, Pupa umbiculata (sollte heissen umbilicata), Pupa cinerea, polyodon, Bulimus ventricosus, Helix *pyramidata*, *variabilis*, *rhodostoma*, *vermiculata*, *splendida*, pubescens, *cespitum*, conspurcata, *Testacella halistidea*, und was das erbaulichste ist *Testacella — ovum?* Diese Unrichtigkeiten kommen daher, Mademoiselle Jürine, die verstorbene Tochter des Herrn Professors, die sehr viele Liebhaberey und Kenntniß der Naturgeschichte besaß, und als Darstellerin der Naturkörper in den unübertrefflichsten Zeichnungen und Gemälden en gouache öffentliche Erwähnung längst verdient hätte, sammelte auch die Erd- und Süßwasserconchylien der Gegend um Genf; erhielt durch den Ritter de Lamark und einige andere französische Naturforscher auch Beyträge aus Frankreich; unter diesen fand sich die Testacella halistidea und das Ey derselben. Nach dem Tode der Tochter glaubte ihr Vater, der sich zuvor nie mit Conchyliologie beschäftigt hatte, diese Sammlung rangiren zu können, hielt alles für Genferisch und stellte sogar das Ey der Testacella als eine eigne Art Conchilie unter dem Namen Testacella ovum auf!

VIII.

Ueber die bey St. Gallen befindlichen Versteinerungen,

von

Doctor Schläpfer

in Trogen.

Diese Abhandlung über die Petrefakten bey St. Gallen wurde 1820 in der dortigen naturforschenden Gesellschaft vorgelesen, und erhielt durch Mittheilungen einiger Mitglieder und Durchsicht ihrer Sammlungen bedeutende Zusätze und Berichtigungen.

Es schien mir dieser Gegenstand einer genauen Bearbeitung würdig, weil die Betrachtung der Lage und Beschaffenheit der Versteinerungen für die Geognostie und Geologie von großer Bedeutung ist, und weil mir keine Beschreibung der hiesigen Petrefakte bekannt ist, außer der Aufzählung derselben im dritten Theil von Scheuchzers Naturhistorie des Schweizerlandes, welche aber mangelhaft, zum Theil unrichtig, und auf eine schwer verständliche Art verfaßt ist. Es ist dieß ein Beweis von dem damaligen, sehr unvollkommenen Zustand dieses Theils der Naturgeschichte, schmälert aber keineswegs den Ruhm dieses unermüdeten Naturforschers, der vorzüglich die Petrefaktenlehre begründete.

Fundort. — Versteinerungen werden vorzüglich in zwey Gegenden in der Nähe dieser Stadt, beyde nordöstlich liegend, gefunden, nähmlich:

1. Beynahe in gleicher Höhe mit der Stadt, in der Steingrube, an dem Abhange eines mürben, graublauen Sandsteinfelsens; gegenüber liegt ein höherer Abhang von schiefen Kalksteinlagen, mit Sandsteinschichten durchzogen.
2. Auf einem beträchtlich höher liegenden Hügel im Hagenbuch, wo sich eine Sandsteinschichte von Südwest gegen Nordost hinzieht, die von der Landstraße nach Speicher zum Theil quer durchschnitten ist.

Außerdem sind auch noch bey der Martinsbrücke, auf Mühleck, und im Waadt an der Sitter gefunden worden. Ueberhaupt scheinen in der ganzen Gegend zwischen der Sitter und der Goldach Lagerungen des petrefaktenhaltigen Sandsteins, vorhanden zu seyn; nur auf der westlichen Seite von St. Gallen wurden dergleichen noch nie aufgefunden. —

Lage. Sie liegen zum Theil lose, zum Theil fest in Sandstein eingeschlossen, größtentheils oberflächlich, schichtenweise, so daß zwischen den Schichten mit Versteinerungen sich auch solche ohne Spuren derselben vorfinden. Sie sind meistens sehr aufeinandergehäuft, und bestehen häufig nur aus Muschelfragmenten. Zuweilen findet man auch petrefaktenhaltigen Sandstein mit Nagelfluh vermischt und in einander geknetet. Am zweyten Fundort befinden sich sowohl in der tiefer als in der höher liegenden Gegend große Lagerungen von Nagelfluhe. Am erstern ist der Sandstein feiner und mergelartiger; daselbst findet sich gewöhnlich zuerst eine Schicht Nagelfluhe, dann Mergel, und endlich der petrefaktenhaltige Sandstein.

Was nun die Beschaffenheit der Petrefakte selbst betrifft, so finden sich nur solche von ein- und zweyschaaligen Conchylien, und zwar weit häufiger, sowohl an Anzahl als an Arten, leztere als erstere; beynahe nur Muschelkerne, auf denen sich die Form der innern Fläche der Schaale abdrückte, aus mürbem, grauem und graublauem, mergelartigen, feinern und gröbern Sandstein bestehend, doch ist häufig noch die Schaale als ein feiner, weißer, calcinirter Ueberzug vorhanden, der aber gewöhnlich abfällt. Am ersten Fundort sind die einschaaligen, besonders die Turbiniten häufiger, mehr nesterweise und unbeschädigt, am lezten hingegen finden sich besonders die Pectunculiten in ungeheurer Menge vor, jedoch in keiner bestimmten Ordnung, häufig ist nur die einte Hälfte einer zweyschaaligen Muschel vorhanden. —

Beynahe alle Gattungen und Arten dieser Conchyliolithen entsprechen größtentheils den noch lebend sich im Meer aufhaltenden Conchylien, keine aber denen im süßen Wasser oder auf dem Lande; auch finden sich keine Gattungen vor, deren Originale oder wenigstens verwandte Arten nicht noch lebend angetroffen werden; so z. B. findet sich keine Spur von Ammoniten oder Belemniten.

In der Beschreibung benenne ich die Arten, die ich den noch lebenden gleich oder ähnlich fand, nach denselben, die übrigen nach ihrer Form. Ich folge hierinn, so viel möglich, der 13ten Ausgabe von Linnés Natursystem; indem ich Scheuchzers Bemerkung, die auch in dieser Zeit wohl sehr passend seyn möchte, berücksichtige; indem er sagt: Neue Namen müssen nicht eingeführt werden ohne Noth, und hat Luidius in seiner neuen Wörterschule noch nicht viel Lehrjünger. —

Einschaalige Conchylien.

A. Gattung *Turbinites*.

1. Art. *Turbinites terebrae* — versteinerte Trommelschraube. Turbinites striatus septem spirarum Scheuchzeri. Tunitella — Lamark. —
Ist am erstgenannten Fundort im Mergelsandstein sehr häufig anzutreffen. Ganze Exemplare sind aber wegen der Mürbigkeit des Gesteins selten. Die sechs vertieften Linien sind nur undeutlich wahrzunehmen, da nur die innere Fläche der Schaale abgedrückt ist. — Im Waadt an der Sitter fanden sich solche mit noch unversehrter aber murber Schaale in mit einer Steinkohlenader durchzogenem Mergelsandstein. Das Original findet sich im Mittelmeer.

2. *Turbinites exoleti.* — Tunitella fasciata Lamark? Tunitella obsoleta de Luc (siehe naturwiss. Anzeiger No. 5. 1819.) Mit zwey vertieften Linien. Fundort obiger.

3. *Turbinites laevis.* — Turbinites laevis Scheuchz. Mit convexen Windungen ohne vertiefte Linien.

4. *Turbinites helicinus.* — Turbo solidus imperforatus, Gmelin. Von ovaler Form, mit fünf Windungen; die erste hat nach unten einen scharfen Rand, der dieselbe in zwey Flächen theilt. Fundort im Hagenbuch.

B. *Neritites.* Versteinerte Schwimmschnecke.

5. *Neritites canrenae.* — Neritites latus tribus spiris, primo orbe amplissimo, umbone aliquan-

tulum eminente, Scheuchz. Mit 4 Windungen, durchbortem Nabel und etwas vorstehender Spitze, von der Größe einer Weinbergsschnecke. Fundort im Hagenbuch und Steingrube.

Das Original lebt im indischen Meer, auch im Mittelmeer als varietas stercus muscarum.

6. *Neritites glaucinae.* — Neritites laevis tribus spiris, primo orbe amplissimo, umbone nil quasi eminenti. Scheuchz. Mit drey Mündungen, nicht erhabener Spitze, halbgeschlossenem Nabel, von der Größe der helix nemoralis. Fundort wie oben. Original im Mittelmeer. —

Große Aehnlichkeit mit diesem hat in Größe und Form ein Neritit, den ich in großer Anzahl in den Apenninen unweit Bologna fand; er besteht ebenfalls aus Sandstein, die weiße calcinirte Schaale ist noch vorhanden.

7. *Neritites oblongus.* — Cochlites umbilicatus trium spirarum, orbe oblongo, compressus, mucrone obtuso. Scheuchz. Mit drey ovalen Windungen ohne vorstehende Spitze, etwas platt gedrückt, von der Größe einer Erbse bis zu der einer Weinbergsschnecke. Fundort Hagenbuch. Das Original ist mir nicht bekannt.

C. *Bullites.* — Versteinerte Blasenschnecke.

8. *Bullites ficus.* — Pyrula ficus. Lamark, idem de Luc. Buccinites reticulare striatus quatuor spirarum, mucrone parum prominente. Scheuchz. — Mit oval keulenförmiger, gegitterter Schaale, deren Spindel etwas auswärts gekrümmt, die Windungen platt und undeutlich sind. Länge von 1 1/2 Zoll bis 2 Zoll. Fundort Hagenbuch und

Steingrub. Original: Bulla ficus Linnaei, im indischen und amerikanischen Meer.

Eine Varietät, oder vielmehr besondere Spezies, mit vorstehender, etwas zugespitzter Mündung, Scheuchzers Buccinites reticulare mucrone acuminato, kömmt auch zuweilen vor.

D. *Buccinites.*

9. *Buccinites laevigatus.* — Strombites laevis minimus albus quatuor spirarum. Scheuchz. — Mit fünf converen Windungen, lang und schmal, von 5/4 Zoll Länge. Selten in der Steingrub.

10. *Buccinites tuberculatus.* — Strombites trium spirarum, tuberculis secundum inferiorem spirarum marginem sitis. Scheuchz. — Kegelförmig, mit 4 Windungen, wovon die ersten drey sehr klein sind, die dritte und vierte hat gegen den untern Rand hin hökerigte Erhabenheiten, die vierte ist zugleich quergestreift. Fundort im Hagenbuch, selten. Aehnelt etwas dem buccinum harpa und echinophorum.

11. *Buccinites maculati.* — Thurmförmig, von 1 3/4 Zoll Länge, mit 6 Windungen, die auf der Oberfläche longitudinell gefurcht sind. Im Hagenbuch, sehr selten. Zuweilen findet man auch Windungen von größern Exemplaren mit wellenförmigen Furchen. Original ist Buccinum maculatum.

E. *Muricites.*

12. *Muricites tuberculatus.* — Diese gethürmte Schnecke hat 5/4 Zoll Länge, 5 Windungen, eine etwas gebogene Spindel. Die Windungen bilden unten einen Winkel, der mit Knoten besetzt ist; die oberste ist sehr bauchig. Fundort Mühleck.

13. *Muricites cancellatus.* — Hat kaum 1/2 Zoll Länge, 5 Windungen, wovon die oberste sehr bauchig; ist schön mit erhabenen Linien gegittert.

F. *Trochilites.* Versteinerte Kräuselschnecke.

14. *Trochilites excavatus.* — Kegelförmiger breiter Trochilit mit 5 etwas concaven Windungen; Breite 3/4 Zoll. Fundort Steingrub; selten.

15. *Trochilites rotundatus.* — Kegelförmiger Trochilit mit 4 convexen, etwas von einander getrennten Windungen; Breite ein Zoll. Fundort obiger.

16. *Trochilites striatus.* — Kegelförmiger, etwas ovaler Trochilit mit 5 gestreiften convexen Windungen und abgestumpfter Spitze. Breite 1 1/4 Zoll, Höhe 3/4 Zoll. Fundort obiger; selten.

G. *Helicites.*

17. *Helicites rotundatae.* Gmelin. Hat in Größe und Form manche Aehnlichkeit mit helix nemoralis und arbustorum, 6 gewölbte Windungen und eine halbmondförmige Mündung. Fundort Steingrub.

18. *Helicites complanatae.* Gmelin. Ist beynahe platt gewunden, doch ist die erste Windung etwas höher als die äusserste, hat einen Zoll Breite und 1/4 Zoll Höhe. Fundort Hagenbuch; selten. Aehnelt der Gattung Planorbis mit nicht vertiefter erster Windung.

19. *Helicites planorbis.* — Ich sah ein einziges, in der Waadt gefundenes Exemplar. Es ist 3 Linien breit, glatt und hat 3 platte Windungen mit scharfem äußern Rand.

H. *Conilites.* Versteinerte Kegelschnecke.

20. *Conilites striatus.* — Von 3/4 Zoll Länge mit sehr

wenig erhabenem Gewinde und fein quergestreifter Fläche. Fundort Hagenbuch, sehr selten.

21. *Conilites acuminatus.* — Von 2 Zoll Länge, glatt mit 5 Windungen. Das Gewinde ist etwas zugespitzt. Aus der Steingrub; selten.

I. *Volutites.* Versteinerte Walzenschnecke.

22. *Volutites episcopalis.* — Länge 2 Zoll. Ich sah ein einziges sehr gut erhaltenes Exemplar aus dem Hagenbuch. Original Voluta episcopalis.

K. *Patellites.* Versteinerte Napfschnecke.

23. *Patellites laevis.* — Eine über 1/2 Zoll breite, etwas flache, kegelförmige Patelle, mit der Spitze in der Mitte und einer von ihr ausgehenden halben Windung wie bey patella chinensis. Fundort Steingrub im Mergelsandstein.

24. *Patellites striatus.* — Ist 1/2 Zoll breit, höher als die vorige Art, mit seitlicher, gegen den Rand hin gerichteter Spitze; die Oberfläche ist netzförmig gestreift. Aus der Steingrub.

Zweyschaalige Conchylien.

A. *Pectinites.* Versteinerte Ohrenauster.

1. *Pectinites jacobeae.* — Versteinerte Jacobsmuschel. Pecten in saxo cinereo prope St. Gallum striis latissimis Scheuchz.. Mit ekigten Strahlen. Meistens findet man nur die untere platte-Hälfte, zuweilen noch mit harter Schaale. Im Hagenbuch und Steingrub. Original Ostrea jacobaea.

2. *Pectinites maximae.* — Versteinerte Pilgrimsmuschel. Mit abgerundeten Strahlen, etwas kleiner

als die vorige; häufig kömmt auch die obere convexe Schaale vor. Fundort wie oben, häufig. Original ist Ostrea maxima im Mittelmeer.

3. *Pectinites striatæ.* — Pectinites mediocris, striis versus orum tantum magis exparsis Scheuchzeri. Noch kleiner als die vorige, mit dichten, flachen Strahlen; häufig ist noch die Schaale vorhanden. Fundort wie oben. Aehnelt der Ostrea sanguinea.

B. *Pinnites.* Versteinerte Steckmuschel.

4. *Pinnites rudis.* — Ganze Exemplare sind sehr selten; ich besitze die 2 Zoll lange gestreifte Spitze derselben, die in allem mit der der pinna rudis übereinkommt. Fundort Hagenbuch. Das Original im Mittelmeer. — In den Apenninen unweit Bologna, an einem westlich liegenden Abhange an der Landstraße nach Florenz fand ich ebenfalls viele Bruchstücke von Steckmuscheln mit beynahe unveränderter, glänzender, jedoch brüchiger Schaale, in mergelartigem Sandstein.

C. *Musculites.*

5. *Musculites panopææ.* — Musculus maximus ex saxis, Scheuchz. Chamites lævis rugosus ventre crassiore, ad ore sensim attenuato, Langii. Mya panopœa, Beocchi. Diese Muschel ist das gröste unter den hiesigen Petrefakten und varirt von 4 Zoll Länge und 2 Zoll Breite bis zu 7 Zoll Länge und 3 1/2 Zoll Breite. — Sie ist im Hagenbuch im dichten grauen Sandstein häufig in senkrechter Stellung anzutreffen, aber meistens bricht die Spitze im Herausnehmen ab. Ich fand sie auch häufig

an der schon genannten Stelle in den Apenninen; auch de Luc meldet, daß sie im Toskanischen vorkomme. Sie hat große Aehnlichkeit mit der Mya margaritifera in Form, Beschaffenheit des Schlosses und halbzirkelförmigen Runzeln; das eigentliche Original aber ist noch nicht bekannt.

6. *Musculites pictorum.* Versteinerte Mahlermuschel. — Musculus transversim rugosus, figura musculorum e fluviatilibus Scheuchz. Stimmt in Größe, Schloß und Form ganz mit Mya pictorum überein. Fundort Hagenbuch.

7. *Musculites oblongus.* — Hat mit Mya pictorum Aehnlichkeit, ist aber länger und schmäler, weniger gewölbt, Länge 3 Zoll, Breite 1 1/2 Zoll. Fundort wie oben.

D. *Mytilites.*

8. *Mytilites anatini.* — Diese Art könnte leicht verwechselt werden mit der vorigen, unterscheidet sich aber durch das Höherstehen und andere Form des Schlosses, durch den stumpfen Winkel, der auf der Schloßseite noch unten gebildet wird, durch die größere Breite und Plattheit der Schaale. Länge 2 Zoll, Breite 1 1/4 Zoll. Fundort obiger. Hat Aehnlichkeit mit dem Mytilus anatinus, ist aber nicht dieselbe Species. — Eine Varietät ist der Länge nach fein gestreift.

9. *Mytilites modioli.* — Modiola papuana, Lamark. Dies sehr schön und gut erhaltene Petrefakt hat 2 bis 4 Zoll Länge und 1 1/4 bis 1 1/2 Zoll Breite, ist in der Gegend des Schloßes am dicksten und gefurcht, über demselben sind Abdrücke der rückwärts

gekrümmten Ohren, der außere Rand ist scharf und undulirt. Fundort im Hagenbuch, jedoch nicht häufig. Original im Mittelmeer, auch im Amerikanischen Ocean.

E. *Tellinites.*

10. *Tellinites radiatæ.* — Länge 2 Zoll, Breite 1 Zoll. Hat in der Form mit den vorigen Gattungen Aehnlichkeit, unterscheidet sich aber dadurch, daß das Schloß beynahe in der Mitte steht; die Querstreifen sind undeutlich. Vom Hagenbuch. Original ist Tellina radiata im Europäischen Ocean.

11. *Tellinites virgatæ.* Conchulæ minutæ in saxo arenario Scheuchz. Ist 3/4 Zoll breit, rundlich, gewölbt. Fundort häufig im Hagenbuch und in der Steingrub. Original im indischen und atlantischen Ocean. — Ganz kleine rundliche Tellinen von der Größe einer Erbse bis zu der eines Stecknadelkopfes sind hier und in andern Petrefakten ebenfalls sehr häufig anzutreffen. — Ist an dem angezeigten Fundort in den Apenninen auch eine der häufigsten Muscheln von verschiedener Größe; auf der calcinirten Schaale sind die Querstreifen noch wahrnehmbar.

F. *Pholalites.* Versteinerte Pholade.

12. *Pholalites dactyli.*
Länge 3 Zoll, Breite 1 1/4 Zoll. Mit feinen scharfen Querstreifen; vom Schloß geht nach einer Seite hin ein convexer wulstiger Rand, der sich in eine Spitze verliert. Fundort im Hagenbuch, in hartem blauen Sandstein. Gleicht pholas dactylus, ist jedoch etwas breiter, die kleinen Schaalen um das

Schloß

Schloß herum fehlen, meistens fehlt auch die eine Hälfte der Schaale.

G. *Arclites.* Versteinerte Arche.

13. *Arclites antiquatæ.* Unterscheidet sich von Bucardites rustici durch die beträchtlichere Breite, die Form des Schlosses und den Winkel auf der schmälern Seite; die erhabenen Längenstreifen sind noch sehr deutlich. Fundort häufig im Hagenbuch. Original ist Arca antiquata im Mittelmeer und Amerikanischen Ocean.

H. *Conchites.* Versteinerte Venusmuschel.

14. *Conchites chione.* Chama subrotunda lævis Scheuchz. Helmintolithus veneris lævis rotundatæ. Gmelin. Breite 2 3/4 Zoll, Länge 1 3/4 Zoll. Dies sehr schöne und gut erhaltene Petrefakt ist häufig im Hagenbuch in graublauem Sandstein. Original Venus dione. Eine kleinere Varietät ist etwas schmäler und gewölbter, zuweilen fein quer gerunzelt. Original ist Venus chione im adriatischen und Mittelmeer. Eine größere Varietät mit obsoleten Querrunzeln, deren Original wahrscheinlich Venus islandica ist, kömmt auch zuweilen vor.

15. *Conchites lævis.* Gmelin. Länge 1 1/2 Zoll, Breite 1 1/4 Zoll; mit glatter Oberfläche und ganzem Rande. Häufig im Hagenbuch. Original wahrscheinlich Venus geographica oder litterata.

16. *Conchites striatæ.* Helmintolithus veneris subtiliter striatæ, Gmelin. Länge 1 1/2 Zoll, Breite 1 Zoll. Ich besitze ein Exemplar mit beyden, aber geöffneten Schaalen, wo auf dem cal-

cinirten Ueberzug die feinen, vom Schloß zum Rand gehenden Streifen deutlich sind. Fundort Steingrub. In den Apenninen habe ich versteinerte Venusmuscheln von 2 1/4 Zoll Breite bis zu 1 Zoll von rundlicher Form, mit sehr gut erhaltener Schaale, die außen glatt und fein quer gerunzelt, inwendig der Länge nach gestreift sind, vielleicht von Venus decussata, im Sandstein in großer Menge angetroffen.

17. *Conchites lithophagæ.* Versteinerte steinfressende Venus. Die Schaale ist oval, gestreift, auf beyden Seiten klaffend, gewölbt; Länge 1/2 Zoll bis 2 1/2 Zoll. Das Original, Venus lithophaga, wohnt in den Felsen des Mittelmeers, z. B. bey Livorno. Dies Petrefakt ist eins der merkwürdigsten dieser Gegend, weil es noch in seiner natürlichen Lage vorkommt. Man findet nemlich in der Steingrube Gerölle eines harten Kalksteins zweyter Formation, von der Größe einer Faust bis zu einem Schuh Durchmesser, häufig mit Kieseln, Nagelfluh- oder Quarzadern durchzogen; auch finden sich glatt abgeschliffene Gerölle von der Größe einer Kirsche, oder platte Kiesel. In diesem Gerölle ist das Petrefakt der Steinfresserin noch sehr gut conservirt, nur ist die Schaale calcinirt und brüchig, in ihrem Canal, den sie sich ins harte Gestein gebohrt hat; dieser hat außen eine enge Mündung und erweitert sich allmählig nach innen, so wie es das Wachsthum des Thieres mit sich brachte. Diese Canäle, in denen die Muschel stets im Hintergrunde liegt, sind mit einem mehr sandsteinartigen Gestein, aus dem auch die Muschel besteht, und in welchem häufig kleine versteinerte Tellinen vorkommen, ausgefüllt.

Diese ausfüllende Steinmasse springt unversehrt heraus, wenn der Stein zerschlagen wird; dieser Spurenstein wurde daher schon für eine Meertulpe, eine versteinerte Frucht, oder einen Fungiten gehalten, wiewohl ganz irrig. — Herr Aktuar Hartmann entdeckte zuerst diese Steinbohrmuschel.

I. *Donacites.*

18. *Donacites scorti.* Hat 2 Zoll Breite und 1 1/2 Zoll Länge, ist der Länge nach mit sehr feinen flachen Streifen besetzt und stimmt in der Form ganz mit Donax scortum überein. Sehr selten.

K. *Ostracites.* Versteinerte rohe Auster.

19. *Ostracites edulis.* Versteinerte Exemplare der eßbaren Auster, Ostrea edulis, finden sich, mit wenig veränderter Schaale, selten in Hagenbuch.

L. *Bucardites.* Pectumulithen, versteinerte Kammmuscheln.

20. *Bucardites cardissæ.* Versteinerte Herzmuschel. Ich sah ein einziges Exemplar, welches in der Form ganz mit cardium cardissa übereinstimmt. Im Hagenbuch gefunden.

21. *Bucardites rosei.* Conchites inæquilaterus triqueter striatus compressus, Scheuchz. Hat mit dem vorigen einige Aehnlichkeit, ist aber größer und der Rand der einen Seite zackig. Fundort obiges. Original Cardium roseum.

22. *Bucardites rustici.* Pectunculi varii magnitudinis, Scheuchz. Mit stark gewölbter, beynahe gleichseitiger Schaale und tiefen Furchen. Größe 3/4 bis 1 1/4 Zoll; auch finden sich solche von der Größe

einer Erbse. Original ist Cardium rusticum, in allen Europäischen Meeren. Ist, nebst der folgenden Art, das am häufigsten und in ganzen Lagerungen vorkommende Petrefakt, man findet sie vorzüglich im Hagenbuch in grauem Sandstein, theils einzeln, theils gleichsam in einander geknettet. — Es giebt dünne Tafeln blauen Mergelsandsteins, die auf der einen Seite glatt, auf der andern mit vielen kleinen, sehr gut erhaltenen Petrefakten dieser Art besetzt sind; in den Zwischenräumen befinden sich Abdrücke von kleinen Fragmenten von Schilfrohr von schwärzlicher Farbe, welche im Uebergang zur Steinkohle begriffen zu seyn scheinen. Andere brüchige Tafeln bestehen durchaus nur aus einem Gemische von zerstückelten Pectumulithen dieser Art; beyde wurden in Martisbrücke gefunden. Auch sah ich einen platten ovalen Kiesel, Stück von Nagelfluhe, ganz mit Pectumulithen besetzt. — Es giebt eine Varietät mit breiterer, weniger gewölbter, gleichseitiger Schaale und sehr breiten Furchen. — Auch eine schmälere Varietät mit weit aus einander stehenden, flach erhöhten Streifen; im Mergelsandstein.

23. *Bucardites edulis.* Versteinerte Kammmuschel. Conchites æquilaterus subrotundus striatus ventricosus. Scheuchz. Breite von 1/4 Zoll bis 1 3/4 Zoll. Zwischen den erhöhten Streifen liegen breite, glatte Zwischenräume. Ist sehr häufig im Hagenbuch, wie die vorige Art. Original ist Cardium edule in den Europäischen Meeren.

24. *Bucardites oblongus.* Länge 1 1/2 bis 2 Zoll, Breite 1 bis 1 1/4 Zoll; mit engen Furchen und

ungleichseitigen Schaalen; die linke Seite ist sehr schmal, wie schief abgeschnitten. Fundort obiges. Das Original ist mir unbekannt.

M. *Solenites.* Versteinerte Messerscheide.

25. *Solenites legumen.* Länge ungefähr 3 Zoll, Breite 1/2 Zoll; meistens sind die Abdrücke beyder Schaalen halbgeöffnet wahrzunehmen. Fundort in der Steingrube, selten. Das Original ist Solen legumen im mittelländischen Meer.

Zoophyten

haben sich auch einige Exemplare, wiewohl höchst selten, vorgefunden, wahrscheinlich nicht häufiger, weil der Sandstein nicht geeignet ist, so feine Abdrücke aufzunehmen.

1. *Zoophytes pennatulæ.* Versteinerte Seefeder. Ich sah zwey Exemplare in feinem Mergelsandstein aus der Steingrube. Die Länge des ganzen Petrefakts ist 3 1/2 Zoll, die des Stiels 5/4 Zoll. Man unterscheidet deutlich die Theile der Fahne und den Stiel. Hat mit Pennatula rubra die größte Aehnlichkeit.

2. *Zoophytes Sertulariæ?* Saxum cinerei coloris arena, ceum cylindricum, Scheuchzeri. Dies räthselhafte Petrefakt besteht aus runden Scheiben von ungefähr 5/4 Zoll Breite und 1/4 bis 1/2 Zoll Höhe; sie haben in der Mitte eine kleine Vertiefung; die Flächen und der Rand sind ohne Streifen oder Zeichnungen, etwas rauh, häufig mit Rost besetzt, der wahrscheinlich von dem Eisen, das in den thierischen Theilen enthalten war, herrührt. Viele solcher Scheiben liegen mit ihren Flächen auf ein-

ander und bilden einen oft 6 bis 8 Zoll langen Cylinder, der meistens etwas gebogen ist und sich mit einem hornförmigen, stumpf zugespitzten, längern Stücke endigt. Von Ueberbleibseln der Schaalen, oder von organischer Struktur findet sich keine Spur. In der Form im Allgemeinen und in der Lage ähneln sie den Rädersteinen; es ist wahrscheinlich ein Kernpetrefakt von einem Meerbewohner mit lederartiger Hülle, die sich ihrer Weichheit wegen nicht conservirte. Der Stengel der großen Sertularia (Corallina?) penicillus des Mittelmeers ist lederartig, cylindrisch und besteht aus ähnlichen Abtheilungen, welche mit Gallerte angefüllt und durch Querscheidewände getrennt sind; da, wo der Haarbüschel ausgeht, endet er stumpf zugespitzt. Obiges Petrefakt könnte wohl von diesem Zoophyt herrühren, nur ist es bedeutend größer. Fundort im Hagenbuch. — Von ähnlicher Form findet sich auch ein kleineres, dünneres Petrefakt mit viel längern Gliedern und gerader, kegelförmiger Spitze, dem ich einen ähnlichen Ursprung zuschreiben möchte.

Hiemit sind alle bekannte Arten hiesiger Petrefakten aufgezählt. Die sogenannten Naturspiele, oder sonderbar geformte Steine, ohne bestimmte, von organischen Körpern herrührende Formen, z. B. Spurensteine und oft sehr sonderbar geformte Sandsteingerölle, durch Ausschwemmung entstanden, so wie die selten in der Sitter gefundenen Kalksteinpetrefakte von Belemniten und Ammoniten, die von den Appenzeller Kalksteinalpen abgeschwemmt wurden, übergehe ich als nicht hieher gehörig.

Folgerungen.

Stellt man die so eben dargestellten Beobachtungen neben einander und vergleicht sie mit andern ähnlichen, so möchten sich vielleicht hieraus folgende Schlüsse ziehen lassen:

1. Das Vorfinden einer solchen Menge Petrefakte von Meerbewohnern in hiesigem Gestein, zum Theil nesterweise und in natürlicher Lage, beweist, daß diese Gegend einst Meeresgrund war.

2. Die Petrefakte der Steinbohrmuscheln im Kalkstein, noch in ihrem natürlichen Canal befindlich, am gleichen Fundort wie die übrigen Versteinerungen, beweisen, daß die Kalksteinschichten von einer frühern Bildung waren und Meeresgrund und Klippen bildeten, ehe die petrefaktenhaltige Sandsteinformation da war.

3. Das Vorkommen von Petrefakten, deren Originale nicht mehr gefunden werden, auf den Appenzeller-Kalksteinalpen auf bedeutenden Höhen, von Belemniten, Terebratuliten, Lenticuliten, Trochiten, Ammoniten, z. B. hinter dem Oehrli, welche aus dem gleichen harten Kalkstein bestehen, der ihnen zur Lagerstätte dient, beweist, daß auch diese höhere Gegend einst Meeresgrund war, allein in einer noch frühern Periode, und daß sie es nicht mehr war, als die Sandsteinformation gebildet wurde, und die Steinbohrmuscheln noch lebend waren; sonst müßten sich solche Petrefakte auch im Sandstein finden, oder die nemlichen Arten, die im Sandstein gefunden werden, auch im Kalkstein, was aber nie der Fall ist.

4. Aus dem Vorkommen von ähnlichen Sandsteinlagern

mit ähnlichen oder gleichen Petrefakten der Species und den Bestandtheilen nach in verschiedenen subalpinischen Gegenden, nemlich bey St. Gallen, bey Bern auf dem Belpberg und auf beyden Seiten der Aare, in den Apenninen ohnweit Bologna u. s. w. läßt sich schliessen, daß ehemals wahrscheinlich das gleiche Meer diese Gegenden bedeckte.

5. Da die meisten dieser Petrefakte denjenigen Conchylien ähnlich oder gleich sind, welche im mittelländischen Meere vorkommen, so läßt sich schliessen, daß alle diese Gegenden einst vom gleichen Meere bedeckt waren, jetzt nur noch ein Theil.

6. Weil die Versteinerungen oft mit Nagelfluh vermengt und verkittet sind, und der petrefaktenhaltige Sandstein mit den Nagelfluhlagern abwechselt, so muß die Sandsteinformation und die Nagelfluhe zugleich gebildet worden seyn. Ob letztere etwa von Strömungen im Meere herrührte?

7. Da sich keine Spuren von Ichtyolithen vorfinden, und die höherliegenden petrefaktenhaltigen Sandsteinlager viele Aehnlichkeit haben mit den sandigen Meeresufern, an denen ebenfalls viele Muscheln strichweise, so weit die Fluth geht, gehäuft liegen, so möchte hieraus zu schliessen seyn, daß jene höher liegenden Lager eine Zeitlang die Gränzen des Meeres bildeten, und daß das Zurücktreten des Meeres nicht plötzlich, sondern allmählig statt gefunden hat. Da der grobkörnige Sandstein feine Abdrücke nicht aufzunehmen vermag, so finden sich wahrscheinlich deßwegen keine Abdrücke von weicheren Meerthieren und Meerpflanzen.

8. Die in einem steinkohlenähnlichen Zustand befindlichen

Fragmente von Schilf in petrefaktenhaltigem Sandstein lassen vermuthen, daß auch die feinen Steinkohlenadern in Sandsteinschichten, wie sie z. B. im Speicher, in Trogen, auf dem Gäberis u. a. vorkommen, ähnlichen, nemlich vegetabilischen Ursprungs seyn möchten.

9. Von neuerer Entstehung scheinen die großen Lagerungen von Torf in den Thälern von Gais und Appenzell, in denen sich zuweilen große Baumstämme, oft wenig verändert, oft halb verkohlt und vererdharzt, vorfinden, zu seyn; so wie auch die Schutthügel, die z. B. einen Theil von Trogen bilden, welche auf Sand- und Kalksteinschichten ruhend vorkommen und aus mergelartigem Sand mit großen und kleinen abgeglätteten Rollsteinen von Kalkstein und Kiesel, wie sie jetzt noch in den hiesigen Betten der Waldbäche vorkommen, bestehen.

Ich wage es, diese Folgerungen kundigen Geologen zur Beurtheilung und Prüfung vorzulegen.

IX.

Kurze Bemerkungen
aus dem
Tagebuch kleiner Wanderungen
in die
Appenzeller-Alpen
von

Daniel Meyer,
Apotheker in St. Gallen.

St. Gallen im Christmonat 1808.

Sie haben meiner flüchtigen Reiseskizze durch Bündten die Ehre angethan, selbige in den dritten Band Ihrer Alpina (S. 103—115) aufzunehmen; ich hätte nur gewünscht, daß Sie mir solche vor dem Abdrucke noch einmahl zur Durchsicht übergeben hätten, um die nöthigsten Korrektionen zu machen. Ein Paar wesentliche Irrthümer muß ich Sie bitten, zu berichtigen. Der pag. 106 angeführte, dort noch nicht benannte Astra Galus ist A. Monspessulanus; pag. 107 muß Andryala lanata ausgestrichen und Hieracium villosum hinzugefügt werden. Auch hat sich die dort benannte Saxifraga burseriana als S. bryoides erwiesen.

Ich hoffte Ihnen diesen Herbst ein Tagebuch einer größern Reise übergeben zu können, allein Berufsgeschäfte hielten mich von jedem weitern Ausflug ab und es gereichte mir einigermaßen zum Trost, daß das Wetter diesen Sommer zu größern Spatziergängen nicht sehr einladend gewesen ist. Nur ein Paar, ein- bis zweytägige Exkursionen in unsrer Nachbarschaft waren mir gestattet, wovon ich hier zu beliebiger Benutzung oder Beyseitelegung, je nachdem Sie solche dazu geeignet finden oder nicht, eine Beschreibung beyfüge. Höchstens können sie dem, der nämlichen Spur folgenden Pflanzen- und Naturfreund als Wegweiser dienen.

Den 19ten Brachmonat früh um 6 Uhr ging ich mit meinem Führer oder vielmehr Träger vom Weisbad aus — nicht in der Absicht, auf das höhere Gebirg zu steigen, sondern nur in den Thälern von Säntis und Fühlen die Fortschritte der Vegetation zu beobachten. Neben Brüllisau vorbey führt der Weg in die Schlucht des Bärbachs, der eine der drey Quellen der Sitter bildet; Pfannenstiel heissen einige Häuser und Hütten am Eingang dieser Schlucht. Hier blühte häufig die Primula farinosa, etwas weiter die Lunaria rediviva; man steigt allmählig eine kleine Stunde lang, während welcher ich die Viola biflora, Pinguicula alpina, Soldanella alpina, Gentiana acaulis, Bartsia alpina pflückte; endlich wendet man sich links hinunter und kommt an den Säntisersee in dem Thale gleichen Nahmens, dessen Wasser einen unterirdischen Ausfluß durch den Felsen nach Sennwald hat. Das einsame Alpenthal wird im Osten begränzt von den Bergen Camor und Kasten, in Süden von Sollcanzel, Stauberen, Furglen; in Norden vom Siegel; nach Westen verengert es sich gegen die Wiederalp und andere hohen Massen. Der sonst grasreiche Boden ist von einer ungeheuren Menge weißer Nieswurz bedeckt, oder vielmehr von derjenigen Varietät mit grünlichen Blüthen, die neuerlich von Veratrum album getrennt und Veratrum Lobelianum getauft worden. Durch die Ausrottung dieser von den Hirten G e r m ä d e r genannten Pflanze, würde man den Boden mehrerer Alpenthäler beträchtlich verbessern. Im westlichen Ende des Thals blühte die Tozzia alpina, Antiryhinum alpinum u. m. a.; hier steigt man durch eine Felsenschlucht, der Stiefel genannt, hinan, in dieser fand sich die Erica herbacea, Achillea macrophylla, Anemone Alpina und Anemone narcissiflora. — Kaum tritt man aus dem Stiefel heraus, so befindet man sich an dem Ufer eines andern noch einsameren Sees, an dem Fählersee, dessen kaltes Wasser, keine Fische, etwa Groppen ausgenommen, enthalten soll. Gleich dem Säntisersee hat er keinen sichtbaren Ausfluß, ist nicht so breit, aber länger als dieser und scheint sehr tief zu seyn — steil ziehen sich die Felsen in Norden und Süden in sein Wasser hinunter, auf der einen Seite vom Roßlen, auf der andern vom Hundsstein begränzt. Die Alpe Fählen sömmert ungefähr 40 Kühe und eben so viel Ziegen — sie bildet kein ebenes Thal, gleich jenseits des Sees von den Hütten an zieht es sich und zwar bald ziemlich steil aufwärts, zur Rechten und Linken drohen furchtbar Felsenmassen, von denen nach Aussage der Hirten sich schon mehrere Bergstürze ereignet haben; auch leiten sie daher den Namen. Nicht weit von den Hütten drängte sich häufig unter der Cineraria cordifolia die Tozzia alpina mit ihren gelben Blüthen hervor. Ferner fand sich während dem Steigen (bald über Schnee, bald über felsigen, bald über Grasboden) Iberis rotundifolia, Ranunculus alpestris, Anemone alpina, Anemone narcissiflora, Silene acaulis, Anthericum serotinum, gentiana acaulis, nur wenige Exemplare Gentiana punctata, häufig Lepidium alpinum, Androsace villosa, Globularia nudicaulis und cordifolia, Pedicularis flammea, Draba aizoides und überall wo der Schnee eben weggeschmolzen die Soldanella alpina. So steigt man 1 1/2 Stunden bis auf die Scheidecke, wo die Toggenburger Krayalp an die Appenzeller Fählenalp stößt — wir setzten uns auf einen blühenden Rasen von der Azalea procumbens und genossen bey dem mitgenommenen Frühstück der Aussicht über die sieben Kurfirsten in die Glarner- und Bündtnergebirge. Hier oben fand ich auch die Silene acaulis flore albo und den Crocus vernus flore albo.

Von hier aus wollte ich nun über die Bergkette nach Meglisalp, troß meinem des Weges unkundigen Führer — wir kamen auch wirklich über eine Bergkuppe in eine Schlucht, die ich anfänglich für diejenige hielt, die von Alt St. Johann nach Meglisalp führt und sehr leicht zu passiren ist. Aber bald kam es mir zu beschwerlich vor, indessen schrieb ich es der frühern Jahrszeit zu und beschloß, auf jeden Fall die Scheidecke zu ersteigen, doch dieses wurde immer bedenklicher, bald mußten wir über steilen Schnee, bald über gefährlichen Felsenweg — zweymal fiel ich bis an die Brust in den frischgefallenen Schnee. Endlich erreichten wir die Höhe — aber siehe da — vor uns, statt einer Passage, Abgründe und den vermeinten Weg, wie ich nun von diesem Standpunkte wohl unterscheiden konnte, weit verfehlt. Eine Entschädigung wurde mir zu Theil, ich sah nemlich, was in den Appenzelleralpen ziemlich selten ist, sechs Gemsen an einem Häufchen beysammen. *) Aber so gerne ich sie ein andermal länger beobachtet hätte, so wenig war es mir diesesmal darum zu thun — mit schwerem Herzen dachte ich an den nunmehr nothwendig gewordenen Rückweg. Langsam und bedächtlich, aber doch glücklich kamen wir wieder hinunter, da uns zum Glück kein Nebel überfiel. Mein Träger hatte beynahe die Füße erfroren, weil ihm der Schnee häufig in die Schuhe drang, und ich faßte den festen Vorsatz, in

*) Später sah ich einmal eine Heerde von 17 Stück.

Zukunft keinen mir unbekannten Alpenweg ohne kundigen Führer zu machen, noch weniger aber auf Entdeckungen von neuen Alpenwegen, besonders bey so früher Jahreszeit, auszugehen. Es blieb mir nun nichts mehr übrig, als vollends wieder über Fählen zurück zu kehren, da mir der mißlungene Versuch über drey Stunden beschwerlichen Marsches gekostet hatte; und so kam ich denn Abends um halb neun Uhr ziemlich ermüdet, ins Weißbad zurück.

Den 3ten Heumonat, nachdem es auf einen schönen Abend, zu meinem größten Verdrusse, in der Nacht anfing zu regnen, ging ich mit noch einem Reisegesellschafter nach dem Wildkirchlein, um dort abzuwarten, in wie fern uns das Wetter erlauben würde, weiter zu gehen. Auf dem Wege dahin blühte an der Felsenwand das Lilium bulbiferum. In der Höhle des Kirchleins fiel das Barometer auf 24 Zoll und 5 Linien, das Reaum. Quecksilber-Thermometer zeigte + 12 3/4. Durch die bekannte Höhle gingen wir auf die Ebenalp. Hier stand in Blüthe die Bartsia alpina, Gentiana acaulis und verna, Globularia cordifolia, Apargia aurea, Androsace villosa, Soldanella alpina, Silene acaulis u. a. m. Auf der Höhe der Ebenalp stand das Barometer 24'' und 1/2 Linie, Thermometer + 12 1/2. Das Wetter hatte sich aufgeklärt, die Spitze des Säntis erschien uns frey von Nebel, dies bewog uns, obgleich es schon ziemlich spät war, den Versuch zu machen, ob wir sie noch erreichen könnten. Wir stiegen gerade hinunter auf dem Fußweg nach Altenalp — von hier aus wählten wir den zwar etwas mühsamen, aber durch die Aussichten nach Norden belohnenden Weg hinter dem Oehrli vorbey nach der sogenannten Hohen Nideri — Viola biflora, Iberis rotundifolia, Lépidium alpinum, Biscutella lævigata, Viola calcarata, Pedicularis flammea, und vorzüglich hinter dem Oebrli die Saxifraga oppositifolia fanden sich auf diesem Wege.

Auf der Hohen Nideri fiel das Barometer auf 22'' und 6', bey + 16 1/2 Thermometerstand. Unser Plan sollte abermahls vereitelt werden — denn kaum hatten wir uns an der herrlichen Aussicht auf dieser erhabenen Stelle ergötzt und unsere Glieder durch ein Glas Wein gestärkt, so mahnten uns schwarze Gewitterwolken, die sich von Nordwest näherten und der entfernte Donner zum Aufbruch nach den Hütten des obern Meßmers. In Eile nahm ich einige Exemplare von der Draba pyrenaica und vom Eriophorum vaginatum, denn kaum waren wir in den Hütten angelangt, so stürzten Regen und Hagel unter heftigem Blitzen und Donnern und Brausen des Windes in Strömen herunter. Das furchtbare, aber prächtige Concert dauerte nur eine halbe Stunde, dann ließ es uns gerade Zeit nach den Hütten des untern Mesmers zu kommen, wo es sich erneuerte und uns eine Stunde aufhielt. Jetzt war freylich nicht mehr die Rede von Ersteigung des Säntis, sondern vom Herausgehen nach dem Weisbad — nicht weit von Seealp blühte ausserordentlich häufig das Allium ursinum, von den Hirten Kremsen genannt, welches der Milch der Kühe keinen gar angenehmen Geschmack mittheilt. An den Felsen prangte das Lilium bulbiferum. Bey heiterm Wetter kamen wir ins Weisbad zurück.

Der 16te Heumonat war zur Ersteigung der Spitze des Säntis bestimmt — nachdem wir die Nacht in den Hütten am östlichen Ende des Seealpensees zugebracht hatten. Während sich meine Reisegefährten auf dem unbequemen Nachtlager herumwälzten, ergötzte ich mich zuweilen an der Mondscheinbeleuchtung des einsamen Alpenthales, denn unendlich größer und romantischer erscheinen die furchtbaren Massen im Mondlichte und ergreifen wunderbar das Gemüth. Früh machten wir uns auf den Weg nach Meglisalp, auf welchem ich die Achillea atrata, Doronicum pardalianches, Arnica scorpioides, Hieracium villosum, Pedicularis foliosa und Verticillata, Gypsophila repens, Lepidium alpinum und petræum pflückte. Von Meglisalp aus stiegen wir auf dem leichtesten Wege fort die sogenannte Roßwaad hinan — es blühten ferner Androsace villosa, Primula integrifolia, Anthericum serotinum, Viola calcarata, Saxifraga androsacea, Cæsia brioides und muscoides, Satyrium nigrum, Polygonum viviparum, Veronica aphylla und alpina, Sedum saxatile, Pedicularis flammea, Allium victorialis und schœnoprasum. In zahlreicher Gesellschaft, die zu dem nemlichen Zweck der Ersteigung des Säntis, sich hier zufällig zusammentraf, stiegen wir das ziemlich steile Schneefeld hinan, woben es gewöhnlich an lustigen Auftritten nicht mangelt; auch die oberste nakte Felsenkuppe pflegt zuweilen den der Alpenwege Unkundigen ein Bischen zu schrecken. Doch fand sich diesmal kein Furchtsamer dabey. Auf der obersten Spitze des Säntis befand sich noch eine mit Steinen zwischen vier hölzernen Balken aufgeführte Pyramide, die vor einigen Jahren von einem Haufen rüstiger Appenzeller errichtet worden. *) Auf dieser Höhe wächst noch die Draba pyrenaica in Gesellschaft mit der Draba aizoides, die Aretia helvetica und kümmerliche Exemplare von der Saxifraga oppositifolia und Iberis rotundifolia. Von lebendigen Geschöpfen aus dem Thierreiche zeigt sich etwa eine Fliege, eine Wespe oder ein vom Wind

*) Schon 1812 war nichts mehr von ihr zu sehen.

Wind hinaufgetriebener Schmetterling und in der Nähe nistet die Alpendohle. Aber reichlich belohnt wird man auf dieser obersten Kuppe der Appenzelleralpen (nur ein Nebenbuhler zeigt sich ganz in der Nähe, die Spitze des alten Mannes, von welcher es ungewiß, ob sie einige Schuhe höher oder niedriger liege) durch das prachtvollste Panorama.

Wer beschreibt die Gegenstände alle, die sich ringsum vor unserm Blicke aufrollen! Der erste Eindruck des Ganzen ist gleichsam ein beklemmender, wenn sich die unendliche Größe der Schöpfung, wenn sich ihre Riesenwerke dem Auge entfalten. Nur nach und nach erholt sich der von der Größe der Gegenstände gleichsam erdrückte Geist; die Seele erweitert sich endlich, ein unbeschreibliches Wohlseyn tritt an die Stelle der ersten Beklemmung, alle Sorgen und Leidenschaften verstummen in der Brust; mit unendlicher Liebe möchte man die Natur umfassen und in ihr zerrinnen, und andächtig lobpreisend erhebt sich der Geist zum Schöpfer des Weltalls!

Gleich einem zweyten irdischen Himmel breitet sich der mächtige Bodensee aus — aber der Blick schweift noch weit über ihn hinweg in das in bläulichtem Duft schwimmende Königreich Wirtemberg, und nicht leicht wäre zu bestimmen, in welcher Entfernung die letzte sichtbare Gränze von unserm Standpunkte seyn möchte. Eben so übersehen wir einen Theil des Großherzogthums Baden, besonders aber die Kantone Appenzell, St. Gallen, Thurgau, Schaffhausen und Zürich, dessen lieblicher See uns hier beynahe näher zu liegen scheint, als der Bodensee. Kehren wir den Blick nach Süden, so zeigt sich dem Auge eine unendliche Gebirgswelt — wer zählt die Spitzen, zackigten Hörner, Schnee- und Eisfelder, die sich von den Voralberger-Alpen, Tyrol, Bündten, des St. Galler

Oberlandes, Glarus, Uri, Unterwalden, Luzern, Schwyz, bis in das Berner Oberland in mannigfaltigen Gestalten hinter und neben einander aufthürmen?

Nach einem solchen allgemeinen Ueberblick betrachtet man das Gemählde gern ein Bischen näher. Man wendet seinen Blick auf die nächsten Gegenstände unter sich, auf die zerklüfteten und zerrissenen Appenzeller-Gebirgsstöcke und erstaunt über die Revolutionen, die wahrscheinlich statt finden mußten und ihnen diese sonderbaren wilden Gestalten gaben. Sie gewähren einen Anblick, der dem Standpunkt auf dem Säntis einen eignen Reiz giebt, welcher dem schönen aber zahmern Rigi fehlt. Dann ziehen uns die beyden Schneefelder an, auf deren einem man hinanklimmt, das andere hingegen mehr gletscherartig und gefährlicher zu passiren, gewöhnlich mehrere Spalten und Risse zeigt. In der Tiefe nach Osten spiegelt sich ein Theil des Seealpsees. In Nordost zeigen sich dem scharfen Auge die Hütten des obern Meßmers, weiter nach Osten bekränzen den Horizont der Kamor und der Kasten und nur ein kleiner Theil des Rheinthals ist unsern Blicken erreichbar, da wo sich der Rhein dem Bodensee nähert. Ueber die hohe Nideri hinweg fällt unser Blick in einen Theil der Appenzellerthäler, und vorzüglich bietet sich der schöne Flecken Gais vortheilhaft dar — so sehen wir auch Teuffen, Urnäschen, Schwellbrunn rc. Appenzell aber liegt zu nahe hinter dem Kronberg. Hingegen erreichen wir wieder einen Theil des Rorschacher-Berges, den Kapfen- und den Freudenberg, sehen ganz in die Nähe von St. Gallen, doch das Städtchen selber nicht; unser Rotmonten-Hügel erscheint als Fläche, hinter demselben Dottenwyl; und so schweifen wir über das fruchtbaumbewaldete Thurgau hin. Von Lindau bis Ueberlingen erkennt das Auge alle jenseitigen Dörfer und Städte des Bodensees und tief in Schwaben noch eine Menge Ortschaften; wer vermöchte sie aufzuzählen! Die Rheinbrücke und die Thürme von Constanz, vorzüglich das ehrwürdige Münster erkennt das scharfe Auge, besser aber das bewaffnete; ferner erblicken wir einen großen Theil des Untersees und seiner Umgebungen, weiter Hohen Twiel und Hohen Krähen. Wir nähern uns wieder und das Städtchen Wyl stellt sich uns dar. Doch wir müßten ganze Bogen ausfüllen, um alles zu nennen, was das Fernrohr zu erkennen vermag; wir beschliessen daher die Aufzählung der Ortschaften und werfen nur noch einen Blick auf den Zürichsee und seine lebendigen Ufer und auf das Thal des obern Toggenburgs, wo uns zu unsern Füßen in beynahe unabsehbarer Tiefe zwar nicht das ganze Dorf selbst, aber doch die zunächst angränzenden Häuser von Alt St. Johann in die Augen fallen. Ergreiffender und interessanter für mich war immer die Gebirgs-Ansicht, nur bedauerte ich stets den Mangel an Erfahrung, der mich so wenig unterscheiden, so wenig bestimmen ließ, und daß ich nie das Glück hatte, einen Ebel oder Escher auf dieser Spitze zu treffen. Wer weiß, wie mannigfaltig verschieden und sonderbar sich die Berge gestalten, je nachdem man sie von dieser oder jener Seite, von größerer oder geringerer Entfernung, in dieser oder jener Verbindung mit andern Bergen erblickt, der kennt auch die Schwierigkeiten, die sich darbieten, wenn man sie von einem Standpunkte aus in ihrer mannigfaltigen Verkettung richtig beurtheilen und benennen will.

Gemächlich sehen wir vom Säntis herab auf die sieben Kurfürsten oder Kuhfirsten, denn tief liegen sie unter uns und sind niedrigern Ranges, so auch der Speer, zur Seite liegen die Spindlen, der Stockberg, als Fortsetzungen des Säntis, südlich die wohlbekannten Berge, die den obern Theil des Wallenstattersees begränzen, und über diese hinaus die mächtigern unsers Oberlandes, die Calfenserberge, die grauen Hörner, die Ringelberge, die Hohe Scheibe, schon Nebenbuhler des Säntis und einige höher als er. Aber in Südosten zeigen sich eine gewaltige Menge Voralberger- und Tyrolergebirgsstöcke (deren Namen beyder dem Referenten unbekannt), bis sich wieder die nähere Falkniß der Galanda gegen über dem Auge darstellt. Dann erkennt man wieder den rauhen Glärnisch, den Dödi, den Schild, des Titlis Nolle — tiefer senkt sich der Blick aus der eisigen Region zu den schon sanftern Schwyzer-Mythen, zu der Berge Königinn, der Rigi, und dem Pilatus. Aber noch einmal zeigen sich wieder in Südwesten weiße Colossen in großer Ferne, es sind einige Riesen des Berner-Oberlandes.

Sehnsüchtig sah ich in diese große raube Welt voll Schnee und Eis und grauer Felsenhörner und beneidete den Lämmergeyer, der sich über dieselbe schwingt.

Möchte diese flüchtige, höchst unvollkommene Skizze der An- und Aussicht von der nordöstlichen Vormauer der helvetischen Alpenkette eine geübtere Feder erwecken, um sie würdig darzustellen, so wäre mein Endzweck erreicht.

Noch war es eine Hauptabsicht dieser Excursion, die barometrische Höhenmessung dieses Berges vorzunehmen; allein dem Barometer war ein Unglück begegnet; dennoch gebe ich die Hoffnung nicht auf, mit genaueren Instrumenten dieselbe einst zu erzwecken. *)

Da wir den gleichen Rückweg nahmen, so fand ich von Pflanzen weiter nur noch die Gentiana punctata, die sonst in den Appenzelleralpen ziemlich selten, desto häufiger aber in den angränzenden Toggenburgerbergen zu Hause ist.

*) Siehe das folgende Schreiben.

So viel von meinen wenigen diesjährigen Excursionen, vielleicht daß ich bey mehr Muße einst wieder eine größere zu machen das Glück habe.

X.

Barometrische Messungen des hohen Säntis

von
Daniel Meyer,
Apotheker in St. Gallen.

St. Gallen im Christmonat 1813.

Es ist mir gelungen, einige treffliche Reisebarometer zu erhalten — sie sind von dem wackern Künstler Loos in Büdingen verfertiget, welchen Herr Professor Benzenberg bereits schon empfohlen hat. Das eine, ein Heberbarometer, dient mir als Normal-Instrument zu Beobachtungen auf dem Zimmer und zur Reglirung des Niveau der beyden andern, die Scaale ist mit Flußspathsäure auf die Röhre selbst geätzt. Von den beyden Gefäßbarometern ist eines mit messingener Scaale und Nonius versehen. Die Scaale des andern ist ebenfalls durch Flußsäure auf das Glas gebracht — ersteres benutze ich zu Excursionen.

Im Jahr 1812 habe ich zweymal damit den Säntis bestiegen und da mir keine weitere barometrische Messungen dieses Berges, die Wahlenbergische ausgenommen, bekannt sind, so theile ich Ihnen anbey die meinigen mit.

Den 27ten Heumonat 1812, Morgens um 8 Uhr stand auf der Spitze des Säntis das Barometer 21,07 Zoll, Quecksilberwärm e + 7,2. Freye Luftwärme + 6,5.

Zu gleicher Zeit in St. Gallen 14 Fuß über der Straße, Barometer 26,18 Zoll, Quecksilberwärme + 15,6. Freye Luftwärme + 14,8.

Folglich mittlere Luftwärme + 10,6. Die Quecksilbersäule der obern Station nach der Reduction der Quecksilber-Temperatur auf die mittlere Luftwärme war also 21,087 Zoll. Die Barometerhöhe der untern Station nach der nemlichen Correktion 26,155 Zoll. Nach den Benzenbergischen Tabellen berechnet geben diese Elemente

Höhe des Säntis	5541 Fuß.
Dazu wegen Abnahme der Schwere	+ 16
Stand des untern Bar. über der Straße	+ 14
Höhe des Säntis über St. Gallen	5571 Fuß.

Im nemlichen Jahr den 24sten August, Morgens um 8 Uhr war

Auf dem Säntis, Barometer 21,06, Quecksilberwärme + 11,2, Luftwärme + 8.

In St. Gallen, Barometer 26,16, Quecksilberwärme + 15,4, Luftwärme + 14.

Folglich die mittlere Luftwärme + 11.
und demnach obere Station 21,060 Zoll.
untere Station 26,136 Zoll.

Giebt für die Höhe über St. Gallen	5565 Fuß.
Wegen Abnahme der Schwere	+ 16
Stand des untern Bar. über der Straße	+ 14
Säntisspitze über St. Gallen	5595 Fuß.

Der Unterschied zwischen beyden Messungen von 24 Fuß scheint mir für die Höhe des Berges nicht sehr bedeutend — und wenn man die Schwierigkeiten der Trigonometrischen Messungen berücksichtiget, so dürften die Barometischen Bergmessungen je länger je mehr in Aufnahme kommen.

Das Mittel der beyden Beobachtungen giebt für die Höhe der Spitze des Säntis über St. Gallen 5583 Schuh.

Nimmt man, nach Wahlenbergs Angabe, *) die Höhe von St. Gallen über das Meer zu 2086 Fuß an, so geben meine beyden Beobachtungen im Mittel für die Höhe des Säntis über das Meer 7669 Fuß, welches ganz besonders nahe mit der Wahlenbergischen Messung zu 7671 Fuß zusammenstimmt.

Indessen halte ich, indem ich meine bisherigen Barometer-Beobachtungen in hier zu Rathe ziehe, Wahlenbergs Angabe, der Höhe von St. Gallen über das Meer, für zu hoch; so wie überhaupt mehrere seiner Beobachtungen die Höhen wahrscheinlich etwas zu groß angeben mögen. Ganz bestimmt aber hat sich Herr Wahlenberg, und zwar im umgekehrten Sinne, geirrt, da er die Höhe des Fleckens Appenzell zu 2135 Fuß angiebt. Die Unrichtigkeit dieser Angabe erhellet indessen schon daraus, daß er selbst, am nemlichen Orte, Weisbad zu 2542 Fuß berechnet, da dieses höchstens 140 Fuß und nicht 407 Fuß höher als Appenzell liegt.

Vielleicht kann ich Ihnen in der Folge Mehreres über die Höhe von St. Gallen und einiger umliegenden Orte mittheilen.

*) G. Wahlenberg de Vegetatione et climate in Helvetia septentrionali pag. XV.

XI.

Ueber Thierärzte — Viehkrankheiten und Schlangenbisse im Glarnerlande.

Vorgelesen in St. Gallen den 1ten März 1820 im naturwissenschaftlichen Vereine

von

Pfarrer Steinmüller in Rheineck.

In letztem Herbst sammelte ich, während eines kurzen Aufenthalts im Kanton Glarus, einige naturhistorische Notizen, welche ich Ihnen gegenwärtig vorlesen will. Ich kann Ihnen keine zusammenhängende, fleißig ausgearbeitete Abhandlung über einen wichtigen Gegenstand anbieten; ich bringe nur einzelne Bruchstücke, die aber doch vielleicht, gerade als solche, einigen Werth für Sie haben mögen.

So ungünstig auch im lieben Schweizerlande unsre jetzige Zeiten gemeinnützigen Verbesserungen im Allgemeinen sind, so kömmt doch im Einzelnen hin und wieder noch manches Gute zu Stand, das unsre Blicke erheitern und uns wegen der Zukunft beruhigen soll. Auch das Glarnerland liefert für diese Behauptung mehrere sehr erfreuliche Belege!

Die Regierung dieses Kantons hat gegenwärtig einen studirten Thierarzt in der Person des Herrn Zellers von Zürich, den seine Landes-Obrigkeit empfahl, als Kantonsthierarzt angestellt und bestimmte ihm 40 Ld'ors Jahrgehalt. Sie fühlte nicht nur lebhaft das große Bedürfniß, durch einen studirten Arzt für den Gesundheitszustand und die Erhaltung des Alpenviehs, dessen Pflege so viele Landeseinwohner beschäftigt und reichlich ernährt, sorgen zu lassen, sondern sie hatte auch den Muth, mit wahrer landesväterlicher Weisheit und Kraft das Zweckmäßigste deswegen zu veranstalten. Sie überband dem Herrn Zeller zugleich die Verpflichtung, vier fähige Jünglinge aus verschiedenen Gegenden des Landes zu unterrichten und zu künftigen Thierärzten für den Kanton zu bilden, wofür er ebenfalls eigens bezahlt wird.

Herr Zeller hatte von Jugend auf sehr viel Neigung für die Thierarzneykunde, allein seine Anverwandten widerstrebten diesem Hange und bestimmten ihn, sich lieber einem andern Berufe zu widmen. Er gehorchte, ohne seinen ersten Plan ganz aufzugeben und wählte das Fleischerhandwerk, woben er schon vorläufig mit dem innern Bau der Thiere näher bekannt zu werden hoffte. Nach Verfluß von wenigen Jahren sah er auch seinen frühern Wunsch erfüllt, und er durfte sich zuerst in München und nachher in Wien ausschließlich dem gründlichen Studium der theoretischen und praktischen Thierarzneykunde widmen, das er auch bis zur rühmlichen Vollendung seines Curses mit ausgezeichnetem Fleisse that. Sein jetziger Wirkungskreis im Glarnerlande wäre übrigens noch viel bedeutender und umfassender, wenn nicht hin und wieder abergläubische Hirten für ihr krankes Vieh lieber zu Pfuschern, welche Viehkrankheiten, die sie nicht kennen, sogleich der Hexerey zuschreiben und durch Segnen und Beschwören helfen wollen, als zu einem vernünftigen Arzt ihre Zuflucht nähmen, der den natürlichen Ursachen der Krankheiten nachspürt und diese so auch wieder durch natürliche Hülfsmittel zu heilen sucht.

Das höchstwichtige Fach der Thierarzneykunde ist übrigens bisher weit im größten Theile der Schweiz ganz vernachläßigt gewesen, und die meisten Thierärzte in den Alpenländern waren und sind erbärmliche Pfuscher, welche um so nachtheiliger sind, da sie nicht selten zugleich auch in Krankheiten der Menschen berathen werden und diese dann ganz wie Pferde und Rinder behandeln. Wie vieles haben in dieser Hinsicht Sanitätscollegien und Landesregierungen noch aufzuräumen!

Auch im Kanton St. Gallen ist hierin noch eine große Lücke, und sehr anwendbar und nachahmungswürdig wäre das Beyspiel der Glarnerschen Regierung.

Eine sehr bedeutende Krankheit unter den Schweinen auf den Alpen beschäfftigte in letztem Sommer den Herrn Zeller viele Wochen lang ausserordentlich, und folgende Nachricht darüber verdanke ich seiner gefälligen Mittheilung.

Schon mit Ende des Brachmonats fielen im Linthal einige Schweine, ohne daß dieß sogleich großes Aufsehen erregt hätte; allein nach einigen Tagen verbreitete sich ein allgemeiner Schrecken, da man hörte, daß auf mehrern Alpen des Großthals, so wie auf dem angränzenden Urnerboden ein ähnlicher Verlust sich täglich vermehre.

Herr Zeller erklärt diese Krankheit für ein bösartiges Scharlachfieber (Febris erysipelatosa maligna), auch Rothlauf, Rose oder das St. Antoniusfeuer genannt, welche mit der sogenannten Plag oder mit dem Milzbrand sehr nahe verwandt war.

Den ersten Untersuch machte Herr Zeller auf Altenohren, einer Alp 3 1/2 Stunden vom Dorfe Linthal entfernt, wo in wenigen Tagen die meisten Schweine zu

Grunde gingen. Nachstehendes ist der wörtliche Auszug aus seinem amtlichen Berichte an die Glarner-Regierung.

Nachdem ich dem Baumeister Wichser, dortigen Alpbewerber, die Ursache meines Hierseyns mitgetheilt hatte, äußerte er seine Freude über die väterliche Fürsorge der hohen Landesobrigkeit und ertheilte mir folgende Auskunft.

Die Anzahl seiner Schweine wären in 17 bestanden, allein vor ungefähr 10 Tagen sey ihm das erste erkrankt, habe gleich keine Nahrung mehr zu sich genommen und sey am kommenden Morgen todt gewesen; nun hätte er besondre Achtung den Tag durch auf die übrigen gehabt, hätte aber bey keinem etwas Ungewöhnliches bemerken können, auch selbst am späten Abend nicht, und dennoch wären am kommenden Morgen zwey Stück wieder todt im Stall gewesen, und auf diese Art wäre er in Zeit von 10 Tagen um 11 Stück gekommen; das letzte verlor er am Abend des verflossenen Tags vor meiner Ankunft; es waren also noch 6 Stück übrig, wovon aber eins ebenfalls vom Krankheitsstoff angesteckt schien.

Die ersten Anzeigen des Erkrankens waren nicht, wie bey den meisten Anthrax-Leiden, so geringe, daß er sie übersehen konnte, sondern sehr heftig. Die erkrankten Thiere waren sehr müde, ihre Glieder wie abgeschlagen; sie äußerten keine Lebhaftigkeit und schwankten mit dem Hinterleib; den Schweif ließen sie ganz schlaff hinunter hängen; die Borsten standen ihnen auf dem ganzen Körper in die Höhe; die Temperatur des Körpers sehr ungleich, bald heiß, bald kühl; das Innere des Auges geröthet; der Rüssel trocken; die Darmexcremente trockener als gewöhnlich, bey einigen wie Schafmist geformt, sehr selten und sparsam entleert; das Athmen geschieht sehr mühsam mit sichtbar starker Bewegung der Flanken; an der Bauch- und Brustgegend und vorzüglich an den Ohren entsteht ein erysipelatoser Ausschlag, welcher sich in Form von violetten, ins bleyfarbige spielenden, sehr mißfarbigen Flecken zeigt; dieser Ausschlag vermehrt sich bey einer zweckmäßigen Behandlung ausserordentlich stark am ganzen Körper; bey einigen ergaben sich an den Ohren wahre Karbunkel, welche einen bösartigen, stinkenden Eiter enthielten, wo ich die gänzliche Exstirpation des äußern Ohrs vornahm; mit obigem Ausschlag erscheint bey einigen eine Art Erbrechen; in diesen Umständen endet das kranke Schwein, ohne Hülfe, in Zeit von 12, höchstens 18 Stunden sein Leben. Mehrere derselben werden noch mit einer Halsentzündung (Angina) befallen; diese suchen dann vorzüglich ein kaltes Lager und graben beständig mit ihrem Rüssel in den Boden, um den Kopf und Hals hinein zu legen; in dieser Lage bleiben sie immerfort, wenn man sie nicht stört, bis zu ihrem Lebensende.

Bey der Section zeigte sich das Hautgewebe an den ergriffenen Stellen welk; die Leber hie und da brandig; das Milz sehr groß und mürbe; der Magen und die Gedärme auf der innern Fläche mit schwarzen brandigen Flecken und Streimen hin und wieder bedeckt und bey der Eröffnung mit einer sehr widrig riechenden Jauche erfüllt, die sämtlichen Blutgefäße mit schwarzem Blut strotzend angefüllt; bey den meisten finden sich sulzige Ergießungen in der Brusthöhle; die Lunge selbst befindet sich bey den meisten marmorirt, bey einigen weniger, jedoch ohne irgend eine krankhafte Veränderung.

Nicht nur allein in dem höher gelegenen Theil des Kantons Glarus äußerte sich diese Krankheit, sondern auch in den tiefer liegenden Thälern.

Sowohl innere als äußere Ursachen veranlassen diese Krankheit. Zu den erstern gehört die Anlage, welche durch die Fettigkeit der Individuen vermehrt wird. Zu der letztern eine eigene epizotische Constitution der Atmosphäre, so wie überhaupt die schnellen und heftigen Witterungs-Veränderungen.

In der auf der nemlichen Alp 50 Schritte weit entfernten Hütte, wo sich ebenfalls viele Schweine befanden, welche jedoch bey weitem nicht so wahl genährt und fett waren, hatte sich damahls noch keine Spur von der Krankheit gezeigt, da doch selbige mit den andern des Tags fast beständig zusammentrafen; hieraus erhellet: daß die Krankheit sich nicht von einem Thier auf das nächste durch Berührung übertrage, sondern daß das dazu geeignete Subjekt durch frühere, in seinem Organismus gelegene Anlage, bey widrigem Einflusse der Athmosphäre, erkranke. —

Den sechs, dem Baumeister Wichser auf der obigen Alp noch übrig gebliebenen Schweinen setzte Herr Zeller Fontanellen und ließ ihnen in der Schotte (Molken) eine Mischung von Salpeter, Doppelsalz und Enzianpulver geben. — Ueberhaupt empfiehlt er bey entstehender Seuche unter dieser Gattung von Hausthieren die prophilaktische Behandlung.

Um die Gesundheit der Menschen in obigen Gegenden zu sichern, so wie auch alle fleischfressenden Thiere vor Krankheit zu schützen, (denn nur durch den Genuß des Fleisches von solchen, ihrem Ende nahen und schon durch Krankheit hingeraffter Thiere ließe sich eine Ansteckung befürchten) machte Herr Zeller die Obrigkeit darauf aufmerksam, daß sie befehle, man müsse solche zu Grund gegangene Thiere ohne Ausnahme mit Haut und Haar vergraben, und zwar immer 6 Fuß tief in die Erde.

Die nun oben beschriebene Krankheit dauerte bis spät in den Wintermonat, wodurch bey dem schwachen Vertrauen der Eingebornen auf ärztliche Hülfe durch voreiliges Abschlachten eine entsetzliche Niederlage unter den Schweinen angerichtet wurde. Bey zweckmäßiger Behandlung wären lange nicht so viel Schweine gefallen, indem Herr Zeller gegen 300 Stücke in der Kur gehabt und nicht Eins ist ihm an dieser Krankheit zu Grunde gegangen.

Je nach Umständen ließ er zu Ader; setzte jedem eine Fontanelle und gab ihnen innerlich entweder antiphlogistische Mixturen, oder aber antiphlogistisch-diaphoretische Mixturen, und immer erreichte er seinen Zweck. Denjenigen, bey denen sich ordentliche Carbunkel vorfanden, scarifizirte er selbige und nachher cauterisirte er sie bis auf den Grund. Uebrigens ließ er alle fleissig mit kaltem Wasser besprengen, ja auch darin baden.

*

Ich habe früher in der Alpina *) unter den Krankheiten des Rindviehs die sogenannte Plag oder den Angriff angeführt. Schon der Nahme, den die Glarnerhirten dieser Krankheit geben, zeugt davon, daß man sie ehemahls dem Einflusse böser, zauberischer Menschen zuschrieb, welche dem Vieh dieses Uebel zugefügt hätten. Doch häufiger hat man zu allen Zeiten angenommen: ein giftiger Stich oder Biß von irgend einem Thier, und nahmentlich von Schlangen, sey Ursache davon. **) Herr Thierarzt Zeller hat darüber sorgfältige

---

*) S. daselbst B. I. S. 150.

**) Oft geschieht es (sagt Pfendler), wenn eine Kuh von einer Natter gestochen wird, welches aber geschieht alsdann, wenn das Vieh im Niederliegen oder Fortgehen solche Thiere nur etwas verletzen, solche innert 24 Stunden abgeht. S. seine

Untersuchungen angestellt und sich völlig überzeugt, daß die Schlangen hierin ganz unschuldig seyen. Er fand weder äußerlich noch unter der Haut nicht die geringste Spur von einem Biß oder Stich und mehreremahle bemerkte er: daß, wenn sich eine Geschwulst äußerlich an einem Theile des Körpers, z. E. am Kopfe zeigte, zugleich auch innerliche Theile, z. E. das Herz, außerordentlich angegriffen waren. Ueberdieß werden nie alte Kühe, sondern immer nur schöne, lebhafte, junge Stieren davon ergriffen; es ist auch das Rindvieh auf einigen Alpen mehr als auf andern dafür empfänglich. Diese Krankheit muß also unstreitig als Folge eines erhitzten und verdorbenen Geblüts beurtheilt werden, die sich sehr ungleichartig äußert, je nach Verschiedenheit der mitwirkenden Ursachen.

Im Glarnerlande ist es überhaupt allgemeiner Volksglaube: es gebe daselbst Schlangen, deren Biß giftig, gefährlich und oft gar tödtlich gewesen sey, und man führt sogar eine Menge Beyspiele von durch Schlangenbisse verwundeten Menschen an.

Ich will hier nur der folgenden erwähnen, worüber ich nähere Erkundigungen einzog.

Ein Fridolin Spälti von Nettstall soll in Seereuthi vor einigen Jahren von einer Schlange gebissen worden seyn; dieser Biß soll ihm mehrere Monate lang großen Schmerz verursacht und Taubsucht oder Wuth zur Folge gehabt haben, die den Tod nach sich zog.

Kaspar Lützingers Frau in Glarus soll als Kind von einer Schlange gebissen worden seyn; man habe die Wunde

---

gründliche Beschreibung der hohen Berge des lobl. Orts und Landes Glarus. 1670. S. 45—46.

zwar wieder heilen können, allein die verletzte Hand sey ihr von jener Zeit an gelähmt geblieben.

Ein Töchterchen von Abraham Fordermann von Glarus soll als zehnjährig im stotzigen Walde gegen Sackberg hin, Beeren gesucht haben und von einer Schlange in den Fuß gebissen worden seyn. Das Kind behauptete, es habe deutlich gesehen, daß sich die Schlange unter einem Stein hervorgewälzt, sich an seinen Fuß gehängt und nach dem Bisse sich plötzlich wieder unter den Stein verkrochen habe. Die Mutter bezeugte mir, das Kind sey von einem Stich am Fuße verwundet, der stark geschwollen und entzündet war, (wie vom Stich einer Biene) heimgekommen; die Wunde sey jetzt, beym sechszehnjährigen Mädchen noch nicht geheilt, und alle angewandte ärztliche Hülfe sey bisher vergeblich gewesen.

Obschon mir obige Nachrichten von Anverwandten der betreffenden krank gewordenen Personen mit vorgeblicher gewissenhafter Zuverlässigkeit erzählt wurden, so mangeln mir dennoch hinreichende Gründe, um gar keine Zweifel mehr gegen ihre Richtigkeit zu haben. Es scheint freylich unglaublich, daß das Volk öfters seltene und seltsame naturhistorische Erscheinungen mit allen, auch den kleinsten Nebenumständen, erzählen darf, die bey genauerer Untersuchung als leere Erdichtungen erscheinen. Dieß ist vorzüglich öfters bey Erzählung von giftigen Schlangenbissen der Fall, zumahl, da noch eine so große Anzahl aus unserm Volke sowohl bey innerlichen Krankheiten als bey äußerlichen Verletzungen häufig zu elenden Afterärzten und Betrügern seine Zuflucht nimmt, welche Krankheiten, die sie weder kennen noch heilen können, sogleich dem Einflusse giftiger Thiere oder übernatürlichen Zauberkünsten böser Menschen zuschreiben, und so das Volk im finstern Aberglauben erhalten und bestärken. Nur Untersu-

chungen

chungen ruhiger Beobachter und wirklicher Aerzte können hierin einzig als entscheidend gelten. So wie die gründlichen Beobachtungen und Urtheile des Herrn Thierarzt Zellers über die sogenannte Mage des Rindviehes im Glarnerlande gegen mehr als hundertjährige Vorurtheile entschieden haben.

Verehrungswürdiger Herr Präsident! Hochzuverehrende Herren und Freunde! Auch bey diesem Anlaße kann ich die Bemerkung nicht unterdrücken: daß vorzüglich unsre praktischen Aerzte ungemein viele Erfahrungen und Beobachtungen auch in naturwissenschaftlicher Hinsicht sammeln, und die wichtigsten Beyträge und Berichtigungen hierin mittheilen können, wenn sie wirklich Kenner und Liebhaber dieses wichtigen Studiums sind. Möchte auch unser naturwissenschäftliche Verein mit glüklichem Erfolge dazu ermuntern! —

Bey meinen eingezogenen Erkundigungen über die vorfindlichen Schlangenarten im Glarnerlande vernahm ich auch noch: daß vor vielen Jahren eine Schlange im Milchkeller der Alp Langeneck großen Schaden verursachte, indem sie viele Nächte nach einander die Milch abrahmte; endlich habe man sie entdeckt und getödtet. Sie sey ungemein dick und völlig 6 Fuß lang gewesen; man habe sie nach Zürich gebracht, wo sie im Naturalien-Kabinet auf der Meisen aufbewahrt werde, welches aber, nach der Beschreibung nur die gewöhnliche Natter (Coluber Natrix L.) war.

XII.
Ansichten über St. Gallens neue Pflanzungen

von

Doktor Aepli in St. Gallen,
Präsident des Sanitätsraths.

Die landwirthschaftliche Gesellschaft hat in ihrem Fragen-Schema, auch die Benuzung der Allmenten sub No 8. 9. und über die Pflanzung, Kauf und Verkauf von Gemüsearten sub No 39. 43. 45 berührt; und darüber Beantwortungen von den Mitgliedern derselben verlangt. Dieses ist nun die Veranlassung zu diesem flüchtig hingeworfenen Aufsatze.

Es ist als bekannt vorauszusetzen, daß die Stadt St. Gallen allernächst vor ihren Thoren und rechts und links an den Anhöhen Gemeindsboden besitzt, dessen Benutzung zur Zeit der blühenden Industrie, theils zum Weißbleichen leinener und baumwollener Tücher und Mousseline, theils zu Weiden für einzelne Stücke Vieh, besonders Kühe, wohin jeder Bürger, wenigstens für eine Kuh auftreiben lassen konnte; und wovon die grasreichsten jezt noch an Viehbesitzer verpachtet werden, bestimmt wurde. — Der Besitz einer meistens einträglichen Industrie und städtischer Gewerbe seit Jahrhunderten, machten der Bürgerschaft jede Anpflanzung sehr überflüssig; der anderweitige sichere Erwerb gewährte ihnen eben so sehr die Anschaffung jeder Art Lebensmittel, und also besonders auch des Gartengemüses, so daß in der ganzen Umgegend wenige Gartenanlagen zu sehen waren, als solche, die der Wohlstand und Luxus erzeugten. — Allein der ewige Kreislauf der Dinge veränderte auch die Erwerbsart der alten Bewohner St. Gallens! — Die Industrie, in deren Besitz sie sich größtentheils allein befanden, mußten sie mit ihren Benachbarten und Einwandernden theilen; die Erwerbsarten selbst veränderten oder erschwerten sich durch das Prohibitions-System aller Staaten, durch die Productivität der Engländer und Sachsen, und durch das Maschinenwesen üppiger Art, und das Raffinnement mit sauern Dämpfen, besonders Baumwollenwaaren, mit großer Schnelligkeit weiß zu bleichen. — Dieses alles schien bald jede andere alte Einrichtung zu diesem Zweck überflüssig zu machen; wodurch denn auch vieler Gemeindsboden überflüssig wurde, und zu andern Zwecken benutzt werden konnte.

Doch das alles würde vielleicht lange noch nicht hingereicht haben, den durch alle jene Umstände vorzüglich schwer gedrückten Handwercksstand und den Mittelbürger zu bestimmen, einen Theil der ersten Lebensbedürfnisse, aus dem Schooße der Erde selbst zu ziehen; hätten nicht die Hungerjahre von 16 und 17 jeden Bewohner St. Gallens aufgeschreckt, und ihn bewegen, den Theil seiner Besizungen in einen Krautgarten umzuwandeln, und seiner geliebten Heimath das Prädikat eines Krautstädtchens schmählich aufzuladen. Allein die Noth bricht nicht nur Eisen, durch des Gefangenen kräftigen Arm, sie stählt und weckt auch die Vernunft des sinnigen Städters, verbannt Vorurtheile und trägen Schlummer. Der löbliche Stadtrath theilte an unverzinslichem Boden 150 Juchart (die Juchart zu 36000 □ Schuh) zu 1050 Theile von 4000 bis 10000, nach der Güte des Bodens, und 70 Juchart verzinslichen Boden zu 985 Gemeindstheilen à 2400 Schuh an die Gemeindsbürger aus, zusammen also 220 Juchart, und unterlegte einen unterm 30. May 1817 vom Stadtrath und den Rathsbeysizern auf vielseitig geäußertes Verlangen und Wünsche der Gemeindsbürger gefaßten Beschluß zur Anpflanzung des Bodens, der Sanktion der Gemeindsversammlung, dem die Behörde sowohl, vorläufig indiesem Beschluß, als in zwey darauf folgenden unterm 12. und 28. October 1817 die Anordnung und alle diejenigen Bestimmungen gab, welche bereits bis ins Frühjahr 1818 in Ausführung gesezt wurden. Die unverzinslichen Theile liegen an den Anhöhen, die verzinslichen aber im Thale, und da dieser Boden eine sichere Einnahme in gewisse Aemter gewährte, und wegen der vielen Wassergräben und kleinen Teichen oder Roosen des Ausfüllens, Ausebnens und der kleinen und großen Brücken, gar vieles bedurfte, so mußten jenes Defizit und diese Unkösten gedeckt werden, daher wenigstens so lang, als diese Aemter, welche auch wieder größtentheils zum Unterhalt der Armen bestimmt sind, sich anderweitig erholt haben, um ein Deficit von circa fl. 1500 zu decken — dieser sogenannte Bodenzins von 1 1/2 — 2 1/2 fl. nothwendig erachtet wurde.

Auf diesen Gemeindsböden werden nun alle Arten Gemüse, auch Mohnsaamen, Reps oder Oelsaamen, etwas Hanf und Flachs und auch Cerealien, vorzüglich Korn und Hafer gepflanzt. — Unter den Gemüsen zeichnet sich der Kartoffelbau aus, welcher besonders auf der Berneck, drey Linden, Lisebühl und Klosterweid vorzüglich stark getrieben wird, und so ergiebig ist, daß nicht nur alle Gemeindsbürger zu eignem Bedarf hinreichend anpflanzen, sondern auch noch Ueberfluß zum Viehfutter oder Verkauf entbehren können. Ich wenigstens konnte mit dem Ueberschuß meine Unkosten decken, und hatte für meine bedeutende Haushaltung hinreichend genug, ungeachtet aus Vorliebe für diese Gemüseart viele an meinem Tische verspiesen werden. Im 2ten Jahre machte ich Gebrauch von dem Ueberschuß für Federvieh und ersparte damit anderes Futter. — Und daß es andere Hausväter eben so machen, erhellt aus den Klagen von Müller und Becken, welche die sogenannte Hühnerkost weit weniger verkaufen können. Die nemliche Beschaffenheit hatte es mit dem Kabbis, wovon ich jeden Winter für meine Haushaltung 1 — 1 1/2 Vierling bedurfte; diesen verschafft mir mein Garten — Mangoldkraut, Spinat, Salat, sogenanntes Grünes, als Schnittlauch, Petersilien rc., wofür ehemals täglich der Beutel gezogen werden mußte, wächst im Ueberfluß. Zwiebelgewächse, die gewöhnlich theuer sind, Kohlräben, Selleri, Runkelrüben, Stickelbohnen rc. wachsen immerhin in der Menge, um pro lubitu abwechseln zu können. Wer dieses nicht bedarf, pflanzt sich nach Gutdünken, was ihm Freude oder Nutzen schafft. Ganz besonders nützlich bewährten sich außer dem Kartoffelbau die Mohn-, Reps- und Flachspflanzungen, welche nach den eingezogenen Erkundigungen nicht unbeträchtlichen Ueberschuß selbst denjenigen gewährten, welche im Taglohn arbeiten ließen. Es fragt sich nun, welche Vortheile gewährt dieser Anbau den Gemeindsbürgern? welchen Einfluß hat dieser Anbau für die ganze Gegend?

Daß hier nicht der Calcul nach solchen Besitzern berechnet werden muß, welche Luxus-Ausgaben machen, versteht sich wohl von selbst; eben so, welche aus Unverstand in ihre versumpften Plätze Kartoffeln oder Korn, die weder im Qualitäts- noch Quantitäts-Verhältniß etwas zu leisten im Stande sind, pflanzen, nicht in Anschlag genommen werden können. Ich will also nur von dem Kosten- und Nutzenertrag nach eigner Erfahrung sprechen, um daraus ein Resultat zu ziehen. — Im Durchschnitt theurer und wohlfeiler Jahre glaube ich den Betrag von fl. 50 in einander gerechnet auf eine Familie von 6—8 Personen gerechnet nicht zu hoch anzugeben. Aber gerade durch die große Anpflanzung von Gemüsen in der Umgebung einer sehr bevölkerten Stadt wird in Zukunft der Ertrag im Durchschnitt nur auf 30—40 angeschlagen werden können. Wenn man nun den Vortheil von dem Herabdrücken des Preises von fl. 50 auf 30—40 nicht berechnen wollte, was aber dennoch wahrer Vortheil ist, wenn auch andere, die nicht selbst ihren Gemüsebedarf anpflanzen, verhältnißmäßig einen noch größern zu genießen scheinen, so frägt es sich dennoch: welchen reellen ökonomischen Vortheil genießt der Privatbürger noch mit den fl. 30—40 des Selbsterwerbs? *)

---

*) Es ist wirklich bemerkenswerth, wie tief die Preise der Gemüsearten auf dem Markte in St. Gallen, vermittelst der Anpflanzungen auf neuen Gemeindtheilen, herabgedrückt wurden, woraus auch die vielen Appenzeller-Fabrikanten, welche wöchentlich daselbst die nöthigen Gemüsearten ankaufen, bedeutende Vortheile ziehen; ich will hier nur einige Beweise davon anführen. Man kaufte:

1 Zwiebel vor 1817 um 1/2—1 kr. Im Jahr 1817 um 6—7 kr. und jetzt 7 Stück um 1 kr. (das Viertel im J. 1817 für fl. 9—10., jetzt für 12—13 Batzen.)

1 Köhlkopf vor 1817 um 2 kr. Im J. 1817 um 6—7 kr. und jetzt um 1 kr.

1 Kohlrobe vor 1817 um 1—2 kr. Im J. 1817 um 5—6 kr. und jetzt 5 Stück um 4 kr.

1 Selleriewurzel vor 1817 um 1—1 1/2 kr. Im J. 1817 3—4 kr. und jetzt 3 Stück um 1 kr.

1 Kabbiskopf vor 1817 um 6—9 kr. Im J. 1817 um 18 kr. und jetzt um 5—6 kr.

Es ist hier nur von der Anpflanzung für den eigenen Hausbedarf, mit wenigen Ausnahmen, die Rede, da besonders der Handwerker, wenn er auf Spekulation hin pflanzen wollte, den Ertrag des Düngers und des theuern Taglöhners so leicht nicht herausbringen könnte.

Uebrigens muß es jedem Bürger unschwer seyn, einen noch richtigern Calcul zu machen, dessen Haushaltung immer gleich groß ist. Von der meinigen ergiebt sich folgende Ansicht: Im Jahr 1813 kostete der Gemüsbedarf nach der Durchsicht des Haushaltungsbuchs fl. 73. 58 kr. — im Jahr 1817 fl. 104. 13 kr., in welchem Jahr mir genugsam Kartoffeln und weiße Rüben geschenkt wurden, welche damals wenigstens fl. 36 am

---

1 Pf. weiße Rüben vor 1817 um 1 1/2 kr. Im J. 1817 um 4 kr. und jetzt um 3/4 kr.

1 Pf. gelbe Rüben vor 1817 um 1 1/2 kr. Im J. 1817 um 3 kr. und jetzt um 3/4 kr.

1 Pf. gelbe Unt.-Kohlraben vor 1817 um 2 kr. Im J. 1817 um 8 kr. und jetzt um 1/2 kr.

1 Pf. welsche Stickelbohnen vor 1817 um 4 – 5 kr. Im J. 1817 um 14 kr. und jetzt um 1 kr.

1 Pf. deutsche Bohnen vor 1817 um 2 – 4 kr. Im J. 1817 um 10 kr. und jetzt um 1 1/4 kr.

1 Pf. Erdäpfel vor 1817 um 1 1/2 kr. Im J. 1817 um 6 – 7 kr. und jetzt um 1/2 kr.

Die meisten Gemüsearten erhielten die St. Galler vorhin aus der Gegend des Paradieses bey Constanz. Nach meinen eingezogenen Erkundigungen geben alljährlich noch jetzt die St. Galler fl. 3 – 4000 an Händler jener Gegenden aus; obwohl man bestimmt annehmen kann, daß gegenwärtig, eben wegen der neuen Anpflanzungen in St. Gallen, die Gemüsepreise mehr als um die Hälfte gefallen sind; auch zugleich das Bedürfniß ungemein vermindert worden ist.

Der Herausgeber.

Werthe hatten. Im Jahr 1819 waren hingegen die Ausgaben für Gemüs nur fl. 17. 30 kr., worin die seltneren Gemüsearten, als Spargeln, bayrische Rüben, Blumenkohl ꝛc. zu rechnen, die in den theuren Jahren als Contrebande ausgeschlossen wurden.

Wollte ich nun auch den geringsten Betrag von fl. 73. 58 kr. für eine Familie von sieben erwachsenen Personen und fünf 1—7jährigen Kindern rechnen, so bleibt mir an jenen Ausgaben von fl. 17. 30 kr. noch fl. 56. 28 kr. für Arbeitslohn übrig, der vollkommen hinreicht, um den alljährlichen Taglöhner für die kleinen Liegenschaften, mit dem Dünger eingerechnet, zu bestreiten. Dafür habe ich nicht nur genug Gewürzkräuter, Zwiebeln und Knoblauch, Salat, Kohlraben, Kabbis und Kartoffeln; sondern es steht bey mir noch zu verkaufen und zu verschenken; das erste that ich im Jahr 1818 curiositatis gratia und ich hatte mit dem Erlös der übrigen Kartoffeln die Unkosten des ersten Umbruchs, Pflanzung und Erndte hinlänglich gedeckt.

Man verzeihe mir, wenn ich rücksichtlich des ökonomischen Resultats zu sehr ins Detail gehe, und Kleinigkeiten berechne, die für sich einzeln berechnet nur Kleinigkeiten sind, aber auf 800 Haushaltungen, auch nur mit fl. 10 berechnet, schon 8000 auswerfen würden. Und wie leicht kann der Vortheil in theuren Jahren auf 8000 Louisd'ors steigen; selbst beym Miswachs, wo besonders auf der Berueck und drey Linden, auch in den schlechtesten Jahren, immer noch eine erträgliche Kartoffel-Erndte statt finden wird; indessen man jetzt nicht viel über fl. 8. an Korn gewinnen soll.

Es frägt sich nur noch: gewinnt oder verliert der Handwerker, Gewerbsmann ꝛc., wenn er seine Gemeindstheile — besonders da er den einen noch mit fl. 2 1/2 verzinsen muß — selbst anpflanzt?

Wie mans treibt, so gehts! Der Bürger, der seine Erde nicht selbst anbaut, nicht sorgfältig kultivirt, der sie im Gegentheil durch unbescheidene Taglöhner — die sehr oft müßig am Wege stehen — bearbeiten läßt, vielleicht wohl gar geschmackvolle, oder auch geschmacklose Anlagen machen läßt, der nicht selbst einen Dienstbothen hat, der die übrige Zeit, die es in jeder Haushaltung giebt oder geben kann, nicht benuzt, der wird ohne Vortheil, vielleicht mit Schaden, den Gemüsebau treiben. Wenn der gemeine Handwerker, dem der Gemeindboden zum größten Vortheil gereichen soll, und dem die Verwaltung damit vorzüglich wohlthun wollte, seine Erholungsstunden, seine arbeitslosen Augenblicke nicht dazu benutzen will, oder wohl gar, wenn er ein Bischen sich müde gearbeitet zu haben glaubt, der Versuchung im Wirthshaus einzukehren nicht widerstehen kann, oder auch seine Gartenarbeit zur Spielerey macht, seinen städtischen Beruf, seine Kunst oder Handwerk darüber versäumt, auch für den ist nicht nur sein Lohn dahin, sondern es wäre besser, er wäre in seine Werkstatt gebannt. Aber der Bürger, der Handwerker, der auch die Pflegung seines Bodens mit Verständigkeit besorgt, der hat nicht nur den Vortheil des herabgedrückten Preises aller Gemüsearten und den des wohlfeilern Fleisches, worüber die Fleischer schon im ersten Jahre Klage führten, weil durch das viele und wohlfeile Gemüsepflanzen weniger Fleisch gebraucht wird, sondern es bleibt ihm auch selbst in den wohlfeilsten Jahren immer noch ein baarer Vorschuß von mehrern Gulden übrig, der in theuern Zeiten, wo gewöhnlich noch weniger für den Professionisten zu verdienen ist, von mehrern Louisd'ors abwerfen kann. Besonders verdient dieser ökonomische Vortheil auch noch dahin erweitert zu werden, daß die Aermern der Mittelklasse und der Handwerker, der im Herbst, wo am beßten einzukaufen wäre, wegen Mangel an Baarschaft, da die Jahrconti erst in der letzten Woche des Jahrs bezahlt werden, nicht immer diese Zeit, seine Vorräthe wohlfeil einzukaufen, benutzen kann, sondern alles nur in kleinen Portionen oder gegen das Frühjahr viel theurer sich anzuschaffen genöthiget ist. Dieser Nachtheil des späten Einkaufs ist weit höher zu berechnen, als er scheint, und die Summe des auswandernden Geldes wird dadurch beträchtlich erhöht. Hingegen, wenn er mit Verstand und Zeitersparniß sich seine Vorräthe selbst pflanzt, so hat er immer gesundes und wohlfeiles Gemüse — nicht im Sumpf gewachsene, halberstickte Kartoffeln, sondern seine Bergpflanzung wird ihm in dieser Gattung Gemüse die gesundeste und schmackhafteste Speise gewähren; hat er dazu noch einen Vorrath gedörrtes oder frisches Fleisch und gewährt ihm sein Beruf noch den täglichen Bissen unsers kräftigen und schmackhaften Brodes, Kleidung und Brennmaterialien, dann kann er schon die Stürme des Winters ertragen und die alles belebende Frühlingssonne erwarten, die ihn in der Früh- oder Spätstunde des Tages zum möglich berechneten Naturgenusse einladet, und gleichsam auffordert, sich in die Elemente der Landwirthschaft einzustudiren. Daß diese denn doch wirklich, ohne auf die Gemüspflanzung sich zu beschränken, verständig, selbst im Kleinen, betrieben, in diesen paar Jahren einen wahren ökonomischen Vortheil gewährte, mag Ihnen folgende Berechnung beweisen:

Auslagen für Flachs-Anpflanzung auf 3 Bodentheilen der Güggisbleiche bey St. Gallen im Jahr 1819:

Zwey Viertel Liset à fl. 3. . . .	fl. 6.	— kr.
Bezahlte Taglöhne für Umstechen, Ansäen und Eggen	4.	53

Bezahlte Taglöhne für Leuchen, Riffeln, Roosen und Spreiten . . .	fl. 4.	48 kr.	
do do für Aufnehmen, Reiben, Risten, Sonnen ꝛc. . .	5.	2	
do do für 1 Pferd in der Reibi .	1.	—	
do do für Schwingen, Hecheln u. s. w.	10.	16	
Bezahlte an Zins von 3 Böden . .	7.	30	
do für Brod und Trinken . .	10.	48	
	fl. 50.	17 kr.	

Ertrag obiger 3 Bodentheile:

3 3/4 Viertel Liser à fl. 3. 30 kr. .	fl. 13.	7 kr.	2 hlr.
10 Pf. Kuder à 16 kr. . .	2.	40	
13 Pf. Aeberich oder Abwerch à 26 kr.	5.	38	
29 1/2 Pf. Riste oder Flachs à 51 kr. .	25.	4	2
44 Viertel Räben à 4 kr. . .	2.	56	
Für Abgang und Aglen . .		50	
	fl. 50.	17 kr.	- hlr.

Auslagen von 4 Bodentheilen im Jahr 1820, ebenfalls mit Flachssaamen angesäet:

Zins von 4 Böden . . .	fl. 10.	— kr.	— hlr.
2 1/2 Viertel Lieset zum Ansäen à fl. 3 1/2	8.	45	
Bezahlte 10 Taglöhne für Umstechen, Säen, Eggen u. s. w.	5.	20	
do 13 1/2 do für Leuchen, Riffeln, Roosen und Spreiten	5.	24	
do 18 do für Aufnehmen, Reiben, Risten u. s. w.	7.	12	
do 1 1/2 do für 1 Pferd in der Reibi	1.	30	
do 36 do für Schwingen, Hecheln u. s. w. .	14.	24	
do 1 1/2 do für 2 Böden mit Räbenansäen .		48	
Für Brod, Trinken und mehrere Suppen	13.	36	
	fl. 66.	59 kr.	— hlr.
Auslagen für die 3 Bodentheile im Jahr 1819	50.	17.	
Also für beyde Jahrgänge zusammen	fl. 117.	16 kr.	— hlr.

Ertrag obiger 4 Bodentheile:

6 Viertel Liset oder Leinsaamen à fl. 3 1/2	fl. 21.	— kr.	— hlr.
49 Pf. Risten à 38 kr. . .	31.	2	
20 Pf. Aeberich oder Abwerch à 20 kr.	6.	40	
20 Pf. Kuder à 12 kr. . . .	4.		
54 Viertel Räben à 4 kr. . .	3.	36	
Für Abgang und Aglen . .		41	
	fl. 66.	59 kr.	— hlr.
Ertrag des Jahrgangs 1819 von 3 Theilen.	50.	17	
zusammen in beyden Jahren	fl. 117.	16 kr.	— hlr.

Um aber den wahren Werth des obigen Ertrags zu zeigen, so muß solcher nach dem jedesmahligen Marktpreise berechnet und der Ueberschuß zu dem Ertrag gestellt werden, als:

Nach dem Marktpreis von 1819 — der Ertrag jenes Jahrs:

3 3/5 Viertel Leinsaamen à fl. 3 1/2 (wohlverstanden Sonnenliset) .	fl. 13.	7 kr.	2 hlr.
29 1/2 Pf. extra schöne Risten à 21 Batzen	41.	18	
13 do do Aeberich à 28 kr.	6.	4	
10 do do Kuder à 18 kr.	3.		
44 Viertel Räben von bester Qualität à 6 kr.	4.	24	
Für Abgang und Aglen . .		50	

Ertrag von 4 Theilen, nach dem Marktpreis von 1820:

6 Viertel Leinsaamen à fl 3 1/2 .	21.		
49 Pf. Risten à 50 kr. . . .	40.	50	
20 Pf. Aeberich à 20 kr. . .	6.	40	
20 Pf. Kuder à 12 kr. . . .	4.		
54 Viertel Räben von bester Qualität à 6 kr.	5.	24.	
Für Abgang und Aglen . .		41	
	fl. 147.	18 kr	2 hlr.

Wenn also diese 7 Böden selbst bearbeitet worden wären, so bleiben nur von fl. 147. 18 kr. 2 hlr.
Ertrag, diese Auslagen abzuziehen, nemlich:

für 4 1/2 Viertel Liset	fl. 14. 45 kr.	
für Bodenzins .	17. 30	
für Pferdlohn in der Reibi	2. 30	
und für Räbsaamen . .	6	
	fl. 34. 51 kr.	
		34. 51
Es wäre also hiemit		fl. 112. 27 kr. 2 hlr.

an Taglohn und Gewinn verdient worden. *)

Doch, gedenken wir nicht nur des nun ausgewiesenen ökonomischen Vortheils für das Allgemeine der hiesigen Stadt, und des Bürgers selbst; gedenken wir auch des Werthes, den diese Gartenkultur für die Gesundheit, Annehmlichkeit, selbst für die Moralität und Geselligkeit hat. — So unbedeutend mehrern dieses alles scheinen mag, die den Billanz nur nach großen Zahlen berechnen, so wenig bin ich geneigt, jenen Vortheilen im großen Haushalt des gesellschaftlichen Vereins keine andre Rechnung tragen zu wollen. — Je unabhängiger der Mensch in seinen ersten Bedürfnissen ist, desto froher lebt er. Wie könnte sonst der Landmann bey seiner vielen Mühe und Arbeit so froh seyn, wenn er durch seinen Beruf nicht seiner ersten Lebensbedürfnisse gesichert wäre. — Seht den Fabrikmann, die Spinner und Weber, die einzig auf den Erwerb des Tages sehen müssen. Seht in dem Gemälde der Hungerjahre — wenn auch von dem Ver-

*) Es bleibt uns dennoch ein befriedigendes Resultat, wenn man auch den nöthigen Dünger für jeden Bodentheil, und Speise und Trank für den Arbeiter derselben in obige Rechnung bringt. Der Herausgeber.

fasser des Ostens seines Vaterlandes grell, doch wahr geschildert, und in der Armenreise unsers Herrn Professor Scheitlins so lebhaft gemahlt, den Unterschied des Fabrikvolkes zwischen den Bauern? Wo war des Jammers mehr? Welche Gegenden lieferten der strafenden Gerechtigkeit mehr Diebe und Verbrecher? Wo ist Gutmüthigkeit, bürgerlicher Sinn, Redlichkeit, Sittlichkeit u. s. w. eher anzutreffen, als bey dem einfachen Landmann? Nicht allein hat aber dieses selige Gefühl einer Unabhängigkeit, wäre es auch nur von einem Thaler des täglichen Bedarfs, für sich einen großen Werth für das physische Wohlbefinden; sondern die öftere Veranlassung sich im Freyen zu bewegen, der dumpfigen Zimmer- und Stadtluft auszuweichen, und in Gottes freyer Natur sich nicht blos zwecklos zu ergözen rc., kann auch, nach ärztlichem Ausspruche, der Gesundheit höchst wohlthuend seyn. — Am wohlthätigsten für die ganze Umgegend war das Austrocknen des großen sumpfigen Bodens gegen Westen, wo die von daher häufig webenden Winde, weit mehr feuchte Dünste über die Stadt trugen, welche wenigstens artritische, rheumatische Schmerzen, Wassersuchten, scrophulöse Anlagen rc. allgemeiner machten. Auch für die Geselligkeit, bürgerlichen Sinn, und Berührung der Bewohner der Stadt waren diese Gartenpflanzungen sehr wirksam. Wie mancher gemeinere Mann lernte kaum seine höher stehenden Bürger persönlich und im Umgange kennen! — Hier wird bald der Herr Pfarrer, bald der Stadtrath, bald ein anderer Herr oder Kaufmann sein Nachbar, und es kann nicht fehlen, daß nicht zuweilen beyde zusammen treffen, und da jeder in seiner Besizung, oder auf dem freundlichen Wege einander sehen und sprechen, und sich bürgerlich mit einander unterhalten. — Auch finden sie sich wohl gar beym Erndtefest, das man aber nicht mehr als einmal feyern sollte, wenn man den ökonomischen Vortheil in Zeit der Wohlfeilheit nicht will darauf gehen lassen. — Doch solche bürgerlichen Feste, bescheiden genossen, nähren den republikanischen Sinn und die Humanität.

Wie freundlich und schön ist unser St. Gallen schon dadurch, daß der schöne Brühl durch den verewigten Specker dem Chaos entrissen, und als liebliches Asyl der Kinderwelt, so wie dem östlichen Theile der Stadt zur Zierde geworden.

Nicht, daß ich nicht der gewinnreichen Industrie und damit den Bleichen alles Gedeihen wünschte, und gewiß nicht zum Abgang einer einzigen rathen würde, wenn es an mir gelegen wäre, der Industrie damit störend zu seyn; allein da nun einmal die Schnellbleichen und andere Gegenstände die allernächsten Bleichenplätze entbehrlich machen, so freue ich mich, das blendend Weiße, Einförmige mit dem schönen Wechsel von Gartenpflanzungen abgetauscht zu wissen; ich freue mich, Sümpfe und Teiche verschwunden zu sehen, und dagegen fruchtbaren Boden zu erblicken; ich freue mich, anstatt auf ungeregeltem Moorgrund, nun auf gut angelegten Fußpfaden, an dem wohl zierlich und gerade gedämmten Irrenbach, der zwischen lieblichen Gartenbeeten hinfließt, zu gehen; oder auf der Berneck und drey Linden, wo sich früher ein meist kahles und unfreundliches Ansehen dem Auge darbot, die oft noch mit stößigen Kühen oder Wucher-Stieren unsicher bewohnt wurde, nun eigentlich auf diesen Bergen lustwandeln zu können, und auf den wohl angebrachten Ruheplätzen der drey Linden und der Berneck ausruhen und mich an den großen Perspektiven über den deutschen See, oder in der fruchtbaren Landschaft der Kantone Thurgau und St. Gallen, oder an den grünen Voralpen und den majestätischen Hochgebirgen des Appenzellerlandes und des Toggenburges, oder aber an der gewerbtreibenden, reinlichen Stadt, des schön gelegenen St. Fidens und des langen, schön bewohnten Thales und seinen Hügeln zu ergötzen, und dann nach dem ehemals unfreundlichen Stadtgraben mit seinen schwarzen Mauern, welche noch unfreundlicher an die feindseligen Zeiten erinnerten, wo Brüder die Brüder verfolgten, nun aber bebaut und freundlicher aussehen, die üppig von Gartengewächsen und Blumen prangen, — endlich zum nächsten Tagewerk durch die mancherley Naturgenüsse gestärkt und ermuthigt, zurückzukehren. So biete sie, die Natur, nicht nur dem Landmann allein, sondern auch dem Städter mannigfaltige Genüsse und Vortheile an, — und wohl auch diesem, wenn er an jedem Feyerabend, mit der Ueberzeugung sein Tagewerk treu vollbracht zu haben, froh des innern Friedens, ausruhen kann, um wieder gestärkt und zufrieden ein neues beginnen zu können.

XIII.

Bruchstücke aus einem Aufsatze

von

Hans Caspar Zellweger,

von Trogen, Kaufmann;

vorgelesen im naturwissenschaftlichen Vereine in St. Gallen,

über Akklimatisirung fremder Holzarten im Bremgarter Walde; über Vermehrung der Steinböcke im Kanton Bern; und über die Alpenwirthschaft im Kanton Schwyz.

Noch möchte ich Sie zu einem Spatziergange in den Bremgarter-Wald aufmuntern, der kaum eine Viertelstunde von der Stadt Bern den Anfang nimmt, und in einem Flächeninhalt von 18000 Jucharten die schönsten Wege zum Spatzierenfahren und Gehen darbietet; er liegt inner jenen Krümmungen der Aare, wo sie so gerne sich zu verweilen scheinet, als kostete es ihr Mühe, ihr liebes Bern zu verlassen, das sie in ihren Armen hält, als wollte sie die Nachwelt noch aufmerksam machen auf den classischen Boden, der die Bubenberge hervorbrachte, wo der Held von Laupen in Reichenbach zu großen Thaten sich vorbereitete und meuchelmörderischen Tod fand; wo die Aare das prima Guarelia der Römer, um Bremgarten, und die Ruinen der Brücke bespült, worüber die römischen Heere zogen, die Bewohner am Bodensee zu bezwingen.

Gegen der Enge ist dieser Wald begränzt mit einer Allee ausländischer Waldhölzer, mehrentheils nordamerikanischer Eschen und Ahorne, rothblätterichter Buchen, verschieden von der europäischen Spielart der Blutbuchen, nordamerikanischer Fichten und sibirischer Lerchen. In dem Walde selbst sind schon seit 15 Jahren alljährlich Pflanzungen angelegt worden im Großen, sowohl von diesen ausländischen Holzarten, als auch von den gewöhnlichen inländischen Nadel- und Laubhölzern, so wie auch von der inländischen Lerche und dem so nützlichen Arvenbaum. Einzeln als Rarität zeigte man mir mehrere Stücke des schon sehr hochgewachsenen amerikanischen Wachholderbaumes und eine kleine Ceder vom Libanon, die etwa drey Fuß hoch ihre Aeste eben so weit ausgebreitet, als der Stamm hoch ist.

Diese Holzarten werden in sechs Zoll breiten Furchen gesäet, die drey Schuh weit von einander entfernt sind; in diesen Zwischenräumen pflanzte man die ersten zwey Jahre Erdäpfel, in dem dritten Jahr Roggen, später nichts mehr, um nicht Gefahr zu laufen, die Wurzeln zu verderben. Auffallend war mir zu sehen, daß meistens abwechselnd, in einer Furche Nadelholz und in der andern Laubholz gesäet war, deren schönes gleichzeitiges Aufwachsen ich bis ins 15te Jahresalter verfolgen konnte. Herr Oberst Forst-Inspektor Gruber hatte die Güte, mir Setzlinge von den ausländischen Holzarten zu versprechen, und wenn ich sie erhalte, so werde ich gerne davon denjenigen Mitgliedern dieser verehrten Gesellschaft mittheilen, welche an der Kultur der Waldhölzer Interesse nehmen.

Mir scheint, daß es besonders wichtig wäre, den so nützlichen Arvenbaum in den niedern Gegenden einheimisch zu machen, welcher zu gedeihen scheint, und der Behauptung des Herrn Grubers einiges Gewicht giebt: daß dieser kostbare Baum, der nur durch zu starke Benutzung von den niedern Gegenden verdrängt worden seye, nicht ausschließlich den höhern Gebirgen angehöre.

Eben so trifft man in Bern Anstalten, die beynahe ausgerotteten Steinböcke wieder mehr fortzupflanzen, und zu diesem Endzweck hat man ein Weibchen auf einer Alp schon in einen Raum mit hohen Pallisaden eingesperrt, und täglich erwartete man noch einen jungen Bock, welches Päärchen unter Leitung des verdienstvollen Herrn Kastenhofers aufgezogen werden soll, um die hohen Alpenfirste damit wieder zu bevölkern.

In Schwyz wurde mir einiges über ihre Alpenbenutzung mitgetheilt, das ich zum Beschluß noch kurz anführen will.

Wie bekannt, ist der alte Kanton Schwyz mit hohen Bergen bedeckt, zwischen welchen Thäler und Schluchten sich befinden, die in kleine Abtheilungen verstückelt die Wiesen enthalten, welche Privat-Eigenthum sind und zur Winterung des Viehes dienen; hingegen die Berge oder Alpen sind Eigenthum der Gesammtheit der alten Bewohner des Kantons Schwyz, und nun seit zwey Jahren unter Aufsicht einer eigenen Behörde, Oberalmengericht genannt, welches von der Bezirksgemeinde erwählt wird.

Nun wird schon im Anfang des May's alles Vieh, das man auf die Alpen schicken will, aufgeschrieben und gezeichnet, damit keines hingeschickt werde, das nicht im Kanton überwintert worden sey, und von jedem Stück großes Vieh wird in die Landeskasse 1 Fr. für den ganzen Sommer bezahlt; wenige Batzen für kleines Vieh; und diejenigen, welche nur einzelne Stücke hinzuschicken haben, übergeben sie einem Senn, der sie den ganzen Sommer benutzen kann, gegen Bezahlung an den Eigenthümer von so viel Kronenthalern, als die Kuh in einem Tag Maaß an Milch giebt, welches in einem Durchschnitte von acht Tagen gemessen wird; gewöhnlich in der zweyten Woche im Frühjahr, wenn die Kuh im zarten Grase weiden kann.

Der Wiesengrund ist vorzüglich gut, und das Klima im Sommer sehr warm; auch der Dünger im Ueberfluß vorhanden, so daß man nicht nur zwey Heuerndten macht, sondern auch im Frühling und Herbst das Gras abweidet; wahrscheinlich der Grund, warum so viele feine Grasarten da wachsen. Die Alpen werden schlecht benutzt, weil sie nie ganz besetzt sind, so daß ungeachtet der schlechten Benutzung die 8000 Kühe, welche man nach oberflächlicher Schatzung darauf sömmert, immer noch gute Weiden fanden. Auf den Alpen werden weder die Jauche, noch Ried oder Farrenkräuter zur Vermehrung des Düngers benutzt, sondern der Mist mit der Mistgabel nur auf's ohngefähr hin verworfen, wo und wie es dem Senn am bequemsten ist; hingegen wird viel Sorgfalt auf die Behandlung des Viehes verwendet; auf seine Reinlichkeit; darauf, daß es nicht der größten Hitze ausgesetzt seye; daß es nicht zu frühe zu dem Stier gelassen werde; und daß dieser von recht schöner, kräftiger Raçe seye. Ich konnte es nicht ausmitteln, ob die Raçe selbst, die Behandlung des Viehes oder die Futterkräuter Ursache seye, daß die Schwyzerkühe mehr Milch geben, als die unsrigen, auf welche wir nicht mehr rechnen können, als 4 Maaß täglich im Durchschnitte des ganzen Jahrs, während man in Schwyz auf 6 Maaß den Ertrag schätzt.

Es lohnte sich vielleicht wohl der Mühe, wenn ein Botaniker, welcher jene Gegenden bereisen will, dazu die Blüthezeit der mehrsten Grasarten benutzte, um uns Kunde zu bringen, welche Grasarten vorzüglich im Thal von Schwyz wachsen, und dann sich die Mühe gäbe, über die niederste Höhe der den Schwyzerboden umgebenden Berge nach dem Punkt des Moutta-Thals hinzugehen, wo die Natur eine Schanze ausgeworfen hat, von welcher die Franzosen vertrieben wurden, weil die Russen, des bestreichenden Geschützes nicht achtend, die Schanze mit Sturm einnahmen. Während diesem interessanten zweystündigen Spatziergange würde er auf der kleinen Anhöhe, wo die Kaplaney Iberig liegt, schon sehen, wie ganz verschieden die dort wachsenden Kräuter sind von denen des Thals; uns Kunde bringen, was für ein Kraut dort in so großer Menge wächst, und für besonders milchergiebig bekannt ist; ob der Boden oder andere Ursachen es seyen, daß jenes Gras nicht in gleicher Menge bey uns wächst, und ob und wie es auf unsern niedern oder höhern Alpen anzupflanzen wäre.

Bey diesem Anlaße kann ich nicht umhin, Ihre Aufmerksamkeit auf eine Erfahrung zu lenken, die Herr von Fellenberg die Güte hatte, mir mitzutheilen: daß mehrere Grasarten, wie z. B. der Löwenzahn, allein gepflanzt, nicht in die Dauer fortkommen, sondern krank werden, wenn sie nicht gleichsam im gesellschaftlichen Vereine andrer Pflanzen stehen, die ihrem Fortkommen zuträglich sind.

Auf den Schwyzeralpen wird nie Butter gemacht, sondern jeden Tag zwey fette Käse, Morgens und Abends; überhaupt rechnen sie weniger auf den Ertrag, als auf den Werth ihres Viehes, da die Italiener für 2—3jährige Kühe 16—18 Louisd'ors bezahlen. Dieses ist auch der Grund, daß in diesem Kanton keine Ochsen gezogen werden, obschon nach dem Verbrauch von 1810 zu rechnen, in welchem Jahr in der Metzg zu Schwyz 122 Stück geschlachtet wurden, alljährlich ungefähr fl. 16000 an baarem Geld in andre Kantone bezahlt werden. Diese Thatsache verursachte im großen Landrathe die Frage: ob es nicht besser wäre, diese Ausgabe an baarem Geld zu ersparen und die Ochsen im Land zu ziehen? die aber verneinend beantwortet wurde, weil ein Ochs ungefähr sechs Jahr alt werden müsse, ehe er den Werth von 10 Louisd'ors habe, während eine Kuh schon im zweyten und dritten Jahre mit 18 Louisd'ors bezahlt werde.

Eine andere Frage, die wichtiger ist, wird oft besprochen, nemlich: ob es für den Kanton Schwyz nützlicher seye, daß die Berge Allment seyen, oder ob es besser wäre, sie würden Privat-Eigenthum? Viele bedeutende Männer glauben, daß das jetzige System allein den Wohlstand des Landes erhalte, weil allein dadurch es möglich seye, mit der Viehzucht sich zu bereichern. Ich gestehe aber, daß, indem ich dieses als Grundsatz gerne zugebe, ich doch aus der schlechten Sorgfalt für die Alpen schließe, daß bey besserer Bewerbung der Alpen noch viel mehr Vieh könnte darauf den Sommer durch erhalten werden; vielleicht ein Theil der Berge, die jetzt als hohe Alpen benutzt werden, könnten als Vorweiden dienen, und ein Theil der niedersten Vorweiden an Partikularen abgetreten werden, sie zu Winterungen zu benutzen; aber genau könnte darüber erst abgesprochen werden, wenn man bestimmt den Ertrag der Alpen, ihr Verhältniß zu den Voralpen und diesen zu der Winterung kennte, worüber mir niemand genaue Auskunft geben konnte; da dort, wie überhaupt in der ganzen Schweiz, die Viehzucht noch ganz nach alter Sitte, ohne wissenschaftliche Nachforschungen getrieben wird, obschon man weiß, wie sehr der Ackerbau, die Manufacturen und Künste durch Beyhülfe der Wissenschaften gewonnen haben.

XIV.

Ueber gemachte Versuche im Kanton St. Gallen mit chinesischem Bergreiß- und Hirsegras-Saamen im Sommer des Jahrs 1820,

von Pfarrer Steinmüller in Rheineck.

Ein Schreiben von der Regierung des Kantons St. Gallen (d. d. 25. Jäner 1820), begleitet von der Copie der Zuschrift an dieselbe vom Vorort Luzern (d. d. 25. Jäner 1820) und einem Schreiben vom schweizerischen Geschäftsträger in Wien (d. d. 3 Jäner 1820) machte die St. Gallisch-landwirthschaftliche Gesellschaft mit den Versuchen des östreichischen Freyherrn, Ritter von Lewenau, mit chinesischem Bergreiß- und Hirsegras-Saamen bekannt und anerbot derselben, auf Begehren hin, Originalsaamen zu verschaffen. — Auf obigem Wege erhielt unsre Gesellschaft 126 Körner Bergreiß- und 25 Körner Hirsegras-Saamen; dieser wurde an achtzehn Mitglieder des Vereins in den verschiedenen Bezirken des Kantons vertheilt, welche denselben, nach gegebener Anleitung, sorgfältig aussäeten. — Ich will hier die völlig ungünstigen Ergebnisse aller unsrer Versuche öffentlich mittheilen und anerbiete mich zugleich, es ebenfalls durch die Alpina bekannt zu machen, wenn mir jemand vortheilhaftere Nachrichten über diesen Gegenstand zusenden würde. — Man wird mich übrigens entschuldigen, wenn ich gegen den günstigen Erfolg des Anbau's jener Pflanzen in österreichischen Provinzen, im Tyrol und im Würtembergischen argwöhnisch bin, da dieselben in den Districten des Rheinthals, Sargans und Utznach nicht gediehen, wo man türkisches Korn und Weintrauben erhält.

Nähere Beschreibung der ersten Resultate des Anbaues des chinesischen Bergreißes- und Hirsegras-Saamens in der östreichischen Monarchie.

(Aus den vaterländischen Blättern No 98, den 8ten Christmonat 1819.)

Der K. K. wirkliche Rath, Joseph Arnold, Ritter von Levenau, findet sich als Veranlasser des für den Nahrungs- und Gesundheitsstand gleich wohlthätigen chinesischen Bergreißbaues, und zwar nicht nur in der östreichischen Monarchie, sondern auch in andern Staaten Europens verpflichtet, nunmehr nach dem vollendeten ersten Jahrgang dieser Kultur-Proben, und über die hierauf Bezug habenden Mittheilungen im östreichischen Beobachter vom 18ten April, 25ten May und 5ten September d. J., nachfolgendes, als das glückliche Resultat dieser Versuche, zur allgemeinen Wissenschaft zu bringen. Es hat nämlich jedes der angebauten Körner sowohl in dem K. K. botanischen Garten zu Schönbrunn, als beym Herrn Spezereyhändler Schneider zu Penzing No 89 und beym Herrn Schönfärber Holle zu Brünn, beynahe völlig gleich 18 — 22 Halme und eben so viele Aehren, jede Aehre zu 50 — 60 Körner getragen. Hätte der Anbau nicht um drey Wochen verspätet werden müssen, und wäre nicht ungünstiges, kaltes Regenwetter gerade zur Blüthezeit eingetreten, so würden augenscheinlich alle Körner, ohne Ausnahme, ihre volle Reife erreicht haben; indessen zählte doch jeder der gedachten Herren Pflanzer mehrere tausend vollkommen reife, und nach Versicherung des K. K. Herrn Raths und Hofgärten-Direktors von Boos, dieses vertrauenswürdigsten Bürgen in der praktischen Pflanzenkunde, zur weitern Fortpflanzung ganz geneigte Körner. Diese Fortpflanzung wird im nächstkommenden Frühjahre auf das sorgfältigste betrieben werden; um, wie man es nun nicht mehr bezweifeln kann, den Beweis der Einbürgerung einer so vielseitig nützlichen Pflanze vollständig herzustellen. Dieß läßt sich von der Thätigkeit obgenannter, für jedes gemeinnützige und patriotische Unternehmen willfähriger Männer sicher erwarten.

Die beschriebenen Wirkungen des ersten Anbaues dieser Pflanze in unsern Gegenden und die wirklich dadurch erhaltenen Producte sind bereits der K. K. Niederöstreichischen Landesregierung vorgelegt, und von derselben beyfällig aufgenommen worden, wie man aus dem politischen Blatte der Wiener-Zeitung vom 30 November 1819 ersehen kann.

Um dem Nutzen dieser Pflanze noch mehr Ausdehnung und zu dem Anbaue derselben in unsern Ländern noch mehr Aneiferung zu geben; ferner die Leichtigkeit des Anbaues, das üppige Gedeihen der Pflanze und den reichhaltigen Ertrag zu zeigen, wird Folgendes genügen:

1) Der chinesische Bergreißbau liebt einen nicht zu schweren, festen oder fetten, sondern mehr lockeren, sand- oder schlammartigen Boden. — Die Körner, welche irgendwo nächst Wien in einem stark gedüngten Boden gelegt wurden, zeigten anfänglich ein rasches und üppiges

Wachsthum, hielten aber in der Folge nicht aus und verdarben. — 2) Bis zum Eintritt der wärmern Zeit gebrauchten die Herren Pflanzer die Vorsicht, ihre Pflanzen in Glashäusern zu halten; dann aber setzten sie dieselben in offene, freye Erde. Diese Vorsicht jedoch wird natürlich bey dem schon aus einheimischer Luft und Erde erzeugten Saamen gegen den Original chinesischen als zweyte Abstufung minder nöthig seyn. — 3) Die Bauzeit soll nicht über die ersten Tage des Aprils verspätet werden. — Das Einweichen der Saamenkörner in Düngerjauche, oder, nach Art der Chinesen, in Menschenurin durch wenigstens zwölf Stunden dürfte zwey gute Wirkungen auf einmal hervorbringen, nämlich ein leichteres und früheres Emporsprossen des Saamens; dann wegen der Salnitertheile des Urins ein festeres Ausharren und Widerstehen der jungen Pflanzen gegen die Unbilden des Wetters. — 5) Der Saamen verlangt bis zu seinem Emporsprossen, und um so mehr, wenn er bevor nicht eingeweichet worden ist, eine reichliche Bewässerung, und es scheint, daß sein Gedeihen von der sorgfältig consolidirten Beförderung seiner ersten Triebe wesentlich abhängt. Später bedarf er der vielen Bewässerung nicht mehr. Im mittägigen China, in Conchinchina und Madagaskar, wo dieser Reiß fast die einzige Nahrung für Millionen Menschen ist, pflanzt man denselben unmittelbar vor dem Eintritte der periodischen Regenzeit, die mehrere Wochen dauert, und worauf wieder große Hitze und Tröckne folgen. — 6) Je wärmer die Witterung des Frühjahrs und Sommers ist, desto besser wird die Fechsung in jeder Hinsicht ausfallen. — 7) Wird der Bergreißsaamen entweder in Körnern gelegt oder später überpflanzt. Die Reichhaltigkeit seiner Bestockung, so wie die Größe und Güte der Fruchtkörner hängen aber in jedem Falle wesentlich von der Entfernung der Saamenkörner beym Anbau ab. Diese, von den Herren Pflanzern gemachte Erfahrung ist jedoch weder neu noch auffallend, sondern eine allgemeine Bedingung im Gange der mehr oder minder getheilten Kräfte der Natur.

Die Frage, ob ein solches Cultur-Unternehmen durch nachzuahmende Befolgung unterstützt zu werden verdiene, wird dadurch überflüssig werden, wenn erwogen wird, daß es höchst zweckmäßig und vorsichtig sey, in fruchtbaren guten Jahren auf so ersprießliche Noth- und Aushülfsmittel, als bekanntlich der Reiß ist, für die kommenden unfruchtbaren, besorgt zu seyn; ferner auch in der weitern Rücksicht zur Hintanhaltung verschiedener Krankheiten, welche bekanntlich der Reißbau in Sumpfgegenden, wo die Luft so sehr verpestet wird, herbeyführt. Denn in den vielen Reißgegenden Spaniens, Neapels und der Süd-Karolina herrschen deßwegen, wie man weiß, häufige Krankheiten und ein sehr schlechtes Aussehen der Menschen; wenige überleben das vierzigste Jahr. — Sollte wohl von unserem Reißbau im Banat und in Ober-Italien etwas viel besseres zu sagen seyn?

Wie sehr diese Beweggründe zu dem Anbau des chinesischen Bergreißes aneifern können, und mit welchem günstigen Erfolg derselbe schon in diesem ersten Jahr seiner Cultur auch in andern Provinzen der Monarchie gepflegt worden ist, dies beweiset unter andern das Innsbrucker-Zeitungsblatt (der Tyroler-Bote genannt) vom 21ten October, No 84, wohin doch der Unternehmer nicht mehr als dreyßig Saamenkörner abgegeben hatte. Eben so lauten ferner die Nachrichten aus dem Königreiche Würtemberg über den endlichen Erfolg der dortigen Verwendung besonders günstig; dort sind, wie man glaubwürdig vernimmt, alle erzeugten Körner ganz reif geworden, und man ließ dem Uebersender des Original-Saamens wiederholt den verbindlichsten Dank für diese Mittheilung erstatten.

Wenn der Nachtrag eines chinesischen Original-Saamens, welcher dem Unternehmer von dem großmüthigen und menschenfreundlichen Herrn Grafen von Romanzoff, der auch den ersteren verschaffte, in einem Schreiben vom 30. August verheissen worden ist, und von dem Herrn Staatsrath von Ott auf das Edelmüthigste besorgt wird, richtig anlangt, so wird der Unternehmer im Stande, und auch sehr bereitwillig seyn, seine Vertheilungen, wie in diesem Frühjahre, fortzusezen. Die Anlangung des Saamens in Wien wird dann öffentlich angezeigt werden.

Da endlich die zufällige Cultur-Probe des chinesischen Hirsegras-Saamens, wovon im Oesterreichischen Beobachter vom 5. Sept. d. J. mehreres erwähnt worden, im Garten des Herren Spezereyhändlers Schneider No. 89 zu Penzing dergestalt über alle Erwartung reichlich ausfiel, daß sich von einem einzigen so winzigen Körnchen mehr als 150 meistens 6 Schuh hohe Triebe und an Frucht über ein Halbmaaß ergab, so kann der Unternehmer auch von diesem Saamen, als einer wirklich einzigen ökonomischen Seltenheit, schon jetzt etwas an Liebhaber (unentgeldlich) vertheilen, wozu sich der genannte Herr Spezereyhändler ebenfalls sehr bereitwillig erklärt hat.

Wien den 8. Dezember 1819.

Noch ein Nachtrag aus dem allgemeinen Intelligenzblatt zur österreichisch-kayserlichen Wiener-Zeitung, vom 28. Januar 1820.

Nothwendige Erinnerung.

Die Zeit des chinesischen Bergreißbaues wird bald mit jener allgemeinen des Sommer-Anbaues heranrücken. Die Fragen, ob an der Einbürgerung und Erweiterung dieses Baues in der Monarchie etwas gelegen seyn könne? dann in welcher Art die Resultate der vorjährigen ersten Bau-Proben für die Zukunft versprechend ausgefallen seyen? dürften nach den bereits vorausgegangenen Aufschlüssen vom 18. April, 25. May, 5. September und 8. December 1819 entbehrlich geworden seyn. Wer das Werk des Tacitus von den Sitten der alten Teutschen gelesen hat, wird sich erinnern, wie lang die Römer mit dem Ueberpflanzen der Kirschen-Frucht in unser vaterländisches Klima bis zu deren vollständigen Reifungskraft zu thun hatten; welches jedoch mit dem chinesischen Bergreiße gleich im ersten Jahr 1819 und zwar nicht nur in unserm österreichischen, sondern auch noch in nördlicheren Himmelsstrichen erwiesenermassen zahlreich gelang.

Dieß also wird als Grundbestand und Antrieb zur gemeinsamen Mitwirkung nichts weiteres mehr zu wünschen übrig lassen. Ein anderes aber ist die nöthige Erinnerung an etwas wesentlich Interessirendes in der Natur, nämlich an das Abwechseln des Bodens, und so viel es seyn kann, auch der Gegend zur fortgesezten Anwendung des gewonnenen Saamens. Wahrhaft practische und nützliche Erzeugungen bezweckende, also nicht bloße Sprach- und Schriftökonomen bedauern von jeher den übergroßen Verlust, welchen das wenige Verstehen und Ausüben dieser Naturregel bey dem Betriebe der Landwirthschaft überhaupt verursachet. Diese leidige Unachtsamkeit gehet so weit, daß selbst berühmte Gärtner und Pflanzer ohne gehörige Berücksichtigung der Vortheile gewonnener neuer Bauversuche und derley Körner das Vorurtheil unterhalten, es sey bey der Ueberpflanzung fremder Gewächse bestimmt nothwendig, ihre Ausartung durch fortwährende Nachhülfe mit Originalsaamen zu verhindern; statt daß sie sich mit besserer Beobachtung der Naturregel und ihres Ganges überzeugen könnten, daß eine angemessene Veränderung des Baugrundes und Himmelsstriches (woran sie es leider fehlen lassen) bey der Fortpflanzung wohlgerathener exotischer wie anderer inländischer Saamenkörner, alle Ungelegenheiten, Kosten, auch oftmalige Unerschwinglichkeit einer neuen Originalsaamen-Erlangung ganz entbehrlich macht.

Man möge übrigens auch bey dem Betriebe einer gemeinnützigen Ueberpflanzung aus der Fremde, besonders von der Art und Wichtigkeit des chinesischen Bergreißes nicht vergessen, daß es nur von dem Maße patriotischen Zusammenwirkens abhängig ist, entweder die betreffenden, entschiedenen Vortheile an die Nachkommenschaft zu überlassen, oder selbst noch daran Theil nehmen zu wollen. — Das Ausstreuen von Zweifeln und Bedenklichkeiten über das Fortkommen dieser Pflanze in der Monarchie würde nach dem, was man bereits darüber erfahren hat, ungefähr dem Anstande gleichen, ob ein Schiff, welches glücklich nach Preßburg gekommen ist, ohne ersichtliches Gebrechen auch bis Ofen und noch weiter zu bringen sey. Da es endlich in der großen Weltmischung auch Menschen geben dürfte, die sich aus Mangel des Wissens darüber aufhalten, aus dem Befördern gesunder Reißpflanzungen so viel Wesen zu machen: so wird es dienlich seyn, sie mit Carl August Hellenthal zu verständigen, daß die Oekonomie fast keine ergiebigere Pflanze, so wie die Natur kein gesünderes Nahrungsmittel hat, als den Reiß.

Gemachte Versuche im Kanton St. Gallen, im Sommer des Jahrs 1820.

Regierungsrath Meßmer von Rheineck im Rheinthale senkte die ihm übersandten 8 Körner Bergreiß im Anfange Aprils, bey angehender Frühlingswitterung, auf vorgeschriebene Weise, in lockere Erde, wo die Mittagsonne mit aller Kraft auf gedeihlichen Wachsthum einwirken konnte. — Erst mit Ende Mays entkeimten dieselben; als die jungen Pflanzen einige Zoll hoch gewachsen waren, gebot ihrem Wachsthum die unfreundliche Witterung des Brachmonats Stillstand, und bekleidete sie mit der Farbe nahen Absterbens. Die ersten warmen Tage des Heumonats hauchten den erstarrten Fremdlingen neues Leben ein, und beförderten allmälig ihren schwachen Wachsthum. — Im August entwickelten sich, bey eingefallener großer Hitze, zutrauensvoll auf die ihnen entgegenkommende Sonne, ihre Aehrenbüschel bis auf 7 von einem einzigen Korn; doch die herbstlichkühlen Nächte waren dem Reifwerden dieser Pflanzen nicht zuträglich und sie standen, ohne sich weiters zu entwickeln, traurend da — allmälig verblich ihr frisches Grün und mit Anfang des Weinmonats waren sie — wie leeres Stroh — welches die ans Präsidium eingesandten Ueberbleibsel beweisen.

Heer, Kreisammann in Rheineck, legte die Körner in gute Erde in seinem Garten; von 7 Stück keimten nur 3, erst nach 48 Tagen, die bis im Weinmonat höchstens 15 bis 16 Zoll hoch in Gestalt eines Haferhalms wuchsen, ohne Aehren zu treiben.

Dekan Schmid in Balgach im Rheinthal säete 6 Körner in sonnigen, wohlgedüngten Boden, und pflegte sie mit möglichster Sorgfalt. — Nur 2 keimten — 1 verschwand wieder — das andere trieb 5 Stengel, wovon der höchste 1 1/2 Fuß hoch wurde und die ganz leeren und unreifen Aehren (die dem Präsidenten beygelegt sind) wegen der Kälte im Oktober eingenommen werden mußten. — Er vermuthet, diese Pflanze tauge auf keinen Fall für unser Klima, weil er sich genöthiget sah, sie anfangs wenigstens alle Tage zweymal zu begiessen. Auch käme sie bey günstigem Erfolg im Ertrage unsrer Gerste und dem Türkischkorn noch nicht gleich.

Sekretair Künzler in St. Margrethen im Rheinthale legte seine 6 Körner in den ersten Tagen des Aprils theils gebeizt, theils ungebeizt in 4 verschiedene Lagen und Erdarten, jedoch an äußerst sonnige Plätze. — 3 Körner davon entkeimten der Erde — eines derselben verschwand bald wieder, und zwey, die in Mistjauche gebeizt waren und ohne alle Pflege in mehr als 400 Schritte von einander entferntem festem Rebland lagen, wuchsen nach mehr als achtwöchigem, gelblichem Dastehen, zu einer Höhe von 14 bis 18 Zoll, trieben im August ihre Aehrenbüscheln auf 9 Stengeln eines einzigen Korns, erfreuten ihren Besizer, während der Trauben-Reife mit der Kornblüthe ähnlichen Blüthen, blieben so in schönem grünem Kleide, dem jungen Hafer ähnlich, bis die Fröste im Herbste angingen, stehen, und bleichten ihre Lebensfarbe unter vorherigem Rothwerden der Blätterspitzen nach und nach aus, bis sie, samt den unreifen, leeren Aehren, wie dürres Stroh da standen.

Müller, Appellationsrichter in Azmos, Distrikt Sargans, gab seinen Reißsaamen, wegen Abwesenheit, dem Gerichtsschreiber Sulser daselbst, der Alles nach der Vorschrift vollzog, und seine schwere Gartenerde mit einem Fuder ab der Aue vertauschte. — Vier Körner gingen erst nach 4 Wochen auf; zwey davon verwelkten bald — zwey wurden ungefähr 2 Fuß hoch, verdorrten aber im Herbste von oben an bis auf die Wurzel, ohne Fruchtkörner zu tragen.

Dem Alt-Statthalter Gallatin in Sargans, sind aus seinem Saamen anfangs ebenfalls Halme hervorgesprossen; allein bey warmer Witterung verdorrten sie gänzlich.

Brändli Näf in Rapperschweil legte 5 Körner in Töpfe und 5 in's Freie, in dazu vorgeschriebene Erde. — Alle keimten; die im Freien etwas später, aber sehr kränkelnd; die in Töpfen gesund und stark. Erstere nahmen täglich ab, und starben; leztere hielten sich auf's Beste, bis sie in's Freie kamen. — Dann theilten sie unter allmäliger Verwelkung ihr Loos mit den ersteren.

In den rauhern Distrikten unsers Kantons machten, mehrere z. E. Regierungsrath Bernet und Staatsschreiber Zollikofer in St. Gallen, Major Egli in Flahweil im Untertoggenburg, und Doktor Forrer im Auboden, und Doktor Obertenfer in Wattweil im Obertoggenburg, so ungünstige Versuche, daß ihnen die Saamenkörner in der Erde verfaulten, und gar nicht emporkeimten.

Da öffentliche Blätter sich auch auf den Tiroler-Bothen beriefen, so erkundigte ich mich in Botzen über die Anpflanzung jenes Bergreißes daselbst und erhielt von dorther den schriftlichen Bericht: „daß man zwar „mit einigen Körnern, welche von Seite des dortigen „Kreisamtes ausgetheilt worden seyen, Proben gemacht „habe; aber ohne den gewünschten Erfolg."

Die erhaltenen und hin und wieder vertheilten 25 Körner von chinesischem Hirsengrassaamen keimten nirgends, sondern blieben überall todt in der Erde liegen. *)

XV.

Ueber die Christian'sche Hanf- und Flachsbrechmaschine.

Von Pfarrer Steinmüller in Rheineck.

So wie der verbesserte Hanf- und Flachsbau gegenwärtig eine viel besprochene Angelegenheit vom größern Theile des kultivirten Europa's ist, so glaubte auch die landwirthschaftliche Gesellschaft des Kantons St. Gallen, daß sich ihr vorzüglich in diesem Fache ein schönes Feld zum gemeinnützigen Wirken eröffne. Die schon seit ein Paar Jahren in allen öffentlichen Blättern und gemeinnützigen Zeitschriften angepriesenen Christian'schen Flachsbrechmaschinen, vermittelst welchen das Einweichen des Flachses in stinkendes Sumpfwasser unterbliebe und auf einem viel leichtern Wege eine viel

*) Es befremdete mich ungemein, daß das Käpselchen, worin der chinesische Hirsegrassaame enthalten war, die Aufschrift erhielt: „*Asplenii Scolopendrii* orig. chin. gr. 25."!

größere Menge reinen Flachses gewonnen würde, zog die ungetheilte Aufmerksamkeit ihrer Commission auf sich. — Nachdem sie durch Nachfrage erfahren hatte, daß die hin und wieder für 124 Reichsgulden feil gebotene Christian'sche Flachsbrechmaschine von Dr. Dingler in Augspurg ihre Dienste gut verrichte, wollte sie wirklich dieselbe ankaufen; allein da dieser, bey geschehener Nachfrage den Ankaufspreis von 124 auf 200 Gulden zu steigern beliebte — — so wurde die Ausführung des gefaßten Entschlusses verschoben. — Späterhin schaffte sich obige Commission das Magazin für den deutschen Hanf- und Flachsbau und Verbesserung dieser Produkte in allen ihren Zweigen, sowohl der Kultur als Fabrikation von Rothstein und Bertuch an. Plan und Zweck dieses Magazins, das in freyen Heften erscheint, geht vorzüglich dahin: den deutschen Flachs- und Hanfbau in allen ihren Zweigen zu verbessern und zu einer höhern Vollkommenheit zu bringen, um sie den, Deutschland so nachtheiligen englischen Baumwollfabrikationen entgegen zu stellen. Aus diesem Magazin lernte die Commission Rothsteins Darstellung der Bellafinetschen noch einfachern Flachsbrechmaschine, nach seinen erläuternden Kupfern, nebst der beygefügten Mustercharte von wirklich zubereiteten Flachsarten, näher kennen, und das Verlangen nach dem Besitz einer Bellasinetschen Maschine ward in ihr auf's Neue rege. Schon hatte sich ein Künstler in St. Gallen entschlossen, eine solche nach vorliegenden Beschreibungen und Kupfern zu verfertigen, als sich unerwartet die Nachricht verbreitete: die überall, als eine höchstnützliche Sache ausposaunte, neue, französische Erfindung habe keinen Werth und gewähre keinen Nutzen. — Der russische Hofrath und Doktor Hamel hat nämlich in der allgemeinen schweizerischen Gesellschaft für die gesammten Naturwissenschaften (in Genf versammelt, im Sommer d. J. 1820) eine sehr merkwürdige Vorlesung über diesen Gegenstand gehalten, deren Hauptinhalt ich hier in einem kurzen Auszuge, den ich der gefälligen Mittheilung des Doktor Präsident Zollikoffers verdanke, einrücke. —

Der Verfasser bemerkte zuerst, daß ihm der Gegenstand immer höchst wichtig vorgekommen sey, da er einem Lande (Rußland) angehöre, dessen Hauptprodukte und ein vorzüglicher Ausfuhrartikel Flachs und Hanf seyen; daher habe er sich auch sehr mit der angeblichen Erfindung beschäftiget; allein die ganze Angabe des Christian, den Flachs oder Hanf ohne Maceration vermittelst seiner Maschine zweckmäßig und vortheilhaft zu bereiten, sey falsch und eine wahre Prahlerey. Schon in England seyen vor mehrern Jahren durch einen Lee in Manchester unglückliche Versuche mit Maschinen gemacht worden. In Dublin wurden ähnliche Versuche mit gleich schlechtem Erfolg wiederholt, und es verunglückte dabey die ganze Leinerndte eines Bezirks.

In London fielen die Versuche, die ein Hill auf gleiche Art anstellte, nicht besser aus; und alle diese Resultate hätten ihn (Hamel) überzeugt, daß das Maceriren unerläßlich und durch keine Maschine zu ersetzen seye. Er habe seine dießfälligen Beobachtungen im Jahr 1817 dem Christian in Paris, der den Gedanken zu ähnlichen Versuchen hatte, mitgetheilt, und ihn mit der Einrichtung einer von zwey Spaniern erfundenen Maschine, die im 8ten Bande der spanischen landwirthschaftlichen Abhandlungen beschrieben und abgebildet sey, bekannt gemacht; zugleich aber ihm das Zweckwidrige aller dieser Maschinen vorgestellt. Als er hierauf Paris verlassen und sich nach Italien begeben habe, sey er nicht wenig erstaunt gewesen, das gewaltige Lobpreisen der neuen Erfindungen des Christian, die gerade nach den Zeichnungen der beyden Spanier verfertigt worden, und all das Fehlerhafte der bisherigen Versuche an sich trage, zu vernehmen.

Das ungewöhnliche Aufsehen, welches die neue Maschine erregte, sey durch die höchsten französischen Behörden veranlaßt worden, und vom Minister bis zum Präfekten, habe alles gewetteifert, den Ruhm der französischen Erfindung und die unermeßlichen Vortheile, die sie gewähre, zu verkünden. Daher seyen nicht bloß Bestellungen der Christian'schen Maschinen aus fast allen Ländern Europens eingegangen, sondern Christian selbst sey von Königen und Fürsten mit Orden und Titeln überhäuft worden. Man habe sogar eigne Eisenwerke angelegt, nur um dergleichen Maschinen schnell verfertigen und liefern zu können. Ein Thomas in Neapel habe für 6000 Dukaten solcher Maschinen zurüsten lassen, und einen beträchtlichen Flachsvorrath angekauft, um ihn damit zu verarbeiten, aber den größten Schaden erlitten; und so ergehe es allen denjenigen, welche diese Maschinen im Großen anwenden wollen; drey Viertheile des gebrauchten Materials gehen dabey verloren; nur im Kleinen, bey ganz feinen, ausgesuchten Flachs- oder Hanfpartbien, leisten sie etwas. Auch fange man an, dieses in Frankreich selbst einzusehen, und eine Commission des Conseils des arts et métiers zu Paris, welcher der Gegenstand zu näherer Prüfung erst in diesem Jahre zugewiesen worden, erkläre selbst öffentlich, daß die Maschinen des Christians das Versprochene nicht leisten. Er (Verfasser) halte sich deßnahen überzeugt, daß die Maceration des Flachses und Hanfes nie zu übergehen und durch keine Maschinen zu ersetzen sey; daß sie aber zweckmäßig befördert werden könne, und daß er eine zu diesem Ende in Schottland beobachtete Maschinen-Einrichtung, bey welcher der Flachs senkrecht in Rahmen (Cadres) eingesetzt, und das Wasser durch eine Art Mühlwerk in beständiger Bewegung erhalten werde, für das Vortheilhafteste und Beste, das bis jetzt erfunden worden, ansehe. —

XVI.

Anmerkungen und Zusätze

zu

Joh. Jak. Römers und Heinr. Rud. Schinzens

Naturgeschichte

der

in der Schweiz einheimischen Säugethiere.

Zürich 1809.

Von

Joh. Rud. Steinmüller,

Pfarrer in Rheineck.

Mit einigen Nachträgen von G. L. Hartmann

in St. Gallen.

Vorerinnerung.

Obige Verfasser haben uns ein schätzenswerthes Handbuch über die Säugethiere der Schweiz mitgetheilt, und sich daher auch um diesen Theil der Naturgeschichte unsers Vaterlandes Verdienste erworben.

Gemäß ihrer eignen Angabe leitete sie bey Bearbeitung dieses Werkchens der Grundsatz: Von dem, aus den vorhandenen Schriften Bekannten nur das Unentbehrlichste und Nothwendigste in gedrängter Kürze aufzunehmen, und nach Möglichkeit bey jeder Thierart dasjenige aus ihrer Naturgeschichte herauszuheben, was dieselben, als der Schweiz angehörig, auszeichnet, und nur die merkwürdigern, seltsamern, oder höhern Regionen eigenen Thiere mit zweckmäßiger Ausführlichkeit zu behandeln.

So unentbehrlich dieses Werk dießmal noch für jeden ist, der die Naturgeschichte schweizerischer Säugethiere studiert, so wird dennoch der Sachkundige, ohne Befremden, hin und wieder Lücken entdecken, die noch auszufüllen sind. — Meines Erachtens bedürfen wir daher in diesem Fache für einmal keines ähnlichen neuen Werkes, hingegen einzelne Berichtigungen und Zusätze müssen sowohl dem literarischen Publikum als den Herausgebern willkommen seyn. Ueberhaupt muß ich mit dem vortrefflichen Leisler *) bemerken: „es wäre doch sehr „zu wünschen, daß wenn einmal in irgend einem Theil „der Naturgeschichte ein gutes Buch existirt, jeder, der „entweder eine Lücke darin auszufüllen vermag, der Be„richtigungen zu machen hat, solches allein, als einen „Nachtrag zu diesen guten Büchern drucken ließe. Man

*) S. Nachtrag zu Bechsteins Naturgeschichte der deutschen Vögel von Leisler; in den Annalen der Wetterauischen Gesellschaft für die gesammte Naturkunde. 1. Band, S. 126 — und Nachträge zu Bechsteins Naturgeschichte Deutschlands von Leisler, 1s Heft, Hanau 1812.

„sparte an Geld: indem das schon längst Bekannte und „Bezahlte nicht nochmals bezahlt werden müßte; und ge- „wönne an Zeit: da man nicht genöthiget seyn würde, „weitläufige Werke, in der Hoffnung etwas Neues zu „finden, vergebens durchzulesen." —

In diesem Geiste will ich Leislers gegebenes Beyspiel nachzuahmen suchen; eigene und andrer Schweizer Erfahrungen, die sich in dem vorliegenden Werke, als solche nicht befinden, mache ich in der neuen Alpina bekannt; und wenn mir auch andre schweizerische Naturforscher ähnliche Nachträge zu gleichem Zwecke mittheilen, so würde sich dann erst mit diesen Zusätzen Römers und Schinzens Naturgeschichte unsrer inländischen Säugethiere zur Bearbeitung eines neuen Werkes eignen. —

Canis familiaris. Der Haushund. (S. 16.)

Ein männlicher Hund heißt in den Kantonen Appenzell und St. Gallen Brack, Bräckli; ein weiblicher Gösch, Göschli; Feutsch, Feutschli, Töß. Letzterer im Glarnerlande Breckeli.

Die vorzüglichsten in der Schweiz vorkommenden Hunderaçen sind folgende:

1. Der Spitz, Pommer, Bauernhund.

Dieß ist ein sehr treuer, wachsamer Haushund, der auch bey Wagen und Pferden diese guten Eigenschaften beweist.

In Bündten richtet man die Pommer zum Aufsuchen der Eichhörnchen (Sciurus vulgaris L.) ab; man zeigt ihnen nämlich todte Eichhörnchen und giebt ihnen einige Mal ihre Eingeweide zu fressen. Geht man darauf mit ihnen in den Wald, so wittern sie die Eichhörnchen schon von ferne, laufen der entdeckten Spur nach, die sie unter die Tanne führt, auf die das Eichhörnchen geklommen ist, und bellen dann in den Baum hinauf. Während dem nun das Eichhörnchen auf den Hund heruntersieht, so eilt der Jäger herbey und tödtet es mit einem Flintenschuße.

2. Der große Dachshund.

Dieß ist eine Art Fleischerhund, doch meistens noch größer; oft mehr als drey Fuß hoch, mit dickem und breitem Kopfe und hohen Füßen; der lange, kurzhaarige Schwanz in die Höhe stehend und geringelt; meistens erbsgelb oder blaßgelb, mit glatten und kurzen Haaren.

Mit einem solchen abgerichteten, starken Hunde suchen die Jäger, vorzüglich im Kanton Tessin, beym Mondeschein die Dachsen auf. Diese Hunde wittern sie des Nachts schon von Ferne, verfolgen sie mit der größten Hitze, und halten sie so lange fest, bis der Jäger kommt und sie mit einem Beil oder Hammer todtschlägt.

3. Der Metzger- oder Fleischerhund.

4. Der Schäferhund.

Diese großen, mit wolleähnlichen langen Haaren bedeckten Hunde sind vorzüglich die treuen Gehülfen der Bergamaskerschäfer, welche sich des Sommers mit ihren großen Heerden, namentlich in den Alpen des Engadins in Graubündten aufhalten. — Ein solcher wohlabgerichteter Schäferhund wird sehr werth geschätzt und theuer bezahlt; weil aber diese Hunde nur mit Kleyen und der letzten Schotte (Molken) genährt werden, so fehlt es ihnen zuweilen an Stärke: Wölfe und Bären zu besiegen. — Geschrey der Hirten und jener Hunde vertreibt die wilden Thiere. *)

---

*) S. den neuen Bündner-Sammler 4r Jgg. S. 213.

5. **Der große Bullenbeißer oder die englische Dogge.**

Man nennt diese Hunde in der Schweiz gewöhnlich nur Türk. Reisende, Kaufleute, Kornhändler und andere mit vielem Gelde versehene Reisende schätzen ihn wegen seiner Stärke und Kühnheit eben sowohl als Begleiter und Beschützer auf ihren Reisen, als ihm andre die Wache von Landsizen, Häusern und Gütern überlassen.

6. **Der schwarzmaulige Mops.**

7. **Der Jagdhund mit allen seinen Nebenraçen.**

Alle unsere schweizerischen Hasen- und Fuchs-Jäger verlangen von einem guten Jagdhunde, daß er Spürhund, Schweißhund und Parforce-Hund sey, und ich überzeugte mich selbst mehrmals, daß es wirklich solche Hunde giebt, die sich beym Aufsuchen und Verfolgen eines Wildthieres eben so thätig, als wie beym Nachjagen eines angeschossenen erzeigten, und öfters einen Hasen so lange verfolgen, bis er ermattet stillstehen, und sich von ihnen packen und tödten lassen muß.

Die Jäger am Rhein bey Montlingen und anderswo richten überdieß ihre hitzigsten Jagdhunde bey der Fuchs- und Hasenjagd ebenfalls auch dazu ab, daß sie im Frühjahr die Sümpfe am Rheine durchschwimmen und die jungen wilden Enten, ehe sie fliegen können, gegen dem Jäger jagen.

Man findet übrigens selten einen Jagdhund, der auf Hasen und Füchse gleich hitzig jagt; meistens zeigen sie gegen die eine oder andere Thierart mehr Verfolgungshitze.

Beym Abrichten dieser Hunde zur Jagd beobachten erfahrne Jäger vorzüglich die Vorsichtsregel, daß sie dieselben im Anfange ja nicht gegen Thiere hetzen, von denen sie überwunden und abgetrieben werden könnten. Man läßt sie zuerst an schwächern oder verwundeten und halbtodten Thieren den Versuch machen; gelingt es ihnen, sie zu tödten, so macht dieß sie äußerst beherzt und frech; so wie sie hingegen, wenn sie gleich im Anfange von einem Fuchse oder Dachse verwundet und geschlagen werden, für ihr ganzes künftiges Leben feig und unbrauchbar bleiben und den empfangenen übeln Eindruck niemals mehr vergessen. *)

8. Der Hühner- oder Federhund.

9. Der Pudel.

10. Der Windhund oder das Windspiel.

Er ist von verschiedener Größe und wird nie zur Jagd, sondern nur selten als Luxushund gehalten.

11. Der kleine Dachshund oder Schlühfhund.

Man bedient sich ihrer vorzüglich, um die in Löchern und Höhlen versteckten Dachsen und Füchse auszukundschaften und herauszutreiben. Sie lassen sich aber auch leicht zur Hasen- und Füchsejagd im offenen Felde abrichten und werden überhaupt gegen jede Art von Wildthieren sehr hitzige Verfolger.

11. Das Bologneser-Hündchen.

Es kömmt nur als Schooshündchen vor, und diese sind bey uns überhaupt selten.

Ueber die älteste Geschichte der Hunde in

*) Die Hunde, deren man sich im Kanton Tessin bedient, um die daselbst ziemlich häufig wachsenden Trüffeln aufzusuchen, sind auch von der Art der Jagdhunde. S. Schinz Beyträge zur nähern Kenntniß der Schweiz V, 750.

der Schweiz giebt uns Walther folgende Berichte. *) — An zahmen, sowohl großem als kleinem Viehe sah man unzählbare Heerden, in welchen der größte Reichthum der Einwohner bestuhnde. Die Gallier, die zu Cäsars Zeiten schon einigen Handel und Gewerb trieben, hielten viel auf Lastthiere, welche die noch rohern Germanier nicht gebrauchten. Diese Uebung passet vorzüglich auf die Alpen und Bergländer, wie Helvetien ist. Die Heerden, besonders des kleinen Viehs, stuhnden unter dem Schutze und der Führung abgerichteter großer Hirtenhunde, deren unbekannte Art den Römern so ausserordentlich vorkam, daß sie wegen einer anscheinenden Aehnlichkeit glaubten: sie wären von zugelassenen Wölfen gezeuget. **) Die Gallier, welche die Jagd liebten, und deren waldige Hügel mit wilden Thieren angefüllt waren, hielten zahlreiche Haufen ungeheurer Hunde, die ihnen oft zur Leibwache dienten und in guter Ordnung folgten; — ein Theil derselben waren Toggen, die sie aus Brittanien zogen, und derer sie sich sogar im Kriege bedienten.

Nach Johannes Müller †) hielten die allemanischen Helvetier eine Menge verschiedenartiger Hunderaçen, wovon jede Art ihre eigne Bestimmung und Benennung hatte; — „ihr Ge„setzbuch redet von ihren Wiesaten (großen wilden „Ochsen), von ihren Kühereyen (Vaccaritia), von „ihren Rossen und Maren (Stuten), ihren Bären, „welche sie so begierig aßen, als andre Teutsche das Pferd-

---

*) S. Walthers celtische Alterthümer S. 18.

**) S *Plin.* histor. natural. lib. VIII. Cap. 40.

†) S. der Geschichte schweizerscher Eidgenossenschaft. 1r Theil, Leipzig, 1787, S. 156.

„Fleisch; ihren Hirschen, welche sie zähmten zur Jagd; „ihren Leithunden (qui hominem sequentem „ducit); ihren grosen Susen (Cursales); ihren „Schäferhunden (Porcaritii); ihren Hunden zur „Bärenjagd (Ursaritii); Hunden wider den „Wolf (qui lupum mordent); und solche, welche ab„gerichtet waren, dem Geschrey zufolge auf den andern „oder dritten Hof zu laufen (ad clamorem — ad vil„lam currit)."

Je genauer man die Hunde beobachtet, desto mehr Eigenheiten entdeckt man an ihnen.

So äußerst zart und empfindlich die Gehörorgane der Hunde sind, so schwach ist hingegen ihr Gesicht. Sie haben nicht nur häufig Triefaugen, sondern sehen überhaupt in die Ferne gar nicht gut. Ich habe es oft bemerkt, daß Hunde einen Stein oder ein Stück Holz in der Ferne für eine Katze oder für ein anderes Thier hielten, eilfertig darauf zu liefen, und die Täuschung erst ganz nahe dabey bemerkten.

Der berühmte Naturforscher Beurrit hat uns eine weitläufige Biographie seines Hundes, der ihn zwölf Jahre auf seinen Reisen begleitete, hinterlassen und giebt uns auch folgenden Beweis vom Gedächtnisse der Hunde. „Zwey Jahre," schreibt er, „nachdem mein „Hund aus seinem Vaterlande, dem St. Bernhardsberg, „entfernt war, kam er wieder einmal hin, und auf dem „Wege nach St. Branchier sah ich mit Verwunderung, „ihn auf ein Maulthier und dessen Führer hinlaufen und „Sprünge machen, auch hielt ich ihn aus seinem Bel„len für zornig. Allein, wie erstaunte ich, als ich sah, „daß er ihnen auf diese Weise nur liebkosete; er kannte „sie nämlich als Landsleute aus seinem Dorfe, und das „Maulthier hinwieder, das ihn ebenfalls noch kannte,

„ließ sich die lauten Ausbrüche seiner Freude nicht min„der wohlgefallen.“ *)

Doch das Gedächtniß der Hunde erinnert sie nicht nur lange an empfangene Wohlthaten; es macht ihnen auch erlittenes Unrecht unvergeßlich. Bourrit erzählt ebenfalls von seinem Hunde: daß ihm einst eine Dame, um ihn zu prüfen, die Thüre vor der Nase zuschloß, und daß er dahin nie wieder ging, ungeachtet der dringendsten und aufrichtigsten Einladungen. — So sah ich auch einen Hund von vorzüglich guten Eigenschaften, den französische Soldaten gleich im Anfange ihres Einzugs in die Schweiz beleidigten und ein paarmal mit bloßem Schießpulver auf ihn schossen; und dieser bekam darauf einen solchen Widerwillen auf alle nachfolgenden französischen Soldaten, daß man ihn in ihrer Nähe immer sorgfältig eingesperrt halten mußte. Er hatte nie gegen einen Menschen gebissen; aber gegen französische Soldaten würde er jede Art von Rache ausgeübt haben. Er fürchtete von obiger Zeit an auch lebenslänglich die Flintenschüsse, und so, wie er von Ferne schiessen hörte, verkroch er sich in die verborgensten Winkel der Häuser.

Von dem Neide und der Eifersucht der Hunde mag auch folgende Thatsache zeugen, deren Gewährsmann mir Hartmann in St. Gallen ist. In dem Pfarrhause zu Fellanden am Greifensee im Kanton Zürich war um das Jahr 1760 ein Hund vor Alter grau und halb lahm geworden. Sein Patron wollte ihm das Gnadenbrod geben, schaffte sich aber daneben einen jüngern an. Die Hausgenossen alle schmeichelten nun dem

*) S. Bourrits Reise durch die Waadt in etlichen Briefen an ein Paar Frauenzimmer; im neuen schweiz. Museum. 1794. 1r Jahrg. 174 — 175.

neuen Ankömmlinge, und der Alte war darüber äußerst neidisch und unzufrieden. Anfänglich kroch er allemal herbey, jenen zu verdrängen und die Liebkosungen für sich zu erbetteln; da er aber gewöhnlich fortgestoßen wurde, verbarg er sich in der Folge in die entlegensten Winkel, so oft seinem jungen Kameraden geschmeichelt wurde, und der Aerger wegen des erlittenen Unrechts vertrieb ihn zuletzt gar aus dem Wohnhause. Nach einigen Wochen ward er unter dem Zaune einer entlegenen Wiese todt gefunden.

Daß die Hunde und namentlich die Pudel sehr gelehrig sind und zu verschiedenen Verrichtungen abgerichtet werden können, ist allgemein bekannt. Der Haushund kann mit leichter Mühe zum Wachehalten, der Jagdhund zum Jagen des Wildes, der Hühnerhund zum Auffinden des Geflügels angehalten werden u. s. w. Jede von diesen Ragen besitzt zwar zu demjenigen Berufe, wozu sie der Mensch eigentlich bestimmt hat, seine vorzügliche Naturanlage; allein bey der Entwickelung derselben kommt doch sehr viel auf die erhaltene Erziehung an, und es zeigt sich daher auch öfters, daß der Jagdhund zu den Geschäften des Hühnerhunds und umgekehrt; der Spitz- zum Jagdhunde und der Jagdhund eben so gut auch zum Wächter und Haushund erzogen werden kann. Wenn also Götze bemerkt: „daß es sehr „merkwürdig sey, daß jeder Hunderaçe ihre besondern „Eigenschaften, womit sie nützen sollen, gleichsam ange„boren seyen, daher der Hirtenhund nie lerne, vor ei„nem Volk Hühner zu stehen, und der Wachtelhund es „nie verstehe, dem Winke des Schäfers gehorsam zu „seyn," — so ist dieß gewiß allzubestimmt ausgedrückt, und er hat dabey zu wenig auf die große Unterrichts-Empfänglichkeit der Hunde und dem wichtigen Einfluß der Menschen dabey Rücksicht genommen.

Von der Treue des Hundes und von seiner dankbaren Anhänglichkeit gegen seine Wohlthäter, die sich sogar noch auf Todte erstreckt, kennt man eine Menge der auffallendsten Beyspiele. Zu diesen hier nur ein einziges:

Im Jahr 1802 verunglückte ein Schiff auf dem Zürchersee, aus dem vier Menschen ertranken. Unter diesen befand sich auch ein Fleischer, der mit seinem Hunde den tobenden Wellen Preis gegeben wurde. Allein dieser packte sogleich, so wie beyde ins Wasser kamen, seinen Herrn beym Rocke und brachte ihn endlich — obwohl todt — mit der unbegreiflichsten Anstrengung ans Land, wo er nicht eher von der Leiche wegging, bis man dieselbe erst am folgenden Tage entdeckte und wegtrug.

Ich sah auch einen kleinen Dachshund, mit dem sein Herr sehr oft auf die Hasenjagd geht. Dieser hat nun die Gewohnheit, daß er, wenn der Hund ein Thier über die Mittagszeit verfolgte und seine Rückkehr verspätete, ohne den Hund nach Hause ging. Der Hund, der jene Gewohnheit kannte, lief daher bisweilen, wenn die Mittagszeit vorbey war, auf dem geraden Wege zurück, sah sich in der Stube um, ob sein Herr da sey, und fand er diesen alsdann nicht, so eilte er sogleich wieder in den Wald zurück und ruhte nicht eher, bis er ihn wieder aufgefunden hatte.

Götze führt in seiner Fauna als eine neu entdeckte Eigenheit der Hunde an, daß zwey Hunde einmal einander Flöhe fingen; die Mutter habe mit der Nase in den Haaren der Tochter gestört, und wo sie Flöhe witterte, habe sie solche sehr geschickt mit den Zähnen in den Haaren zu zerknirschen gewußt. — Ich habe dieses nicht nur sehr oft bey den Hunden gegenseitig wahrgenommen, sondern einzelne Hunde wissen sich auch selbst auf diese Weise sehr leicht zu helfen und an denjenigen Stellen, wo sie mit ihren Zähnen hinkommen können, jene lästigen Gäste zu verdrängen. Es geschieht auch gar oft, daß Hunde und Katzen, die sich zusammen in einem Hause gut vertragen lernten, einander auf diese Weise stundenlang dienen.

Wenn die Hunde ein Thierscelet, eine todte Maus oder ein anderes Aas auffinden, so legen sie sich sogleich auf den Rücken und wälzen den Körper über dasselbe hin und her. Es läßt sich mit vieler Wahrscheinlichkeit vermuthen, dieses geschehe aus einem geheimen Instinkte, um dadurch ihrer Flöhe entledigt zu werden, die wie die Läuse den Geruch eines jeden Aases scheuen.

Jedem Beobachter wird es auch leicht seyn, viele Beweise dafür zu erhalten, daß die Hunde der Selbstbefleckung sehr ergeben sind.

Obschon unsre Hunde gefüttert werden und nirgends einzig vom Raube leben, so verschaffen sie sich dennoch selbst bisweilen einen guten Bissen. Nicht nur die Jagdhunde entlaufen des Sommers öfters in die Wälder, um zu jagen und zu morden, sondern auch die Bauernhunde (Spitze) in Berggegenden fangen sich manchen jungen und alten Hasen und tragen nicht wenig zur Verminderung dieser Thiere in jenen Gegenden bey.

Mein Freund Hartmann in St. Gallen überzeugte sich aber augenscheinlich, daß diese Raubgier des Hundes von seinem Naturell herrührt und er nicht blos vom Hunger dazu getrieben wird. Er hielt sich nemlich eine Zeitlang in Westphalen auf einem Schloße auf, wo drey große Hunde sehr gut gehalten und gefüttert wurden; gleichwohl schlichen sie sich des Abends, wo sie immer konnten, vom Schloße weg und zerrissen gemeinschaftlich, in dem Bezirke von mehr als einer Stunde, weidende Schafe, Kälber, Ziegen und einst sogar ein Füllen. Einmal kamen zwey davon, durch Schüsse verwundet, heim — doch ließen sie sich deßwegen von ihrem nächtlichen Raube nicht abhalten; den Tag über waren sie sehr gute Thiere, die sich nie vom Hause zu entfernen begehrten, ungeachtet sie frey herumliefen. — Aehnliche Beyspile könnte ich mehrere anführen.

Ein Paar sehr gute, aber äußerst schlecht genährte Jagdhunde liefen im Herbste täglich auf die Aecker, um weiße Rüben herauszureißen und Aepfel und Birnen unter den Bäumen aufzusuchen und damit ihren Hunger zu stillen.

Die meisten Haushunde (Spitze) und viele Jagdhunde sind auch eifrige Mausefänger auf Feldern und Wiesen. Sehr bald wittern sie die Gänge und Wohnsitze dieser schädlichen Thiere; nahe an der Stelle, wo diese ihre Nester haben, reißen sie die Erde auf, werfen das Nest heraus und arbeiten mit den Vorderpfoten und dem Maule immer dem Gange nach, in welchen sich die Maus flüchtet, indem sie die Erde beständig zwischen den beyden Hinterbeinen weit hinter sich werfen. Kommen sie der Maus näher, so geben sie nicht nach und graben bis auf 1 1/2 Fuß tief in die Erde, um der gewünschten Beute theilhaft zu werden, wobey sie sich oft so ermüden, daß sie während dieser Arbeit ausruhen müssen.

Man sieht die Hunde sehr oft Quecken und anderes Halmen-Gras fressen, und zwar vorzüglich bey zunehmender Sommerhitze in den Hundstagen. Bechstein und Götze versichern bestimmt, sie thun dieß, um die spitzigen Splitter von Knochen, die ihnen im Magen und in den Gedärmen unangenehme Empfindungen machen und schaden können, in das unverdauliche Quecken-Gras einzuhüllen, und sie auf diese Weise in den Exkrementen von sich zu stoßen. — Allein wenn wir die Kräfte des Magensaftes vorzüglich auch bey den Hundearten in Betrachtung ziehen, so wird es uns sehr unwahrscheinlich, daß ihnen Knochensplitter Magenschmerzen verursachen, und daß jene sich noch in den Exkrementen der Hunde vorfinden. Hingegen beobachtete ich es häufig, daß das Rauhe überall im Rachen klebende Queckengras die Hunde sogleich zum Brechen reitzt, und ihnen auf diese Weise einzig als Arzneymittel dient, um den überfüllten Magen zu leeren oder vom Genuße ungesunder Speisen zu reinigen. —

Als Beytrag zur Geschichte der Fortpflanzung dieser Thierart erwähne ich hier noch einiger merkwürdiger Instinkte und Eigenheiten, die ich zu verschiedenen Malen an ihr beobachtete.

Wenn Mann und Weib von ungleicher Raçe, oder von verschiedener Größe sind, so findet sich diese Ungleichheit gewöhnlich auch unter den Jungen. Wenn aber ein ganz kleines Hündchen von einem größern befruchtet wurde, so entstehen daraus öfters sehr schwere und tödtliche Geburten. Ich war Augenzeuge, daß ein solches Thierchen von Morgens um 11 Uhr bis Abends um 10 Uhr an den heftigsten Geburtsschmerzen litt, indem ein junger Hund von einer großen Pommerraçe mit dem Kopfe eingeklammt war, und die Mutter hätte sicher sterben müssen, wenn ihr nicht Hülfe geleistet worden wäre. Nachdem nun jener mit Gewalt und todt weggenommen war, so wurde sogleich noch ein andrer von ganz kleiner Art geboren, der mit den hintern Füßen zuerst erschien. Gleich nach der Geburt war er ganz betäubt und schnappte nur zuweilen ängstlich nach Luft, so daß man vermuthete, er werde sogleich auch sterben. Allein nachdem ihn die Mutter sauber geleckt hatte, legte sie sich vollkommen über ihn hin, doch so vorsichtig, daß er nicht gedrückt wurde, und steckte die Schnautze völlig unter denselben, wodurch er schnell erwärmt wurde, und bald anfing, sich sehr lebhaft zu bewegen und Nahrung zu suchen. Die sorgfältige Mutter machte darauf viele äusserst artige Wendungen des Körpers, bis der Kleine ein Saugwärzchen bekam — und beyde blieben in der Folge gesund.

Bey schweren Geburten, wo nur einzelne Theile des Jungen zur Welt geboren werden, beißt die Mutter diese Theile weg, und verschlingt sie. —

Wenn die Hündin ihrer Entbindung nahe ist, so sucht sie sich immer ein bequemes weiches Nest für ihre Jungen auf, und nie würde sie diese nur auf den blosen Boden hinlegen. So ereignete es sich, daß eine Hündin, die sich meistens in einer Studierstube aufhielt, worin sie kein Nest vorfand, in der Nacht ein Junges auf Papier in dem vorhandenen Bücherschrank gebar, das aber unglücklicher Weise zwischen einige Bücher hinunter fiel, ohne daß es die Mutter mehr heraufziehen konnte. Auf diese gefährliche Stelle wollte sie daher die andern Jungen nicht mehr legen, zugleich aber fand sie auch kein andres Nest; sie behielt daher diese unter den fürchterlichsten Schmerzen bis Morgens um 9 Uhr bey sich, und gebar sie nicht eher, bis man ihr in einem Korbe ein Nest brachte, in den sie sogleich stieg, und augenblicklich ihre übrigen Jungen gebar. —

Eine andre kleine Hündin warf in der Mitte des Junius drey Junge, wovon nur eins am Leben blieb. Sie trug gerade 63 Tage, von dem Tage an gerechnet, an welchem sie das Männchen das letzte Mal zugelassen hatte.

Mit dem 14ten Tage öffneten sich die Augen, und acht volle Wochen leckte die Mutter jeden Abgang des Jungen so sauber auf, daß davon nie eine Spur in und neben dem Neste zu sehen war; ja die meisten Mal ließ sie die Exkremente nicht einmal niederfallen, sondern leckte sie von dem After weg. — Welch ein sonderbarer Instinkt, der bey allen Hunde- und Katzemüttern statt findet! —

Zu Ende des dritten Monats durfte das Junge nicht mehr saugen. Acht bis zehn Tage vor der Entwöhnung brachte sie dem Kleinen von ihren Mahlzeiten jedesmal zuerst den beßten Bissen mit dem zärtlichsten Gewimsel ins Nest oder an den Ort, wo sich der Kleine aufhielt und legte ihm denselben vor's Maul. Fing dieser an davon zu fressen, so sprang sie wieder froh zu ihrem Teller, und ließ es sich auch gut schmecken. — Diese mütterliche Vorsorge setzte sie bis zu Ende des vierten Monats regelmäßig fort, und noch im fünften Monate wiederholte sie dieses, doch erst alsdann, wenn sie sich satt gefressen hatte. —

Die Jungen bleiben also 10, 12 bis 15 Tage blind, wie man sagt; die Augenlieder sind nämlich vermittelst eines zarten Häutchens an einander befestiget; dieß zerreißt, sobald der obere Muskel des Augenlieds Stärke genug bekommen hat, dieses Hinderniß zu heben, und das Augenlied aufzuziehen. —

Doch die jungen Hunde, Katzen u. a. m. sind nicht nur einige Tage des Gesichts beraubt, sondern sie werden auch gehörlos geboren. Gleich nach der Geburt sind die Gehörgänge so enge verschlossen, daß es unmöglich wäre, mit dem Kopfe einer Stecknadel durchzudringen. Nur nach und nach werden die innern Theile der

Ohren weicher, und erst so, wie sich die Augen öffnen, eröffnen sich auch die Gehörgänge. *)

Ueber die Absicht des Blindseyns einiger neugebornen Thiere führen die Naturforscher mehrere Vermuthungen an. „Vermuthlich" — sagt Götze — „sind die Augen „einiger Thiere deßwegen verschlossen, damit diese und „die dazu gehörigen Theile erst recht stark werden, sich „bey einem zu blendenden Lichte gehörig zu bedecken, „oder auch in der Dunkelheit gewisse electrische Eigen„schaften zu bekommen, wie die Augen der Hunde, Ka„tzen, Füchse und mehrere Nachtthiere haben." — Aber zu welchem Zwecke sind dann ihre Gehörgänge verschlossen? — Der erste und vorzüglichste Zweck dieser doppelten sonderbaren Erscheinung scheint mir wenigstens vorzüglich dieser zu seyn: daß diese Thierchen in den ersten Tagen nach ihrer Geburt gleichsam nur vegetiren, um durch keine Eindrücke von außen her an dem zum Wachsthume ihres Körpers und zur Befestigung aller seiner einzelnen noch sehr zarten Theile so höchst nöthigen unbeweglichen Stilleliegen — gehindert werden. —

Zur ältern Geschichte der Hundswuth in der Schweitz **) gehört auch folgende Stelle in Walsers Chronik: „Nachdem" — sagt der Verfasser —

---

*) Aehnliche Beobachtungen machte Dr. Kuntemann in Berlin bekannt, in seinem Aufsatze über das Gehörorgan blindgeborner Thiere in L. W. Gilberts Annalen der Physik. 41r Band S. 384—391.

**) S. Anleitungen, wie Menschen, welche von wüthenden Thieren gebissen worden sind, behandelt werden müssen; von den Sanitätsräthen in Zürich, Lausanne u. a. m. in den monatlichen Nachrichten schweizerischer Neuheiten. Jahrgang 1750. S. 166—167. 1755. S. 64. 1758. S. 74—76. 1796. S. 193—196.

„in dem fortwährenden Bündner-Kriege (1623) viele „hundert erschlagene Todtenkörper in den Rhein geworfen, und im Oberlande und Rheinthale an das Land „getrieben, hernach von Hunden angebissen und gefressen worden, so sind die Hunde darüber in so rasende „Wuth gerathen, daß sie im Appenzellerlande, „Oberland und Rheinthal aller Orten das Vieh „angefallen, und in kurzer Zeit über 25000 Gulden Scha„den gethan. Daher mußte alles Landvolk auf seyn, „und mit Flinten, Spießen, Stangen und Prügeln die „rasenden Hunde tödten." *)

Im Jahr 1764 grassirte unter den Hunden im Kanton Bern und Aargau hin und wieder allgemein eine Krankheit, die eine Menge derselben tödtete. **) Eben so im Jahr 1810. †)

Im Herbstmonat, Weinmonat und Wintermonat des Jahrs 1820 herrschte in den Kantonen St. Gallen, Appenzell und Thurgau die Wuthkrankheit unter einigen Hunden, die sowohl andere Hunde und Federvieh bißen, als aber auch einzelne Menschen verwundeten. Diese Krankheit zeigte sich zwar bald in diesem, bald in jenem Theil obiger Kantone nur an einzelnen Individuen; allein gerade diese Erscheinung, daß so wie man glaubte, das Uebel sey gehoben, es sich dann sogleich wieder in einer andern Ecke äusserte, machte die Sanitätsbehörden desto sorgfältiger und veranlaßte sie zu ernsten Maaßregeln. ††) Unvermuthet zeigte sich im

*) S. Walsers Appenzeller-Chronik. S. 594.

**) S. Abhandlungen der landwirthschaftlichen Gesellschaft in Bern von jenem Jahrgange.

†) S. Höpfners gemeinnützige schweiz. Nachrichten, 1810, Beylage zu No. 5 und 13.

††) S. Bekanntmachung, wie man die Personen, welche von

Christmonat sogar völlig hinten im kleinen Thale des Glarnerlandes ein einzelner toller Hund, während dem sonst alle übrigen Hunde daselbst von dieser Krankheit frey blieben.

In den Jahren 1809 bis 1819 wurden im Kanton Zürich 68 Personen von wüthenden Hunden und Katzen gebissen. Davon wurden 49 im Krankenhause der Hauptstadt behandelt, von denen 46 von der Wasserscheu befreyt blieben. *)

Nachtrag von G. L. Hartmann.

Man hat wohl von wenigen Thieren so viele Anekdoten, wie von dem Hunde; aber eben darum bedarf es der Vorsicht, manche derselben bloß auf Treue und Glauben anzunehmen. Es ist z. B. allgemein bekannt, welch eine unbeschreiblich feine Witterung der Hund hat; aber daß ein Hund erst 14 Tage nach der Abreise seines Herrn, ihm von Altenklingen nach Paris (ungefähr 120 französische Meilen weit) nachgefolgt sey, mag als Wahrheit glauben, wer es kann. Auch die feinste Hundenase möchte wohl schwerlich erst nach vierzehen Tagen einer Spur folgen können, die auf unmittelbar betretenem Boden sich fand. Wenn man nun bedenkt, daß der Herr dieses Hundes die Reise zu Pferde gemacht, und folglich nur bey den Absteig-Quartieren seinen Fuß auf die Erde gesetzt, so wird die Sache noch mehr zum Wunder. Indessen ist sie eine Sage, die auf blossen Traditionen beruht, und erst 172 Jahre später, als die Geschichte sich

---

einem Bisse toller Hunde, Katzen oder anderer Thiere verletzt worden, zu behandeln habe, von der Sanitätscommission des Kantons St. Gallen.

*) S. Schweiz. Chronik 1820, S. 73.

ereignet haben sollte, für eine wirkliche Geschichte publizirt wurde. *) Weder zu Altenklingen, noch in dem Zollikoferschen Familienarchiv in St. Gallen findet sich schriftlich keine Zeile, die für die Wahrheit des Faktums zeugte. Die Veranlassung zur Sage scheint nur ein Portrait von Leonhard Zollikofer (Stifter des Fideikommisses von Altenklingen) zu seyn, das ihn mit einem an ihn freudig aufspringenden Jagdhunde darstellt. Alle nicht besser beurkundeten Anekdoten, sollten endlich einmal aus unsern Naturgeschichten wegbleiben, und dem Dichter zugewiesen werden, der sie so lieblich zu bearbeiten versteht, wie Herr Pfarrer Appenzeller uns mit dieser Tradition in den Alpenrosen vom Jahr 1816 unterhalten hat.

Nicht nur von der Treue, sondern auch von der Klugheit des Hundes ward schon sehr viel geschrieben, und mitunter Geschichten die eben so unzweifelbar, als uns erstaunenswürdig sind. Jedoch findet man bey keiner den Erweis von wirklicher Intelligenz, wohl aber sehr oft den gänzlichen Mangel derselben. Bey dem Brand einer Mühle, der zu Hausen, im Kanton Zürich, 1810 den 8. Juni durch ein Gewitter entstand, war die Treue eines großen Haushundes der Rettung vieler Sachen von Werth hinderlich; indem er durchaus keinen Unbekannten in die Wohnstube herein lassen, und auch die Stube nicht verlassen wollte, so daß er in derselben zuletzt verbrannte. **)

*) In Herrlibergers Schweizertopographie, I. 24. wird dieser Geschichte zuerst erwähnt.

**) Höpfners gemeinnützige schweizerische Nachrichten 1810, No. 114.

Bey einer Feuersbrunst, die im Jener dieses 1821. Jah-

Der Hund, dessen Freßlust doch stets rege ist, kann unter gewissen Umständen unglaublich lange Hunger leiden. Im Jahr 1816 den 18. May ward in einem hiesigen Hause ein Mopshündchen aus Versehen in einem oberen, unbewohnten Zimmer eingesperrt, und erst am Abende des 3. Juni, als man durch Zufall das Zimmer wieder öffnete, wurde es noch lebend entdeckt; freylich äusserst mager und schwach, da es bey der Einsperrung sehr fett war. Durch dargereichte laue Milch mit Wasser, erholte es sich bald wieder, und lebte ohne allen Nachtheil fort.

Sehr selten hat der stärkste Hund den Muth einen Luchs anzugreiffen. Der Vater unsers berühmten Bürgermeisters D. Joachim von Watt, hatte einen solchen kühnen Hund.*) Aber dieser nämliche Hund wagte es nicht einen Igel anzupacken. Hingegen hatte einer meiner Verwandten auf seinem Landgute einen großen Hund, der die Igel freywillig fieng und nach Hause brachte, obgleich er jedesmal es nicht anders, als mit starker Mundverwundung thun konnte.

---

res in der Gemeinde Wald, Kantons Appenzell ausbrach, flüchtete sich ein Haushund hinter den Ofen des in Flammen stehenden Hauses; auf Rufen und Pfeifen seines Meisters achtete er durchaus nicht, und jener konnte ihn nur mit Lebensgefahr und gewaltsam herausreißen.

Der Herausgeber.

*) Diese Anekdote, die ich von einem Zeitgenossen, in Joh. Reutineri Diarium, Mscpt. aufgezeichnet fand, ist um so merkwürdiger, da sie zugleich erweist, daß im Jahr 1517 der Luchs sich noch im Martinstobel, also nur eine Stünde von der Stadt St. Gallen entfernt, aufhielt.

Canis Lupus. Der Wolf. (S. 24.)

Im Weinmonat des Jahres 1807 wurden in Sissach, des Cantons Basel, zwey Wölfe, Männchen und Weibchen geschossen; das erstere wog 120 und das leztere 110 Pfund; es fanden sich zugleich 9 Junge in ihrem Leibe. —

Die Wölfe flößten in den ältern Zeiten in allen nördlichen Gegenden durch ihre große Menge, durch ihre reissende Art und Stärke, durch den unter Heerden und Menschen erregten großen Schaden, vorzügliche Furcht und Schrecken ein. — Wie sehr das alte Gallien mit Wölfen angefüllt war, kann man daraus abnehmen: daß diese Thiere noch zu Carls des Großen Zeiten überaus zahlreich gewesen sind. Eine Verordnung desselben schreibt vor: daß jeder königliche Statthalter zwey Wolfsjäger halten solle; Cap. secund. ann. 813. — Von Burgund kann man das Gleiche schließen ex lege Gundob. tit. 46. — Wie grausam Gallien öfters von Wölfen verheert wurde, bezeugen die Annales Francor. Bertiniani ad annum 846. u. a. m.*)

Von Arx**) schreibt: „daß nach Verwüstung des Buchsgauer-Landes durch die Armagnacken im Jahr 1376, Wölfe in solcher Menge gekommen seyen, daß niemand vor ihnen sicher war und die kleinen Städte am hellen Tage die Thore vor ihnen geschlossen halten mußten." ***) Der größte Theil dieser Thiere habe das Buchsgau nach-

---

*) S. Walthers celtische Alterthümer S. 13.

**) S. seine Geschichte der zwischen der Aare und dem Jura gelegenen Landgrafschaft Buchsgau, S. 118.

***) S. Cod. Mscpt. N. 647, p. 143.

hin verlassen und sey über den Rhein nach Schwaben geschwommen.*)

Obgleich man schon zu Stumpfs und Conrad Geßners Zeiten diese schädlichen Raubthiere allgemein im Alpenlande zu vermindern suchte, so erhielten dennoch die meisten Gegenden der Schweiz, selbst in den neuern und neuesten Zeiten, mehr oder minder häufige Besuche in Streifzügen von Wölfen, die Verordnungen und Anstalten gegen ihre Vertilgung nothwendig machten, und in einigen öden Gebirgsgegenden haben sie sogar noch jetzt festen Fuß.

In Bündten werden beynahe alle Jahre einzelne Wölfe erlegt und in der sehr waldigen Südseite des Unterengadins sind sie noch nie ausgerottet gewesen, daher man des Nachts in den dortigen Alpen häufig Feuer unterhält.**) — In Kleven und im Veltlin sind sie am allergemeinsten, verursachen daselbst im Spätherbst und im Frühling großen Schaden und begeben sich des Sommers von dort aus in die Bündtneralpen des Bergälls- und Misoxerthals, wo sie die Schaafheerden auf den höchsten Weidplätzen herumtreiben und sehr beschädigen. — Auf dem Rathhause in Davos sind viele Wolfsgarne aufbewahrt, und noch im Jahr 1806 waren aussen an demselben mehr als 30 Wolfsköpfe und Rachen angenagelt,***) wovon gegenwärtig noch die meisten vorhanden sind. — Im Jahr 1767 den 20. Merz ist ein trächtiger Wolf mit drey Jungen und im folgenden Jahr ein andrer Wolf in den

*) S. Schodeler, Eg. Tschudi.

**) S. den neuen bündnerischen Sammler, 1r Jahrgg, S. 61.

***) S. den neuen bündnerischen Sammler, 2r Jgg, S. 18.

Gebirgen von Davos erschossen worden; und auch jetzt noch zeigt sich dann und wann, doch immer seltener, ein einzelner daselbst.*) Im Jahr 1801 erschlug ein Bauer auf Brugg, an der Straße nach St. Moritzen einen Wolf mit einem Beil; im gleichen Jahre tödtete ein Jäger einen solchen mit einem Flintenschuße in dieser Gegend; so wie man zu gleicher Zeit auf Stulz zwey Wölfe in eisernen Fallen fing. — Auch im Schamserthale **) und im Rheinwalde, bey Splügen ***) schaden diese Raubthiere öfters bedeutend und sind daselbst noch nicht ganz vertilgt.

In den Gebirgen des Cantons Tessin sind die Wölfe ebenfalls noch gemein, und unter den Schaaf- und Ziegenheerden, besonders des Winters, wo sie in die Ebenen herabkommen und sich den Wohnungen und Ställen nähern, sehr verheerend. — Im Jahr 1772 wurden im Thale Verzasca vier Wölfe geschossen und andere in Fallen gefangen. Im Mayenthale und in Lavizzara giebts noch mehr, so auch in den nördlichen Gegenden von Lauis. Im Livinerthale kommen sie in kalten Wintern bis auf die Ebene von Bellenz, ja bis in die Gebüsche der Magadiner Ebene herab. †) — Im Jahr 1774 wurden in der Vogtey Riviera drey Wölfe erschossen und nach drey Tagen sah man wieder drey andre unweit dem Dorfe Ladrino an dem Tessin; auch in der Nacht zwischen dem 19. und 20. Christmonath des Jahrs 1773 haben

*) S. Alpina von v. Salis und Steinmüller, I, 69.

**) S. den neuen bündner. Sammler, 4r Jag, S. 63.

***) S. den neuen bündner. Sammler, 5r Jgg, S. 120.

†) S. Schinz Beyträge zur nähern Kenntniß des Schweizerlandes, II, 134. III, 275 und 285. IV, 417.

sich zwölf Wölfe ob dem Pfarrdorfe Camerino mit großem Geheul hören lassen, woraus die Leute auf einen strengen und kalten Winter schlossen. *) — Laut neuern Berichten haben sich die Wölfe in diesem Kanton seit der Revolution sogar wieder vermehrt, da sie vorher in mehrern Gegenden ganz ausgerottet waren. Wer daselbst einen Wolf erlegt, erhält 30 Lire Schußgeld." **) Nach Amoretti ist der Wolf in den Gebirgen, die sich über dem Comersee aufthürmen, häufiger, als anderswo anzutreffen. ***)

Ein Freund, der die Savoyer-, Walliser- und Aigler-Alpen durchreist hatte, schrieb mir, daß in den Jahren 1802 und 1803, und besonders im Sommer des letzteren Jahres, Wölfe in jenen Gegenden sehr übel hausten und sogar einzelne Kühe angriefen und verzehrten, so daß man an verschiedenen Orten Landjagden deßwegen anstellen mußte. — Früher, nämlich im Jahr 1751, hielten sich Wölfe in den Vogteyen Ternier und Gaillard und in den Landschaften St. Viktor und Chapitre so häufig auf, und richteten so großes Unheil an, daß der Magistrat in Genf bey dem Commandeur Censan, Gouverneur in Savoyen, bat, daß man sich gemeinschaftlich bestrebe, diese grimmigen Thiere auszurotten, indem sie nicht allein das Vieh, sondern auch die Menschen ungescheut anpacken, und besonders eine Anzahl Kinder durch sie das Leben erbärmlich eingebüßt habe. — Auch hat in dieser Gegend ein Bauer

*) S. monatliche Nachrichten schweizer. Neuheiten, 1774, S. 9.

**) S. helvet. Almanach 1812, S. 25.

***) S. Alpina von v. Salis und Steinmüller, III, S. 471.

am gleichen Nachmittage zwey Wölfe erlegt, wovon des einen Kopf und Schwanz dem eines Schaafs ähnlich war, welches Thier in das Naturalien-Kabinet eines Fürsten kam; die Schäfer behaupteten: daß es sich öfters bey den Heerden eingefunden und in seiner Schaafsgestalt geraubt und gemordet habe. *)

Nach Saussure halten sich die Wölfe auch in den Wäldern der Mole auf. Ein großer Hühnerhund, welcher ihn ehemals auf die Gebirge begleitete, stach einmal zwey derselben auf, die sich im Gebüsche, mitten in einer offenen Wiese versteckt hielten; sie zogen in kurzem Galoppe ab. Aus Furcht, der verfolgte Feind möchte seinen Verfolger tödten, rief ihn Saussure eilig zurück. **) — Im Wintermonat des Jahres 1817 fand in einigen Gemeinden des Kantons Genf eine große Wolfsjagd statt, doch ohne Erfolg.

Die alten Urkunden zeigen, daß im XII. und XIII. Jahrhundert die Wälder im Kanton Neuenburg vielen wilden Thieren Aufenthalt gaben; gegenwärtig wagen es nur noch einzelne aus Frankreich kommende Wölfe in den Thälern von La Brevine, Faux du milieu und du Ponts sich blicken zu lassen. ***)

Im Jahr 1797 zeigten sich mitten im Brachmonat bey Vevay im Kanton Waat mehrere Wölfe, die vermuthlich aus dem Walliserlande her kamen, große Niederlagen unter Schaafen und Rindvieh anrichteten, und

---

*) S. monatliche Nachrichten schweizerischer Neuheiten, Zürich 1751, S. 130 und 168.

**) S. seine Reisen durch die Alpen, übers. von Wittenbach I, 263.

***) S. helvet. Almanach 1818, S. 110. 111.

durch 40 Scharfschützen, die darauf Jagd machten, vertrieben wurden. *)

Im Kanton Bern waren ehemals die Wölfe nicht selten. Im Jahr 1500 zahlte der damalige Seckelmeister für einen gefangenen Wolf bey Bern 3 Pfund Schußgeld; und eben derselbe gab denen von Ruggtsperg von jungen, aus dem Neste genommenen Wölfen 6 Pfund, und einigen Jägern von Bigglen von fünf Wölfen 4 Pfund Schußgeld. **) — Noch im Jahr 1655 mußte die Verfolgung der Wölfe im Saanerlande durch ein Gesetz befohlen werden. ***) — In neuern Zeiten erscheint er in diesem Kanton nur selten auf Streifzügen, wozu ihn Hunger und Kälte veranlassen. In's eigentliche Oberland streift er höchst selten aus dem benachbarten Wallis herüber. Nach Kuhn erhalten die hintern Berge von Sigriswyl beynahe jeden Sommer Besuche von einzelnen Wölfen, die aber meist durch unregelmäßige Jagden verscheucht werden, und wovon nur selten einer geschossen wird. †) Ungleich öfter erscheint er in den Thälern von Frutigen und Simmenthal; hier hat er aus Wallis nicht so hohe und ganz vergletscherte Gebirge zu übersteigen, wie z. B. im Grindelwalde und Lauterbrunnen. ††) — Im Jahr 1790 ist ein Wolf in Wattenweil und im Jahr 1803

*) S. monatl. Nachrichten schweiz. Neuheiten, 1797, S. 94.

**) S. schweizerisches Museum 1786, Jahrgg III, 2s Heft, S. 148 und 154.

***) S. von Bonstetten Briefe über ein schweizerisches Hirtenland S. 35.

†) S. Alpina von v. Salis und Steinmüller, III, 167.

††) S. helvet. Almanach 1819, S. 106.

einer in Trub geschossen worden. *) — Im Sommer des Jahr 1804 zeigten sich in der Gegend der Furka Wölfe, wovon einer erlegt wurde, und im Jäner 1805 verspürte man nahe bey der Stadt Bern einen Wolf, der einen Hund auf der Straße verzehrt hatte.

In dem leberbergischen Antheil des Kantons Bern (im ehemaligen Bisthum Basel) ist der Wolf noch völlig einheimisch und in bedeutender Anzahl vorhanden. Dort fällt er im Winter nicht selten und ungescheut in die bewohnten Gegenden und Dörfer ein und richtet großen Schaden an. **) — Im Jahr 1805 machten mehrere solcher Raubthiere die Straßen in dieser Gegend unsicher, wo sie sogar Menschen und Pferde angriffen und einen Menschen tödteten. — Eben so zeigten sich daselbst im Jäner des Jahres 1815 Wölfe. — Im Herbste des Jahres 1817 hatten die Wölfe in der Gegend von Pruntrut eine Menge Schaafe und Ziegen zerrissen. Am ersten Jäner des Jahres 1818 Morgens frühe sah man mitten in der Stadt Pruntrut, im frischgefallenen Schnee die Fußstapfen von Wölfen, die sich so weit gewagt hatten. Am 7. Jäner wurde ebenfalls im Oberamt Pruntrut am Ausgange des Dorfes Monible eine Frau, die eine Kuh führte, von einem großen Wolfe angegriffen. Auf ihr Rufen eilte der Meyer des Dorfes mit zwey andern Männern bewaffnet zu Hülfe. Der Wolf sprang gegen das Bajonet des einen derselben an, wurde aber verwundet, und floh durch das Dorf. In einiger Entfernung von demselben wendete er sich von Neuem wüthend gegen seine Verfolger,

*) S. Isis, eine Monatschrift deutscher und schweizerischer Gelehrter, II. 1805, S. 958.

**) S. helvet. Almanach 1819, S. 106.

wurde aber in dem Augenblicke, als er auf sie losspringen wollte, von zwey Schüssen todt zu Boden gestreckt. *)

Eben so sind im Kanton Solothurn gegenwärtig noch Besuche von Wölfen, die aus den nachbarlichen französischen Gebirgen herkommen, nicht selten. **) Sogar im August des Jahres 1820 wurden solche in den Leberbergischen Gegenden dieses Kantons verspürt. ***)

Im Jahr 1627 den 2. April wurde eine gemeinsame Wolfsjagd von den Gemeinden am Randen, auf dem Rhayet, zu Thayegen, Busingen und etlichen Dörfern im Hegau angestellt, „weil Tag und Nacht, „hin und her viel Wölfe Roß, Vieh und anders hingerafft.“ †) — In einer Chronik steht auch: daß im Jahr 1654 ein Wolf bey Löhningen im Klettgau geschossen worden sey. — Noch zu Anfange des vorigen Jahrhunderts und nahmentlich im Jahr 1712 waren die Wölfe im Kanton Schaffhausen sehr gefährlich. Im Dorfe Osterfingen durfte niemand nur eine Viertelstunde weit gehen ohne Flinte oder Säbel, weil die Wölfe zunächst ans Dorf kamen und die Leute anpackten; daher die Obrigkeit ein Schußgeld von 11 Gulden für jeden getödteten Wolf versprach.

Im Kanton Zürich findet man heut zu Tage noch in vielen Schlössern und Dörfern Wolfsgarne aufbewahrt. ††) — Bluntschli berichtet, daß zwar im Jahr

*) S. Schweizerische Monats-Chronik 1818, S. 27.

**) S. helvet. Almanach 1813, S. 64.

***) S. Schweizerische Monats-Chronik 1820, S. 161.

†) Auszug aus dem Tagebuch des Junker Burgermeister Hans Imthurn.

††) S. Heidegger über das Reisen durch die Schweiz, S. 45.

1538 ein warmer Winter gewesen sey, daß aber gleichwohl die Wölfe großen Schaden an Menschen und Vieh verursacht hätten; die gebissenen Menschen heulten wie die Wölfe, bis sie dahin starben, das oft erst nach vier Wochen erfolgte. — Eben so zeigten sich Wölfe im Jahr 1594 nahe bey der Stadt Zürich äußerst grimmig und zerrissen etliche Kinder. *) Nach Wagner wurde noch im Jahr 1684 den 21. Jäner ein Wolf bey der Stadt Zürich gefangen.

In den Kantonen Uri, Schwyz, Unterwalden und Zug trifft man gegenwärtig Wölfe nur selten auf Streifzügen an. Im Jahr 1731 hiengen zwey ausgestopfte Wölfe unter dem Rathhause in Schwyz, welche kurz vorher im Muottenthale geschossen wurden. — Eben so wurde im Jahr 1687 im April ein Wolf in Zürich herumgetragen, den man zu Egeri, im Kanton Zug, schoß, auch zeigte man zu gleicher Zeit einen lebendigen jungen Wolf.

Im Archiv des Kantons Appenzell Innerrhoden, fand ich mehrere Belege, daß die Wölfe ehmals in diesen Gegenden angesiedelt waren. Ich will hier einige davon mittheilen. Im Jahr 1537 erschlugen zwey Harzbuben ob Appenzell in einem Walde einen Wolf, nahmen ihm aus seiner Höhle 5 Junge und erhielten deßwegen eine obrigkeitliche Belohnung von 25 Gulden. **) „Im Jahr 1641 den 23. Brachmonat wurden aus allen „Rhoden Leute verordnet, welche das Kommando hatten, „Wölfe zu jagen, und soll aus jedem Hause eine Manns„person gehen, bey der Buße 1 Pfund Denier, und ist

*) S. Bluntschli Memorabilia tigurina, S. 230, 536 und 539.

**) S. Walsers Appenzellerchronik, S. 473.

„der Tag angesezt auf künftigen Dienstag, wo man dann „Morgens frühe an die große Glocke schlagen, und zwey „Stükli ablaßen wird, worauf sich gleich ein jeder an „den Ort, wo man Kranschüz thut, verfüge, mit seinem „Uebergewehr, Feuerrohr, Hellbarten, Dachgabeln und „Furkeln." An Maria Verkündigung wurde darauf verordnet: „daß, welcher einen Wolf schießt, dem sollen „meine Herren geben 25 Gulden Schußgeld." — Den 23. Hornung A° 1642 war wieder eine Wolfsjagd. „Im „Jahr 1648 wurde erkennt, es sollen zwey Wolfsgarne „gemacht werden, davon sollen die 4 Rhoden als Schwa„mer-, Rütiner-, Lehner- und Schlatter-Rhod eins zah„len, das andre meine Herren" (die Obrigkeit.) — „Im Jahr 1649 wurde erkennt: daß ein jeder Land„mann, so viel er Haupt Vieh hat, es seyen Kühe, „Kälber, Schaafe, Gaißen, von jedem Haupt (Stük) „1 Denier geben soll, im Fall die Schüzer einen Wolf „schießen werden, und solches jedesmal, so oft sie einen „Wolf schießen; und so fern sich einer widern würde, „der soll ohne alle Gnade um 5 Pfund Denier (5 Gul„den) gestraft werden." — „Im Jahr 1681 ward er„kennt, daß man um einen Wolf zu erschießen, beym „Zeugherr um einen billigen Preis Kraut und Loth ho„len könne." — In der vor etwa vierzig Jahren abgebrannten alten Kirche in Gaiß wurden ebenfalls noch sehr viele Wolfsgarne aufbehalten, und unter dem Rathhause in Herisau hängen jezt noch eine große Menge derselben, die wahrscheinlich in den oben angezeigten Jahrgängen verfertigt und benuzt wurden.

Noch im Jahr 1642 wurde im Kanton Thurgau verordnet: daß jedes Quartier, in welche damals das Land eingetheilt war, 10 Wolfsgarne machen lassen soll;

allein ehe das XVII. Jahrhundert zu Ende ging, wußte man von Raubthieren daselbst nichts mehr. *)

Zu Conrad Geßners Zeiten, hausten die Wölfe auch im Rheinthale, Kantons St. Gallen. Nach seinem Berichte gab es dort, nebst der gewöhnlichen Art, noch eine schwärzliche, größer und stärker als die gemeine. **) — Auch in der Gemeinde Atzmoos im Bezirk Sargans finden sich in einem Weinkelter noch mehrere alte Wolfsgarne.

Auch im Kanton Glarus sind die Wölfe ehmals nicht selten gewesen; gegenwärtig aber hat man sie gänzlich ausgerottet. — Zu Anfange des unerhört kalten Winters im Jahr 1687 bemerkte man an einigen Orten dieses Ländchens Wölfe, welche Kälber, Schaafe und Ziegen tödteten. ***) — Im Jahr 1743 wurde ein Wolf auf Kerenzen †), und der letzte im Christmonat des Jahrs 1793 ob Näfels von einem Bauer, nahe bey seiner Wohnung, erschossen. Dieses Raubthier war lange Zeit hin und wieder auf den Glarneralpen herumgestreift und hatte beträchtliche Niederlagen unter großem und kleinem Vieh angerichtet, daher die Obrigkeit zuerst 5, und nachher 15 Louisd'ors Schußgeld bestimmte; es wog 71 Pfund, zu 36 Loth. ††)

Die alte Geschichte liefert uns mehrere Beyspiele von

---

*) S. helvet. Almanach 1811, S. 67.

**) S. Conrad Geßners Thierbuch, und helvet. Almanach 1808, S. 62.

***) S. Tschudi Glarnerchronik, S. 665.

†) S. Trümpi Glarnerchronik, S. 47.

††) S. monatliche Nachrichten schweiz. Neuheiten, 1793, S. 70 und 1794 S. 14.

ausgezeichneter Tapferkeit und Stärke, welche einzelne Bündtner im Zwenkampfe mit Wölfen bewiesen haben sollen, wovon ich nur einige anführen will.

Ein herzhafter Mann von Davos streckte dem auf ihn zuspringenden Wolfe seinen linken Arm so weit in den Rachen, als er konnte, und schlug ihn mit der Faust todt

Herr von Marka aus Misox hatte einst im strengsten Winter einen kleinen Hausstreit mit seiner lieben Ehehälfte und war im Unwillen ohne Rock hinaus vor seine Hausthüre gegangen. In diesem Augenblicke sprang ein Wolf auf ihn zu, dem er einen so derben Streich auf die Nase versetzte, daß derselbe auf der Stelle liegen blieb und von ihm beym Schwanz genommen und seiner Frau vor die Füße geworfen wurde. *)

Noch ein andrer tapfrer Bündtner traf im Jahr 1536 im Jäner auf der Straße von Mailand einen Wolf an, der eben einen Knaben packte und ihn wegtragen wollte. Er entriß ihm den Knaben und stieß ihm dagegen sein Flintenrohr in den Rachen, drückte den Schuß los und tödtete ihn; allein der gerettete Knabe starb in der Folge doch an seiner tödtlichen Wunde. **)

Im Jahr 1773 fand ein Jäger zu Biaska seine den Füchsen gerichtete eiserne Falle zugeschnellt und schloß aus dem umgewühlten und mit Blut vermengten Schnee und Erdreich, es müsse ein Wolf darin gewesen seyn. Er entschloß sich, mit ein Paar Männern ihm auf der Spur nachzugehen, worauf sie endlich an das Ende derselben, am Fuße des Biaskerberges an einer Schutthalden, nahe bey

*) S. Lehmanns Magazin für Bündten, S. 222.

**) S. Campells Topographie von Bündten, eine Handschrift.

einem Tannenbaum, vor eine Erdhöhle kamen, in welche der Wolf hinein geschlossen war und in der er sich wirklich befand. Nach reiflicher Ueberlegung entschloß sich einer davon, mit zwey langen Seilern in das Loch selbst hinein zu kriechen, und weil zu seinem Glücke die Höhle hinten ganz enge war, ohne daß sich der Wolf herum drehen konnte, so packte er den eingesperrten wilden Gast bey den hintern Füßen, band selbige unter den Knieen mit den Stricken fest zusammen und kroch wieder rückwärts, mit den Füßen voran, zum Loche heraus. Sie wanden nun die Stricke um einen untern starken Ast der nahe dabey stehenden Tanne und zogen darauf mit möglichster Schnelligkeit den Wolf aus der Höhle über die Erde, so daß er sich nicht mehr an derselben festhalten konnte, sondern in der freyen Luft hangen mußte. Er schwang sich zwar verschiedene Mahle gleich einer Schlange mit dem Kopf in die Höhe und es gelang ihm sogar, auf diese Weise einen Strick zu ergreifen, welchen er sogleich mit den Zähnen entzweybiß, worauf sie aber mit einem Stück Holz so lange auf seinen Kopf zuschlugen, bis sie ihn todt nach Hause tragen konnten.

In eben dieser Gegend und zur gleichen Zeit ereignete es sich, daß ein Bauer, der einen Jagdhund hatte, den er des Nachts in seinen Pferdstall einsperrte, wo er durch ein in der Stallthüre ausgehauenes Loch seinen Kopf bisweilen herausstreckte, denselben eines Morgens todt, ohne Kopf, neben der Stallthüre liegend antraf; worauf es sich zeigte, daß ein Wolf außer derselben gestanden und dem Hund, während er den Kopf herausstreckte, denselben rein vom Rumpfe weggebissen hatte.*)

Das Fleisch der Hunde ist den Wölfen überhaupt die

*) S. Monatliche Nachrichten. Zürich. 1775. S. 7.

liebste Nahrung, und diese sind jenen also nicht nur deßwegen, weil sie oft gegen sie die Wächter und Vertheidiger der Schaf- und Rindviehheerden sind, sondern auch aus Leckerhaftigkeit, höchst aufsätzig. Es begegnet daher den Clevner Weinsäumern gar oft, daß ihnen einzelne Wölfe ihre Hunde von ihrer und der Pferde Seite wegtragen. Im Jahr 1801 nahm ein Wolf in Suzana in Bündten einem Fleischer seinen Hund vor der Hausthüre weg und verspeißte ihn in dem benachbarten Wald.

Unser alte Geschichtschreiber Stumpf sagt: „Der „Wolf läßt sich von Jugend auf durch den Menschen zähmen, führen, streicheln und ziehen, wie „ein Hund; gewöhnet des Menschen sehr wohl (denn ich „selbst habe in meiner Jugend bey meinem Vater einen „Wolf und Rüden etliche Jahr erzogen); aber so er „ledig über ein Aas und Raub kommt, erzeigt er seine „tückische Art und vergisset aller Zucht; so er isset, ist „er niemands Freund, mag auch nicht leiden, daß ihm „jemand zuluge (zuschaue).“

Die ältern Annalen der Schweiz enthalten die Nachricht: Daß im Jahr 1537 eine Menge Wölfe in der Schweiz hausten, welche zum Theil wüthend wurden und viele Menschen tödtlich bissen, daher man überall große Landjagden anstellte, und in einem Neste oft 5—10 Junge auffand. *)

Im December des Jahrs 1757 wurden im Münsterthale mehrere Menschen von einem tollen Wolfe gebissen, die zum Theil in Raserey gestorben, zum Theil aber mit in die Wunden gestreutem Pulver von Gauchheilkraut (Anagallis flore puniceo) geheilet wurden. **)

*) S. kleine Chronik für Schweizer. Bern. 1795. S. 570—571.

**) S. Berner Sammlungen von landwirthschaftlichen Dingen. 1r Thl. 1 St. S. 243.

Beynahe in allen Schweizerkantonen ist ein obrigkeitliches Schußgeld festgesetzt, das demjenigen bezahlt wird, der einen Wolf erlegt. Ist das Raubthier lange vergeblich verfolgt worden, und verursacht es auf den Alpen großen Schaden, so wird dasselbe oft drey- und mehrfach erhöht; z. B. in Bündten und Veltlin ist für jeden erlegten Wolf fl. 8. bestimmt; zugleich wird der Schütze jedesmal auch von dem Hochgerichte, von der Gemeinde, in der er wohnt, und worin das Raubthier geschossen wurde, und auch von einzelnen Bewohnern der Gegend beschenkt. Im Kanton Tessin fl. 25. Im Glarnerlande laut einem Gesetze vom Jahr 1565 fl. 20., laut einem andern vom Jahr 1739 fl. 22 1/2., und in den neuern Zeiten wurden 10 — 15 Louisd'ors bezahlt. Im Appenzellerlande bis zum Jahr 1747 fl. 10., und in den spätern Zeiten fl. 50.

Nachtrag von G. L. Hartmann.

Wahrscheinlich ist keine Art von Raubthieren so lange durch die ganze Schweiz verbreitet gewesen, und nachdem es mit seiner Vertilgung Ernst galt, aus dem größern Theile des Schweizerlandes so schnell vertilget worden, als — der Wolf. Noch in der Mitte des achtzehnten Jahrhunderts fand er sich in der östlichen Schweiz überall. Im Jahr 1642 finden wir in dem Abschiede der Tagsatzung verordnet: Daß jedes Quartier der Landgrafschaft Thurgau zehn Wolfsgarne machen lassen solle. Man siehet jetzt noch solche auf mehrern Schlössern. In dem Gemeindsbuche zu Bruggen, bey St. Gallen, ist verzeichnet: „Daß sonderlich Ao 1641 ein großer „Ueberdrang in dem St. Gallischen Land von den gro„ben und grausamen Wölfen gewesen, so daß sie man„chem Bauer 4 — 5 Stück Vieh gefressen, und man Rosse

„und Vieh an vielen Orten des Nachts nicht mehr habe „auf der Weid lassen dürfen. Die Wölfe nahmen meistens die Saugfüllen und Galtlinge. Die Obrigkeit „machte daher die Verordnung, daß jeder Pferd- und „Hornvieh-Besitzer vom Stücke 4 kr. zu bezahlen hatte, „aus welchem Gelde jedem, der einen Wolf erlegte, „fl. 30. bezahlt werden solle. Bald hernach schoß ein „Bauer von Bernhardzell einen Wolf und erhielt diese „Belohnung."

„Auch ward eine allgemeine Wolfsjagd angestellt, „über 3000 Mann kamen bey Rorschach zusammen und „rückten gegen die Landmarken des Appenzellerlandes, „wohin die Appenzeller ihnen entgegen kamen; man „glaubte, so die Wölfe in die Mitte zu bekommen, um „sie zu erschießen, es trat aber ein dicker Nebel ein, und „kein Wolf ward gesehen. — Das Wolfsgarn der Gemeinde Strubenzell hängt noch unter dem Kirchendache „zu Waldkirch."

Ein Mandat vom 2ten May 1658 von Herisau sagt: Daß weil auf den nächsten Dienstag in den fürstlichen St. Gallischen Landen eine allgemeine Wolfsjagd statt finden werde, so sollen die Bewohner von Sturzenegg und Schwänberg auf ihren Strichen, die übrigen aber in Mauchlisholz, im Rosenbergerwalde die Wölfe, welche ins Land eindringen wollten, erschießen, oder — zurückjagen! Man solle mit Feuerrohr oder Hallepard en bewafnet erscheinen, aber nicht mit Musketen und Lunden, weil die Wölfe das Feuer fürchten, rc. — Den Erfolg von dieser Jagd finde ich nirgends verzeichnet. Aber von da an wird in unserer Gegend keiner Wölfe mehr gedacht.

Canis vulpes. Der Fuchs. (S. 35.)

In den Alpen giebts oft äusserst große Füchse, die bisweilen 14—16 Pfund schwer sind (zu 40 Loth).

Die meisten Jäger unterscheiden zweyerley Arten. Die gemeinere schlechtere Art nennen sie Kobler, Kohl- oder Brandfüchse *) (Vulpes villo densiore et nigricante; *Conr. Gessner*). Ihr Pelz ist weniger dicht und ihre Rückenhaare haben überall weiße Spitzen. Der Pelz ist also (wie die Jäger sagen) gedachset. Die Kehle ist gräulicht und der Bauch bläulich schwarz, und an der Schwanzspitze befinden sich nur einige weiße Haare. Gewöhnlich ist dieß die Farbe der jungen Füchse. Die köstlichere Art nennt man Gehlfüchse oder Edelfüchse, und vielfache Vergleichungen bestimmen mich, diese für alte Füchse zu halten. Ihre Rückenhaare sind schön gelb, mit schwarzen Spitzen; Kehle, Brust und Bauch sind rein weiß und die Schwanzspitze ist auf einige Zoll ebenfalls weiß. Im Entlibuch heißt diese Art auch Lämmerfüchse, weil sie größer und für die Lämmer die gefährlichern sind. **) In der Gegend von Amden im Kanton St. Gallen heißen sie Sonnenfüchse.

Ich sah im Appenzellerlande auch eine andre Art, die zwar sehr selten ist, und von den Jägern Bisamfüchse genennt werden. Diese haben gar nicht den stinkenden Geruch, wie andre Füchse, sondern die abgezogene Haut riecht sehr angenehm; daher die obige Benennung. Sie unterscheiden sich vor andern Füchsen

---

*) Was im helvet. Almanach 1804. S. 104. bemerkt wird: „daß es im Kanton Luzern unter den Brandfüchsen, „doch selten, ganz schwarze gebe," ist unrichtig.

**) S. Schneiders Geschichte des Entlibuchs 2r Thl. S. 76.

auch noch dadurch, daß sie am ganzen Bauche, und vorzüglich gegen den Hinterfüßen hin, schön blaß rosenroth sind und eine schwarze Schwanzspitze haben, in der nur einige weiße Haare untermischt sind.

Im Winter des Jahrs 1812 wurde in der Gegend von Murg, nahe am Wallenstadtersee, ein sehr großer Fuchs geschossen, der oben über den Rücken hin einen pechschwarzen Strich hatte. Dieß war ein sogenannter Kreuzfuchs, dessen auch Wagner erwähnt. Zur größten Seltenheit schoß man auch schon einen weißen Fuchs. *) Im Jahr 1770 wurde in Mühlehorn ob dem Wallenstadtersee ein solcher geschossen, der an Größe einen gewöhnlichen Fuchs weit übertraf.

Der Fuchs ist ein überall bekanntes Thier, das Gletscher und Eisschründe nicht scheut und sogar auf die höchsten Alpen steigt; doch wird er immer seltener. Nach einer neuen Angabe wird ein Jahr ins andre gerechnet im Kanton Bern für mehr als 1000 Füchse Schußgeld in den verschiedenen Oberämtern bezahlt, wobey aber zu bemerken ist, daß man wohl noch zweymal so viel rechnen darf, für welche kein Schußgeld gefordert wird. **) Indessen scheint mir diese Berechnung allzuhoch gesteigert!

Die 4—8 Wochen alten Füchse sind dick, plump, wollig, wie junge Hunde und überall schwarzbraun, so daß man sie anfangs kaum für Füchse hält.

Die Jäger können Weibchen und Männchen

---

*) S. Eschers Beschreibung des Zürichsee's. Zürich. S. 274. Georgica helvet. curiosa. Basel. S. 794. *Wagneri* hist. nat. helv. cur. p. 187.

**) S. helvetischer Almanach, 1819. S. 107.

hauptsächlich an ihrer Stimme unterscheiden; das erstere schreyt gewöhnlich nur in einem kurzen klaffenden Tone: Popp = po - popp! Popp - po = popp! Ihre Stimme dient den Bergleuten auch als Wetteranzeige. Nicht nur des Winters, wenn äußerst kalte oder ungestüme Witterung einfällt, sondern auch des Sommers, wenn eine anhaltende Tröckne oder ein Schneegestöber bevorsteht, heulen sie erbärmlich; im erstern Falle aber nicht so heischer, wie im letztern; sonst hört man sie des Sommers außer der Begattungszeit wenig.

Die Füchse graben sich niemals, wie die Dachsen, neue Wohnungen, sondern sie benutzen entweder unterirdische Höhlen und Löcher, die durch herabgerollte Felsenstücke oder durch Erdklüfte u. dgl. entstanden sind; oder aber sie nehmen, was ihnen noch erwünschter ist, die Wohnungen der Dachsen ein, die sie ganz unverändert, so wie sie dieselben antreffen, benutzen. Obschon sich zwar der Dachs, wenn der Fuchs ihm zu nahe kommt durch Beißen, Schlagen und Kratzen männlich gegen ihn vertheidigt, so weicht er ihm dennoch sehr bald, weil er ein äußerst reinliches Thier ist, seine eigene Loosung jedesmal außer seiner Wohnung ablegt, und die stinkenden Ausdünstungen des Fuchses eben so wenig als dessen Urin und Unrath ertragen kann. Diese Höhlen bewohnen die Füchse theils einzeln, theils familienweis; so hat z. B. neulich ein Jäger in Trogen mitten im Winter einen alten Fuchs nebst drey erstjährigen Jungen aus einer Höhle gefangen, wovon der erstere 17 1/2 Pfund schwer war.

Obschon sich der Fuchs am Tage häufig in seinen Höhlen verbirgt, so ist ihm dennoch die Sonnenwärme sehr erwünscht, und vorzüglich im Winter und Frühling, wenn der Boden auf einzelnen Plätzen vom Schnee befreyt ist, gehen sie heraus und liegen auf dieselben, oder an sonnige Abhänge, um sich an den Sonnenstrahlen zu laben.

Im Sommer bewohnen einige die Rücken und Gipfel des Hochgebirges, im Winter hingegen ziehen sie meistens tiefer hinab ins Mittelgebirge, je nachdem sie sich in dieser oder jener Gegend eine reiche Ausbeute versprechen dürfen; doch bleiben einige auch im Winter ganz oben, und diese werden dann vorzüglich groß und alt. So hat man z. B. in gelinden Wintern auf der Ebenalp im Appenzellerlande schon mehrere gefangen. Eben so wurden auch Füchse im Jäner ganz oben auf dem hohen Splügnerberge angetroffen, der damals viele Klafter tief mit Schnee bedeckt war.

Auf die jungen Murmelthiere sind die Alpenfüchse sehr erpicht. Sie verbergen sich oft Stundenlange bey ihren Höhlen und warten auf sie. Kommen diese heraus und spielen mit einander, von der warmen Sonne erheitert, so springt der Fuchs plötzlich vor die Oeffnung der Höhle hin, und erreicht er diese vor den Murmelthierchen, so werfen sich diese, indem sie der Höhle zueilen, gerade in seine Klauen, die er sogleich würgt und entweder selbst oder mit seinen Jungen verzehrt.

Auch die neugeworfnen Lämmer auf den Alpen werden sehr oft eine Beute der Füchse, die hierin mit dem Lämmergeyer und Adler gemeinsame Sache machen.

So schlau die Katzen auch immer sind, so überlistet sie der Fuchs dennoch häufig. Ich überzeugte mich davon in frühern Jahren in meinen vorigen zwey Berggemeinden Kerenzen und Gaiß häufig. Begeben sich die Katzen des Abends außer ihre Häuser, oder wagen sie sich gar — was in Berggegenden oft der Fall ist — in den

Wald, um den schlafenden Vögeln nachzustellen, so werden sie sicher, früher oder später, von einem Fuchse ertappt und für ihre Eingriffe in seine Forstrechte mit dem Tode gestraft. Das Jammergeschrey einer so unglücklichen Katze, die zwischen den Zähnen eines Fuchses zusammengedrückt wird, ist Mark- und Bein-durchdringend!

Aus was für einem Grunde Götze behaupten durfte, daß die Aasvögel nicht nach seinem Geschmacke seyen, und daß er lieber hungere, als einen Raubvogel berühre, kann ich nicht errathen. Ist er doch in allen Jahrszeiten kein Verächter sogar des stinkendsten Aases jeder Art, warum sollte er denn, der große Liebhaber der Vögel, nicht auch das Fleisch der Aasvögel schmackhaft finden können! Zudem kenne ich gar viele Beyspiele, die dieß beweisen. Es war schon häufig der Fall, daß unsre Jäger bey großer Kälte über einer Fuchsfalle eine todte Krähe oder Elster an einem Baumzweige aufhängten, und durch diese Lockspeise (welche die Jäger, so wie die Mäuse, um so lieber wählen, da sie die Jagdhunde nicht herbeyzieht) Füchse herbeyzogen und zu Gefangenen machten. Noch mehr: ein Jäger sagte mir einst, er habe am vorhergehenden Tage einen gemeinen Adler (Falco aquila) geschossen und weil er ihn nicht zu brauchen wußte, ihn an eine Tanne über der Erde aufgehängt. Ich ging am folgenden Tage mit ihm hin, um denselben zum Ausstopfen in Empfang zu nehmen, allein des Nachts hatten ihn die Füchse herabgerissen und aufgefressen, so daß wir nichts mehr von ihm, als den Kopf, die Füße und eine Menge Federn antrafen. — Die Füchse fressen sogar Fuchs-Fleisch. Will man ihnen im Winter eine reitzende Lockspeise zubereiten, so kann man sie durch nichts schnelleres anlocken, als durch einen abgezogenen, gebratenen Fuchsen. Hat der

Jäger aus einem Hinterhalte auf diese Weise einen Fuchsen in die Schußnähe gebracht und getödtet, so läßt er ihn auf der Stelle liegen, bis er weggeht, und siehe, getödtete Füchse schrecken die andern nicht nur nicht ab, die Beitze zu besuchen, sondern sie riechen an ihren todten Kameraden und suchen sie wegzuschleppen und zu verzehren; ja es ereignete sich sogar, daß Füchse, die gefangen in eisernen Fallen steckten, in harter Winterskälte von andern Füchsen angefallen und aus denselben weggefressen wurden.

Die jungen Füchse lassen sich sehr gut zähmen, so daß sie, wie die Hunde, ihren Herrn nachlaufen; die Leute, die sie nicht kennen, anbellen, ohne sie zu beissen und vorzüglich sehr wachbar sind. Ein Bauer unterhielt vier Jahre lang einen solchen gezähmten Fuchs, mußte ihn aber deßwegen tödten, weil er den Nachbarn in die Milchkeller einbrach und ihre Milchgefäße ausleerte.

Ein Jäger in Gaiß erzog auch mehrmals junge Füchse, die ihm mit der größten Anhänglichkeit, wie die Haushunde, überall nachliefen und ihn sogar in den Wäldern nicht verließen; die ihm aber dadurch viel Verdruß machten, daß sie sich ihre Mordlust nie ganz abgewöhnen ließen, sondern hin und wieder Hühner und Katzen raubten und tödteten. Gegen die Hunde betrugen sie sich immer etwas mißtrauisch und ließen sich nie in Vertraulichkeit mit ihnen ein. Aber auch die Jagdhunde waren durchaus nicht zu bewegen, sie zu hetzen oder zu jagen, und da sie der Eigenthümer im Walde mit Gewalt von ihm wegtrieb, um ihrer los zu werden, so waren sie lange vor ihm wieder bey Hause.

Im Jahr 1803 bemerkte man auch in der Waat tolle Füchse, weßwegen der dortige Sanitätsrath mehrere

rere Verordnungen bekannt machte. *) Eben so im Jahr 1810. **) Im Winter- und Christmonat des Jahrs 1820 hatte man in den Kantonen St. Gallen, Thurgau und Appenzell mehrere deutliche Spuren von einer wuthartigen Krankheit unter den Füchsen; ich rücke hier folgende Nachrichten aus öffentlichen Blättern ein, die zum Theil Obiges unwidersprechlich beweisen, obschon Manches davon nicht gehörig untersucht wurde.

In Heggenschweil griff ein Fuchs des Nachts einen Hund in seinem Neste an und balgte sich grimmig mit demselben.

Zwischen Gaiß und Bühler, im Kanton Appenzell, zeigten sich am Tage Füchse mitten auf der Straße, die sich vor Menschen und Hunden nicht scheuten.

Aehnliche Nachrichten hörte man von Neßlau im obern Toggenburg.

In Arbon, im Kanton Thurgau, wurde ein solcher Fuchs am Tage im Städtchen todt geschlagen.

Im Sennwald, des Bezirks Sargans, fiel ein Fuchs sogar einen Menschen an; jener wurde getödtet, geöffnet und mit der Wuth behaftet erfunden.

In Wittenbach, im Bezirk Rorschach, hatte ein Fuchs viel Geflügel verletzt, sich mit dem auf ihn losgelassenen Hund herumgebalgt und sich gegen eine Frau zur Wehre gestellt, die ihn dann todt schlug, aber gebissen wurde. Bey der Sektion von Experten zeigten sich alle Kennzeichen von Wasserschene; der Schlund, der leere, zusammengezogene Magen und die Lunge entzündet; dann der

*) S. Schweizerische Nationalzeitung. Zürich. 1803. No 32. S. 128.

**) S. Höpfners gemeinnützige schweiz. Nachrichten. 1810. No 7.

Schlund und die Magenhäute mit gelblichter Sulz impregnirt und der linke Lungenflügel mit schwarzen Flecken bedeckt.

Hin und wieder, wie z. B. im Gonten bey Appenzell und anderswo, fand man auch todte Füchse.

Ganz neulich (den 24ten Jäner 1821) mußte der Polizeyrath des Kantons Luzern, auf erhaltene Anzeige, daß sich in den Bezirken Sursee und Willisau toll gewordene Füchse zeigen, die diensthuenden Jagdhunde in den Bann erklären. *)

Vorzüglich im Appenzellerlande läßt man die Füchse häufig durch Dachshunde ausspüren, die in ihre Höhlen hineinkriechen, und, wenn sie einen Fuchs darin erblicken, ihn anbellen; sich auch öfters in einen blutigen Zweykampf mit ihnen einlassen, wo die Hunde aber immer ohne Sieg zurückkehren, indem sie sich in der Röhre, die zur Höhle führt, aufhalten müssen, die meistens sehr enge ist, da sich hingegen der Fuchs in seinem Kessel hin und her wenden und dem Hunde gegen

*) Ich kann hier die Bemerkung nicht unterdrücken: wie sehr es zu wünschen wäre, die betreffenden Sanitätscollegien würden sich nicht nur mit dem historischen Theile solcher und ähnlicher Thierkrankheiten, sondern auch mit dem physikalischen, oder mit der Natur und der Veranlassung derselben bekannt machen; deßwegen mit Sachkunde genaue Untersuche anstellen — und dann am Ende dem Naturforscher interessantere Beyträge darüber liefern, als die bisher üblichen, oberflächlichen und unbestimmten Anzeigen waren, wie z. B. „von Epizootien war die „unter Hunden, Füchsen und Katzen verschiedentlich zum „Vorschein kommende Wuth am Merkwürdigsten."

jeden Angriff seine scharfen Zähne entgegen setzen kann. In diesem Falle erweitert der Jäger die Röhre, kriecht auf dem Bauche ein Stückweit gegen der Höhle hinein und schießt ihn in derselben todt, wobey der Dampf und die allzustarke Lufterschütterung auch den Jäger tödten würde, wenn er die Höhle ganz mit seinem Körper ausfüllte, so daß ersterer nicht auswärts dringen könnte. Doch weit gewöhnlicher geschieht es dann: daß der Appenzeller den in einer Höhle entdeckten Fuchs durch Rauch tödtet. Hat nemlich eine Höhle nur Einen Ausgang, so zündet man ein Reisbüschel vor demselben an und treibt mit einem großen Tannzweig, den man um das Feuer hin und her schwingt, den Rauch, so stark man kann, in die Höhle hinein. Hört man den Fuchs ein paarmal heftig in der Röhre husten, so ist er dem Tode nahe, und in Zeit von einer Viertelstunde kann man die Gluth herausnehmen, und gewöhnlich findet man bey der Oeffnung des Baues nahe beym Eingang der Röhre den erstickten Fuchs. Geht hingegen die Höhle tief in den Boden hinunter und läßt der Verfolgte nichts von sich hören, so feuert man desto länger; legt, wenn man eine ziemliche Glut hat, grüne Zweige darüber, und wenn diese stark räuchern und der Rauch so stark, als man konnte, hineingetrieben worden ist, so verstopft man die Oeffnung plötzlich, die nach einer Stunde wieder geöffnet wird. Bisweilen liegt der todte Fuchs ganz hinten in seiner Höhle, wo man ihm dann Tage lang nachgraben und mit einem Kerzchen in der Hand nachkriechen muß, bis man ihn herausziehen kann. Es ist übrigens auch schon der Fall gewesen, daß ein Fuchs während dem Räuchern ganz stille in seiner Höhle blieb, und daß der Rauch, wenn jene stark abwärts gerichtet war, nicht zu ihm hinabdringen konnte; in diesem Falle fängt der Fuchs sogleich, sobald der Jäger sich entfernt hat, an irgend einem Orte zu graben an und weiß sich dadurch nicht selten zu retten. Wenn hingegen eine Höhle zwey Eingänge hat, so zündet man vor demjenigen, der dem Winde entgegen liegt, ein Reißbüschel an, und vor dem andern steht der Jäger mit der Flinte; so wie der Fuchs in der Höhle den Rauch wittert, so will er zu dieser Röhre herausfliehen: aber kaum hat er den Kopf außer dieselbe gestreckt, so hat der Schuß des Jägers ihn auch schon erreicht und getödtet. Man schießt auch bisweilen statt des Räucherns nur ein Paar starke Pulverschüsse durch die eine Röhre hinein, worauf sie zur andern herauseilen und dann ebenfalls todt geschossen werden.

Im Appenzellerlande fängt man auch sehr viele in den sogenannten Fuchstrucken. Man nimmt nemlich vier 4 Fuß lange Brettchen, wovon jedes 7 bis höchstens 8 Zoll breit ist und nagelt sie so auf einander, daß daraus ein viereckigtes Kästchen entsteht, in dem ein Fuchs, ohne sich umkehren zu können, Raum hat. Die hintere Oeffnung desselben ist mit drey eisernen, fingerdicken Stäben beschlossen, welche man mit Weißtannenästen reibt, daß der Fuchs das Eisen nicht wittert, und mit kleinen Tannästchen umwindet, daß er es nicht sieht. An der andern Oeffnung, die vor das Fuchsloch hingestellt wird, ist ein Thürchen angebracht, das einwärts aufgeht und wenn es heruntergelassen wird, sich einwärts ansperrt, weil es ein wenig höher ist, als die Höhe des Kästchens. Dieses Thürchen wird vermittelst einer Schnur aufgezogen; sie ist so lange, daß ihr Ende hinten zu den Eisenstäben reicht; an diese wird dann ein schwacher Faden geknüpft, den man um die Eisenstäbe so angezogen hat, daß der Deckel aufgezogen bleibt, und dieser Faden wird inwendig an einem kleinen Büschelchen Tannenreiser befestigt. Diesen auf eine solche Art zubereiteten Kasten stellt man nun bey hart gefrornem Boden, wo der Fuchs nicht durchgraben kann, mit der unversperrten Oeffnung vor die Höhle hin, in welcher ein Fuchs haust, und verschließt daneben allen offenen Raum auf das Allerdichteste. Geht nun der Fuchs in diesen Kasten, so ist sein erstes Geschäft, das Reisbüschelchen, an dem der Faden befestigt ist, weg zureissen, und indem dieses geschieht, fällt hinter ihm der Deckel zu und macht ihn zum Gefangenen, wo er sich sehr bald ganz ruhig und gelassen ergeben muß, weil er sich nicht umkehren und einzig mit den hintern Füßen rückwärts schlagen kann, wodurch er seine Hinterthüre nur desto fester zuschließt. In diesem Kasten trägt der Jäger seine Beute meistens lebend nach Hause, zieht den Gefangenen an den hintern Füßen heraus und läßt ihn durch seine Jagdhunde erdrosseln. Es ist dabey merkwürdig, daß wenn der Fuchs einmal in eine solche Falle hineingegangen, und das Thürchen hinter ihm etwa angefroren war und nicht herabfiel, so daß er wieder ungehindert in seine Höhle kehren konnte, er nach ein Paar Stunden sogleich wieder hineinkömmt und dieß unfehlbar so oft wiederholt, bis er gefangen wird. — Uebrigens geht der Fuchs, dem man auf eine solche Weise nachstellt, nie am ersten Tage in die Falle, sondern man hat Beyspiele, wo solche 10, 12, 15 und sogar 16 Tage lang zurückblieben und erst am 17ten Tage, vom Hunger getrieben, sich zu Gefangenen machten. Bey aller Vorsicht, die man indessen bey Verstopfung des Eingangs der Höhle anwendet, geschieht es dennoch bisweilen, daß sich ein Fuchs ob oder unter der Falle ausgraben und entwischen kann; es ist wirklich kein seltener Fall, daß sie den Jägern noch im 10ten bis 12ten Tage zu entgehen wußten.

In den Berggegenden des Glarnerlandes und im Distrikt Sargans fängt man die Füchse auch mit hölzernen Sparrenfallen, die man in den Zäunen, wodurch sie ihre Gänge haben, oder vor den Höhlen, in denen sie sich befinden, richtet, und die nichts anders als Schlagbäume und einer hölzernen Rattenfalle ähnlich sind.

Noch häufiger aber stellt man den Füchsen mit eisernen Fallen von verschiedener Art nach. An sehr vielen Orten wird die Falle in einen Misthaufen verborgen; auf und um die Falle wird ganz frischgeworfener Kuhmist hingelegt und inwendig verschlagener Ziegenmist; auf diesen wird die Lockspeise gethan, welche man zugleich mit Theriak und Honig bestreicht. Die Jäger behaupten, daß die Füchse, wenn stürmische Witterung und Schneegestöber bevorstehe, die geheimen Nachstellungen am wenigsten wittern und am zahlreichsten in den Fallen gefangen werden, wahrscheinlich weil die Luft zu der Zeit am dicksten ist. Hat sich der Fuchs mit einer Pfote oder am Schwanze im Fuchseisen gefangen, so ist er bald entschlossen und beißt sich, wenn die Falle im Boden befestigt ist, den Fuß oder den Schwanz ab, um auf drey Füßen sein Leben zu retten. Sowohl bey dieser als bey jeder andern Wunde eilt er schleunig in seine Höhle und beleckt jene, so lange sie blutet, und nachher von Zeit zu Zeit, bis sie heil ist. Man fängt daher bisweilen solche Füchse, die nur drey Füße und anstatt des vierten einen überwachsenen Stumpen haben; ja, ein Jäger in Gaiß fing sogar einen mit zwey abgebissenen Pfoten, der daher erst im dritten Mal in der Falle hängen blieb. Wird die Falle nicht in den Boden befestigt, (was unsre Jäger bey großem Schnee in Uebung haben) so beißen sie sich von derselben nicht los, sondern ziehen sie unter einen Tannenbusch oder unter einen Felsen und suchen sich darunter zu verbergen, wo sie dann vom Jäger gar leicht gefunden werden.

Wenn ein Fuchs tödtlich verwundet ist, so geht er zwar nicht aus seiner Höhle, in die er sich zurückgezogen hat, aber er wird doch nur vor der Oeffnung todt liegend gefunden; ist er hingegen nur an einem oder zwey Füßen verletzt, so lauft er auf den zwey oder drey andern mit eben der Leichtigkeit Bergauf und Bergab, als wenn ihm nichts begegnet wäre. Ein Jäger hatte vor einiger Zeit einen Fuchs, dem er in seiner Höhle nachgrub, ihn aber in derselben nicht tödten konnte, an einem hintern Beine ob den Knieen die Spannsehnen aufgeschnitten und durch diese Oeffnung den andern Fuß hineingeschoben, wie man dieß bey den todten Haasen zu thun pflegt, und ihn auf diese Weise herausgezogen und auf die Erde geworfen, in der Erwartung, er werde nicht mehr weit springen; allein kaum war dieser losgelassen, so gallopirte er den Berg hinab, und zwar mit einer solchen Schnelligkeit, daß man an ihm nicht die geringste Verletzung der hintern Füße bemerkte, und daß er sich auf diese Weise glücklich allen fernern Verfolgungen seines Jägers zu entziehen wußte.

Sehr viele Füchse werden auch hin und wieder in der Schweiz auf der Beitze geschossen; man legt ihnen zur harten Winterszeit (wo sie der Hunger vorzüglich plagt) eine Lockspeise hin und erschießt sie aus einer Hütte. Die Jäger bedienen sich dann verschiedener Vortheile, um der Beitze (Lockspeise) einen anziehenden Geruch zu geben. Im Ofen gebratenes Hundsfleisch fressen die Füchse nicht gern; hingegen lieben sie einen Katzenbraten außerordentlich. Auch das Rindsblut auf den Schnee geschüttet, lockt sie häufig herbey, so wie der starke Geruch gebratener Füchse ähnliche Wirkungen hervorbringt. Vorzüglich im Glarnerlande, an beyden Ufern der Linth dicht am Wasser, trifft man im kalten Winter eine Menge solcher Fuchsbeitzen an, und öfters schwimmen die Füchse durch das Wasser zu denselben hinüber; so wie sie überhaupt erstaunlich große Märsche machen und in einer Nacht aus einem Gebirge in das entgegengesetzte hinüberwandern. Auf einer solchen Beitze versammeln sich den Tag über die schreyenden Krähen, und verrathen den Füchsen dieselbe von Ferne. Merkwürdig ist es, daß diese vor dem Neujahr sehr frühe (oft schon des Abends um 8 Uhr und spätestens um 10—11 Uhr) auf die Beitze kommen; nach dem Neujahr immer später von 12 Uhr weg bis gegen den Morgen hin. Wenn sie nicht mehr ferne von der Lockspeise sind, stutzen sie, gehen im Kreise um dieselbe herum, suchen mit in die Höhe gerichteter Nase von allen Seiten die Witterung aufzunehmen und nähern sich höchst argwöhnisch und allmälig, worauf sie dann einige Mäuler voll von der Beitze nehmen, und, wenn der Jäger nicht schnell schießt, bald wiederum wegspringen. Da, wo die Beitze nur aus kleinen Brocken besteht, suchen sie dieselbe wegzutragen.

Das Fuchs-Fleisch wird nur an wenigen Orten, wie z. B. von Jägern am Wallenstadtersee, verspiesen, nachdem sie es ein Paar Tage in frisches Brunnenwasser gelegt und ihm dadurch seinen starken Geruch benommen haben. Gewöhnlich braten sie es in dem Ofen und füttern ihre Jagdhunde damit, die es gerne fressen und dadurch zur Verfolgung der Füchse noch viel hitziger werden.

Das Fuchs-Fett, das man aus dem ausgesottenen Netze bereitet, wird von den Jägern überall für ein bewährtes Mittel gegen viele Arten alter und neuer Geschwüre und Wunden angepriesen. Auch bey erfrornen Gliedern soll es mit Vortheil angewandt werden. Ein fetter Fuchs hat ungefähr 15 — 30 Loth Fett um seine Gedärme, wovon das Pfund für 10 — 15 Batzen verkauft wird.

Felis Catus ferus. **Die wilde Katze.** (S. 44.)

Ehemals hat man hin und wieder in der Schweiz und nahmentlich in den Kantonen Zürich, *) Bündten, Glarus, Appenzell, im Amte Schüpfen im Entlibuch **) und anderswo viele wilde Katzen angetroffen; allein in unsern Zeiten sind diese daselbst höchst selten geworden. Nach den Berichten der Verfasser des helvetischen Almanachs hat es jetzt noch ächt wilde Katzen im Entlibuch; ***) hin und wieder zeigen sich solche im Kanton Glarus, †) auch giebt es solche in dichten Wäldern des Kantons Bern, z. B. in dem wüsten Walde am Fuße des Eigers in Grindelwald, vorzüglich aber in den Wäldern des Jura. ††) Eben so ist sie in den Wäldern von Davos noch nicht ganz ausgerottet. †††) Zu bemerken ist indessen, daß sehr oft verwilderte, von zahmen Hauskatzen abstammende für wilde Katzen angesehen werden.

---

*) S. Eschers Beschreibung des Zürichsee's S. 284 — 285; und *Wagn.* hist. nat. helv. cur. S. 175.

**) S. Schneiders Geschichte des Entlibuchs S. 76, II Heft.

***) S. Helv. Almanach 1804, S. 130.

†) Ebendaselbst 1809, S. 75.

††) S. ebendaselbst 1819, S. 109.

†††) S. den neuen bündtn. Sammler 2r Jahrg. S. 17.

Zu Stumpfs Zeiten wurde das Fleisch wilder Katzen als ein Leckerbissen verspiesen. *) Nach Königs Berichten soll ihr Fell ehemals im Glarnerlande zu Erwärmung des Magens sehr geschätzt worden seyn; **) und Campell bemerkt: daß die Kaufleute solche Felle auffaufen und, als sehr wohlthätig für Gliederkranke, theuer verkaufen.

Felis Catus domesticus. Die zahme Hauskatze. (S. 52.)

Man nennt die Katze hin und wieder das Büsi, Zizibüsi; im Glarnerlande das Männchen: der Mäuder; im Appenzellerlande der Cheuder; im Rheinthal der Chöder; das Weibchen: im Glarnerlande die Jünglerin; im Appenzellerland die Chätzin oder Bringerin; im Rheinthal die Chätzlerin; im Simmenthal die Glire.

Römer und Schinz drücken sich viel zu bestimmt aus, wenn sie behaupten: daß die Hauskatze beynahe um die Hälfte kleiner, als die wilde Katze sey. Ihre Größe ist sehr verschieden, je nach Beschaffenheit der Nahrung und Pflege, so daß öfters hierin zwischen beyden Arten gar keine Abweichung statt findet.

Die Haarfarbe der Hauskatze ist:

Rothgrau oder graubraun, mit schwarzem Strich über dem Rücken und ähnliche Flecken an den Seiten des Körpers, mit schwarzen Lippen und Fußsohlen; ganz nach Art der wilden Katzen.

---

*) S. Stumpfs Schweizerchronik.

**) S. Georgic. helv. cur. S. 792.

Ganz schwarz, mit schwarzen Lippen und Fußsohlen; doch haben diese gewöhnlich einen weißen Fleck an der Kehle.

Ganz weiß, mit rothen Lippen und Fußsohlen; diese sind jedoch sehr selten. Hartmann sah einst eine solche, die zwey ganz verschiedene Augen hatte, das eine war von der gewöhnlichen Regenbogenfarbe, das andre roth, wie bey einem weißen Kaninchen.

Weiß und schwarz, mit rothen Lippen und Fußsohlen; die gemeinste Art.

Schwarz, weiß und orangenfarbig gefleckt, mit rothen Lippen und Fußsohlen.

Ganz fuchsroth; oder orangenfarbig; oder mit weißen Flecken; oder mit weiß und schwarzen Flecken; oder auch mit dunklern Streifen auf solchem Grunde, mit rothen Lippen und Fußsohlen.

Blaugrau, mit schwarzen Lippen und Fußsohlen.

Auch die zahmen Katzen gehören nur halb zu den Hausthieren, indem sie häufig die Häuser verlassen, sich in die Felder und nahen Waldungen begeben und mehrere Monate nicht, oder gar nie mehr zurückkehren. Ich kannte eine Katze, die etwa acht Jahre lang regelmäßig alle Frühlinge aus ihrem Wohnhause verschwand und erst spät im Herbste vor dem Einschneyen, sehr gut genährt, wieder zurückkehrte. Vermuthlich hielt sie sich während dieser Zeit immer im Felde auf.

Hunde und Katzen gewöhnen sich als Hausthiere sehr bald an einander; ich selbst unterhielt so ein Paar, wo nicht nur beyde dicht neben einander unter dem Ofen lagen und täglich friedlich aus einer Schüssel fraßen, sondern wo der Hund der Katze oft stundenlang Flöhe fing, allerley wollüstige Bewegungen versuchte, und sie, so oft ich ihn dazu aufrief, an den Ohren und am Halse durch die ganze Stube in einem Kreise herumzog, ohne daß sie sich nur im Geringsten widersetzte.

Die Wittwe eines der vornehmsten Regierungsglieder in Luzern (erzählt Cysat *)) zähmte folgende Thiere so, daß sie bey einander lebten und daß der ganze Thierverein auf Einem, mit dem für jede Gattung geeigneten Futter belegten Brette seine Mahlzeit friedlich mit einander hielt: ein Hund, Murmelthier, Fuchs, Marder, Hase, Igel, Eichhörnchen, Haselhuhn, Staar, Krametsvogel, Sperling, Sperber, kleiner Buntspecht, eine Katze, Schildkröte, Dohle, Wachtel, Henne, Amsel, Elster, Meise und Turteltaube.

Die Katzen besitzen auch eine außerordentliche Fertigkeit im Aufwärtsklimmen; hingegen wenn sie sich an einer senkrechten Wand allzusehr in die Höhe gewagt haben, so dürfen sie nicht mehr herunter und schreyen dann auf eine jämmerliche Weise um Hülfe. Ich hatte in Gaiß eine Katze, die vorzüglich nach meinen Tauben lüstern war und daher öfters am dortigen hölzernen Pfarrhause durch alle drey Stockwerke bis auf ein Gesims unter dem Taubenschlage hinaufkletterte; aber kaum war sie oben, so war ihr wegen der Rückkehr bange, weil sie weder höher steigen, noch wegen des hervorstehenden Daches an den Seiten auf dasselbe hinüberspringen konnte, auch abwärts zu steigen, oder sich in einem Sprunge herunter zu stürzen, zu wenig Muth hatte, worauf sie also jedesmal kläglich miaute und mit Mühe herunter genommen werden mußte.

Obschon die Katzen das Fleisch der Haus- und Feldmäuse sehr lieben, so fressen sie die gemeinen und Wasserspitzmäuse, und die Maulwürfe nie, hin-

*) S. Cysat Beschreibung des Vierwaldstädtersee's S. 160.

gegen verfolgen und tödten sie dieselben. Das Gleiche bemerkte ich auch bey Fledermäusen und andern Thierarten. — Eine Katze, die alles, was sie würgt und nicht auf der Stelle frißt, nach Hause trägt, bringt Maulwürfe und Fledermäuse, die sie tödtet, in das Haus, und zerstreut sie hin und wieder in der Hausflur, wo sie dieselben liegen läßt. — Vor Bruchschlangen und Eidechsen fressen sie den ganzen Körper, nur die Schwänze lassen sie liegen. — Eben so sind junge und alte Katzen den im Grase herumhüpfenden Fröschen aufsätzig; spielen öfters stundenlang mit ihnen; beißen sie anfangs nur, um sie zu lähmen, und tödten sie erst zuletzt, ohne sie übrigens zu fressen.

Götze will beobachtet haben, daß die Katzen vor den Wieseln fliehen, weil ihnen der Uebelgeruch derselben widrig sey. Allein die Katzen verfolgen jene bestimmt äußerst hitzig, und ich erhielt mehrere Wiesel, welche von Katzen todt gebissen und ihnen abgenommen wurden; indessen fressen sie vermuthlich ihr Fleisch nicht. — Auch dem Siebenschläfer sind die Kazen aufsätzig.

Die Katzen sind nicht nur unter den jungen Hasen eben so schädlich als der Fuchs, sondern sie wagen sich auch an Erwachsene, und bezwingen sie. Ein Freund von mir jagte vor einiger Zeit einer solchen Katze einen 7 Pfund schweren gemeinen Hasen ab, den sie getödtet und angefressen hatte. Sie springen den Hasen aus einem Hinterhalte auf den Rücken, kratzen ihnen die Augen aus, drücken ihnen die Brust zusammen, und lassen sich oft weite Strecken von ihnen wegtragen, bis diese erliegen und sterben. — Eine andere Katze brachte ihrem Meister in Zeit von drey Wochen 3 halbausgewachsene junge Hasen, die er ihr abnahm und sie jedesmal mit einer guten Mahlzeit belohnte.

Die Katzen suchen sich nicht nur dann, wenn sie auf dem Felde von einem Hunde verfolgt werden, dadurch zu retten, daß sie auf einen Baum klimmen und triumphirend auf ihren Verfolger herabschauen; sondern sie belauschen auch auf den Bäumen sehr oft die kleinen Vögel, denen sie nachstellen.

Nicht nur aus Hunger machen die Katzen bisweilen auf Feldgrillen, Heuschrecken, Schmetterlinge und Stubenmücken Jagd; sondern wenn sie die Insekten einmal gekostet haben, so werden diese ihre liebste Nahrung. Es ist recht lustig zu sehen, wie die schlaue Katze auf dieser Jagd durch das Gras schleicht, und links und rechts mit ihren Pfoten diese Thiere todtschlägt und mit Wohlbehagen verschlingt. — In den Bäckershäusern richten sie unter den Hausgrillen und Kackerlacken große Niederlagen an, und vernachläßigen darüber das Mäusefangen.

Nach allgemeiner Beobachtung giebt sich das Katzen-Männchen nur in den ersten Paar Jahren seines Lebens mit Mäusefangen ab, und wird nachher träge; das Weibchen hingegen behält diesen Instinkt lebenslänglich, und wird daher in Bauernhäusern dem erstern vorgezogen.

Wenn die Katzen träge und schläfrig herumliegen, und das Wohnzimmer nicht verlassen wollen, so schließen unsere Bauersleute auf Aenderung der Witterung.

Die Katze verräth überaus viel Intelligenz und steht psychologisch weit über dem Hunde. Sie ist, wie dieser, sehr gelehrig, versucht und unternimmt aber auch manches aus Ueberlegung und eigner Wahl. So können z. E. Katzen nicht nur sehr leicht abgerichtet werden, an die Falle der Stubenthüren hinaufzuspringen, jene mit den Pfoten festzuhalten, sie abwärts zu drücken und dadurch die Stube zu öffnen; sondern ich kannte Katzen, die dieß Mittel selbst ausdachten, um nach Belieben die Stube verlassen zu können. — Ebenso verstehen die Katzen in Bauernhäusern die Stubenfensterchen zurückzuschieben, um dadurch aus der Stube oder in die Stube zu kommen. — Ich machte an einer sehr schlauen, aber äußerst heimtückischen Katze in dieser Hinsicht einige merkwürdige Beobachtungen. Die ersten zweymal suchte sie ihre Jungen gar nicht zu verbergen; allein da ich ihr im drittenmal drey davon wegnahm, so wählte sie sich in Zukunft für ihr Nest einen von meiner Wohnung weit entfernten Heustall, wo sie ihre Jungen gebahr. Da ich ihr ein andermal diese auch dort wegnahm, so wußte sie nachher oben in meinem Hause unter einem Bretterboden einen solchen Ort aufzufinden, der durchaus unzugänglich war. Erst im Herbstmonat kam ein einziges von ihren Jungen zum Vorschein, das aber anfangs völlig wild war und sich nur nach und nach an die Leute im Hause gewöhnte, doch niemals seine Scheuheit ganz verlor. Jene alte Katze war übrigens, eben wegen ihres falschen Charakters, allen im Hause unwerth, ausgenommen eine meiner Töchter nahm sie in Schutz und sorgte für ihre Nahrung; allein, so wie jene das väterliche Haus verließ, verließ uns auch ganz unerwartet die Katze und begab sich in ein Nachbarshaus, wo sie geduldet wird. Schon bald seit 2 Jahren lebt sie dort und mit Abneigung und Haß gegen uns alle erfüllt. Wenn ich sie anfangs von ungefähr einmal in meinem Garten antraf (wo sie früher täglich war, und den sie jetzt gänzlich meidet) so kehrte sie mir sogleich den Rücken und lief eiligst davon. Vorzüglich überraschte uns aber diese Erscheinung: daß jene Katze ein paarmal bey Besuchen, die ich von meiner Tochter erhielt, sich durch den Garten unsrer hintern Hausthüre näherte, vor derselben mauete, meine Tochter suchte und sie aufs freundlichste bewillkommte, ohne sich übrigens bewegen zu lassen, freywillig ins Haus zu gehen oder darin zu bleiben.

Bisher haben alle Naturforscher die Falschheit als den hervorstechendsten Zug im Charakter der Katze bezeichnet; allein nach meinen Beobachtungen ist es vorzüglich das launigte Wesen, welches der Katze ganz eigen ist und sie bald zu einem ausgezeichnet freundlichen und liebkosenden, bald zu einem mürrischen und feindseligen Thier stempelt, das alsdann sogar öfters auch seinen Wohlthäter nicht achtet, oder denselben gar verwundet. — Diese sehr abwechselnde Gemüthsstimmung der Katze, zeigt sich nicht nur unaufhörlich in ihrem ganzen Benehmen gegen die Menschen, in deren Wohnung sie lebt, sondern auch gegen ihres Gleichen beträgt sie sich eben so launig. So beobachtete ich lange eine ältere Katze, die mit zwey jüngern im gleichen Hause wohnte; und eben diese Katze gestattete jenen das einemal in guter Laune, sie nach Belieben necken und mit ihr spielen zu dürfen, während dem sie dieselben ein andermal, bey übler Laune, gleich Anfangs mit ihren Pfoten auf's Ernsthafteste zurückstieß.

Schrecklich warnend ist die Martergeschichte eines zehnwöchigen Kindes, das im Jahr 1812 zu Müselbach im untern Toggenburg, nächst an seinem Vater schlafend, ohne mindestes Wahrnehmen desselben in der Nacht von der Hauskatze ermordet wurde. Man fand es am frühen Morgen mit gräßlich zerfressenem Gesichte todt. Die Katze, die ihm wahrscheinlich den Saugbeutel (Luller) rauben wollte, muß ihm zugleich ein großes Stück der Zunge und der Lippen abgebissen und das Blut muß das Kind schnell

schnell erstickt haben. Die getödtete Katze hatte noch Ueberbleibsel vom erstern in ihrem Magen. *)

Auch nach meinen Beobachtungen irrt sich Bechstein in der Behauptung: „daß die Begattung der Katzen „im Verborgenen geschehe"; aber eben so unrichtig ist auch dieß: „daß mehrere Kitzen sich bisweilen um „einen Kater versammeln, die ihn zuletzt, wenn er ih„nen, nach Endigung des gemeinschaftlichen Conzerts, „nicht immer zu Willen lebe, mit fürchterlichen Bissen „fortjagen." Eben so hat Götze Unrecht, wenn er behauptet: „daß das Weibchen bisweilen dem Männchen „nachlaufe und es öfters durch Beissen zur Begattung „zwinge."

Die Kitze wählt sich immer ein weiches Nest für ihre Jungen, hält dieses eben so rein, wie die Hunde, und verschlingt jener Exkremente auf eine ähnliche Weise, wie diese.

Die Katzen werfen gar oft die sonderbarsten Mißgeburten, wovon Bechstein behauptet: „daß sie dieselben „gewöhnlich gleich auffressen." Ich bewahre zwey Katzenmißgeburten in Weingeist auf. Die eine davon hat zwey Hinterkörper, 4 Hinterfüße, 2 Schwänze, 2 Vorderfüße und noch 2 Füße auf dem Rücken. Die andere hat zwey zusammengewachsene Köpfe mit 2 Angesichtern. (Beyde sind also von ihrer Mutter nicht gefressen worden.)

Im Merz 1752 wurde eine Katzenmißgeburt in Zürich geworfen, die 7 Füße und zwey Schwänze hatte, davon sich ein Schwanz und 6 Füße unten am Leibe und ein Fuß nebst einem Schwanze mitten auf dem Rücken befanden. **)

---

*) S. monatl. Nachrichten schweiz Neuheiten, 1812, S. 32.

**) S. ebendaselbst 1752, S. 30.

Die gewöhnlichste Krankheit der Katzen, die junge und alte bisweilen befällt, ist die sogenannte Katzensucht, die darinn besteht: daß die kranken Thiere Munterkeit und Freßlust verlieren, sehr mager werden und öfters daran sterben, das von innerer Entzündung herrührt. Im Winter des Jahrs 1818 sind im Rheinthale sehr viele Katzen an dieser Krankheit gestorben.

Ich sah eine Katze, die lange Zeit regelmäßig epileptischen Zufällen unterworfen war, wobey ihr jedesmal ein Schaum zum Maul herausgetrieben wurde. Würmer mögen diese Krankheit bewirkt haben.

Ich hatte auch einmal eine Katze, die an den Folgen der Wassersucht starb.

Von wüthenden Kätzen hat man, vorzüglich in den Kantonen Bern und Zürich, mehrere traurige Beyspiele erfahren. *) — Ein neueres hat sich im Christmonat des Jahrs 1820 in Basserstorf zugetragen, wo ein junger Mensch das Unglück hatte, auf der Kellertreppe von einer wüthenden Katze gebissen zu werden. Sie wollte ihm zuerst ins Gesicht springen, und als er dieses mit Vorhaltung der in der Hand gehaltenen Weinflasche verhindern konnte, biß sie ihn ins Bein. Von ihm weg sprang sie durch's Haus hinauf auf das Dach, auf welchem sie sogleich erschossen wurde. Nach dieser Erscheinung wurden alle Katzen im Dorfe (103 an der Zahl) niedergemetzelt. Ein Paar Wochen später mußten auch zu Schwamendingen alle Katzen getödtet werden; weil ein Mädchen von einer bey der Sektion toll erfundenen Katze daselbst gebissen wurde; und erst im

*) S. monatl. Nachrichten schweiz. Neuheiten, 1751, S. 38; — und eine gedruckte Proklamation vom Sanitätsrath in Zürich, vom 28. Brachmonat 1797.

Hornung dieses 1821 Jahrs zeigte sich noch, ganz unerwartet, mitten in der Stadt Zürich eine wüthende Katze, die, ehe sie schaden konnte, ebenfalls getödtet wurde.

Felis Lynx. Der Luchs. (S. 57.)

In Wallis heißt der Luchs Thierwolf, in Welschbündten Tscherwær.

Auf der Gallerie in Bern befinden sich zwey sehr schöne Lüchse, welche im Haslithal gefangen wurden. Der Pelz ist überall langhaarig, dicht, weich und seidenartig anzufühlen. In Ansehung der Farbe unterscheiden sich beyde von einander, wie die Kohlfüchse und Edelfüchse; der eine ist schwach röthlich grau, mit weißen Spitzen, so daß die Farbe ziemlich Dachsenartig aussieht, und der andere ist schön gelbroth, mit schwarzen Spitzen.

Die Lüchse haben sich in den schweizerischen Alpen länger, als Bären und Wölfe gegen die Menschen behauptet; gegenwärtig aber werden sie auch immer seltener, und an vielen Orten sind sie gänzlich ausgerottet.

In einigen Bündtnergebirgen, vorzüglich im Oberlande in der Gegend von Flims und im Bergell, haben sich noch immer einzelne Familien erhalten. An leztern Orte ist einer im Merz 1767, und im April 1768 sind zwey daselbst erschossen worden, und ähnliche Beyspiele erhält man fast alle Jahre. — In den Gebirgen von Oberhalbstein zeigen sie sich in neuern Zeiten wieder häufiger als vorher, und verursachen unter Schaafen und Ziegen große Niederlagen. *) Auch im

*) S. den neuen bündnerischen Sammler, 2r Jgg, 2r B., S. 459.

Schamserthale*) und im Rheinwalde**) schaden diese Raubthiere oft bedeutend und sind daselbst noch nicht ganz ausgerottet. Das gleiche muß man von den Wäldern bemerken, welche sich zwischen der Grenze von Klosters und dem Davosersee befinden. ***) — Ich habe auch zuverläßig erfahren (schrieb mir im J. 1808 mein Freund von Salis in Marschlins) daß es zwischen Sallux und Mutta sehr viel Lüchse giebt, so daß daselbst alle Winter drey bis vier gefangen werden.

In Uri ****) und im Livinerthale †) waren sie noch in der letzten Hälfte des vorigen Jahrhunderts sehr häufig.

Eben so im Wallis, ††) wo sie jetzt noch nicht ganz ausgerottet sind; sie hausen daselbst in den Thälern von Gombs, von Visp, Herens und Bagne, wo man sie schießt und in Fallen fängt. †††)

Im Kanton Bern war der Luchs ehmals im Saanenlande das fürchterlichste Raubthier ††††), und daher mußten noch im Jahr 1729 zur Ausrottung dieser Thiere obrigkeitliche Verordnungen gegeben werden. †††††)

---

*) S. den neuen bündnerischen Sammler, 4r Jgg, S. 63.

**) Ebendas. 5r Jgg, S. 120.

***) S. Alpina von v. Salis und Steinmüller, 1r Band, S. 69.

****) S. Cysats Geschichte des Vierwaldstädtersees, S. 164.

†) S. J. Rud. Schinz Beyträge zur nähern Kenntniß des Schweizerlands, II, 134. IV, 417. V, 734.

††) S. König Georgica Helv., S. 795.

†††) S. helvet. Almanach 1820, S. 53.

††††) S. von Bonstetten über ein schweizerisches Hirtenland, S. 35.

†††††) S. von Bonstetten Schriften, S. 132. Schweizeri-

In der Gegend von Interlachen, im Hasliland *) und namentlich auch auf der Scheideck **) sind noch gegenwärtig einzelne anzutreffen, die meistens aus dem Wallis herkommen. ***) — Die zwey auf der Gallerie in Bern aufbewahrten ausgestopften Lüchse wurden in den Jahren 1804 und 1805 erlegt. — Im Jahr 1779 ist auch ein Luchs bey Zweysimmen und im Jahr 1795 einer im Guggisberg gefangen worden. — Im Herbst des Jahrs 1816 verursachte ein Luchs im Guggisberg, im Kanton Bern, großen Schaden, tödtete viele Schaafe und Kälber und biß sogar einem Pferde die Kehle ab; vergebens schoß man auf ihn; er verlor sich im Oberamte Seftigen. Allein eine Woche später wurde er im obern Gurnigel durch den Sohn des dasigen Jagdaufsehers, Zimmermann, erlegt. †)

Auch in den Alpen des Kantons Waat erscheinen bisweilen noch einzelne Lüchse und verursachen unter den Heerden großen Schaden. ††)

Im Jäner des Jahrs 1816 fanden sich in den Thälern von Charmey und Bellegarde, Kantons Freyburg, drey Lüchse ein, die viele Verheerung anrichteten. †††)

Im Glarnerlande erhielten sich die Lüchse sehr

---

sches Museum, Jgg II, 7s Heft, S. 606. Ueber das Reisen durch die Schweiz, S. 25.

*) S. Coxe Briefe über die Schweiz, III, 328.

**) S. Schweizermuseum 1784, Jgg II, 3s Stück, S. 215.

***) S. helvet. Almanach 1819, 108.

†) S. Schweiz. Monathschronik 1816, S. 191.

††) S. helvet. Almanach 1815, S. 39.

†††) S. Schweiz. Monathschronik 1816, S. 28.

lange und zahlreich. Tschudi bemerkt: daß im Herbste des Jahrs 1709 ob Sool ein Luchs gefangen worden sey, und schreibt, daß diese Thiere zwar zu seiner Zeit etwas seltener geworden seyen, hingegen habe man vor etwa 50 Jahren in der gleichen Gegend, in kurzer Zeit wohl zwanzig solcher Raubthiere gefangen.*) — Im Jahr 1765 hat ein Bauer auf einer Biltneralp einen schlafenden Luchsen mit einer hölzernen Stange todt geschlagen. — Nach Trümpi's Bericht lebten Lüchse im Gebirge ob Sool selbst bis in die neuern Zeiten, und von 1712 bis 1773 wurden daselbst über 30 Stück gefangen. **) — Gegenwärtig sind sie im Glarnerlande gänzlich ausgerottet.

Hartmann giebt uns in seinem Nachtrage zu meinen obigen Bemerkungen über den Hund die wichtige Nachricht: daß sich der Luchs noch im Jahr 1517 im Martinstobel, bey St. Gallen, aufhielt.

Im Jahr 1731 hing eine ausgestopfte Luchshaut unter einem Dache zu Saxeln im Kanton Unterwalden. Das Thier wurde kurz vorher in der Umgegend geschossen, wo es sehr großen Schaden verursachte.

Im Entlibuch ist der letzte Luchs im Jahr 1720 in der Gegend von Escholzmatt gefangen worden. ***)

Eben so hat man im Appenzellerland seit dem Jahr 1745, in welchem ein Bauer auf der Hundweiler Höhe einen Luchsen von einer Tanne herunterschoß, keinen andern mehr bemerkt. Es streifte zwar einer im Jahr 1791 über den Sommersberg bey Gaiß und den Stoß vorbey gegen den Kamor hin, der sich aber

---

*) S. Tschudi's Glarnerchronik, S. 47.

**) S. Trümpi's Glarnerchronik, S. 47.

***) S. Schneiders Geschichte des Entlibuchs, II, 73.

schnell ins Bündtnerland flüchtete, ohne einigen Schaden anzurichten. Rheinthaler-Jäger jagten ihn bey Gaiß mit drey Hunden, und verfolgten ihn einen Tag lang gegen dem Hochgebirge hin; zwey jener Hunde kamen aber erst am folgenden Tage schwer verbissen und verwundet nach Hause. — Dieser Luchs widerlegt wirklich Schrebers Nachricht nach Döbel: „daß der Luchs zum Laufen nicht aufgelegt sey"; hingegen ist es erwiesen: daß die Hunde ihn leicht einholen können, aber von ihm ernstlich zurückgewiesen werden.

In einer Chronik steht die Anzeige: daß im Jahr 1654 drey Lüchse bey Löhningen im Klettgau, des Kantons Schaffhausen geschossen worden seyen.

Zu Wagners Zeiten wurden auch Lüchse im Kanton Zürich erlegt; so ist z. B. im Jahr 1654 einer nahe beym Katzensee und im Jahr 1672 den 12. Christmonat einer zu Hedingen im Knonauer Amt erschossen worden.

Das Fleisch des Luchses wird in Bündten gegessen.

Da der Luchs zu den schädlichsten Raubthieren gehört, so haben die Schweizer-Regierungen auf den Kopf derselben Geldpreise ausgesetzt; z. E. in Bündten 8 Gulden, in Glarus 15 Gulden, in Appenzell 3 Gulden, im Tessin 11 Gulden u. s. w. *)

Die Fortsetzung im folgenden Bande.

---

*) Sehr interessante Nachrichten über die Naturgeschichte des Abruzzischen Luchses von v. Salis in Marschlins befinden sich in seiner Reise in verschiedenen Provinzen des Königreichs Neapel, I, Zürich 1793, S. 315 und 320; so wie von Wildungens Weidmanns Feyerabende, IV, Marburg 1800 lesenswerthe Beyträge zur Naturgeschichte des Luchses enthalten.

XVII.

Anmerkungen und Zusätze

über

Fr. Meisners und Hans Rud. Schinzens

Vögel der Schweiz,

systematisch geordnet und beschrieben, mit Bemerkungen über ihre Lebensart und Aufenthalt, Zürich, 1815, XXVIII. und S. 328.

Von

Joh. Rud. Steinmüller,

Pfarrer in Rheineck;

nebst Nachträgen

von

Hauptmann Conradi von Baldenstein in Bündten. *)

Vorerinnerung.

Schon vor zwölf Jahren kündigte ich in der Alpina **) die Herausgabe einer vollständigen Naturgeschichte der in

---

*) Dieser vortreffliche Freund ist nicht nur Liebhaber der Jagd im tiefer und höher liegenden Gebirge, sondern auch eifriger Forscher und Freund der Natur; daher mir seine Beyträge äußerst erwünscht sind, die noch um so größern Werth haben, da er sich alljährlich auf einem Landgute in Italien mehrere Monate aufhält und besonders über unsere Zugvögel daselbst merkwürdige Beobachtungen machte.

**) S. daselbst I. S. 169 – 244.

der Schweiz einheimischen Säugthiere und Vögel an, und ließ zugleich in jene Schrift, als Probe, die Beschreibungen des Lämmergeyers (Gypaëtus barbatus), des Schneehuhns (Tetrao Lagopus), der Flühlerche (Accentor alpinus) und des Citronenfinks (Fringilla citrinella) abdrucken. So wie auch die Naturgeschichte der Vögel im letzten Jahrzehend ungemein berichtigt und vermehrt wurde, so ordnete und verbesserte ich ebenfalls meine gesammelten Nachrichten immer mehr, während dem Meisner und Schinz ihre Beschreibung der Vögel der Schweiz dem Druck übergaben. — Da ich nun einerseits mit Grund annehme, daß dieses Handbuch sich in den Händen aller Freunde der vaterländischen Ornithologie befinde, und da mir anderseits noch eine Menge bestimmte Nachrichten zu einer neuen schweizerischen Ornithologie mangeln, so habe ich zwar mein früheres Vorhaben keineswegs aufgegeben, sondern die Ausführung desselben nur noch weiter hinausgeschoben und will hingegen in den ersten Bänden der neuen Alpina Anmerkungen und Zusätze zu obiger Schrift mittheilen, und zwar ganz in dem Sinne, wie ich mich in der Vorrede des vorhergehenden Aufsatzes in Ansehung der Naturgeschichte der Säugthiere der Schweiz von Römer und Schinz erklärte.

Noch muß ich folgende Bemerkungen vorausschicken:

Ein Handbuch über die Vögel der Schweiz muß vorzüglich die Naturgeschichte aller Alpenvögel und mehrerer Arten von Sumpf- und Wasservögeln, als der Schweiz vorzüglich angehörend, vollständiger und zuverlässiger beschreiben, als dieß bisher auswärtigen Schriftstellern möglich war, und namentlich dadurch der Wissenschaft wesentlich nützen. — Jedes Land hat seine Eigenthümlichkeiten; auch die Schweiz macht hierin keine

Ausnahme; jene also aufzusuchen und gründlich zu beschreiben, ist besonders Pflicht des schweizerischen Naturforschers. Unrichtigkeiten, wie z. B. die folgende, verzeiht man daher dem schweizerischen Ornithologen ungerne: „Die Kehle des Schnee„finks (Fringilla nivalis) ist schwarz. (Es ist son„derbar, daß in keiner von den Beschreibungen dieses „Vogels, die ich vergleiche, außer der Bechsteinischen „(N. G. D. III. S. 138), der schwarzen Kehle erwähnt „ist.)" *) — Ich habe öfters Schneefinken geschossen und zwey lebend im Bauer unterhalten, aber nie einen Schneefink mit schwarzer Kehle gesehen. Da die Hälfte jeder Feder, von der Wurzel an, schwarz ist, so scheint bey ausgestopften Exemplaren die Kehle schwärzlich, wovon man aber im lebenden oder frischgeschossenen Zustande des Vogels nichts bemerkt.

Ein Handbuch der schweizerschen Vögel muß sich aber auch über alle Schweizer-Kantone erstrecken und nur vereinte Kraft mehrerer aus verschiedenen Gegenden könnte — ungeachtet der sich täglich vermehrenden, äußerst gehaltvollen Arbeiten der deutschen Ornithologen — etwas sehr Wichtiges und Vollständiges leisten. Die Sucht, sich zu isoliren, zerstört so vieles, was durch Vereinigung gelingen würde.

Was übrigens meine nachfolgenden Anmerkungen und Zusätze über die vorliegende Schrift betrifft, so wende ich auch dasjenige auf die Beurtheilung ornithologischer Schriften an, was kürzlich, aus Veranlassung botanischer Werke, bemerkt wurde.

„Eine gegentheilige Meynung, selbst Zurechtweisung, „wenn sie Wahrheit bezweckt und in der Wahrheit ge-

*) S. Meisner und Schinz Vögel der Schweiz S. 76.

„gründet ist, kann den wahrheitliebenden Schriftsteller „niemals kränken und ist in unsrer Wissenschaft unver„meidlich. — Dies diem docet.“

„Die edle Skepsis, die unpartheyische Prüfung der „Lehren Andrer, ist die nothwendigste Pflicht eines jeden „wahren Naturforschers. — In jedem Falle aber ist „durchaus nur die Sache, nie die Person zu beurtheilen.“

Vultur leucocephalus. **Der weißköpfige Geyer.**
(S. 1.)

Naumann *) I. S. 170. Cathartes percnopterus. Temm. Der schmutzige Aasvogel. Und

Vultur albicaus. Johnst. **Der aschgraue Geyer.**
(S. 2.)

Meisner und Schinz sind die ersten, welche obige zwey Geyerarten in das Verzeichniß der Vögel der Schweiz aufnahmen.

---

*) Auf nachstehende zwey Hauptwerke in der neuesten Literatur wird jeder Ornitholog mit vollem Recht hinweisen:

J. Andr. Naumann Naturgeschichte der Vögel Deutschlands, nach eigenen Erfahrungen entworfen. Durchaus umgearbeitet, systematisch geordnet, sehr vermehrt, vervollständigt und mit getreu nach der Natur eigenhändig gezeichneten und gestochenen Abbildungen aller deutschen Vögel, nebst ihren Hauptverschiedenheiten, aufs Neue herausgegeben von dessen Sohne Joh. Friedr. Naumann. 1r Theil, mit 48 colorirten und 2 schwarzen Kupfern. Leipzig. 1820.

Christian Ludwig Brehm Beyträge zur Vögelkunde, in vollständigen Beschreibungen mehrerer neu entdeckter und vieler seltener, oder nicht gehörig beobachteter deutscher Vögel, mit 5 Kupfertafeln. 1r Band. Neustadt an der Orla. 1820.

Im May des Jahrs 1820 erhielt der große Freund der Ornithologie, Bonjour in Ouchi, Kanton Waats, einen weißköpfigen Geyer, der in der Gegend von Cossonay von ein Paar Hirten mit Prügeln und Steinen getödtet wurde. Während dem sich das Raubthier mit unbesonnener Dreistigkeit plötzlich auf ein Schaaf herunterstürzte, wurde es unversehens von den nahe dabey gestandenen Hirten betäubt zu Boden geschlagen, ohne daß es sich wieder erheben konnte.

Gypaëtus barbatus. Der bärtige Geyeradler. (S. 3.)

Naumann I, S. 180. Gypaëtus barbatus. Cuvier.

Meine früher gesammelten Nachrichten über den Geyeradler habe ich in der Alpina (1r Band S. 169—207) mitgetheilt; hier also nur noch einige Nachträge.

Außer Naumanns oben angeführter Beschreibung gehören in mein Verzeichniß der ausländischen Literatur noch nachstehende zwey Hauptwerke:

Wolfs und Meyers Naturgeschichte der Vögel Deutschlands. Bey Frauenholz in Nürnberg. 14 Hft. Und

Deutsche Ornithologie von Becker u. s. w. 19 Heft. Schade, daß in diesem sehr schätzbaren ornithologischen Werke beyde Abbildungen des Geyeradlers in Rücksicht des Schnabels und des Schwanzes so große Unrichtigkeiten enthalten; dem weißköpfigen sind zwanzig Schwanzfedern und dem schwarzköpfigen sechszehn angedichtet; letzterer hat auch noch, statt blaugrauer, gelbe Füße.

Die inländische Literatur hat ebenfalls einen neuen Beytrag erhalten im Museum der Naturgeschichte Helvetiens in Bern, von Meisner, 7s und 8s Heft — nebst Abbildung des Kopfes und Fußes eines Lämmergeyers.

Auf eine äußerst erfreuliche Weise überraschte mich die Nachricht, welche im Jahr 1812 zu allererst Doctor Meyer in Offenbach bekannt machte, welche genügend bewies: Daß der schwarzköpfige Geyeradler der junge Vogel des weißköpfigen Geyeradlers ist. Man bemerkte nemlich in Paris den allmähligen Uebergang eines schwarzköpfigen zum weißköpfigen, indem beym erstern zwischen seinen schwärzlichen Kopf- und Brustfedern nach Verfluß von zwey Jahren eine Menge gelblichter Federn hervorkeimten. *)

Beynahe zur gleichen Zeit erhielt Doctor Schinz in Zürich ein ähnliches Exemplar vom schwarzköpfigen Lämmergeyer aus Graubündten, an dessen Hals und Brust sich ebenfalls sehr viele schmutziggelbe Federn befinden.

Im August des Jahrs 1815 sah ich endlich selbst einen lebenden, noch ganz jungen Lämmergeyer, den ein Gemsenjäger im Schallfick in Bündten aus dem Neste nahm, das auf einem steilen Felsenabsatze saß, über dem hervorstehende Felsblöcke das Dach bildeten und wohin der kühne Jäger von oben an langen Stricken heruntergelassen werden mußte. Dieser Vogel (dessen Daseyn die herumfliegenden Alten verrathen hatten) saß ganz allein, völlig ausgewachsen, im Neste, das sehr geräumig und groß war, und ließ sich, ohne einigen Widerstand, fangen, an Flügeln und Füßen binden und in die Höhe ziehen; er blieb zugleich während den zwey Monaten seiner Gefangenschaft unverändert zahm. Auch dieser Vogel hatte ein äußerst dummes und furchtsames Aussehen; sein Eigenthümer setzte ihn aus

*) S. Annalen der Wetterauischen Gesellschaft B. III. 1s Hft, S. 169.

dem Kasten, worin er ihn trug, frey in meine Hausflur, wo er sogleich einer Ecke zulief und sich ängstlich zu verbergen suchte und in dieser Stellung unbeweglich verblieb. Er war so dumm zahm, daß er, nach der Versicherung seines Eigenthümers, noch nie einen Versuch fortzufliegen gewagt hatte. Die Federn waren auf dem Kopfe und Oberleibe dunkelschwarzbraun und die weißen Spitzen und Schäfte derselben schon vorhanden. — Naumann bezweifelt, daß die Umwandlungsperiode des Jugendkleids bey diesem Vogel erst nach der zweyten und dritten Mauser erfolge, und nimmt an, daß es hier, wie bey andern Vögeln gehe. Ungeachtet es mir an hinlänglichen Beweisen mangelt, so bin ich hierin so lange der entgegengesetzten Meynung, bis diese durch gründliche Beobachtungen widerlegt ist.

In der Zieglerschen Vögelsammlung in Winterthur befindet sich ein Geyeradler, der aus der Sprünglischen in Bern herkommt, mit einem außerordentlich großen bogenförmigen Schnabelhacken; ob diese auffallende Verschiedenheit eine Folge des hohen Alters oder der Gefangenschaft sey, kann ich nicht bestimmen.

Nach meinem Dafürhalten legen die Geyeradler nicht gleich nach Erreichung des ersten Jahres ihres Alters Eyer, um Junge auszubrüten; doch scheint es mir wahrscheinlich, daß dieß noch geschehen könnte, ehe die Farbenänderung des Gefieders vollständig eingetreten ist; wenigstens ist das gewiß, daß ich zwey braunbefiederte Männchen zu Ende des Winters erhielt, die sehr stark angeschwollene Testickeln hatten. Das läßt sich ganz bestimmt annehmen, daß diese Raubvögel sich gar nicht zahlreich fortpflanzen, und daß ein Päärchen, in der Regel, jährlich nur ein, höchstens zwey Junge hervorbringe, die wirklich mehrere Monate lang sehr unbeholfen im Neste bleiben und von den Alten gefüttert werden müssen. — Ueber die Zeit der Farbenänderung im Zustande der Freyheit, über die Alters- und Jahrszeit der Fortpflanzung des Geyeradlers, über die Farbe der Eyer, und über so manches Andre, sich darauf Beziehende, sind überhaupt noch große Lücken in den Beschreibungen und alles bisher Bekannte beruht meistens auf Jäger-Aussazen, die häufig sehr unzuverläßig sind. *)

Es befremdet mich, daß die Herausgeber der deutschen Ornithologie die Richtigkeit meiner Angabe bezweifeln: daß nämlich der Geyeradler in der Freyheit so viel Muth und Stärke besitze, den Schützen, der ihm seine Jungen nehmen wolle, mörderisch zu überfallen. Ich überzeugte mich mit eigenen Augen, daß im ähnlichen Falle der Falco Buteo, Nisus, Apivorus, Milvus und die Strix aluco Knaben Löcher in den Kopf hackten, oder sie mit den Klauen übel zerkratzten. Was untersteht sich nicht ein sonst furchtsames Huhn, wenn es Gluckhenne ist!

Zu den in der Alpina angeführten Beyspielen, welche beweisen, daß der Lämmergeyer auch Kinder und erwachsene Menschen angreife, gehört noch das folgende:

Anna Zurburg von Habchern, einem Bergdorf im Kanton Bern, wurde als Kind von einem Geyeradler weggetragen; dieser ließ sie in einiger Entfernung wie-

*) Ich verspreche seiner Zeit über diesen Vogel eine vollständige Monographie zu liefern und werde ihn daher aufs Neue, nebst mehrern meiner Freunde, in den Alpen selbst aufsuchen.

der fallen, und sie blieb daher am Leben; sie ist jetzt verheyrathet und heißt gegenwärtig noch, wegen jenes Ereignisses, das Geiren-Anni. *)

Im December des Jahrs 1810 bekam Professor Scheitlin in St. Gallen einen alten lebenden Geyeradler, der auf dem Kunkelberge, an der Gränze des Kantons St. Gallen, in einer Falle gefangen und nach einem Jahr in die königliche Menagerie nach Ludwigsburg gebracht wurde. Professor Scheitlin **) hat über diesen Vogel mehrere merkwürdige Beobachtungen niedergeschrieben, die ich hier im Auszuge, mit Bemerkungen von Freund Hartmann und mir vermehrt, mittheile; obwohl wir übrigens gar wohl wissen, daß man aus dem oft sehr unnatürlichen Zustande eines eingefangenen Raubthiers, bey dem Ermattung, Beängstigung, Hunger, Kälte, Verlust der Freyheit, Verwundung u. a. m. große Veränderungen hervorbringen können, niemals in Allem auf die wahre Natur desselben schließen darf.

Blumenbach hat in seiner vergleichenden Anatomie S. 83. §. 48 sehr richtig bemerkt: „daß bey den Vögeln, „bis auf wenige Ausnahmen, der Oberkiefer mehrere „oder mindere Beweglichkeit habe." Diese ist bey unserm Geyeradler eben so auffallend, wie bey den Papagaien, doch so: daß dieser Kiefer nicht einen eigenen,

*) S. Reise in die Alpen von König. Bern. 1814. S. 75.

**) Seine Nachrichten sind abgedruckt in Meisners Museum der Naturgeschichte Helvetiens in Bern. 8s Heft. S. 57 und 58; im Morgenblatt des Hornunghefts vom Jahr 1818. No 45 und 46; und in den neuen Annalen der Wetterauischen Gesellschaft für die gesammte Naturkunde. 1r Band, 1e Abtheilung, S. 106—115.

von der Hirnschale abgesönderten Knochen ausmacht, sondern daß er vermittelst nachgiebiger elastischer Knochenblätter mit denselben zusammenhängt. — Im ruhigen Zustande macht der Lämmergeyer häufige Bewegungen mit dem Oberkiefer, indem er ihn mehrere Linien weit aufwärts zieht und ihn schneller oder langsamer wieder abwärts fallen läßt.

Im Anfange seiner Gefangenschaft war dieser Vogel außerordentlich schüchtern, duckte sich im Gehen, so tief er konnte, steckte bey dem Anblick eines Menschen den Kopf in das Heu, das in der Ecke des Zimmers lag, und blieb in dieser Lage fast einen ganzen Tag. In jeder Lage, die man ihm gab, blieb er so lange, als man bey ihm stand, und auch noch etwas länger, nachdem man das Zimmer schon verlassen hatte. Jedermann durfte ihn auf den Rücken legen und den Kopf nach Belieben drehen, oder die Flügel öffnen; er ließ alles geschehen und lag wie todt auf dem Boden, nur sein feuriges Aug zeigte Leben. Zwey bis drey Tage lang steckte er den Kopf immer in die Ecke des Zimmers oder ins Dunkel, besonders wenn viele Leute anwesend waren, gleichsam als wenn er sich seiner Gefangenschaft schämte. Dieß ist nun bestimmt nicht der natürliche Zustand unsers Lämmergeyers und man darf es daher keineswegs Zahmheit nennen; es war vielmehr eine Folge des Gemisches von Ermattung und Beängstigung, die sich durch Verlust der Freyheit, Hunger u. dgl., vorzüglich aber auch durch den Schmerz erzeugt haben mag, den er an einem Fuße litt, der in die Falle gerathen und noch nicht ganz heil war.

Nach Verfluß der ersten Tage stand er Tag und Nacht äußerst traurig auf einem Springholze, auf welches man ihn aber hinaufheben mußte; alle seine Bewegungen waren überhaupt langsam, schwerfällig und träge und ohne Noth rührte er nicht eine Zehe. Den Strick, mit dem er anfangs gebunden war, zerriß er sogleich mit seinem Schnabel und in der Folge immer wieder, wenn man ihn angebunden hatte.

Nach und nach verlor sich seine außerordentliche Schüchternheit; allein dessen ungeachtet lebte er in beständiger Furcht, schien mehr, als dieß bey keinem falkenartigen Vogel der Fall ist, allen Muth verloren zu haben, jedermann durfte ihn, ohne daß er sich sträubte, von der Stange herabnehmen, und ihn bey den ausgebreiteten Flügeln in die Luft heben; ja er ließ sich von einem vierzehnjährigen Knaben nach Belieben herumtragen und behandeln, ohne einige Widersetzlichkeit; doch erkannte er ihn nur in seiner alltäglichen Kleidung und wollte ihm, wenn er sein Sonntagskleid trug, kein Futter abnehmen.

Dieser Geyeradler sitzt fast beständig mit offenem Schnabel und vorliegender Zunge, mit eingezogenem Halse und erhöhtem Rücken, völlig geyerartig, und sein Blick, Stellung und ganzes Benehmen bezeichnet unverkennbar ein seltsames Gemisch von Dummheit, Bosheit, Falschheit und Furcht. Wenn er böse oder nur unwillig ist, so sträubt er alle Halsfedern, die den Kopf umkränzen, empor und er sieht dann aus, als wenn er mit einer Perücke versehen wäre; *) öfters dehnt er noch zu-

*) Siehe die Abbildung auf dem Titelkupfer, die dem Naturforscher vorzüglich deßwegen willkommen seyn wird, da diese die natürliche Stellung des Vogels, wie ihn mein Freund, G. L. Hartmann, nach dem Leben gezeichnet hat, darstellt; alle andern bisher bekannten Darstellungen hingegen nur nach ausgestopften Exemplaren gezeichnet wurden. Auch die abgebildeten Kopfskelete

gleich den Schwanz fächerförmig aus und hält den Schnabel unbeweglich etwas offen. Er weicht selten von seiner Stelle und wenn er weggetragen wird, eilt er sogleich wieder hin. Des Nachts scheint er kühner als am Tage zu seyn und zu jener Zeit ist er ungleich unruhiger. — Sehr wahrscheinlich leisten ihm seine feurigen Augen auch bey der Dämmerung und des Nachts gute Dienste, und man hat wenigstens mehrere Beyspiele, daß sich Generadler des Nachts in eisernen Tellerfallen fingen.

Sein Gang ist schreitend und oft sehr schnell. Bey dem Aufstiegen streckt er den Hals und macht erst wegen seiner kurzen Füßen und langen Flügeln einige Sprünge, um sich in die Höhe zu erheben.

Seine Ausdünstung überhaupt ist von keinem merklichen Geruch; aber sein Athem riecht ganz aasmäßig.

Er fraß täglich 1 Pfund, seltener 1 1/2 Pfund Knochen oder Fleisch; die erstern schien er dem letztern und die Knochen von Kälbern denen von Rindern vorzuziehen. Er verschlang faustgroße Knochenstücke, auch wenn sie rauh und spitzig waren, ohne alle Beschwerde. War sein Hunger nicht groß, so faßte er das Stück blos mit dem Hacken des Schnabels und behielt es lange darin, ehe er es verschluckte. Schien es ihm zu groß, so nahm er es unter die Füße und suchte es zu zerreissen. Fiel ihm ein Stück auf den Boden, so machte er keinen Ver-

---

Taf. I. eines *Gypaëtos barbatus* und Taf. II. eines *Aquila fulva* werden, wie ich hoffe, günstig aufgenommen werden; nur muß ich in Hinsicht des Erstern noch bemerken, daß die Abbildung von einem Gerippe entlehnt ist, welches auf einer Bündtneralp gefunden wurde, vermuthlich mehrere Jahre daselbst der Luft und dem Einflusse der Witterung ausgesetzt war, und dem der hornartige große Hacken am Schnabel mangelt.

such, es wieder aufzuheben, sondern er setzte sich ruhig hin und hungerte lieber zwey bis drey Tage, ehe er es wieder nahm. Oft fraß er nach Art der Geyer so viel, daß er kaum athmen konnte. — Gemsenfleisch und anderes Gewild, Leber und Gehirn genoß er sehr gerne. Gab man ihm todte Vögel oder Säugethiere, so waren die edleren Eingeweide immer das Erste, das er verschlang; den Magen aber genoß er nie. Den Vögeln riß er mit dem Schnabel Kopf, Füße und Flügel ab und schälte den Körper rein aus der Haut, ehe er ihn verzehrte. Lebende Krähen oder Hühner, die man ihm vorhielt, packte er ganz ruhig, riß ihnen den Kopf ab und verspeiste sie alsdann. — Eine lebendige Taube, die um ihn und unter ihm herumhüpfte, und eine Katze, die, so wie sie ihn bemerkte, wie wüthend im Zimmer herumsprang, beachtete er gar nicht. — Kleine Vögel und Fische fraß er nie. — In der Gefangenschaft schien er das Todte immer dem Lebenden vorzuziehen. — Professor Scheitlin will nie bemerkt haben, daß er ein Gewöll von sich speye. — Wasser trank er gar nie, hingegen Milch schlürfte er begierig mit seinem crinnenartigen Unterschnabel, ganz nach der Art der Hühner. — Der Geyeradler hat keinen äußerlich sichtbaren Kropf, wie dieß bey mehrern Geyern der Fall ist, und darin irren sich also Becker und andere, die ihm diesen bestimmt zueignen. — Den dünnen weißen Koth schnellt er, nach Art andrer Raubvögel, weit von sich.

Bey einem spätern Besuch fand mein Freund Hartmann mit mir sein Betragen sehr verändert. Er war viel scheuer, unruhiger und wilder, flatterte bey dem Anblicke von Fremden hin und her und würde jede Gelegenheit zur Entweichung aus seiner Gefangenschaft benützt haben.

Obschon beynahe ein Jahr verflossen war, seitdem er seine meisten Schwanzfedern verloren hatte, so sind ihm diese doch nicht nachgewachsen. — Er war übrigens sehr mager und entkräftet.

Professor Meisner bemerkt (in der oben angeführten Schrift) über den Geyeradler: „Wird ein solcher „in der Freyheit angeschossen oder verwundet, so wehrt „er sich mit unbeschreiblicher Kühnheit und Wuth und „ist oft im Stande, seinen Feind, wenn er nicht wohl „bewaffnet ist, in die Flucht zu treiben. Man weiß „Fälle, daß Jäger, die nach ihm schossen, ohne ihn be„deutend zu verwunden, in die größte Verlegenheit ge„riethen. Wüthend schießt er alsdann auf seinen Be„leidiger herab, schlägt ihn mit den Flügeln und ver„letzt ihn mit dem Schnabel." — Meine Beobachtungen widersprechen diesen Angaben gänzlich. So wüthend der Lämmergeyer sich an denen zu rächen sucht, die ihm seine Jungen nehmen wollen, so muthlos und furchtsam ist er als Verwundeter und Gefangener; ich sah mehrere solcher Vögel, die sich in einer Fuchsfalle mit dem Fuße gefangen hatten und nur an einem Fuße gequetscht, aber keineswegs tödtlich verwundet waren, und diese benahmen sich ungleich ruhiger und ängstlicher, als der gemeine oder Steinadler (Aquila fulva) und als der weißköpfige Adler (Aquila leucocephala) im ähnlichen Falle. Selbst der eingefangene, oben beschriebene Lämmergeyer des Professor Schinzins beweist meine Behauptung. *)

*) Die naturforschende Gesellschaft in Genf besitzt gegenwärtig einen lebendigen Lämmergeyer, der aus Bündten dorthin gebracht wurde.

Nachtrag von C. von Baldenstein.

Nach den Berichten, die ich erhielt, besteht der unordentlich gebaute Horst des Generadlers nur aus groben, dürren Baumzweigen, ist fast platt und befindet sich meistens an unzuerklimmenden Orten, auf hohen Bergabsätzen, die über sich hervorragende Felsen haben, welche die Brut vor Regen und Schnee beschützen.

Der verstorbene Jäger, Soliva von Fürstenau im Domletschg hat mir erzählt: Er habe einst in der Gegend der Deniser-Alp, welche gerade nordostwärts von der Fürstenauer-Zollbrücke den höchsten Theil des Berges einnimmt, an einem oben beschriebenen Orte ein Geyeradler-Nest ausgekundschaftet, da er durch das unaufhörliche Pfeiffen zweyer Jungen aufmerksam gemacht wurde. Die Stelle des Horstes sey unersteiglich gewesen, und von oben haben die Felsen so über dieselbe herausgeragt, daß das Herunterlassen an Stricken nichts genützt hätte; er habe sich daher entschlossen, den beyden Alten aufzupassen und sie mit der Kugel zu erlegen. Ganze Tage sey er diesem Geschäfte, ohne Erfolg, obgelegen; öfters während zehn bis zwölf Stunden habe sich weder Vater noch Mutter gezeigt, obschon die Jungen jämmerlich gepfiffen und ihre weißen Köpfe (vermuthlich erst von weißen Pflaumfedern bedeckt) herausgestreckt hätten. Kam die Mutter (sagte er), so schoß sie mit Blitzesschnelle, ihre Beute in den Klauen haltend, als rauschte der Wind daher, geraden Wegs auf den Horst hin, und entzog sich demselben, sobald sie sich ihrer Last entledigt, mit einer Scheue, als fürchtete sie sich vor den Angriffen ihrer eigenen Brut. Der Vater kam nur in die Nähe und wollte sich nie bis auf den Horst herablassen. Wahrscheinlich hatte ihn sein scharfer

Geruch von meiner Nähe benachrichtigt, denn er kreiste mit seiner Beute schreyend in den Lüften über mir und verschwand jedesmal wieder, ohne seinen Jungen Futter zu bringen. Erst am vierten oder fünften Tage, als ich bald des Aufpassens müde geworden wäre, konnte ich das Weibchen erlegen, und zwar durch folgenden Zufall. Es kam daher geflogen mit einer herabhängenden Beute, die ihm aus den Klauen über den Rand des Nestes herunter fiel; es bemühte sich, sie in der Luft noch zu erhaschen, verfehlte sie aber und setzte sich auf einen tiefer liegenden Felsenabsatz, wo es im gleichen Augenblick von einer Kugel aus meiner Flinte getödtet wurde. Nachdem ich hinauf gestiegen war, diesen Geyeradler aufzunehmen, beobachtete ich auch den Raub, den er seinen Jungen briugen wollte, und fand, daß es die vordere Hälfte eines frischen, neugebornen Lammes war, woran beynahe noch das ganze Fell des Hintertheils hing. Auf die Frage: was er damals mit dem Vogel gemacht habe? antwortete er: er habe ihm alle großen Federn ausgezogen und sie den Knaben des Dorfs gegeben, die damit nach Landessitte (für die Befreyung von einem Raubvogel, bey Besitzern von Haushühnern) Eyer gesammelt und ihm die Hälfte davon gebracht hätten.

Diese Nachricht hatte ich im Jahr 1813 aufgezeichnet.

Aquila Chrysaëtos Leisleri. Der Goldadler.

Annalen der Wetterauischen Gesellschaft f. d. ges. Nat. B. I. S. 139. B. II. S. 170 und 349.

Naumann. I. S. 201. Falco imperialis. Becht. Der Königsadler.

Obschon dieser erst von Leisler entdeckte Goldadler, der die Gebirgswaldungen von Oestreich und Tyrol bewohnt, bisher nirgends in der Schweiz bemerkt wurde, so vermuthe ich, man habe auch ihn öfters mit dem Steinadler verwechselt und will daher auf seine unterscheidenden Kennzeichen aufmerksam machen.

Naumann: Füße bis an die Zehen dunkelfarbig befiedert, die Mittelzehe mit fünf großen Schildern; Rachen bis hinter die kleinen graugelben Augen gespalten; Nasenlöcher zwerg liegend, 1/2 Zoll hoch, der obere Rand mit einem Einschnitt; Flügelspitzen bis an und über das gerade Ende des Schwanzes hinausreichend; die schmalen Federn am Nacken und Hinterhalse weißlich rostfarbig, die Schultern weiß gefleckt; der Schwanz aschgrau, gewässert mit schwarzer Endbinde; am jungen Vogel einfarbig braun.

Leisler: Die Nasenlöcher stehen bey dem Goldadler zwerg; der hintere Rand ist abgerundet, der obere Rand mit einem Einschnitt. Bey dem Steinadler stehen jene schief; der hintere Rand ist scharf; der obere Rand nicht eingeschnitten. Bey dem Goldadler läuft der Mundeinschnitt unter dem Auge weg, so daß sich der Mundwinkel unter dem hintern Augenrande befindet. Bey dem Steinadler ist der Mundeinschnitt nicht so lang und der Mundwinkel befindet sich unter der vordern Augenhälfte.

Die Augen sind bey dem Goldadler sehr klein, nicht viel größer wie bey Falco milvus; bey dem Steinadler sind sie viel größer, wie bey Falco milvus.

Die Nackenfedern sind bey dem Goldadler wenig zugespitzt, nicht sehr lang, an der Spitze einfarbig. Bey dem Steinadler sind solche sehr lang und zugespitzt; die Spitzen mit hellen Rändern.

Bey dem Goldadler ragen die Schwungfedern über den Schwanz hinaus; bey dem Steinadler erreichen sie nicht die Spitze des Schwanzes.

Bey Ersterm ist der Schwanz nicht abgerundet und die Schwanzfedern haben gleiche Länge; bey Letzterm ist der Schwanz abgerundet und die äußern Schwanzfedern sind bedeutend kürzer, wie die mittlern.

Aquila Fulva (Wolf.) Der Steinadler. (S. 5.)

Naumann: I, S. 208. Falco Fulvus, Linne. Der Steinadler.

Brehm: I, S. 66. Aquila Fulva, Linne. Der Steinadler. In der Schweiz: *Adler*, *Goldadler*, *Steinadler*; seltener *Geyer*.

Diese Adler variren außerordentlich an Größe; sie sind gewöhnlich 6 bis 8, bisweilen aber auch 12 und noch mehr Pfund schwer. — So wurde z. B. im Christmonat des Jahrs 1676 zu Rümlang im Kanton Zürich ein Steinadler geschossen, der fünfzehn Pfund schwer war, und dessen Skelet Doktor Muralt der Kunstkammer in Zürich übergab. *)

In meiner Jugend sah ich im Glarnerlande zwey lebende junge Adler mit bis auf die Zehen befiederten Beinen, die überall am Körper mit ganz schwarzen Federn bedeckt waren und welche auf dem Rücken einen starken, stahlfarbigen Glanz hatten. Seit mehr als 20 Jahren hörte ich nichts mehr von dieser Adlerart, und in keiner Naturalien-Sammlung der Schweiz sah ich je einen solchen Vogel. Erst im letzten Sommer vernahm ich, daß ein junger lebendiger Adler aus einem Neste, das auf einer Felsenwand bey Schaid im Domletschg saß, gefangen worden sey, über den ich sehr genaue Erkundigungen einzog, und der mir für die unverschämt große Forderung

---

*) Eine anatomische Beschreibung dieses Adlers von

von 9 Louisd'ors angeboten wurde. *) Dieser Vogel saß einzig in seinem großen Neste; ein kühner Gemsenjäger wurde oben vom Felsen, an langen Seilen hängend, herabgelassen, und da dieser überhängend war, so mußte jener sich mit einem eisernen, an einem langen, schmalen Holze befestigten Hacken an das Nest hinziehen, den jungen, flücken Adler binden und mit seiner Beute so den Weg wieder in die Höhe nehmen, wie er ihn abwärts gefunden hatte. Selbst der nach Naturalien heißhungrige Naturforscher würde hierin doch schwerlich in seiner Leidenschaftlichkeit dem Jäger gleich kommen.

Dieser anfangs ganz zahme Adler nun war so wie er aus dem Neste kam, am ganzen Gefieder kohlschwarz mit stahlfarbigem Glanze auf dem Rücken, und an den Beinen, bis auf die Zehen befiedert. Gegenwärtig hingegen und also nach der ersten Mauser sind seine Federn schwarzbraun und daher um ein merkliches heller geworden. Die Wachshaut des Schnabels und die Zehen sind gelb, und der Augenring braun.

Im Brachmonat des gleichen Jahrs 1819 entdeckte ein Gemsenjäger ein Adlernest auf der Höhe eines steilen Felsenabsatzes in der Alp Ochsenfittern bey Engy im kleinen Thale des Glarnerlandes. An langen Heuseilen befestigt ließ er einen Buben in dasselbe herab, während dem oben Lärm gemacht wurde um die Alten zu ver-

---

Muralt, s. Experiment. anatom. IV, p. 160; und Ephemerid. accad. nat. Ao. 1682, p. 132.

*) Seitdem nemlich in allen Gegenden die Zahl der Ornithologen sich sehr vermehrte und diese für einen Lämmergeyer ungemein große Summen anbiethen, so glauben unsre Jäger, sogar für jede Adlerart ihre Forderungen nicht hoch genug ansetzen zu können.

scheuchen. Auch in diesem Neste saß nur ein einziger junger, kaum flücke gewordener Adler, der dem obigen im Bündtnerlande ganz ähnlich ist. Er war im letzten Herbste ebenfalls oben auf dem Kopfe und am ganzen Leibe dunkelschwarzbraun; der Augenring hell kastanienbraun; die Wachshaut schmutzig olivengrün; die Schnabelwinkel und die Zehen strohgelb; die Beine bis zu den Zehen hin befiedert.

Diese zwey Adler sind nun Junge des Steinadlers (Aquila fulva.) Sein Gefieder ist also vor der ersten Mauser ganz kohlschwarz und wird erst in der Folge mit zunehmendem Alter immer heller — bis ins hell- oder gelbbraune. — Merkwürdig ist es zugleich auch, daß in beyden Nestern nur ein einziges Junges sich befand, wodurch die Behauptung auf's Neue bestätigt wird, daß sich die Adlerarten gar nicht zahlreich fortpflanzen.

Noch bemerke ich, daß obige zwey Adler, obgleich ganz jung und anfangs völlig zahm, dennoch ungleich lebhafter, unruhiger, wilder und frecher als die Lämmergeyer (Gypætos Alpinus) im ähnlichen Zustande wären. Ins Zimmer und in Freyheit gesetzt, suchten sie sich nicht zu verbergen wie jener — blickten blitzend überall um und über sich — hüpften auf Stühle und Tische hin — bissen gegen die, die sich ihnen näherten, und würden sich, ungehindert, sehr bald durch Wegfliegen ganz befreyt haben.

Im Zustande der Gefangenschaft und der Selbstvertheidigung schreit er Kirikiriki! In der Freyheit bey Tagesanbruch giebt er einen scharf durchdringenden Laut, wie Pfirliff! von sich; fliegend in der Luft aber läßt er, wie andre große Raubvögel, ein gedehntes Pfiyyg! von sich hören.

Er ist eben so raubgierig, beherzt und gefräßig, wie

der Geyeradler und kömmt diesem an Stärke sehr nahe; nur verschlingt er nicht so viel und so große Knochen, wie dieser. — In den Alpen ist er den Ziegen und Schafen ein sehr gefährlicher Feind. Da, wo seine Kräfte zur Erlegung seines Raubes nicht hinreichen, macht er in Vereinigung eines oder mehrerer Gehülfen den Angriff. — Drey solcher Adler tödteten z. B. im Klönthale des Glarnerlandes eine alte Ziege und frassen sie gemeinschaftlich mehr als zur Hälfte auf; und zwey gleiche Adler erlegten im Isithal über dem Vierwaldstädtersee eine 40 Pfund schwere Ziege, frassen das erste Mal einen Theil davon und wurden am folgenden Tage mit einem Schusse getödtet, als sie das übriggebliebene noch aufzuzehren im Begriffe standen.

Der Steinadler kann sehr lange Hunger leiden; während vier Wochen erhielt einer nichts anders als 2 geschossene Rabenkrähen, und gab dennoch keine Spur von Heißhunger zu erkennen; ja Doktor und Hofrath Meyer ließ einen solchen Adler vier Wochen lang sogar ohne alle Nahrung und dieser blieb dennoch gesund und munter.

Der Steinadler ist in der Schweiz die gemeinste Art seiner Gattung, und daher überall in den Alpen nicht selten. Er hält sich zu Anfang des Sommers im mittlern Gebirge auf; am Ende desselben bezieht er die höchsten Alpregionen; im kalten Winter und des Frühlings nöthigt ihn der Hunger, ganz tief in die bewohnten Bergthäler herunterzufliegen, wo er am häufigsten in eisernen Fallen, auf Aas, das zum Fuchs-Fange zubereitet ist, gefangen wird.

Der Gang der Steinadler ist durchaus hüpfend und auch dadurch, wie in vielem andern, unterscheidet sich diese Art vom Lämmergeyer.

Auch die alten eingefangenen Steinadler sind viel kühner und vertheidigungslustiger, als der Lämmergeyer. Ein Wildschütze am Wallenstadtersee hatte einen solchen Gefangenen in seinem Stalle an einer eisernen Kette angebunden, den ich von ihm kaufte und ausstopfte. Mit Schnabel und Krallen vertheidigte er sich gegen jedermann, der ihn packen wollte; besonders aber den Jagdhund des Jägers konnte er nicht in seiner Nähe dulden. So oft sich dieser nur von Ferne dem Steinadler näherte, so stellte er sich sogleich in die Gegenwehr, sträubte die langen Kopf- und Halsfedern in die Höhe, blitzte mit den Augen, breitete alle Schwanzfedern fächerförmig auseinander und bog sie völlig abwärts nach den Füßen hin, dehnte die Zehen und Krallen, so stark er konnte, aus, und — plötzlich machte er zwey Sätze, schrie sein scharfes Kirikiriki, und suchte mehrere Male mit wüthender Heftigkeit auf den fliehenden Hund zu fliegen, um ihn zu verwunden, was ihm auch sicher gelungen wäre, wenn die kurze Kette, die an einem seiner Beine befestigt war, ihn nicht jedesmal zurückgehalten hätte.

Anmerkung: Nachstehende Anzeige wurde zuerst im Jahrgang 1810 des St. Gallischen Erzählers mitgetheilt:

„Ein zweyjähriges, vor dem Hause spielendes Kind, ward „in der Gegend von Chur in Graubündten von einem Adler er„griffen und fortgetragen. Der Vater siehts und springt schreyend „und lärmend dem Vogel nach, der hierdurch erschreckt, seine „Beute fahren läßt. Das Kind ist aber so verletzt, daß es bald „hernach stirbt. Nun trachtet der schmerzlich betrübte Vater „seine Rache an dem grausamen Mörder des geliebten Kindes „auszulassen. Erst nach manchem vergeblichen Versuche gelingt „es ihm, den Adler in einem Fuchseisen zu fangen. Wüthend „stürzt er sich auf ihn, aber der Adler packt ihn mit der freyen „Kralle und setzt sich mit dem starken Schnabel dermaßen zur „Gegenwehr, daß der schwer verwundete Mann um Hülfe ru„fen muß. Endlich wird der Vogel von einigen herbeyeilenden „Männern erschlagen."

Professor Meisner rückte darauf diese Anekdote in die Alpenrosen (Jahrgang 1815, S. 162.) ein.

Nun erzählt auch Naumann in seinem neuesten Werke diese Geschichte und giebt Ziegler und Schinz als Gewährsmänner dafür an, und bemerkt: „So fabelhaft auch jene Nachrichten „vom Raube kleiner Kinder, die dieses Thier zuweilen seinen „Jungen zugeschleppt haben soll, klingen mögen, so scheinen „sie doch nicht ganz grundlos."

Ungeachtet aller meiner eingezogenen Erkundigungen hierüber, konnte ich in dieser Nachricht nichts anders, als eine erdichtete Jäger-Aussage auffinden, die man mit einer Menge ähnlicher Histörchen vermehren könnte! –.

Aquila Leucocæphala Meyeri. Der weißköpfige Adler. (S. 6.)

Naumann: I, S. 224. Falco albicilla, Linné. Der Seeadler.

Brehm: I, S. 22. Aquila leucocæphala, Wolf. Der Seeadler.

Meisner und Schinz führen bey der Literatur C. Geßners Pygargus (Gesn. Av. p. 190.) an; allein p. 197 beschreibt Geßner ebenfalls den Ossifragus (die Uebersetzung S. 20 und 22. Stein- oder Beinbrecher.)

Die Länge dieses Vogels ist 3 Fuß, 2 Zoll; die Breite 7 1/2 Fuß; das Gewicht 7 — 8 Pfund.

In dem Verzeichnisse der Schweizervögel aus Coxe's Briefen, wird unrichtig behauptet: daß dieser Adler bey den Schweizerseen häufig anzutreffen sey, indem er doch zu den sehr seltenen Vögeln daselbst gehört. Ich erhielt seit dreyßig Jahren nur zwey jüngere Exemplare, wovon sich das eine in sehr kalter Winterszeit einzeln an dem

Ufer der Linth bey Glarus und das andre am Ufer des Bodensees in der Gegend von Rheineck in gleicher Jahrszeit aufhielt.

Der oben erwähnte, bey Glarus geschossene Adler hatte in seinem Magen einen Ball Thierhaare, Wirbelbeine und Knochen von einem Haasen, und einzelne Theile von einem Eichhörnchen und einem Wiesel.

Er fand sich auch täglich ein= bis zweymal auf Aas von Pferden ein, welches man zur Lockspeise für Füchse an das Linthufer legte, um solche des Nachts dabey zu schießen. Obschon Bechstein und Blumenbach bestimmt versichern, daß die Jäger diesen Adler auch des Nachts auf solchem Aas antreffen, so widerspreche ich dennoch; es ist in den Schweizergegenden gewiß niemals ein Vogel dieser Gattung zur Nachtszeit auf einem Aase gesehen worden, und doch werden alljährlich viele hundert Füchse des Nachts geschossen.

Zwey Jahre nach einander zeigte sich zur Zeit des Frühlings und im Anfange des Sommers ein Pärchen in den Wäldern des Wallenstadter Seeufers, das ich öfters beobachtete und verfolgte, aber nie sah ich es über dem See schweben, um auf Fische zu stoßen, was diese Vögel nach Berichten der Naturforscher ebenfalls thun sollen. Mehreremal traf ich sie am Tage auf todten Pferden oder Ziegen an; auch hörte ich öfters die Klage, daß sie Haushühner weggetragen hätten.

Nach Saussure nistet er auf dem Saleve bey Genf. *)

*) S. Voyages I, p. 199.

Aquila Nævia. Der Schreyadler. (S. 8.)

Naumann: I., S. 217. Falco naevius, Linne. Der Schreyadler.

Er ist zwar kleiner, als der Steinadler; aber merklich größer, als die Gabelweihe.

Männchen: Lang 2 Fuß, 4 1/2 Zoll; breit 5 Fuß; Gewicht 2 Pfund, 27 Loth. — Die Schenkel sind lang; Wachshaut und Zehen gelb; Iris braun; die Krallen spitzig, wie eine Nadel.

Der Kopf groß und die obern Halsfedern lang und spitzig auslaufend.

Das Gefieder des ganzen Körpers schön tiefbraun; der Unterleib dunkler als der Oberleib, mit eyrunden, gelblich weißen Flecken auf den Schultern- und Flügeldeckfedern.

Weibchen: Auffallend größer als das Männchen; lang 2 Fuß, 6 Zoll; breit 6 Fuß; Gewicht 2 Pfund, 32 Loth.

Am ganzen Körper schwarzbraun; die Flügeldeckfedern mit braunen und rostrothen Spitzen.

Das Pärchen von dieser sehr seltenen Art wurde in einem kalten Winter nahe bey Rheineck, jenseits des Rheins in St. Johann Höchst geschossen. — Höchst selten zeigt er sich auch bey Seckingen und Basel. Am erstern Orte flog in einem kalten Winter ein Schreyadler öfters zu einer Gerberey hin, wo er rohe Kuhhäute benagte, gierig davon fraß und auch daselbst geschossen wurde.

Aquila

Aquila Brachydactyla. Der kurzzehige Adler. (S. 9.)

Naumann: I, S. 236. Falco brachydactylus, Temm. Der Nattern-Adler.

Brehm: I, S. 93. Aquila brachydactyla, Wolfii. Der kurzzehige Adler.

Ein äußerst seltener Vogel, den ich in der östlichen Schweiz nirgends bemerkte. Schinz erhielt ein Exemplar aus dem Glarnerlande.

Aquila Haliaëtus. Der Flußadler. (S. 9.)

Naumann: I, S. 241. Falco haliaëtos. Der Fluss-Adler.

Brehm: I, S. 78. Aquila haliaëtus. Der Fluss-Adler.

Am Rhein und Bodensee Fischgeyer, Fischadler; und nach Conrad Geßner ebendaselbst Entenstößer, Mosweih oder Fischer.

Nach Meisner und Schinz „erscheint der Flußadler bey uns im März und verläßt uns im October" — nach meinen Beobachtungen aber verläßt er die Schweiz auch des Winters nicht. Er zieht alsdann streifend aus einer Gegend in die andere und bleibt öfters, bey gelinder Witterung, Monate lang auf seinem gewählten Standpunkte.

Im Winter des Jahrs 1804 hielt sich ein Flußadler an dem Bodensee nahe bey Constanz auf, der stundenlang mit scharfem kreisendem Blicke an dem Seeufer auf Pfählen saß, von denen er sich in schiefer Richtung auf einzelne 2—3 Pfund schwere Fische stürzte, die sich auf der Oberfläche des Wassers zeigten und größtentheils seine Beute wurden.

Bisweilen, doch viel seltener durchschwimmt er auch die Lüfte über fischreichen Wassern, rüttelt in mäßiger Höhe, den Thurmfalken ähnlich, mit hochgeschlagenen Flügeln, und wirft sich pfeilschnell ins Wasser; erhascht er einen Fisch, so trägt er ihn weit vom Ufer weg und verzehrt ihn daselbst.

Nach Conrad Geßners Berichten soll er am Ufer des Bodensees auch auf Wasserhühner und Enten stoßen und sie öfters lange verfolgen, bis sie sich ihm endlich, ermattet, ergeben müssen. Eben so überzeugte ich mich öfters, daß dieser Vogel auch den Schnepfen begierig nachstellt und viele derselben verzehrt.

In den Rheingegenden von Sekingen, Basel und Arlesheim, woher ich auch zwey Exemplare erhielt, ist er ebenfalls sehr bekannt.

Falco Milvus. Rother Milan. (S. 11.)

Naumann: I, S. 334. Falco milvus. Linn. Der rothe Milan.

Hin und wieder Furkeligeyer (von seinem gabelförmigen Schwanze her); in Bündten das Furkelin; in Bern Moosweih, Habweih, Weih, Gäbeliweih; am Bodensee Möhrenteufel.

Das Jugendkleid dieses Vogels ist etwas heller, als das der Alten, nur decken dunklere Federn den Kopf; jedoch nach der ersten Mauser werden die Jungen den Alten schon ganz ähnlich, und nur die Iris bleibt noch graubraun und wird erst im dritten Jahre hochgelb.

Sie lieben sowohl die großen Berghölzer, die an flachliegende Ackerfelder stoßen, als aber auch vorzüglich die Gegenden von Seen, Flüssen, Sümpfen und Riedtern; daher sind sie in den Linthgegenden zwischen dem Wallenstatter- und Zürchersee und an den Ufern des Rheins und Bodensees, so wie auch auf dem großen Rafzerfeld nicht selten.

Im Klettgäu des Kantons Schaffhausen ist der Milan der gemeinste Raubvogel daselbst. In milden Wintern bleiben einige bey uns; die übrigen ziehen vor dem Eintreffen der Kälte südlich und zeigen sich oft schon wieder als willkommene Frühlings-Vorboten in der Mitte des Hornungs.

Ihre gewöhnliche Nahrung besteht aus kleinern Säugthieren, z. B. aus Maulwürfen, Mäusen, jungen Hasen u. dgl., und unter den Amphibien lieben sie vorzüglich die Fröschen.

Zwey Jahre lang fütterte ich ein junges Päärchen, das alles Animalische verschlang, was ich ihm vorlegte; nur todte ungerupfte Vögel beruhrten beyde nicht eher, als bis man ihnen dieselben in Stücke zerhackt hatte. Einen lebenden Heher duldeten sie gerne in ihrer Gesellschaft; weniger traulich benahmen sie sich gegen zwey junge erwachsene Nachteulen (Strix Aluco), die vorzüglich des Abends und Morgens während der Dämmerung unruhig herumflogen, und nach wenigen Tagen von ihnen getödtet, aber nicht aufgefressen wurden. — Alles, was man ihnen vorwarf, packten sie zuerst mit den Fängen, trugen es in eine Ecke oder auf das Springholz und verzehrten es erst dann mit dem Schnabel. Diese Vogelart läßt sich sehr leicht zahm machen.

Das Nest, worin obige zwey Junge saßen, war in einem dichten Walde bey Marschlins in Bündten, im Gipfel einer sehr hohen Tanne angebracht. Die drey rundlichen Eyer waren weißlich und blaßgelb und roströthlich gefleckt und von der Größe der Enteneyer. Ein Ey war unbefruchtet. *)

---

*) Borkhausen fand bey dieser Art eine auffallende Verschiedenheit in der Größe der Jungen; denn wenn das Erst-

Falco Ater. **Schwarzbrauner Milan.** (S. 12.)

Naumann: I, S. 340. Falco Ater. Linn. Der schwarzbraune Milan.

Ich bemerkte diesen Vogel in der östlichen Schweiz niemals. — Doctor Zollikofer in St. Gallen besitzt in seiner Sammlung ein schönes Exemplar, das bey Bürglen im Kanton Thurgau geschossen wurde. — In der Waat, z. B. in Ouchi, ist diese Art nicht selten; wo hingegen der Milan gar nicht angetroffen wird.

Falco Buteo. **Mäusebussard.** (S. 13.)

Naumann: I, S. 347. Falco Buteo. Linn. Der Mäuse-Bussard.

Brehm: I, S. 113. Falco Buteo. Linn. Der Mäusebussard.

Er heißt im Allgemeinen Stoßvogel; im Glarnerland Hühnerdieb; nach Bruckner in Basel Büüs; in Zürich und Bern Moosweih, am letzten Orte auch Hühnervogel, Hühnliweih, Büüß, Moosbüüß; in Italien heißt er *La Pojana ò Abuzzago*.

Nach meinen vielfachen Vergleichungen konnte ich zwischen Mann und Weib keinen standhaften charakteristischen Unterschied, weder in Ansehung der Größe noch Farbe, finden.

Man sieht nicht ungewöhnlich sehr alte Vögel dieser Art mit fast ganz schwarzbraunem Unterleibe; eben so

---

gel..ne schon die Größe eines Raben hatte, so fand er das Jüngste mehr als um die Hälfte kleiner; allein diese Erscheinung sah ich bey vielen andern Raubvögelarten; so wie es mir sehr oft auffiel, daß von den wenigen Eyern, welche die Raubvögel legen, meistens eins, manchmal auch zwey unbefruchtet und unausgebrütet blieben.

andre mit ganz weißem Unterleibe oder mit ganz weißem Ober- und Unterleibe und einzelnen braunen Längsflecken.

Auch ich erhielt ein Paar Exemplare vom weißlichen Bussard (Falco Albidus), welcher in Borkhausens Ornithologie 9s Heft tab. 1, 2 als eine eigne Art abgebildet und beschrieben ist und den auch Meisner und Schinz vom Mäusebussard trennen; allein dieser Vogel ist gewiß nichts anders, als eine Abart unsers Falco Buteo.

Bey dem jungen erstjährigen Vogel sind die Federn des Ober- und Unterleibes immer mit vielen rostrothen Rändern versehen, auch sind sie gewöhnlich mit mehr Weiß auf dem Kopfe gemischt.

Der Mäusebussard ist in den Gebirgsgegenden ein Strichvogel; doch so lange der Schnee nicht gar zu hoch liegt, bleiben einige davon in der gleichen Gegend als Standvögel und nur, wenn der Winter allzustrenge ist, ziehen sie südlicher, kehren aber sogleich wieder zurück, wenn gelinde Witterung eintritt.

Sie lieben die Vorhölzer, werden aber auch in größern Waldungen angetroffen, fliegen am Tage in's Feld, halten sich auf den Feldbäumen, Gränzsteinen, einzelnen Pfählen u. dgl. auf, und nähern sich gar häufig den einzeln stehenden Bauerhöfen und Dörfern.

Den Namen Hühnerdieb trägt dieser nicht mit Recht; selten erhascht er, seiner Ungeschicklichkeit wegen, ein Huhn.

Seine hauptsächliche Nahrung besteht in Amphibien, Mäusen und größern Insekten. Er ist aber auch den ganz jungen Haasen und kleinern Saugthieren gefährlich.

Ich untersuchte den angefüllten Kropf und Magen dreyer Weibchen, welche, auf ihren Eyern sitzend, im Neste geschossen wurden.

Bey einem fand ich sieben Bruchschlangen, die Larve eines Mayenkäfers und wenigstens fünfzehn Stück Maulwurfsgrillen.

Bey dem andern drey Bruchschlangen und vier Köpfe von Feldmäusen.

Bey dem dritten zwey Bruchschlangen, einen Fink und vier Ectechsen.

Ich hatte zwey Jahre lang einen lebenden Mäusehabicht, der keinen Bissen aus dem Thierreich verschmähte: sogar ein, an seiner Seite gestorbener Sperber war ihm eine willkommene Mahlzeit. Das Kadaver eines gemeinen Adlers und einer Meve nährte ihn vierzehn Tage lang. Traubenbeeren, Zwetschgen und mürbe gewordene Birnen fraß er ebenfalls, und todte und lebende Fische verschlang er sehr gierig. In Ermanglung besserer Nahrung füllte er auch seinen Kropf mit geringerm Hühnerfutter, das aus angenäßter Kleye bestand.

Er horstet gewöhnlich in der Mitte des May's in dichten Wäldern, am liebsten auf hohen Weißtannen oder Fichten, und nie fand ich ein Nest an andern Orten. Er legt in sein großes Nest zwey bis vier rundliche Eyer, die im Grunde mehr oder minder hell oder schmutzig weiß sind, mit mehr oder minder vermischten, schmutzig braunen Flecken (in's Grüne spielend fand ich sie nie, wie Mayer und Wolf angegeben).

Männchen und Weibchen wechseln im Brüten mit einander ab und beyde widersetzen sich mit Anstrengung jedem, der ihnen ihre Jungen rauben will. In der ersten Woche, nachdem diese aus dem Ey gekrochen, sind sie mit gelbem Flaum überzogen.

Drey Jahre nach einander wurde einem Männchen sein brütendes Weibchen weggeschossen; das Männchen brachte im folgenden Jahre immer wieder ein anderes

Weibchen in eben dasselbe Nest, und bestätigte mir auf's Neue die öfters gemachte Erfahrung: daß das Männchen dem Weibchen den Standpunkt des Nestes anweise. Das Weibchen, welches sich obiges Männchen zur dritten Gattin wählte, war nur ein erstjähriger Vogel, und der kleinste, den ich je von dieser Art gesehen.

Nachtrag von C. von Baldenstein.

In den Gegenden Italiens und Piemonts sucht man den Mäusebussard im Frühling und Sommer vergeblich, sondern er erscheint daselbst nur im Herbste einzeln, und so sieht man ihn hin und wieder, bis der Frühling naht, wo er dann wieder wegzieht.

Er sitzt oft halbe Stunden lang unbeweglich auf dem dicken Aste eines Baumes, oder auf einem Felsenblocke. — Er läßt sich selten ankommen, sondern muß mit List hinterschlichen werden; sein Gesicht und sein Gehör sind sehr scharf. — Zum Vogelfang ist er zu plump und zu ungeschickt; wenn die Landleute glauben, er raube ihnen ihre Hennen, so ist dieß gleichwohl falsch; hingegen sah ich einen solchen Bussard, der im Hühnerhofe auferzogen wurde und nie ein Huhn berührte.

Den Jungen trägt er ihre Nahrung im Schlunde zu. Sein Nest baut er an einsamen Orten, in Felsenklüfte oder in einem Felsenabhang, wo ich es selbst fand; es bestand aus langen Reisern und war groß und sehr unordentlich gebaut. Das Weibchen legt nur einmal des Jahres zwey Eyer und die Jungen sind anfangs mit grauem Flaum bedeckt. Die Federn kommen zum Vorschein, wann sie schon groß sind. Da sie oft lange hungern müssen, verrathen sie ihren Aufenthalt durch ein unaufhörliches Pfeifen. Wenn sie ausgewachsen sind, ähneln sie den Alten ganz, begeben sich aber erst bey voller Kraft aus dem Neste; man sieht dann oft Junge und Alte in den Lüften kreisen und ihr Fliö, Fie ausrufen. Meistens fliegen diese Vögel, ohne daß sie ihre Flügel bewegen, und daran erkennt man sie von ferne.

Wenn man den Alten ihre Jungen aus dem Neste nimmt und diese an einem Orte anbindet, wo jene dieselben pfeifen hören können, so werden sie auch alsdann noch von den Alten gefüttert.

Wenn der Mäusebussard gefangen wird, beweist er seine Furcht oder seinen Zorn durch die herausgestreckte Zunge aus dem geöffneten Schnabel. Wenn er sich auf einen erhabenen freyen Ort hinsetzt, bewegt er beynahe jedesmal seinen Schwanz hin und her, um die im Fluge in Unordnung gerathenen Ruderfedern wieder zu ordnen.

Man kann sowohl die Jungen als die Alten leicht in Gefangenschaft erhalten, wenn man ihnen frisches Fleisch giebt; solches, das schon in Fäulniß übergeht und stinkt, berühren sie nicht.

Falco Lagopus. Rauhfüßiger Bussard. (S. 14.)

Naumann: I, S. 359. Falco Lagopus. Linn. Der Rauhfufs-Bussard.

Brehm: I, S. 99. Falco Lagopus. Linn. Der rauhfüfsige Bussard.

Länge 2 Fuß, Breite 4 1/2 Fuß, Gewicht 48—60 Loth.

Ich besitze diesen Vogel in beyden Abänderungen, mit mehr weißen und mit mehr braunen Federn. Das nachbeschriebene Männchen von der ersten Art ist weiß und gelblich braun und weicht von letzterer Art sehr ab.

Der Kopf und Hals ist oben und unten bis zur Brust und zum Rücken hin schmutzig weiß, mit schwarzbraunen Federschäften und schmalen, schwarzbraunen Strichen durch die Mitte jeder Feder, dem Schaft und der Länge nach; an der Kehle sind die Federn beynahe rein weiß und nur der äußere Theil der Schäfte schwarzbraun; der Oberrücken hat braune Federn, die zu beyden Seiten, mit Ausnahme der Spitze, schmutzig weiß und gelblich weiß gerändert sind; der untere Theil des Rückens ist ganz braun, die letzte Reihe der Deckfedern des Schwanzes ausgenommen, welche weiß, gelblich braun gefleckt ist; die Brust und der ganze Unterleib ist weiß, gelblich überlaufen, ebenfalls mit schwarzen Schäften und mit kleinern und größern gelblich braunen Federspitzen; die Seitenfedern schwarzbraun; die Deckfedern der Flügel sind braun und theils mit gelbbrauner, theils mit schmutzig weißer Federeinfassung; die vier ersten Schwungfedern sind an der obern Hälfte der äußern Fahne bleyfarbig, an der untern Hälfte weiß; alle Schwungfedern haben beynahe bis an die Spitze hin einen weißen Schaft und sind weißgrau gerändert; die übrigen Schwungfedern sind an der halben Fahne braun, mit schmutzig weißen Bändern und an der halben Fahne weiß, mit drey oder vier braunen Flecken gegen den Schaft und gegen die Spitze hin; der After schmutzig weiß; die Schwanzfedern weiß, gegen die Spitze hin schwarzbraun und schmutzig weiß gerändert; die langen Schenkelfedern (Hosen), so wie die ganz befiederten Beine sind weißgelb, mit dunkelbraunen Queerstreifen.

Diese Art gehört in der Regel zu den seltenen Schweizervögeln; ich erhielt früher nur zwey Exemplare, die mitten im Winter, nahe am Rhein, geschossen wurden; allein vom Jäner bis März 1821 waren sie in

Kanton Zürich und auch im Rheinthale hin und wieder anzutreffen. Ganz nahe bey Winterthur hat sich eine Schaar dieser Vögel, aus zwanzig bestehend, mehrere Wochen aufgehalten, von denen einzelne geschossen wurden.

In dem Magen eines solchen Vogels fand ich Ueberbleibsel von einer Meise und einem Wiesel; und in einem Andern einen Frosch, eine Spitzmaus (Sorex araneus) und eine kurzschwänzige Feldmaus (Mus arvalis, Pallas).

Falco Apivorus. Wespenbussard. (S. 15.)

Naumann: I, S. 567. Falco apivorus. Linn. Der Wespen-Bussard.

Brehm: I, S. 140. Falco apivorus. Linn. Der Wespen-Bussard.

Er heißt Stoßvogel, Hühnerdieb, Hühnliweih, Hühnervogel.

Länge 1 Fuß 11 Zoll, Breite 4 Fuß, Gewicht 45—50 Loth.

Ich erhielt ein ein- und ein zweyjähriges Männchen, welche am Kopf hell aschfarbig und am Unterleibe anstatt der dunkelbraunen Flecken gelbbraun gefleckt sind; an den Seiten des Halses, gegen die Brust hin, ist die Farbe beynahe überall völlig hellrostgelb.

Auch besitze ich ein sehr altes Männchen von nachstehender Zeichnung: Stirn, Scheitel, Seiten des Kopfes aschgrau; Hinterkopf, Hals, Rücken, Steiß- und Deckfedern der Flügel dunkel- oder kastanienbraun; eben so Kehle, Brust, Bauch, After und Schenkel, ausgenommen an den drey letzten Orten, von weißen Queertricken gefleckt; alle Federn an der Wurzel bis zur Hälfte weiß.

Er ist ein Zugvogel, der oft im November noch bey uns angetroffen wird und im May schon wieder zurückkommt.

Er liebt große Bergwaldungen am Fuße ebener Thäler, die er des Tags häufig durchstreift, und setzt sich auf Feldbäumen und Büschen, auf Gränzsteinen u. dgl. nieder, worin er mit dem Mäusebussard sehr vieles gemein hat.

Im Rheinthal und Appenzellerlande ist er gar nicht selten; auch aus dem Glarnerlande erhielt ich einige Exemplare.

In Hinsicht der Nahrung, wie in vielen andern Stücken, hat er das Meiste mit dem Mäusebussard gemein; nur stellt er auch den Haushühnern nach und richtet auf den Riedtern im Rheinthale und am Bodensee unter den Kiebitzen und unter den Riedtschnepfen große Niederlagen an.

Bey einem vollgefressenen Wespenbussard, den ich zergliederte, fand ich viele Ueberbleibsel von Käfern, drey Raupenbälge, Sumpfgräser und einige Tannnadeln. — Ein Anderer hatte seinen Magen mit einer Menge Heuschrecken und Feldgrillen ganz angefüllt.

Ein Lebender, den ich in einem Gewölbe neben einer Eule (Strix Aluco) eingesperrt hatte, tödtete sie nach einer kurzen Zeit und fraß sie, bis an den Kopf, völlig auf. Er besaß in seinen Fängen eine so große Fertigkeit zum Morden, daß er eingeschlossen, aus einem Gitter, einer Henne, die er mit einem Fuße erreichen konnte, den Kopf plötzlich so zusammendrückte, daß sie augenblicklich todt war.

Er nistet im Rheinthale und Appenzellerlande in

Vorhölzern auf hohen Tannenbäumen. Das Weibchen legt zu Ende des Mays drey bis vier hochrothbraune Eyer, mit verwischten und in einander fließenden Flecken; erstere sind etwas kleiner, als die Eyer des Mäusebussards. Er brütet sehr hitzig, und ich habe Ursache zu vermuthen, daß auch das Männchen an diesem Geschäfte Antheil nehme. — Ein brütendes Weibchen ließ sich das Zweytemal, auf den gleichen Eyern mit Schlingen fangen, nachdem es den Händen seines Feindes das Erstemal entgangen war; — schwerlich wird dieser Fall bey irgend einer andern Art von Raubvögeln je einmal eintreffen.

Falco aeruginosus. Sumpfweihe. (S. 17.)

Naumann: I, S. 378. Falco rufus. Linn. Die Rohrweihe.

Das Gewicht dieses Vogels ist 36—40 Loth.

Das alte Weibchen ist auf dem Scheitel bis tief in den Nacken herab, an der Kehle und auf den Schultern weiß; auf dem Rücken graubraun; am Unterleibe blaß rostfarbig und weißlich gefleckt; an den Schenkeln rostroth, und am Schwanze grau, in's Roströthliche schimmernd.

Ich bekam einige Exemplare, die des Sommers in flachen Rheingegenden zwischen Seckingen und Basel und auf dem Fussacher Riedt am Bodensee geschossen wurden, wo er sich nicht ganz selten findet und daselbst vermuthlich brütet.

Falco cyaneus. Kornweihe. (S. 17.)

Naumann: I, S. 378. Falco Pygargus. Linn. Die Kornweihe.

Brehm: I, S. 277. Die Kornweihe.

In der Piemonteser-Sprache heißt er *Rati*. Italienisch: *La Sobuzza*.

Anmerkung: Brehm beschreibt den Falco cineraceus, Montag., die aschgraue Weihe, und giebt als Kennzeichen an, die sie von der ihr sehr ähnlichen Kornweihe unterscheiden: „Der Schwanz ist stark zugerundet; die dritte Schwungfeder „ragt über die siebente wenigstens 5 Zoll weit vor. Länge des „Männchens 19 1/4, Breite 46 1/2 Zoll.

Länge 1 Fuß, 7 Zoll; Breite 3 Fuß, 5 Zoll; Gewicht 30 — 40 Loth.

Ich erhielt von diesem sehr seltenen Vogel zu Ende des Christmonats ein einziges Männchen aus dem Rheinthale; so wie Doktor Schinz in gleicher Jahrszeit einen ähnlichen Vogel aus der Gegend des Zuger-Sees.

Die große Feldmaus ist seine liebste Nahrung.

Nachtrag von C. von Baldenstein.

Cavaglietto den 24. Hornung. Heute erlegte ich diesen schönen aschgrauen Raubvogel; ich sah ihn zum erstenmal in diesem Winter auf den Heiden dieser Gegenden nicht hoch über dem Boden auf- und niederfliegen. Besonders wo Vertiefungen mit Wasser und Gebüsche waren, pflegte er lange herum zu schweben und von Zeit zu Zeit sich auf dem Boden nieder zu lassen, um seine Beute zu erhaschen. — Im Fluge schien er fast ganz weiß zu seyn, schwang sich sehr leicht empor und wieder herab und rüttelte sich in der Luft auch bisweilen. — Er muß mit einem feinen Gehör und schärfen Gesichte versehen seyn, indem er die Beute, welche seine Gattungsgenossen meistens sitzend erlauschen, im Fluge entdeckt und zugleich erhascht.

Den 28. Wintermonat erlegte ich das von dem Männchen sehr verschiedene Weibchen.

Die Kornweihe ist in Piemont im Herbste und bey gelinder Witterung im Winter, so wie im Frühling gar nicht selten; hingegen im Sommer zieht sie in kältere Gegenden. Man muß sie aber nicht bey Wohnungen, sondern auf den großen Heiden oder in den Weinbergen suchen, wo sie ihrer Nahrung nachfliegt und daselbst stets niedrig über der Erde und dem Gebüsche und über wässerigen Orten auf- und niederschwebt, ohne sich zu setzen, bis sie eine Maus oder ein anderes Thierchen sieht, auf das sie sich herunterwirft. In dunkeln, neblichten und feuchten Herbsttagen ist sie daselbst am Leichtesten anzutreffen; man sieht sie schon von Weitem längs einem wässerigen Heidebächlchen heraufkommen, kann sich dann darin verbergen und sie aus der Luft herunterschießen.

Falco Palumbarius. Hühnerhabicht. (S. 19.)

Naumann: I, S. 249. Falco palumbarius, Linne. Der Hühnerhabicht.

Brehm: I, S. 157. Falco palumbarius, Linne. Der Taubenhabicht.

Im Allgemeinen Stech- oder Stoßvogel; im Rheinthale Taubenpack; in Luzern, Zug und Glarus Hühnerdieb; in Bern Hühnervogel, Hühnerwy, Hühndliwy; in Bündten Hennengyr, Taubengyr; in Piemont *Tarctram*, *Zapustr*, welches erstere so viel, wie *Falschet tone*.

Länge 1 Fuß, 10 Zoll; Breite 2 Fuß, 10 Zoll; Gewicht 36 — 50 Loth. Das Weibchen ist um den dritten Theil größer, als das Männchen und 78 — 88 Loth schwer. Alte Männchen und Weibchen variren in der Farbe nicht standhaft von einander.

Das erstjährige Männchen ist 1 Fuß, 11 Zoll lang; 2 Fuß, 10 Zoll breit und 45 Loth schwer. Der Oberleib dunkelbraun, mit rostfarbigen Federspitzen; die größern Steißfedern mit schmutzig weißen Queerbändern und rostfarbigen Spitzen; die dunkelbraunen Federn des Kopfs und Hinterhalses hellrostfarbig, an der Kehle ins Weißliche gehend; überall mit schwarzbraunen, ovalen Längsflecken, die hellrostrothen Schenkelfedern mit langen, dunkelbraunen Strichen; die sechs ersten Schwungfedern braun, mit dunkelbraunen Queerbinden, die übrigen diesen ähnlich, mit weißlichen Spitzen; die Schwanzfedern braun, mit fünf breiten, dunkelbraunen Queerbinden und weißlichen Spitzen.

Das einjährige Weibchen ist eben so gezeichnet und unterscheidet sich nur dadurch vom Männchen, daß die Grundfarbe des Unterleibs etwas dunkler ist.

Auch die jungen Vögel variren sehr in der Größe. Ich erhielt einmal ein junges Weibchen, das beynahe um einen Drittheil größer, als andre, war.

Bey ganz jungen Vögeln ist der Augenstern nußbraun.

Er ist der gefährlichste Feind der Wald-, Feld- und Haushühner und besonders der Tauben, und stößt auf junge und alte Haasen, begnügt sich aber auch mit Mäusen. Bey den einzeln stehenden Berghäusern der östlichen Schweiz bewies sich schon öfters dieser Raubvogel so unverschämt dreist, daß er eine Henne bis in die Küche verfolgte und daselbst auf dem Raube todt geschlagen wurde.

In dem Magen eines erst jährigen Hühnerhabichts fand ich halb verdaute Mäuse, Bruchschlangen und Frösche, und ein anderer hatte den Kropf völlig ausgestopft mit Käferlarven.

Er horstet in dichten Waldungen im Gipfel hoher Tannenbäume und legt zu Anfange des Mays zwey bis drey längliche Eyer, von der Größe der Enten-Eyer; diejenigen, die ich aus verschiedenen Nestern besize, sind rein weiß, etwas in's Grünliche schimmernd, und entweder gar nicht oder nur schmutzig weiß verwischt, gefleckt.

Falco Nisus. Der gemeine Finkenhabicht. (S. 19.)

Naumann: I, S. 268. Falco Nisus, Linne. Der Finkenhabicht.

Brehm: I, S. 182. Falco Nisus, Linne. Der Finkenhabicht.

Er heißt gemeiniglich Sperber oder Sperbel; in Bern Stechvogel oder Sperberli. Italienisch: *Lo Sparviere*.

Sein Gewicht besteht in 14 — 20 Loth.

Dieser sehr gemeine Habicht zieht in der Schweiz des Winters zum Theil weg, doch immer nur auf kurze Zeit.

Die kleinern Vögel aller Art und namentlich die Finken-, Grasmücken- und Meisenarten haben an diesem befiederten Mörder den allergefährlichsten Feind. Ich zergliederte mehrere, und fand im Kropf und Magen nie etwas anders, als Ueberbleibsel von kleinen Vögeln, die sie mit Haut und Federn verschlangen. Es

ist

ist so raubgierig und kühn, daß in letztem Sommer ein solcher Sperber hier durch ein offenes Fenster in eine bewohnte Stube flog, und auf einen Käfig losstürmte, in dem ein Kanarienvogel saß, den er herausholen wollte, daran aber verhindert und mit den Händen gefangen wurde.

Uebrigens wenn es ihm gelingt, bisweilen eine einzelne Taube von ihrer Gesellschaft abzutreiben, so wird sie dann ebenfalls seine Beute.

Ich erhielt zu Anfang des Brachmonats mehrmals das Nest mit den Eyern von diesem Vogel, das er auf kleinern und größern Tannenbäumen in Vorhölzern setzt, und dabey drey bis vier Jahre lang das gleiche Nest benutzt. Die Eyer sind sehr rund; alle, die ich erhielt, bläulich weiß, mit unordentlichen, hell- und dunkelrostfarbigen größern und kleinern Flecken, mehr oder minder in einander geschmolzen.

Das Männchen theilt mit dem Weibchen das Geschäft des Ausbrütens der Eyer; ist in der Verpflegung der Jungen gleich thätig und beweist sich gegen dieselben eben so zärtlich.

Anmerkung: Becker, in dem 20. Hefte der deutschen Ornithologie (und nach ihm Meisner und Schinz) haben unrichtig zwey Arten aus dem Sperber gemacht, und daher neben dem gewöhnlichen Falco Nisus (minor) eine eigene Art des *Falco Nisus Major* (s. Meisner und Schinz S. 21) aufgestellt; allein die neuen Ornithologen haben, mit Recht, dagegen entschieden.

Nachtrag von C. von Baldenstein.

Ich schoß neulich einen solchen Raubvogel, als er eben auf einen Flug Sperlinge stechen wollte. So wie er sich getroffen fühlte, schrie er im Herunterfallen aus der Luft jämmerlich, und weil ihm nur ein Flügel verletzt war, legte er sich bey meinem Herzunahen sogleich auf den Rücken, um sich mit seinen scharfen Krallen zu vertheidigen.

Falco Peregrinus. Wanderfalk. (S. 23).

Naumann: I, S. 286. Falco peregrinus. Linne. Der Tauben-Falke.

Brehm: I, S. 208. Falco peregrinus, Linne. Der Wanderfalke.

Das Weibchen ist merklich größer als das Männchen, und erreicht bisweilen die Größe vom Mäuse-Bussard.

Doktor Zollikoffer in St. Gallen bekam ein Exemplar von Bürgeln im Canton Thurgau; in den Rheingegenden von Seckingen bis nach Basel und Arlesheim ist er nicht selten, wo er aber keine hohen Gebirge, nur ebene Waldungen bewohnt.

Falco Subbuteo. Baumfalk. (S. 24.)

Naumann: I., S. 296. Falco subbuteo, Linne. Der Lerchen-Falke.

Brehm: I., S. 227. Falco subbuteo, Linne. Der Baumfalke.

Anmerkung: Nach meinem Dafürhalten gehört C. Geßners *Falco Aesalon* weit eher hieher, als zum *Falco Caesius*.

Sein Gewicht beträgt 12 — 14 Loth.

Ich besitze neben Andern ein altes Männchen, dessen Federn an den Schenkeln, am After, an der Kehle und am Halse weißlich und woran die Flecken auf der Brust und am Unterleibe weit stärker und schwärzer sind.

Das Weibchen ist auf dem Oberleibe bläulich aschfarb, also heller als das Männchen und auf der

Brust mit weniger länglichen Flecken versehen, auch sind diese etwas heller.

Ich erhielt auch im Januar einen Baumfalken, den ich für ein junges Weibchen halte. An der Stirne weiß, Kopf und Rücken gelblich, braun gefleckt, Kehle, Hals bis auf die Brust hin, Schenkel und Afterfedern weiß, Brust und Bauch weiß mit röthlich braunen Längsflecken, Schwanz gelbbraun, dunkelbraun bandirt; die Fahne der innern Schwungfedern breit weiß gesäumt.

Er wird nirgends zahlreich angetroffen. Ich erhielt ihn aus dem Glarner-, Bündtner- und Appenzellerlande, aus dem Rheinthale, aus dem Werdenbergischen u. s. w. Er hält sich in Feldhölzern, gebirgigen und ebenen Wäldern auf hohen Bäumen auf, die in der Nähe von offenen Feldern liegen, welche er bestreicht.

In gelinden Wintern bleiben einzelne bey uns, und diejenigen, welche wegziehen, kommen im Anfange des Frühlings wieder zurück.

Viele Exemplare, die ich zu verschiedenen Zeiten untersuchte, enthielten in ihren Kröpfen und Mägen durchaus nichts anders, als eine Menge Insekten, z. B. Maykäfer, Maulwurfs- und gemeine Feldgrillen, Käferlarven und dergleichen.

Ich erhielt ein Nest aus dem Prättigau, das auf einer hohen Tanne saß — inwendig mit zarten Baumwürzelchen ausgefüttert war, und in welchem sich 2 zugespitzte und am stumpfen Ende sehr dicke, gelblich weiße Eyer befanden, in der Mitte und am stumpfen Ende mit hell- und dunkelolivenbraunen Flecken.

Falco caesius. Blaufalk. (S. 25.)

Naumann: I., S. 303. Falco aesalon, Linne. Der Merlinfalke.

Länge 10 1/3 Zoll, Breite 34 Zoll, Gewicht 12 Loth. — Das alte Weibchen ist merklich kleiner, als das Männchen.

Die einjährigen Jungen sind dem Weibchen ziemlich ähnlich. Ein erstjähriges Männchen, das ich besitze, ist auf dem Rücken und den Flügeln stark hellrostbraun gefleckt. In letztem Herbstmonate erhielt ich seit 20 Jahren das erstemal ein altes Weibchen von diesem Vogel, das hier nahe am Rhein geschossen wurde.

Falco cenchris. Frisch. Der Röthel-Falke.

Naumann: I., S. 518.

Anmerkung: Dieser zuerst von *Natterer* in Wien als deutscher Vogel aufgestellte Falke, hat ohngefähr die Größe von F. cæsius; man findet aber auch oft Stücke, welche sogar den F. tinnunculus an Größe übertreffen. Er ähnelt sowohl in Hinsicht der Form seiner Füße und der Farbe und Gestalt der Krallen, als aber auch in seinen Federn den Letztern, nur daß die Farben beym alten Männchen des F. cenchris viel reiner erscheinen, der Oberleib ungefleckt ist, und die Flügeldeckfedern äußerst schön aschblau gefärbt sind. Der doppelt in einem weit spitzigern Winkel ausgeschnittene große Zahn des Schnabels unterscheidet ihn ebenfalls vollkommen vom Thurm-Falken. *) Naumann hat uns

---

*) S. Neue Annalen der Wetterauischen Gesellschaft für die gesammte Naturkunde. I. B. 1. Abtheil. S. 86.

sowohl von diesem als dem Röthel-Falke vortrefliche Abbildungen und Beschreibungen geliefert. Ich theile hier nur seine angegebenen Kennzeichen der Art des Röthelfalken mit:

Der Schnabel mit einem sehr spitzwinklichen Zahn, die kurzen Zehen mit dicken, wenig gekrümmten, gelblich weißen Krallen.

Männchen: Rücken ziegelroth, ungefleckt; der Kopf, die großen Flügeldeckfedern, die hintern Schwingen und der Schwanz aschgrau, lezterer mit schwarzer Endbinde; die Brust gelbröthlich, mit einzelnen hirsekornförmigen dunkelbraunen Flecken.

Weibchen: Oben rostfarben mit dunkelbraunen Queerflecken; unten rostgelblich; an der Brust mit braunen, lanzettförmigen, an den Schenkeln mit einzelnen hirsekornförmigen Flecken; der Schwanz röthlichgrau, mit sechs bis neun schmalen braunen Bändern und einer breiten braunen Endbinde.

Nach Naumann soll er in der westlichen Schweiz gar nicht selten seyn; vielleicht ist er auch in der östlichen Schweiz anzutreffen und bisher nur mit dem Thurmfalke verwechselt worden; indessen zähle ich ihn überall unter die seltenen Vögel.

Falco Tinnunculus. Linne. Thurmfalk. (S. 26.)

Naumann; I., S. 323. Falco tinnunculus. Linne. Der Thurm-Falke.

Brehm: I. S. 243. Falco tinnunculus, Linne. Der Thurmfalke.

Er heißt hin und wieder in der Schweiz Wannewedel, Wanner, Wannenweber, Wanneli; in Bern Wanderli, das Wannerli oder Flühwanderli; in Bündten und Entlibuch die Wanneren, das Wannerli, das Wenderli; im Distrikt Sargans bey Werdenberg der Schützer. In Italien *Il Canibello*; auch *Chèppio* oder *Fettivento*.

Er bewohnt des Sommers im Thale und in den Alpen hohe Felsenwände, oder an ersterm Orte öde Burgschlösser; im Herbst und Frühling aber durchstreicht er flache Felder und Weinberge und steigt alsdann nie hoch in die Alpen. Im Herbste sieht man ihn gewöhnlich Familien-weise, und die Jungen folgen den Alten überall nach, während dem sie zugleich die Luft mit ihrem schmetternden Ply, Ply, Ply! erfüllen.

Obschon Meisner und Schinz das Gegentheil behaupten, so halte ich ihn bestimmt für einen Zugvogel, der zu Anfange des Merzens zu uns kömmt und im Wintermonat wieder zurückzieht.

Er ist dem Falco nisus an Muth, Kühnheit und Stärke nicht nur ähnlich, sondern übertrift ihn noch in vielen Stücken.

In seinem Magen fand ich Eydechsen (welchen nur die Schwänze abgebissen waren) Stücke von Bruchschlangen, Käfer und Feldgrillen.

In den Hochgebirgen trägt er zur Verminderung der jungen Alpenhaasen sehr viel bey.

Ich habe lange einen jungen lebenden Thurmfalken besessen, den ich mit Zieger, Käse, rohem Fleisch u. a. mehr groß zog. Er packte das, was man hm vorwarf, mit sein en Fängen, fuhr damit in eine Ecke und verzehrte es.

Seine Eyer legt er bey uns nie in ein Nest auf Bäume, sondern immer in Steinritzen auf Sand und Erde, z. E. in Löchern schroffer Felsenwände und verfallener Kirchthürme, in Schloßmauern und andern Ruinen. Er legt zu Anfange des Brachmonats 3 bis 4 röthlich weiße, braunroth gefleckte und marmorirte Eyer.

Ein Freund von mir fand erst kürzlich vor einem Fenster im dritten Stocke eines Klosters in einem mit Erde angefüllten Blumenkasten 2 Junge dieses Falken. Sie saßen auf der bloßen Erde, und von einem Neste war keine Spur vorhanden.

Nachtrag von C. von Baldenstein.

Die alten Thurmfalken füttern ihre Jungen noch lange außer dem Neste, bis dieselben selbst zum Fange ihrer Speise abgerichtet sind; leztere besteht mehr in Amphibien und Mäusen als in Vögeln; ich habe selbst gesehen, daß kleine und große Vögel sich ohne die mindeste Furcht den Thurmfalken, wenigstens in schöner Jahreszeit, näherten und ohne von denselben im Geringsten beunruhiget zu werden. Ich fing einen Thurmfalken in den ersten Tagen des Mays, und legte ihm im Zimmer vollauf Vögel zu seiner Nahrung hin; er lebte aber 4 Tage ohne diese zu berühren, und am 5ten Tage, als ich ihm eine Eidechse brachte, verschlang er sie nach wenigen Minuten. Nach meiner Ansicht könnte ihn nur der größte Hunger zum Vögelfange zwingen, wenn er sich je einmal damit abgegeben haben sollte.

Die Weibchen lassen sich leichter erlegen und sind minder scheu, als die Männchen.

Falco rufipes. Beseke. Rothfüßiger Falke.

(S. 27.)

Naumann: I., S. 311. Falco rufipes. Beseke. Der Rothfuss-Falke.

Länge 12 1/2 Zoll, Breite 2 Fuß 3 1/2 Zoll Gewicht 9 bis 10 Loth.

Ein wahrscheinlich junges Männchen, das ich erhielt hatte orangengelbe Füße und das dunkel schieferblaue am ganzen Oberleibe des alten Männchens war hell aschblau.

In den Jahren 1807 und 1808 erhielt ich zu Ende Aprils jedesmal ein Männchen aus dem Glarnerlande. In dem großen hervorstehenden Kropfe des Einen fand ich eine Menge Käfer; und in dem Kropfe des Andern eine Feldmaus.

Falco Islandicus. **Isländischer Falke.** (S. 28.)

Naumann: I., S. 269. Falco candicans, Linne. Der Jagd-Falke.

Ein isländischer Falke, der im Forste bey Winterthur geschossen wurde, wird so beschrieben: Wachshaut und Füße gelb; Kopf, Hals, Unterleib, Schenkel und Steiß rein weiß; Brust und Unterleib weiß, mit lanzettförmigen ocherbraunen Flecken, Rücken und Flügel dunkelbraun, rein weiß gefleckt; Schwungfedern schwarz; Schwanz hellbraun, mit schwarzen Binden, und die Spitze Fingersbreit weiß.

Nachstehendes ist die Beschreibung eines zierlichen Männchens, das ich aus dem Oesterreichischen erhielt:

Schnabel hornblau; Wachshaut, Augenlieder, Beine und Zehen grünlich gelb; er ist größer als der F. Palumbarius, lang 2 Fuß, und breit 3 Fuß 7 Zoll.

Kopf und Nacken röthlich weiß mit breiten, schwarzbraunen Längsflecken; Oberrücken dunkelbraun mit wenigen weißen Flecken; Unterrücken und Flügeldeckfedern dunkelbraun mit weißen Flecken und schmalen weißen Federeinfassungen; Kehle rein weiß; Brust und Unterleib weiß, mit schwarzem Schaft, und dem Schaft nach schwarzbraun lanzettförmig gefleckt; diese Flecken sind am obern Theil des Unterleibs am schmälsten, und am untern Theile desselben am breitesten; Schenkel und obere Theil der Beine, so wie die sehr langen Schenkelfedern weiß, ebenfalls mit schwarzem Schaft und mehreren dunkelbraunen Queerflecken und Längsstrichen; Schwungfedern graubraun, auf der innern Fahne weißlich in die Queere gestreift und gedupft; Schwanzfedern matt braun, mit glänzend schwarzbraunem Schafte und mit 16—18 weißlichen, in's aschgraue übergehenden Queerstreifen und weißlicher Federspitze.

Ueber die Falknerien der Alten.

Auch die Alten Schweizer haben sich ehemals mit Abrichtung verschiedener Falkenarten zum Vögelfange abgegeben, und darin Geschicklichkeit und Fertigkeit besessen, wovon man gegenwärtig durchaus nichts mehr versteht.

Die St. Gallischen Aebte Kaspar und Ulrich VIII. (im Jahre 1460—1480.) ließen sich durch ihre Jäger Habichte zu Stoßvögeln abrichten, welche sie an Edelleute verschenkten. Ihnen selbst ward das Vergnügen, mit diesen Vögeln zu jagen, von den Visitatoren der Benedicktiner untersagt. — Die Bestellung des Jägers von Abt Ulrich VIII. fängt so an: „Du sollst „sin und heißen min Fischer. Du sollt Federspiel, Hapih „und Hapchli fangen — —" *)

Von Arx bemerkt ebenfalls (in seiner Geschichte der Buchsgauer) „aus dem alten im Jahr 1551 erneuerten „Brückenzoll-Tarif von Olten erhelle: Daß Saumpferde

*) S. Von Arx Geschichte des Kantons St. Gallen. II. S. 631.

„von Sursee Albeln und Krebse durchgetragen hätten; „daß lebende und eingesalzene Fische auf Schiffen durch„gefahren wurden; daß mit Jagd-Vögeln, als Falken, „Habichten, Sperbern, Blaufüßen (Falco candicans) „von Buchsgauern ein Handel sey getrieben worden, und „daß man, theils um solchen Handel und das Abrichten „der Sperber zu befördern, theils um die Menge der „Jochgeyer, welche oft Kinder von den Häusern und Läm„mer von den Heerden wegnahmen, zu vermindern, von „jenen Raubvögeln keinen Zoll gefordert habe, wenn mit „selbigen ein zur Jagd abgerichteter Sperber über die „Brücke getragen würde.“

Nachtrag von G. L. Hartmann.

Es wäre um so merkwürdiger das zerstreute örtliche zur Geschichte der Falknerey und Falkenjagd zu sammeln, da diese Jagd (über welche Kaiser Friedrich II. selbst ein Buch geschrieben) im Mittelalter eine der vorzüglichsten Ergötzlichkeiten des Adels in ganz Europa ausmachte; seither aber an den meisten Orten sich verlohren hat. Ich liefere für einmal folgende wenige Beyträge:

Obwohl unter den Burgundionen, schon im VI. Jahrhundert, die Jagd mit Falken und Hunden an geistliche Herren für unziemlich erklärt wurde (Joh. v. Müller Geschichte der schwz. Eidgen. I. 121.) so hiengen ihr in der Folge Bischöfe und Aebte so leidenschaftlich nach, als nur immer der weltliche Adel. Herr von Arx erwähnt eines Jagdverbots an die Benedicktiner-Klöster, von ihren Visitatoren im Jahr 1469 erlassen; bemerkt aber nicht, ob sie sogleich Folge geleistet haben? — Ueber die Domherrn in Augsburg brachte diese Stadt, noch im XVI. Jahrhundert unter andern Klagen, auch die vor: daß sie ihre Jagdvögel mit in die Kirchen nähmen, was ihnen für die Zukunft verboten werden möchte. (Tübinger Morgenblatt, 1814. S. 175.) Wie in der Landschaft St. Gallen, wenn der Abt oder dessen Amtmann auf den Kelnhöfen Jahresgericht hielt, und einen Habicht bey sich hatte, diesem ein Huhn gegeben werden mußte, so hatte im Kanton Zürich der Pfarrer zu Oberwinterthur, so oft der Gerichtsherr von Mörsburg zur Kirche kam, ihm das Mittagmahl (Zimbis), seinem Pferde genug Haber („das ihm der Haber bis an die Fisel geht") und dem Vogel ein Ey zu geben. (Füßlins schwz. Erdbeschr. I. 100.) Für die gute Pflege der Beizvögel waren große Herrn so sehr besorgt, daß z. B. bei den alten Königen von Wallis der Jägermeister (Penhebogydd) an des Königs Tafel zwar nach Belieben essen durfte, aber mehr als dreymal den Becher anzusetzen, ward ihm nicht vergönnt, damit er sich nicht etwa betrinke, und dann — „die Falken vernachlässigen möchte!" (Zeitung f. die elegante Welt, 1817. No. 21.) Im Kanton St. Gallen muß zu Anfang des XVI. Jahrhunderts die Falkenjagd, die in Bergländern mit besondern Schwierigkeiten verbunden war, noch üblich gewesen seyn, indem, als für Kirchberg im Toggenburg erst im Jahr 1515 eine Oefnung errichtet ward, dem Hofammann, der das Jahresgericht abhalten mußte, seinen Leuten, Pferden, seinem Habicht und Hund, noch das nemliche ausbedungen ward, wie ehedessen anderswo. Bald hernach hörte diese Jagd durch die Abwesenheit der Aebte während den Reformationsunruhen, und durch die Auswanderung einiger von den noch wenigen einheimischen Edelleuten, in der östlichen Schweiz für immer auf.

Strix Bubo. Große Ohreule. (S. 26.)

Naumann: I., S. 440. Strix bubo, Linne. Die Uhu-Ohreule.

Brehm: I., S. 299. Strix bubo, Linne. Die grofse Ohreule (der Uhu).

Sie heißt gemeiniglich Schuhu, der Huu, Hu, Hüwel oder Heuel; im Glarnerlande Uhu oder Huivogel; bey Werdenberg Faulaus: im Kanton Appenzell Steineule; im Kanton Luzern Steinkauz: im Entlibuch Pu-Vogel: in Bern großer Ohrkäutz oder Chuutz; in Bündten der Huber. In Italien: *Il gran Dugo*.

Länge: 2 Fuß, 2 Zoll; Breite 5 Fuß 4 Zoll. Das Weibchen ist noch merklich größer. Gewicht 3 bis 5 1/2 Pfund.

Er ist in allen unsern Gebirgsgegenden bekannt, aber gar nicht häufig. Ein Standvogel.

Auch Haller*) war, wie Wagner, Augenzeuge, daß ein Adler von einem Schuhu bezwungen wurde.

Nicht nur Haasen und alle Arten wilder Hühner, sondern sogar kleine Singvögel sucht er zu überfallen, um sie zu verspeisen. Ich sah einen Schuhu, der sich in einem ausgehölten Nußbaume versteckt hielt, wie er unversehens am hellen Mittag aus seiner finstern Wohnung auf einen Finken herabstürzte, ihn erhaschte und fraß. Ein andrer wurde im Christmonat Vormittags um 10 Uhr von einer Tanne im Rheinthale heruntergeschossen, während dem er ruhig die Ueberreste einer schon halb aufgefressenen wilden Ente verzehrte und gegen den Jäger unter dem Baume sowohl,

*) S. Göttingische gel. Anzeigen, 1769, S. 1111.

als gegen seinen heftig bellenden Hund ganz gleichgültig blieb.

Er nistet in Felsenhöhlen und Klüften, an einsamen und schwer zugänglichen Orten, daher die Eyer des Schuhu in den Naturaliensammlungen so selten angetroffen werden.*) Im Herbste, des Abends, in der Dämmerung und im Mondschein hört man sein Geschrey am häufigsten.

Strix Otus. Mittlere Ohreule. (S. 30.)

Naumann: I., S. 451., Strix otus, Linne. Die Wald-Ohr-Eule.

Sie heißt gemeiniglich die Ohreule; in Bern der Chileohrchuutz.

Länge 16 Zoll; Breite 3 Fuß 1 1/2 Zoll; Gewicht 24 Loth.

Diese Eule hält sich im Thale in Waldungen und hohen Gebäuden auf und ist daselbst nicht selten. Bey Montlingen, in den Waldungen am Rhein und in den nahen Wäldern beym Schlosse Grünenstein im Rheinthale ist sie gemein; in den höher liegenden Gebirgswaldungen fand ich sie nie.

Meisner und Schinz bemerken zwar: „daß sich „diese Eule im Winter, bey tiefem Schnee in die Nähe „der Städte und Dörfer begebe"; allein nach meinem Dafürhalten ist sie ein Zugvogel; auch nicht eine Einzige erblickte ich je des Winters.

---

*) Die innern Theile des Uhu hat Doktor Muralt von Zürich genau zergliedert und beschrieben. S. Muralt Observ. 51 – 52 in den Ephemerid. Nat. Cur. 1683; und Müllers linneisches Natursystem II. 96.

Ich entdeckte in ihrem Magen Ueberbleibsel von Mäusen und kleinen Vögeln; ja sogar einmal ein Stük halbverdauter Leinwand.

Im April und zu Anfange des May's traf ich diese Eule mehrmals im Rheinthale auf dem Neste brütend an. Ihre Eyer sind rein weiß und mehr oder minder rund, 3, 4—6 an der Zahl, und werden gewöhnlich auf Tannenbäumen, in alte Krähen- und Eichhörnchen-Nester gelegt. Sie legen ihre Eyer mehrere Jahre nach einander ins gleiche Nest, wenn es nicht zerstört wird, und brüten wenigstens immer in der gleichen Gegend.

Viele Jahre horstete diese Eule unter dem Kirchendache der rheinthalischen Gemeinde Martbach, bis man sie erst kürzlich daselbst ausrottete.

Nie konnte ich in der Nähe des brütenden Weibchens ein Männchen entdecken. Das Erstere brütet äußerst eifrig, und zweymal gelang es Hirtenknaben, das Weibchen von dieser Eule auf dem Neste und den Eyern zu überraschen, mit den Händen zu fangen und mir alles zu überbringen.

Anmerkung. Sie legt ihr Nest selten in alten Gemäuern und nie in hohlen Bäumen an, sondern bessert meistens alte, verlassene Raben- und Eichhörnchen-Nester aus und benutzt dieselben.

Strix brachyotos. Kurzöhrige Ohreule. (S. 31.)

Naumann: I., S. 459. Strix brachyotos, Lath. Die Sumpf-Ohreule.

Länge 16 Zoll; Breite 3 Fuß 6 Zoll; Gewicht 22 Loth.

Iris Schwefelgelb; die Nägel außerordentlich spitz und scharf.

Auf dem sehr kleinen Kopfe befinden sich 4 — 5 kurze Ohrfedern, die nahe beyeinander stehen und bey dem todten Vogel nicht leicht zu sehen sind. Der an der Schnabelwurzel und über den Augen sich befindliche weiße Augenkreis ist auf der andern Hälfte, gegen den Nacken hin, schwarz; der Oberleib dunkelbraun, mit gelben Federrändern; der Unterleib, Beine und Zehen, weißlichgelb, mit langen und breiten braunen Strichen; der After weißlich; die Schwungfedern bis zur Hälfte gelblich mit schwarzbraunem Schafte, die obere Hälfte bis an die Spitze schwarzbraun, an der äußern Fahne mit 3 und an der innern mit 2 gelbbraunen Flecken; der Schwanz gelb mit 5 dunkelbraunen Bändern, an der Spitze weißgelb. Die zusammen gelegten Flügel reichen 6 Linien weit über die Schwanzspitze hinaus.

Ein altes Weibchen, das ich vor mir habe, ist viel heller gezeichnet: der Ober- und Unterleib weißlich, mit schmälern braunen Längsstrichen, und das Gelbe der Schwung- und Schwanzfedern ist ebenfalls weiß.

Ich erhielt im Herbst und Winter mehrere Exemplare, die auf den angebauten Riedtfeldern von Fussach, am Bodensee geschossen wurden, wo sie sich am Tage in den mit Türkischkorn-Stängeln besetzten Aeckern verbargen und von Jagdhunden aufgeschreckt wurden. Doktor Zollikoffer erhielt solche von Bürgeln im Canton Thurgau, und Doktor Schinz aus den Gegenden Zürichs und Winterthurs.

Strix Scops. Kleine Ohreule. (S. 32.)

Naumann: I., S. 466. Strix scops. Linne. Die Zwerg-Ohreule.

In Wallis heißt dieser Vogel der Jobbein, von seinem

Geschrey Job! Jobb! hergeleitet. In Italien: *Il piccol dugo.*

Anmerkung. Nach Wolf und Meyer sollen die Zehen dieses Vogels fast nackt und nach Meisner und Schinz dünn befiedert seyn: allein alle Exemplare von diesem Vogel haben bestimmt ganz nackte Zehen.

Natterer in Wien beschenkte mich mit einem äußerst niedlichen jungen Vögelchen dieser Art, das ein zahmes Päärchen in einer Wohnstube unter dem Ofen ausbrütete. Das Ey dieser Eule ist rein weiß, dick und fast rund.

Nachtrag von Conr. v. Baldenstein.

Der St. Scops ist in Bündten, in den gemäßigtern Thälern, wo Obst wächst, fast überall zu finden, und heißt daselbst Todtenvogel, weil er des Frühlings in der Abenddämmerung und mondhellen Nächten besonders ein Tod oder Töd hören läßt, welches auf eine so täuschende Art, mit bloßem Munde, nachzuahmen ist, daß ich diesen Vogel öfters damit bis vor's Fenster lockte. Ich hörte ihn bey Chur, Malans, Mayenfeld, Marschlins, im Domleschger-Thale und noch über den Bergen in italienischem Gebiete, wo es schweizerisch aussieht: aber nie im wärmeren ebenen Italien. Es nisteten im Baumgarten von Baldenstein oder in dessen Nähe bisher immer welche; ich habe Mehrere daselbst erlegt, sie sind aber seit einigen Jahren viel seltener. Sie ziehen im Herbste weg. Ihr liebster Aufenthalt sind die Baumgärten. Den Tag bringen sie nicht in Baumhöhlen, wie die Passerina, sondern in dicht belaubten Zweigen zu, rufen bisweilen, bey großer Hitze, schon vor Sonnenuntergang aus ihrem Hinterhalte ihr Töd herab und verrathen sich dadurch selbst. Eben so fliegen

sie

sie des Morgens in früher Dämmerung schon ihrer Nahrung nach, die in Käfern, Heuschrecken, Grillen und Mäusen besteht. Dieser Nachtvogel wird zwar in der italienischen Schweiz auch, aber nur selten, zum Vogelfange gebraucht, weil er das Tageslicht nicht so gut auszuhalten vermag, wie der Passerinus, und die nöthigen Bewegungen deswegen nicht machen will. In Italien heißt er auch Civetta cornuta und in Mayland bey den Vogelhändlern Schischö, (deutsch gelesen). Die abergläubischen Bauern bei uns glauben, es müsse eines im Hause sterben, wenn dieser Vogel sich vor dem Fenster hören lasse. Er läßt sich übrigens leicht mit rohem Fleisch im Zimmer erhalten.

Strix aluco. Nachtkautz. (S. 33.)

Naumann: I., S. 473. Strix aluco. Linne. Der Waldkautz.
Brehm: I., S. 319. Strix aluco. Linne. Der Nachtkautz.

Gemeiniglich Wald- oder Nachtül, oder auch blos Uel. Im Glarnerland auch Steinül oder Wiggetzen; in Basel, nach Bruckner, Wickerlein; in Luzern der Huco oder Hau; im Berneroberland das Hauri oder Nachthuuri oder Wiggle. In Italien: *L'alocco*. In Piemont: *Loluc*, *luc*, *ciouc*, *ciuo*, *civettourn* oder *Suittoun*.

Lang 18 Zoll, breit 3 Fuß 6 Zoll, und 20 bis 42 Loth schwer.

Mein Freund C. v. Baldenstein bemerkt sehr richtig, daß diese Eulen je nach Alter und Geschlecht ausserordentlich in der Farbe variren, so daß darin nie Eine der Andern ganz ähnlich ist.

Ich zergliederte viele von diesen Eulen und entdeckte in ihrem runden, flachen, niedergedrückten, dünnhäutigen Magen und Kropfe verschiedene Nahrungsmittel, am gewöhnlichsten Feld- und Hausmäuse; im Winter auch Gras, Moos, Laub und dergleichen. Eine solche Eule, die ich im Frühjahr untersuchte, hatte den Kropf mit gekochten Erdäpfeln ganz angefüllt; in einer andern fand ich 8 Stück sehr dicker und langer Regenwürmer; und mehrere hatten verschiedene kleine Vögel und Feldmäuse verschlungen.

Freund Mehmel in Altstädten hielt lange eine solche Eule in einem Gewölbe, in Gesellschaft von vier Dohlen, von welchen sie bald Eine tödtete und auffraß. Alle größern und kleinern todten Vögel, die man ihr vorwarf, rupfte und verschlang sie. Wenn man ihr eine lebendige Maus vorhielt, so packte sie dieselbe schnell mit den Krallen, und brachte sie sogleich damit in den Schnabel; mit diesem drückte sie die Maus nur ein wenig und drängte sie plötzlich, während dem sie noch lebte und zappelte, den Hals hinunter, so daß der Kopf voran gieng und das Schwänzchen langsam nachfolgen mußte.

Der Nachtkautz legt gemeiniglich in der Mitte des Aprils 4 Eyer, und zwar bey uns in hohle Bäume auf bloßes Mehl des Bohrkäfers; in Raben-, Krähen-, Elstern- und Falkennestern fand ich niemals weder Eyer noch Junge von dieser Eule. Einmal bekam ich 2 Eyer, nebst dem brütenden Weibchen, welches über denselben auf einem Brett in einem Taubenschlag, ganz ohne Nest, saß; und dieß ist eine Bestätigung dessen, was auch in Borkhausens teutscher Ornithologie von einer ähnlichen Beobachtung enthalten ist.

Diese Eule vertheidigt sich wüthend gegen den Raub ihrer Jungen. Nie traf ich Mann und Weib zugleich im Neste an, sondern immer nur das Letztere.

Anmerkung. Meisners Strix Macrocephala, Großköpfiger Kautz: (in Meisners und Schinz Vögeln der Schweiz S. 34 u. 35; und Museum der Naturgeschichte Helvetiens N. 8.) ist bestimmt keine eigene Art, sondern eine alte St. Aluco im natürlichen, unausgestopften Zustande. Im naturwissenschaftlichen Anzeiger bezeugt Prof. Meisner sein Befremden: „daß dieser Eule „in Temminks Manuel d'ornithologie nicht gedacht sey, „deren Rechte der Art doch wohl nicht zu bezweifeln wären, nach „der vergleichenden Darstellung, welche er davon gegeben im „Museo der Nat. Gesch. Helv., und die dem Herrn von Temmink „nicht unbekannt gewesen.“ Allein weit weniger befremdete mich dieses, als aber die Anmerkung Naumanns: Der Meisners großköpfigen Kautz nicht zu den Synonymen des Waldkautzes ziehen will. Jeder lebende Nachtkautz hat vorzüglich alsdenn, „wenn sich im Zorn oder aus „Furcht die Federn in die Höhe sträuben,“ einen so unförmlich großen Kopf, „daß dieses Thier ein „ganz eigenes, abentheuerliches Ansehen“ erhält, und der Kopf alsdann mit dem übrigen Körper in großem Mißverhältniß zu stehen scheint. Während dem ich dieses niederschreibe, habe ich zwey lebende Nachtkautzen vor mir, die meine obigen, frühern Beobachtungen, aufs Neue bestätigen.

Ziegler in Winterthur hat zwar einmal auf dem Rafzerfelde einen großen weißen Raubvogel angeschossen, der ins Gebüsch flog, den er aber nicht auffinden konnte. Er vermuthete zwar, es möchte die Strix nyctea, (Schneekautz, S. 34) gewesen seyn; allein einzig dieß entscheidet über ihren Aufenthalt in der Schweiz noch nichts.

Strix Flammea. Schleyer-Kautz. (S. 35.)

Naumann: I., S. 483. Strix flammea. Der Schleier-Kautz.
Brehm: I., S. 337. Strix flammea. Der Schleierkautz.

Gemeiniglich in der Schweitz Kirchüle; in Bern Kilchüle; in Bündten Kirchkäutzlein. In Italien *La Fresaia*.

Ich erhielt diese Eule öfters aus dem Glarnerlande und aus dem Rheinthale, aber stets nur des Winters; daher halte ich sie nicht für einen Standvogel. Gegen große Kälte ist sie übrigens sehr empfindlich, deswegen konnten diejenigen, die mir zukamen, im Gebüsche und in Dörfern leicht erlegt werden. In einem Rheinthaler-Dorfe wurde vor einiger Zeit bey harter Kälte, eine solche Eule mitten auf der Straße todt geschlagen; und eine andere fiel, wahrscheinlich vom Rauche betäubt, durch den Schornstein in eine Küche herunter, wo man sie todt schlug.

Strix Passerina. **Kleiner Kautz.** (S. 36.)

Naumann: I., S. 493. Strix noctua, Retz. Der Steinkautz. Italien: *La piccola Civetta.*

Ich konnte diesen Vogel in der östlichen Schweiz nirgends entdecken. Wenn Meisner und Schinz sagen: „er heiße Todtenvogel und sey in der Gegend „von Chur häufig," so irren sie sich sehr. Dieß gilt zum Theil von *Strix Scops*; so wie hingegen vorzüglich jener und nicht der Scops in der italienischen Schweiz zum Vogelfange benutzt und sehr theuer angekauft wird.

Nachtrag von Conr. v. Baldenstein.

Die Strix passerina ist mir in Bündten auch nicht Einmal vorgekommen, und ich halte dafür, daß sie hier gar nicht anzutreffen sey. Sie liebt wärmere Climate und ich kenne sie nur von Italien her, wo ich sie ziemlich häufig fand, und selbst mehrere aus hohlen Bäumen zog, wo sie sich am Tage aufhalten, zuweilen alsdann bey schöner Witterung, wenn alles stille ist, aus ihrer Höhle herauskriechen, sich auf der Mündung derselben der Sonne aussetzen, und sobald ein Geräusch entsteht, sich wieder zurükziehen.

Diese Eule kann unter allen ihren Gattungsgenossen das Tageslicht am Besten ertragen, und ist daher dem Italiener, unter dem Nahmen Civetta, die tauglichste zum Vogelfang. — Sie wird sehr zahm, läuft im Hause herum, frißt allerlei Vegetabilisches und Animalisches, stellt sich gegen die Katzen in die Gegenwehr, knackt dann mit dem Schnabel, um sich furchtbarer zu machen, läßt sich von ihrem Herrn streicheln, u. s. w. Eine so gezähmte und gut abgerichtete Eule wird wohl mit einer Ducat und sogar noch höher bezahlt, obschon aufs Abrichten gar nicht viel Mühe verwandt werden muß, indem ich selbst eine von mir gefangene, jedesmal in der Tasche ins Feld trug, und damit, ohne vorhergegangene Vorbereitung, sehr viele Vögel fieng.

Der Vogelfang mit der *Strix Passerina* wird auf folgende Weise bewerkstelliget. Man wählt in Gegenden, wo sich viele kleine Vögel aufhalten, einen etwas offenen Platz, und bringt den Kautzen auf seinem Stehholze dorthin, das man in die Erde stößt, daß es aufrecht und vest steht; es hat die Figur eines Melkstuhls, nur daß es etwas kleiner und oben gepolstert ist — der Kautz wird nun mit einem feinen Kettelchen oder nur mit einer Schnur so an einen Fuß um das Stehholz angebunden, daß er ungehindert von diesem auf den Boden und vom Boden wieder auf jenes springen kann; außerdem ist noch ein langer Bindfaden an einem Fuße des Vogels befestiget, um dadurch das Auf- und Abspringen bewirken zu können. Eben so steckt man um die Eule herum grössere und kleinere Stäbe mit Löchern in die Erde und versieht diese mit Leimruthen, so wie zugleich einige Lockvögel herumgestellt werden. Der Vogelfänger verbirgt sich nun in der Nähe; so wie er am Faden zieht, springt die Eule auf und nieder und macht allerley possierliche Bewegungen; dadurch werden alle Vögel, die in der Nähe sind, herbeygelockt, die mit Geschrey um den Kautz herumflattern, und wovon einer nach dem andern, ehe sie sichs versehen, am Vogelleim kleben bleiben. Hat man in einer Gegend seinen Zweck erreicht, so wandert man weiters und wiederholt obige Methode mehreremal, so daß man an Einem Tage auf diese sehr einfache Weise bey hundert kleiner Vögel zusammen fängt. Die Motacilla Troglodytes, Regulus, Phœnicurus, Rubecula, Fitis, Atricapilla, alle vom Parus Geschlecht, mit Ausnahme des Caudatus; ferners die Emberiza Cia und Schœniclus und dergl. sind diejenigen Vögel, die besonders gerne dem Spiel des Kautzes zusehen. Bisweilen fängt man auch den Turd. Musicus und Viscivorus, seltener von den Finken, die zwar auch mit lärmen, aber gewöhnlich in einiger Entfernung zuschauen. — Diese Art Vögelfang wird vom Monat Juli an bis im Wintermonat angewandt. Von Chiavenna her kommen während der Zeit des Zugs Vogelfänger mit der Civetta ins Bündtnerische Rheinwalderthal; auch im Misoxerthal und im ganzen Kanton Tessin ist diese Fangart üblich. — Auf den Marktplätzen in den Städten Italiens findet man ganze Bauer voll von obiger Eulen-Art.

Schinz (Vater) berichtet,*) daß die Italiener

*) S. sowohl hierüber, als über den Vogelfang der Tessiner und Italiener: seine Beyträge zur nähern Kenntniß des Schweizerlandes 5. Heft, S. 738.

die Käutzlein des Winters bey sich in den Wohnzimmern zum Zeitvertreib halten; sie nähren dieselben mit Vögeln, Mäusen, Fröschen, auch mit Polenta (einem Brey aus Türkischkorn-Mehl) doch lieben sie als Raubvögel mehr die Speisen von Fleisch, als von Pflanzen. Sie mausern sich jährlich einmal. Sie erreichen ein Alter bis gegen 12 Jahre.

Strix Dasypus. Rauhfüßiger Kautz. (S. 37.)

Naumann: I., S. 500. Strix Tengmalmi. Gmel. Linne. Der Tengmalms-Kautz.

Brehm: I., S. 354. Strix dasypus, Bechst. der rauhfüssige Kautz.

Der Schnabel ist gelblich, an den Seiten dunkel hornbraun; der Augenstern schön hellgelb; die Schienbeine und Zehen sehr kurz und stark befiedert, das äusserste Gelenk der Vorderzehen aber unbefiedert und wie die Fußsohle hellgelb. Länge 10 1/2 Zoll, Breite 1 Fuß, 11 Zoll; Gewicht 9 Loth.

Der Federkreis um die Augen ist sehr groß, die ersten kleinen, zum Theil nur an der Wurzel schwarzen Federchen bilden um die Augenlieder einen schwarzen Reif, der sich nach der Stirne hin sehr erweitert und nach den Nasenlöchern hin gleichsam einen schwarzen Streif darstellt; der übrige Theil des Federkreises ist weiß, nach dem Hinterkopf hin schwach glänzend gelb bräunlich angeflogen, und die größern Federn nach Aussen haben meistens eine haarförmige lange schwarze Spitze; die ersten Federn hinter den Ohren, welche sich in einem großen schönen Bogen um den Federkreis vereinigen, sind, so weit sie hinter diesem hervorragen, schön dunkelbraun und weiß gefleckt; der Kopf braun, der Hinterhals und übrige ganze Oberleib schön dunkel graubraun, (die nämliche Farbe wie bey Strix passerina) auf der Stirne viele rein weiße kleinere Flecken, an dem Hinterkopfe etwas truber weiße, große Mackeln, die gleichsam als weiße Queerbander über die Federn angesehen werden können, aber unter den braunen Federspitzen gewissermaßen nur hervorleuchten; auf dem Rücken und Schultern befinden sich große weiße Tropfen, die auf jeder Feder nebeneinander paarweise stehen; der Vorderhals ist weiß, mit wenigem braunem Anlauf; Brust und Bauch, bis zu den Füßen weiß und braun gefleckt, es sind nämlich alle Federn weiß, mit braunem Schaft und Spitzen; der untere Theil des Bauchs um die Aferöffnung weiß ohne braun; die untern Schwanzdeckfedern, wie geschlissen, von Farbe weiß, mit braunen Spitzen. Die Flügel und der lange Schwanz dunkel graubraun; auf den Flügeldeckfedern einzelne weiße Tropfen; die äußere Fahne der Schwungfedern sind mit einzelnen über die Flügel in Queerreihen gestellten runden Mackeln bezeichnet, und außer diesen führen die Schwungfedern an der innern Fahne große längliche weiße Queerflecken, welche an den kleinern Federn die Form eines Dreyecks annehmen; auf den beyden Fahnen der Schwanzfedern bemerkt man weiße Queerflecken, welche 5 schmale Queerbänder vorstellen; die Fußwolle weiß, schwachgelblich angelaufen, auf den Zehen einzelne bräunliche Flecken.

Von dieser niedlichen kleinen Eule habe ich 4 Exemplare vor mir; alle sind in Ansehung des Farbenkleides einander vollkommen gleich, und nur von demjenigen, von welchem ich obige Beschreibung genommen habe, kann ich bestimmt angeben, daß es ein weiblicher Vogel war.

Bechsteins *Strix dasypus* scheint in etwas abzuweichen. Dieser Ornithologe giebt als Hauptkennzeichen an: Die Füße bis an die Krallen außerordentlich stark befiedert; Größe; des kleinen Kautzen.

Meyer und Wolf führen noch außerdem außerordentlich große Ohröffnungen an, und geben die Größe dieses Vogels zu 8 1/3 Zoll, die des Strix passerina aber zu 9 Zoll an.

Unser Strix dasypus hat zwar sehr stark befiederte Schienbeine, aber schwächer befiederte Zehen, deren letztes Gelenke ganz federfrey oder unbefedert ist. Betrachte ich die Abbildung des Fußes in Meyer und Wolfs Taschenbuch, so finde ich denselben mit der bisherigen angegebenen Charakteristik des Vogels übereinstimmend, aber gar nicht auf meinen Vogel passend. So sehr viele Aehnlichkeit Strix dasypus mit Strix passerina haben soll, so finde ich dennoch gerade das Gegentheil und sowohl dieses als auch die Größe in Anschlag gebracht, führt zu dem Resultat: daß das Charakteristische dieses Vogels früher nicht genug bezeichnet wurde. Zum noch nähern Vergleichen dient Folgendes: Meyer und Wolf geben den Vogel kleiner als St. passerina an, und Bechstein sagt: er sey eben so groß als diese. Meine Eule aber ist 1 1/4 Zoll größer, als diese und in der Gestalt ganz verschieden.

Der Kopf ist sehr groß, der Federkreis um die Augen regelmäßig, deutlich und von außerordentlicher Größe; eben so die Ohröffnung von außerordentlicher Weite. Bey St. passerina ist der Kopf klein, der Federkreis unregelmäßig, undeutlich und klein, die Ohröffnung aber enge.

Die kurzen Schienbeine des *Strix dasypus* sind kaum einen Zoll lang. Bey Strix passerina sind diese noch so lang; wie sie aber in dieser Ansicht bey Bechsteins St. dasypus beschaffen sind, ist nicht angegeben. Der Schwanz unserer *St. dasypus* ist lang, fast noch so lang, als der, der *St. passerina*.

Obwohl Brehm und Naumann unsern Dasypus vortrefflich beschrieben haben, so wollte ich durch obige Nachrichten andre meiner Schweizerfreunde vor Irrthum hierin sichern, der mich lange bey Durchlesung von Bechsteins und Meyers und Wolfs Nachrichten in Ungewißheit ließ.

Diese Eule bewohnt in der östlichen Schweiz theils Thal-, theils Berggegenden. Ich erhielt sie des Winters sowohl aus dem Rheinthale und von Sevelen und Atzmoos, des Distrikts Sargans, als aus den Bündtnerischen Waldungen des Splügens und aus dem Tannwalde eines Vorbergs bey Bregenz, jenseits des Rheins.

Nachtrag von Conr. v. Baldenstein.

Die Strix Dasypus ist mir seit 2 Jahren in hiesiger Gegend dreymal vorgekommen. Sie hält sich in Wäldern auf, und ich fand sie stets einzeln: Einmal auf einem alten Stock im Tannenwalde, in der Nähe von Baldenstein; ein andermal auf einer Tanne und das drittemal im Gebüsche, auf einem niedern Erlenbaume, beydemal in der Gegend von Splügen. Sie wurden mir stets von kleinen Vögeln verrathen, welche beym Anblick eines jeden Nachtvogels Lärm schlagen, alles zusammenrufen und ihre Verwunderung darüber laut äußern. Ungeachtet dessen blieben übrigens diese Eulen ganz ruhig; so wie ich mich ihnen aber näherte, kehrten sie langsam den Kopf nach mir und blickten mich mit starren ganz offenen Augen an, bis mein Schuß sie herunterstürzte.

(Die Fortsetzung in den folgenden Bänden.)

XVIII.

Literatur.

1.

Museum der Naturgeschichte Helvetiens (botanische Abtheilung) oder Beschreibungen und Abbildungen der seltensten oder merkwürdigsten Pflanzen der Schweiz. Von N. C. Seringe (Lehrer bey der Accademie zu Bern.) 1—4tes Heft in gr. 4. mit Kupfertafeln. Bern bey Burgdorfer, 1819.

Der Verf. beschenkt das botan. Publicum im 1sten Heft mit einer tabellarischen Darstellung der Decandolle'schen Eintheilung der Rosen, als der bis jetzt am brauchbarsten; dann theilt er mehrere wichtige Bemerkungen über diejenigen Organe dieser zahlreichen Gattung mit, welche wegen ihrer Beständigkeit am besten zur Unterscheidung der einzelnen Gruppen und Arten dienen können. Hieher zählt er vorzüglich die Form, Farbe und Beschaffenheit des Varenchyma der reifen Früchte, die Richtung der Kelchabschnitte vor Entwickelung der

Petala, ihr Längenverhältniß zu den petalis, die Richtung der Fruchtstiele. Weniger Rüksicht verdienen nach ihm die An- oder Abwesenheit der drüsichten Haare der Blumenstiele, Kelchröhre und Kelchabschnitte; die Integrität der Kelchabschnitte, die Zahl der Blumen, die Richtung der Dornen, indem sie nur sehr inconstante Charaktere darbieten.

Es folgt nun eine ausführliche Beschreibung der Rosa rubrifolia Villari und ihrer Varietäten, worunter der Verf. auch die Rosa montana Schleich. Decand. bringt.

Den Schluß dieses und den Inhalt des ganzen folgenden 2ten Heftes machen critische Bemerkungen über das Redoute'sche Prachtwerk von den Rosen aus (die, obschon sehr interessant, keines weiteren Auszugs fähig sind.)

Auf den zwey Kupfertafeln sind die Rosa rubrifolia und ihre Varietäten abgebildet.

(Dem Verf. wäre etwas weniger Weitschweifigkeit zu wünschen; sonst zeigt er sich in dieser, wie in allen seinen Schriften, als einen guten und wohl unterscheidenden Beobachter.)

Im 3ten und 4ten Hefte sind enthalten:

I. Eine ausführliche Monographie der Gattung *Pyrola*.

Der Verf. macht auf die Verwandtschaft dieses Genus zur Monotropa und durch diese zum Cytinus, wodurch diese bis jetzt vereinzelt da gestandenen Gewächse an die Ericaceen angenähert werden, aufmerksam, und beschreibt dreyzehn Arten mit ihrer classischen Synonymie, wovon indeß bis jetzt nur fünf in der Schweiz gefunden wurden, nämlich P. rotundifolia und die ihr zunächst verwandte P. chlorantha Sweig. (P. virens Schweigg.), dann P. minor, secunda und uniflora.

Von P. rotundifolia und chlorantha sind schöne Abbildungen mit der Analysis part. generation. et fructificat. beygefügt.

II. Nachricht über die Cultur der Cerealien im Frutigthale des Cantons Bern.

Außer interessanten Notitzen über die Ursachen, warum in diesem hochliegenden Thale (gleich wie in andern Gebirgsthälern) bis jezt nur Sommergewächse gebaut werden, über die Möglichkeit der Wintersaat in hohen Gegenden, über die Krankheiten und Parasyten des Getreides im Frutigthale, über die zweckmäßigere Eintheilung des Korns in Sommer-, Herbst- und Winter-Korn, findet man die mehr allgemein hier angebauten Getreidearten angegeben. (Es sind 1. Hordeum vulgare Ser., 2. H. hexastichon Ser., 3. H. distichum nutans Ser., 4. Triticum spelta muticum Ser., 5. T. vulgare muticum und onitatum,. 6. nur einzeln der Cretische Waizen T. vulgare compactum Ser. und 7. seit einiger Zeit T. amyleum Ser. (T. dicoccon), welches in Alpenthälern vorzüglich wohl gedeiht.)

C.

2.

Essai d'une Monographie des Saules de la Suisse par N. C. Seringe (Instituteur au collège de Berne). Berne. 1815. 100 p. 8.

Dieser Essai ist eigentlich als ein Catalogue raisonné (zu) der vom Herr Verfasser früher herausgegebenen Sammlung getrockneter Weiden der Schweiz zu betrachten.

Man findet demnach in selbigem ein Verzeichniß der Schweizerischen und einiger ausländischen, vom Verfasser cultivirten Weidenarten, nebst einer ausführlichen Synonymie derselben, und von den mehrern gute Beschreibungen. Die vom Herrn Verfasser gewählte, wenn schon auch einzelnen Ausnahmen unterworfene, Anordnung ist auf die Beschaffenheit der Oberfläche des Ovariums, das Längenverhältniß des Griffels, die Erscheinungszeit der Kätzchen, den Breitedurchmesser der Blätter hauptsächlich gegründet, und für die Aufsuchung der einzelnen Arten sehr bequem und zweckmäßig. Als neue Species werden Salix lanicolata und im Anhange S. ovata beschrieben und auf zwey Kupfertafeln vorgestellt.

Der Verfasser hat sich in diesem Werkchen ein besonderes Verdienst um die Kunde der Weiden durch Auseinandersetzung (Entwirrung) der Synonyme und durch die Reduction so mancher, besonders von Schleicher und Willdenov fälschlich aufgestellter Species erworben, wovon die S. phylici folia 2. ein auffallendes Beyspiel giebt. Nur schade, daß auch er nicht ganz frey von dieser Neigung, wo nicht neue Species, doch mehr Varietäten, als nothwendig, zu bilden, bleibt, und vorzüglich in den für die botanische Nomenclatur gefährlichen Fehler verfällt, ältere anerkannte Nahmen in neue, eben nicht immer bessere, umzuändern und so z. B. die S. capræa L. in tomentosa, die S. aurita in rugosa etc. etc. umzutaufen; ein Verfahren übrigens, das Herr Seringe seither selbst (im Schweizer. naturwissenschaftlichen Anzeiger Jahrg. 1818) mißbilliget hat.

(Eine angehängte tabellarische Uebersicht macht die einzelnen Gruppen und Arten der Weiden nach der Eintheilung des Verfassers anschaulich.)

C.

3.

Manuel d'Herborisation en Suisse et en Valais, redigé selon le Systême de Linné, corrigé par ses propres principes. Avec l'indication d'un nouveau systême derivé également des principes de se grand Maitre. Par l'Auteur de l'Entomologie helvétique (Clairville à Winterthour.) Winterthour, 1811. XXVI et 382 p. in 8.

(Text und Vorrede französisch; Nahmen der Gattungen und Arten aber lateinisch.)

Ein sehr brauchbares Compendium, welches sämmtliche Vegetabilien der Schweiz, wie sie bis zum J. 1811 bekannt waren, mit Ausnahme einiger Familien der letzten Classe oder Cryptogamie, nahmentlich der Pilze, von denen nur die bekannteren Arten aufgeführt werden, vollständig umfaßt.

Der Verfasser befolgt das Linnéische System, reducirt es aber auf neunzehn Classen durch Unterdrückung der Mona — Dia — und Polyadelphia und Polygamie und durch Vereinigung der Monœcie und Diœcie in eine Classe, wofür er seine Gründe in der Vorrede entwickelt, welche außerdem noch interessante Bemerkungen, besonders über die Nothwendigkeit der Beachtung der abortirten Staubfäden und Griffel zur (bey) Unterbringung mancher Gattungen an ihre rechte Stelle vorzüglich im Linné'ischen auf Zahlenverhältniße gegründeten Systeme; ferner über die Wichtigkeit der Antheren und Stigmata bey systematischer Eintheilung der Phænerogamen und über die zunehmende Vernachlässigung der vortrefflichen von Linné in seiner philosophia botanica aufgestellten Regeln hinsichtlich der Benennung der genera und species enthält.

Die Diagnosen der genera sind mit lobenswürdiger Auswahl der Charaktere und ziemlich ausführlich angegeben und dabey die neuern Untersuchungen und Nomenclatur benutzt worden; die Diagnosen der Species hingegen sind im Ganzen viel zu kurz, und daher für Bestimmung schwieriger Species in artenreichen Gattungen, z. B. in der Familie der Gräser, Flechten, Moose rc. rc. besonders für den Anfänger so gut als unbrauchbar.

Durch Beysetzung der Haller'schen Nummern (in dessen hist. stirp. helvet.) bey jeder einzeln, diesem Heros bekannten Species und durch eingestreute erläuternde Notizen über einzelne Familien, Gattungen rc. rc. gewinnt das Werk sehr an Werth. Auch ist der Verfasser gegen die jetzige Tendenz eher für Verminderung, als für Vervielfältigung der Genera sowohl, als Arten gestimmt, worin er dann freylich zuweilen auch wieder zu weit geht, wenn er z. B. das genus Centauculus mit Onagallis vereinigt, und Panicum viride als bloße Varietät von P. glaucum angiebt.

C.

4.

Georgii Wahlemberg (Med. Dr. Reg. acad. Scient. Stockholm. membri etc.) de Vegetatione et Climate in Helvetia septentrionali inter flumina Rhenum et Arolam observatis et cum summo septentrione comparatis Tentamen. Cum tabula altitudinem montium terminosque Vegetationis mon-

montrante et Tabulâ temperaturæ, nec non Tabula botanica 1. Turici helvetor. 1813 in 8.

Im ersten (vorliegenden) Hauptabschnitt (Section) dieses für Physiker und Botaniker gleichwichtigen Werkes theilt uns der berühmte Verfasser eine kurze geographisch-botanische Beschreibung der einzelnen, von ihm im Sommer 1812, zum Theil zu wiederholtenmalen besuchten, innert der auf dem Titel angegebenen Gränzen liegenden, vorzüglichen Gebirgskantone, und die Resultate seiner baro- und thermometrischen Messungen ihrer vorzüglichsten Thäler und Gebirge mit. — Es folgt dann dessen Eintheilung der verschiedenen Regionen der Vegetation auf der Nordseite der Schweizer-Alpen. Er nimmt folgende Regionen an: 1. Regio nivalis, deren untere Gränze zwar nicht genau zu bestimmen, die er aber auf beyläufig 8300′ über dem mittelländischen Meere angiebt. 2. Regio nivalis s. alpina superior, wo einzelne alte Schneelager an schattigen Halden auch den Sommer über bleiben. 3. Regio alpina inferior, sich von den untersten Schneelagern bis zu der obersten Baumgränze erstreckend. 4. Regio arborea s. subalpina, deren oberen Theil Pinus abies, deren untersten die Buche einnimmt. 5. Regio juglandis s. montana inferior, welche der Verfasser nur zu 1950′ Höhe annimmt, obschon der Nußbaum in sehr vielen Thälern bis auf 2500—2800′ Höhe ansteigt. 6. Regio vinifera oder die Basis oder Ebene der nördlichen Schweiz selbst. — Sehr interessant ist des Verfassers Vergleichung dieser Regionen der Nordseite der Alpen (indem sie sich auf deren Südseite etwas verschieden verhalten) mit jenen Schwedens und Lapplands. Die regio alpina inferior ist in der Schweiz viel breiter, als im Norden; die regio nivalis wird von mehrern und ihr eigenthümlichen Phænorogamen bewohnt, noch von viel mehrern die regio subnivalis, was in Lappland nicht der Fall; in Lappland nimmt, ganz umgekehrt als wie in der Schweiz, Pinus abies den untern Theil der regio arbore s. subalpina, Laubwaldung hingegen, aus betula alba bestehend, den obern ein u. s. w.

Der Verfasser geht dann in näheres Detail über die fernere Verschiedenheit der Vegetation in den Alpen und Lappland, über das Höherhinaufsteigen und Sichtieferheruntersenken vieler Pflanzen im Norden und über ihr gerade entgegengesetztes Verhalten in der Schweiz ein. Er zählt den Reichthum der Flora der nördlichen Schweiz und Scandinaviens, nach den natürlichen Ordnungen und Familien des Linné vergleichend und ins specielle eingehend, auf, woben man freylich sieht, daß der Verfasser ein Schwede ist, abgesehen davon, daß ihm eine Menge nordschweizerischer Species entgangen, und daß diese Vergleichung durch den ungeheuren Unterschied in der Größe der Gebiete der beyden verglichenen Floren unpassend wird. Schweden und Lappland zusammen haben mehr plantæ sasæ und littorales, vermöge ihrer Lage am Meere, mehr plantæ campestres und paludosæ septentrionales, als das kleine Gebiet zwischen der Aare und dem Rhein, welches hingegen mehr Gramina, Papilionaceæ, Primulaceæ, Campanulaceæ, Gentianæ, Rosaceæ, Drupaceæ etc. beherbergt.

Der Verfasser geht dann zur Untersuchung der Ursachen der Verschiedenheit der Vegetation der angegebenen Länder über, und findet sie vorzüglich in der Temperatur, nicht sowohl des ganzen Jahres, als hauptsächlich des Sommers, und in der verschiedenen Dauer des letztern im Norden und in der Schweiz, was er durch viele, in beyden Gegenden gesammelte, angegebene Data zu beweisen trachtet und in dieser Hinsicht die aus mehrern Reisen in der Schweiz und in Schweden angestellten Thermometer-Beobachtungen gezogenen Resultate mittheilt. Daß es hiebey sehr viel oder am meisten auf direkte Sonnenwärme ankomme, vielweniger hingegen oder gar nicht auf die Temperatur der Erde selbst, folgert Wahlemberg aus der Temperatur der Quellen, welche er nach vielen vorgenommenen und im Werke ausführlich angegebenen thermometrischen Untersuchungen in beyden Ländern auffallend übereinstimmend gefunden.

Als eine zweyte Hauptursache der Verschiedenheit der Vegetation Scandinaviens von der Nordschweizerischen stellt im weitern Verlaufe des Werkes Wahlemberg die ungemeine Feuchtigkeit der Alpen, vorzüglich in der Baumregion, die so schnelle und häufige Abwechselung der Witterung und somit auch der Temperatur, die vielen Winde, Gewitter und frischen Schnee-Niederschläge im länger daurenden Sommer auf, im Gegensatz mit den so trockenen, stillen, warmen und kurzen Sommern im Norden. Hiervon sey einerseits die Breite der regio alpina inferior, die Ausgedehntheit und Schönheit der Alpenwiesen, das Gedeihen von Phænerogamen in der regio nivalis; das unter einander gemischt wachsen von Pflanzen der wärmern und der kältesten Zone, der Mangel an plantæ campestres, das weniger Hochansteigen der Cerealien in der Schweiz, anderseits das höhere Hinansteigen belaubter Bäume gegen die Schneegränze, die Abwesenheit aller Phænerogamen in der regio nivalis, der Mangel an Wiesen, die dürren, mit lichen rangiferinus bedeckten Heideflächen Lapplands herzuleiten, wo auch die schnellreifende Gerste in verhältnißmäßig größerer Höhe gedeiht. Ueber der Baumregion sind die Schweizeralpen wieder trockener; daher hier das Vorkommen mehrerer plantæ campestres der nordischen Ebenen, was, so wie auf der Südseite der Alpen überhaupt, auch auf dem Gotthard besonders der Fall ist, dessen Vegetation im Ganzen wegen seines Offenstehens gegen die warmen, trocknen Winde (Fön) Italiens einen eigenen Anstrich bekommt; worüber das Ausführlichere, so wie des Verfassers weitere Bemerkungen über das sich verschieden verhaltende Fallen und Steigen der Pflanzen in den Centralalpen, oder auf den äußern Alpen, oder auf isolirten Bergen, über die eigenen Pflanzen der Umgebungen des Gotthards, als des Mittelpunktes und der äußern Gebirge u. s. w. im Werke selbst nachgelesen werden müssen.

Dieß der Hauptinhalt des ersten Abschnittes dieses lehrreichen Buches, (in eine nähere Analyse mancher einzeln dem mit der Topographie der Alpen länger bekannten als unrichtig erscheinender Angaben, besonders über die Höhe mancher Punkte, so wie über das Vorkommen und die Standorte vieler Pflanzen kann hier nicht eingetreten werden). Sonderbar und ein Mangel dieser Schrift ist es, daß der Verfasser bey seinen Untersuchungen über die Quantität und Qualität der Vegetation wenig oder keine Rücksicht auf die mineralogische Beschaffenheit des Bodens oder der Erdrinde, so wie auf den Einfluß der umgebenden Gallischen, Piemontesischen (Italien.) und Oestreichischen Floren auf die Nordschweizerische nimmt.

Im zweyten Hauptabschnitte (Section) giebt uns der verdienstvolle Verfasser ein Verzeichniß der wildwachsenden Phänerogamen, filices, und einiger Moose und Flechten des im Titel des Werkes bezeichneten Theiles der

Schweiz. Die Pflanzen sind meist nur dem Namen nach angeführt und nur von den wenigern Beschreibungen und Diagnosen beygefügt, die aber durch ihre Vortrefflichkeit in Verbindung mit des Verfassers Angaben über die Ausbreitung der einzelnen Species und ihr Aufsteigen und Niedersenken in den Gebirgen den Hauptwerth dieses Verzeichnisses ausmachen; der in Hinsicht der aufgezählten Arten und der Angabe ihrer Standorte lückenhaft und unvollständig ist, und bey dem kurzen Aufenthalte des Verfassers in der Schweiz und seinen physikalischen Arbeiten nicht wohl anders seyn konnte. Die Kupfertafel enthält eine Abbildung der Draba tomentosa des Verfassers.

C.

f.

Systematisches Verzeichniſs der bis jetzt bekannt gewordenen Schweizer-Conchylien, von Prof. Studer. Bern, gedruckt in der Stämpflischen Buchdruckerey. 1820. S. 32. gr. 8.

Herr Professor Studer in Bern hat mit dieser kleinen Schrift (die aus dem wissenschaftlichen Anzeiger der allgemeinen Schweizerischen Gesellschaft für die gesammten Naturwissenschaften besonders abgedruckt ist) den Liebhabern der vaterländischen Naturgeschichte ein um so schätzenswertheres Geschenk gemacht, da wir seit mehr als dreyßig Jahren vergebens auf eine schweizer'sche Conchyliologie von ihm hofften. Sein rastloses Forschen, und die große Genauigkeit, mit der er jede neue Entdeckung erwog, ließen ihn nie dahin gelangen, seiner Arbeit eine solche Vollkommenheit zu geben, wie er sie wünschte.

Da er endlich durch die Erscheinung des neuesten Prachtwerkes über die Mollusken von Hrn Baron Daudebard de Ferussac seine Ausarbeitung für überflüßig hielt, so verdient er dennoch allen Dank, uns die Resultate seiner vieljährigen Bemühungen, wenigstens noch in einem kurzen Abrisse mitgetheilt zu haben.

Es ist um so erwünschter, daß sich Hr. Prof. Studer zur Publikation dieses Verzeichnißes endlich entschlossen hat, da seine frühern, wichtigsten Entdeckungen von französischen Schriftstellern schon bekannt gemacht wurden, ohne der geringsten Erwähnung, von wem sie herrühren. So sind viele Arten, welche er zuerst entdeckt hatte, von ihm an Faure Biguet, in Chrest, und durch diesen an Draparnaud mitgetheilt worden; die in dem Werke des leztern beschrieben und abgebildet wurden, ohne daß dabey Hrn. Prof. Studers mit einem einzigen Worte gedacht wird. Da mir der Gang dieser Mittheilung genau bekannt ist, so glaube ich dieß um so eher bemerken zu müssen, weil Hrn. Prof. Studers allzugroße Bescheidenheit ihn hinderte, die Sache selber öffentlich zu rügen. Uebrigens zeuget die weit frühere Erscheinung seines Verzeichnisses, in Coxe Travels of Swizerland, welch eine Menge neue Arten Er entdeckt hatte.

Um nun näher auf seine vor mir liegende Arbeit zu kommen, so zählt diese kleine Abhandlung ungefähr 140 Arten von Erd- und Wasserschnecken der Schweiz auf, nach einer neuen Eintheilung; deren in der Einleitung mit äußerster Bescheidenheit erwähnt wird. Sie enthält sehr viel Gutes, obgleich ich ihr in allem nicht beypflichten kann, weil die Grundsätze, auf denen das Ganze des Systems beruhen soll, mitunter zu sehr vom Einzeln und von äußern Charakteren hergenommen sind; daher denn der Fehler entstehen mußte, welchen Hr.

Prof. Studer selbst bemerkt, daß die Pulmonés terrestres gewaltsam durch die Pectinibranches von den Pulmonés aquatiques getrennt werden. Daß die Charakteren der untern Abtheilungen zu sehr auf äusserlichen Kennzeichen beruhen, zeigt sich in der Folge, wo Helix glabella und rudis in der ersten Familie der Schnirkel-Schnecken A. mit matter Schale, ohne sonderlichen Glanz, oft regulär gestreift, und in der ersten Abtheilung derselben, a. mit runden Gewinden vorkommen, wohin sie solchen Kennzeichen nach zwar gehören; während Helix sericea und hispida (von welchen so eben genannte H. glabella und rudis sicher nur Abarten sind, was Hr. Prof. Studer selber glaubt) in der Familie E. mit haarichtem Ueberzug, in der Abtheilung a. scharfe Mündung, inwendige weiße Lippe erscheinen; obschon Hr. Professor auch wieder selbst bemerkt, daß bey manchen sehr gesunden Arten der haarichte Ueberzug zuweilen auch gänzlich mangelt. Bey keinem System, das nur aus wirklich standhaften Kennzeichen erbaut ist, könnten solche Varietäten in verschiedene, und so weit von einander abstehende Familien und Unterabtheilungen zu stehen kommen.

Ueber einige einzelne Arten mache ich noch folgende Bemerkungen:

S. 11. Hyalina vitrea ist auch, wie H. pellucida, in der östlichen Schweiz, bis im November und Dezember, unter Steinen und abgefallenem Laube zu finden. H. elongata ist selten; aber unbezweifelt Draparnaud's elongata. Sie sollte ihrer Gestalt zufolge gleich nach H. vitrea stehen, von welcher sie aber dennoch in der Jugend und im Alter leicht zu unterscheiden ist.

S. 12. Helix montana, ist nicht die, welche Hr. Studer bey Coxe so genannt hat, sondern die circinnate von Ferússac und mir.

— — Helix rudis ist durchaus nicht Draparnaud's H. plebejum, sondern wirklich eine besondere Abart der H. hispida, die Draparnaud auch bey der letztern anführt.

S. 13. Helix crystallina, die Abart ohne Nabel, oder vielmehr mit nur weniger Spur eines solchen, ist die gemeinere und unter dem Nahmen crystallina gewöhnlich bekannte; man belasse ihn also dieser Varietät, und könnte das Wort diaphana ganz aufgeben, denn eher müßte es der Nabellosen zukommen, welche bereits eburnea genannt wird.

— — Helix rufescens, gehört unter die Varietäten der hispida, und ist meine H. glabra.

S. 14. Helix fruticum, kömmt in den verschiedenen Farbenabänderungen fast in der ganzen Schweiz vor, aber die weiße ist überall die gemeinste.

— — Helix cingulata, ist die wahre zonaria der meisten Schriftsteller. Bey H. zonata ist eine kleine Irrung, indem die Gestalt dieser beträchtlich mehr erhöht ist, als bey cingulata; auch ist sie, und nicht die folgende fœtens, etwas kleiner.

— — Helix gratiosa, ist die größere Abart von H. striatula und candidula; candidula aber ist von der striata aus Frankreich wirklich als Art verschieden.

S. 15. Helix thymnorum. Ich sandte an Hrn Prof. Studer einige Exemplare, die ich von Augsburg erhielt. Sie ist allerdings H. bidentata von Gmelin und Daudebard; aber ich erinnere mich, geäussert zu haben, daß sie sich, meines Wissens, in der Schweiz nicht finde.

S. 15. Helix albula, ist meine H. sericea. Hr. Studers H. sericea und hispida, die wahre H. plebejum Draparnaud's, in hellerer und dunklerer Spielart.

S. 16. Helix unidentata, findet sich bey uns zuverläßig im Rheinthal.

S. 17. Helix lucorum, ist sicher die noch nicht ausgewachsene Spielart der H. pomatia, welche Müller unter dem Nahmen H. ligata bekannt machte. Die etwas rauhe, unregelmäßig gestreifte, sehr kugelichte Schale, die Gestalt der Spindel und des Nabels zeigen offenbar, daß sie nicht in die Nähe der H. nemoralis und sylvatica, sondern zur pomatia gehört. Linnee's H. lucorum, ist meine H. montana, welche Hr. Prof. Studer nun nach Draparnaud H. sylvatica nennt.

S. 18. Bulinus acicula, fand ich nicht selten an einem Felsen beym Schloße Chamblon, nahe bey Isferten; auch bey Rheineck, bey der Ruine der alten Burg. Hr. Brämi in Dübendorf fand sie in Blumentöpfen. Lebendig aber sah auch ich sie nie.

— — Pupa umbilicata, fanden weder mein Vater noch ich jemals in der Schweiz; ich nannte Herrn Prof. Studer die Pupa dolium.

S. 19. Pupa minuta, ist von P. muscorum der Franzosen ganz verschieden; ich fand sie bey St. Gallen, zu oberst auf der Berneck.

S. 21. Vertigo unidentata, ist Pupa muscorum, aber keineswegs P. minuta, welche ganz verschieden ist.

S. 21. Vertigo 8 dentata, ist von Pupa antivertigo, *Drap.* sicher verschieden.

S. 23. Valvata pulchella, ist wirklich die V. spirorbis, *Drap.* und V. cristata, dessen V. planorbis.

S. 24. Planorbis corneus, ist Pl. acronicus, *Féruss.* oder mein Pl. albus, also wirklich eine größere Abart von Pl. hispidus, dessen monströse Abart der Pl. deformis des Férussac ist. Beyde finden sich am Bodensee.

S. 25. Planorbis vortex, ist in der östlichen Schweiz bisher von mir nicht gefunden worden, wohl aber eine kleinere Abart, mit weniger Gewinden, welche Hr. Prof. Studer einst Pl. depressus zu nennen geneigt war.

W. H.

6.

Das Museum der Naturgeschichte Helvetiens in Bern. Oder Beschreibungen und Abbildungen der merkwürdigsten Gegenstände, die in den naturhistorischen Sammlungen auf der Bibliothekgallerie in Bern enthalten sind. Herausgegeben von Fr. Meisner, Prof. der Naturgeschichte und Geographie in Bern. Winterthur und Bern. 1810—1820.

(S. über die zwey ersten Hefte die Alpina, dritter Band S. 491.)

Dieses gehaltvolle Werk enthält bis jetzt zwölf Hefte, welche zusammen einen Band ausmachen.

Das dritte und vierte Heft, mit der Abbildung der

arctischen Meve und der Alpenhasen liefert Bemerkungen über diese zwey Thierarten; in jedem Hefte befindet sich zugleich noch ein Anhang: im erstern ein Verzeichniß der in der Schweiz wildlebenden Säugthiere; und im letztern ein zweyter Nachtrag zu dem Verzeichnisse der Schweizerischen Vögel.

Der Verfasser bezweifelt die Existenz der Bastarde beym Alpenhase, wovon mir mehrere Beyspiele bekannt sind. So wurde z. B. ein solcher in der Gegend von Ellm im Glarnerlande zu Anfange des Jäners geschossen, der vom Kopfe bis zu den vordern Läufen ganz braunroth und am übrigen Körper rein weiß war. Ein Jäger in Amden des Kantons St. Gallen schoß im Späthherbste vier solcher Bastarde, die alle von Einer Mutter abstammten, die er zugleich während des ganzen Sommers beobachtete und wovon zwey derselben an der vordern und die andern zwey an der hintern Hälfte des Körpers braunroth waren. Ein Tschangnauer-Jäger im Bernerischen Emmenthale schoß ebenfalls im Winter hinter der Scheibenfluh im Luzernergebiete einen rothgrauen Hasen, der einen weißen Ring um den Hals, weiße Vorderfüße und eine weiße Stirne hatte.

Nach Meisners Angabe wird die Farbenänderung des Alpenhasen jedesmal „von unten auf über den Kör„per immer allgemeiner und geht allmählig nach dem „Rücken und dem Kopfe hin; Rücken und Kopf behalten „die Sommer- oder Winterhaare am längsten.“ — Nach meinen Beobachtungen, die ich zwey Jahre nach einander bey einem eingefangenen Päärchen in meinem Hause anstellte, geht jene Veränderung zuerst mit den Kopfhaaren vor. Während im Frühling der Kopf schäckig wird, so ist der Körper noch unverändert weiß; und indem dieser schäckig geworden, so ist der Kopf schon schneeweiß, das ihm ein sonderbares Aussehen giebt, gerade als wenn das grau und weiß schäckige Thier eine weiße Haube auf dem Kopf trüge.

Das fünfte und sechste Heft enthält die Abbildungen und Beschreibungen des alten Steinbocks und der smaragdgrünen Eidechse.

Das siebente und achte Heft mit den Abbildungen und Beschreibungen des bärtigen Geyeradlers (Gypaëtus barbatus Cuv.) und des großköpfigen Kautzes (Strix macrocephala. Mihi). Daß der Herausgeber der neuen Alpina diesen Kautz für keine eigene Art hält, hat er auf S. 462 dieses Bandes bemerkt.

Das neunte und zehnte Heft mit den Abbildungen und Beschreibungen einiger in der Schweiz gefundenen Odontolithen und der Felsenschwalbe (Hirundo rupestris).

Obschon der Herausgeber dieses Museums uns nur eine unvollständige Beschreibung der Felsenschwalbe ertheilt und uns von ihrem Aufenthalt einzig bemerkt, daß er sie öfters auf der sogenannten Daube, dem höchsten Punkte des Gemmipasses fliegen sah, so gebührt ihm doch das Verdienst, sie zuerst öffentlich als Schweizerischen Vogel bekannt gemacht zu haben. Mein Freund, C. von Baldenstein, hat sie vor mehrern Jahren in Bündten entdeckt, und nachstehender vorläufiger Bericht von ihm wird hier wohl am rechten Orte stehen.

Die Felsenschwalbe ist 6 Zoll lang, und 13 Zoll breit. Die kurzen Füße sind graubräunlich; die Nägel schwärzlich; an der Schnabelwurzel große, offene Naselöcher. Die breite Scheitel des Kopfs schwarz. Die Hauptfarbe ist ein fahles grau, indem der ganze Oberleib, die Backen, der Bauch, die untern Schwanzbedeckungen und die untern Flügeldeckfedern von dieser Farbe sind. Die Kehle, der Vorderhals und die Brust sind schmutzig weiß, erstere mit fahlbraunen Fleckchen besäet, letztere ins röthlichgelbe übergehend; diese Farbe wird, je weiter gegen die Beine hin, desto stärker und hier stets mehr mit grün gemischt. Die Schwungfedern dunkelgrün; diese haben auf der äußern Fahne einen weißen Fleck, die beyden mittelsten und die zwey äußersten ausgenommen. Die Flügel reichen nicht weit über den Schwanz hinaus.

Diese Schwalbe langt immer schon in der ersten Hälfte des Monats März und manchmal, wenn die Witterung sehr gelinde ist, sogar in den letzten Tagen des Hornungs bey uns Domleschgern an; sie kömmt einzeln und kündigt sich höchstens durch ein kurzes Zwitschern in der Luft an, wenn Eine die Andere verfolgt. Sie hält sich im mildern Theile des Thals um Felsen, Ruinen und alten Schlössern auf; dort sucht sie sich eine bequeme Ritze zu ihrem Neste und erzieht ihre Jungen. — Hier in der rauhern Gegend von Splügen sah ich sie nie.

So wie diese die erste Schwalbenart ist, welche im Frühling zu uns zurückkehrt, so verläßt sie uns auch wieder zuerst. Im verflossenen Sommer sah ich die Letzten einzeln den 21ten August herumfliegen und bald darauf, nämlich den 5ten Herbstmonat traf ich eine große Menge dieser Schwalben in Chiavenna an, die an den Felsen herumflogen und sich aus unsern kältern Gegenden in die dortigen begeben hatten.

Das eilfte und zwölfte Heft, mit denen der erste Band geschlossen wird, die Schlangen der Schweiz enthaltend, haben das Verdienst, diese Thiere bey uns zuerst systematisch aufgezählt zu haben. Es werden angeführt: Coluber natrix, C. tesselatus, C. flavescens, C. viridi-flavus und C. austriacus.

Außer was die Beschreibung ihres Habitus betrifft, findet sich über die Lebensweise u. dgl. der Arten wenig Neues noch Befriedigendes. — Unter den Vipern kommen vor: Vipera Berus, V. Redii, V. Prester und V. Atra. Es ist indessen zu bezweifeln, ob es dem Verfasser geglückt sey, die Arten, als solche, sicher genug bestimmt zu haben, da er ihrer Abänderungen nach Alter und Geschlecht zu wenig und der Spielarten eben so wenig erwähnt. — In der Zeichnung von Vipera Berus ist Kopf und Hals, in Vergleichung des übermäßig dicken Körpers, viel zu klein und dünne. Anguis fragilis macht den Beschluß.

Noch verdient es bey einem solchen Werke gerügt zu werden, daß das Format der Kupfer nicht dem Format des Textes gleichförmig gemacht wurde, ohne erstere zu scharf beschneiden zu müssen.

7.

Beschreibung und Abbildung der Eyer und künstlichen Nester der Vögel, welche in der Schweiz, in Deutschland und den angränzenden nördlichen Ländern brüten. Mit illuminirten Kupfern. Von H. R. Schinz, Med. Doctor in Zürich. 1s Heft. Zürich, in Commission bey Orell, Füfsli und Compagnie. 2s Heft 1818. 3s Heft 1819.

(Hallische Litteratur-Zeitung 8s Heft. 1820. — Ockens Isis XIs Heft. 1819.)

Dieses darf sich den andern Prachtwerken in der Naturgeschichte an die Seite stellen, indem die Tafeln größtentheils von einem jungen Künstler (W. Hartmann von St. Gallen), der selbst Naturforscher ist, vortrefflich gezeichnet und illuminirt, wie gemalt sind. — Ich wünsche von Herzen, daß das Ganze bald möglichst vollendet werde, und bis dann enthalte ich mich mehrerer Bemerkungen. Vorläufig bemerke ich mit dem Rezensenten in der Isis: der hochgeschätzte Herausgeber möchte sich umständlicher mit dem Ey, den Bestandtheilen des Nestes, der Brütezeit u. s. w., als mit dem Vogel selbst, befassen.

8.

Der Bergfall bey Goldau, 1806,

war ein zu schaudervolles Ereigniß, um solches nicht in Beschreibungen und Abbildungen überall bekannt zu machen. Je eine Darstellung eilte der andern in Zeitschriften und Flugblättern zuvor, und außer den mannigfaltigen Beschreibungen und Abbildungen erschienen auch Predigten und Gedichte; ferner erwähnen alle Schweizer-Calender auf das Jahr 1807 oder 1808 des Vorfalles, und drey Zürichergesellschaften wählten ihn als Gegenstand ihrer Neujahrsstücke für die Jugend.

Wir wollen hier die uns bekannt gewordenen Schriften und Abbildungen von diesem Ereignisse in möglichster Kürze näher aufzählen:

1) „Bericht über die schauervolle Zerstörung der Dorfschaften Goldau und Lauwerz und der umliegenden Gegend, im Kanton Schwyz, durch den Fall des Berges Spitzenbühels, Abends um 5 Uhr, den 2ten Herbstmonat. Von einem Augenzeugen. 8. Schwyz. 1806. S. 8."

Dieß ist die allererste gedruckte Nachricht von dieser fürchterlichen Naturbegebenheit. Was erzählt wird, ist wahr, aber zu deklamatorisch und kurz. Man hat noch einen Abdruck, mit größern Lettern, auf 13 Seiten. Der Text beyder ist wörtlich gleich.

2) „Der Bergfall bey Goldau im Kanton Schwyz am Abend des 2ten Herbstmonats 1806. Mit 2 radirten Blättern von J. H. Meyer. gr. 8. Zürich. 1806. S. 19."

Die Schrift erschien zugleich Französisch und enthält, nach einer Schilderung des ehevorigen Zustandes der Gegend, das was der Verfasser von der Begebenheit dieses Bergsturzes vernommen hatte. Besonders gefällt er sich in Erzählung von Anekdoten, die mehr rühren sollten, als die und andere nach allen Umständen wahr seyn mag. Die zwey radirten Blätter, in klein quer Folio (denen in Umriß noch ein Erklärungsblatt in 8 beygefügt ist) stellen den vormaligen und gegenwärtigen Zustand der Gegend vor und wurden in auffallender Eile hingekratzt.

3) Der Bergfall am Roßberg im Kantone Schwyz. 4. S. 4.

Dieser halbe Bogen enthält in einem gräßlichen Holzschnitte eine ohngefähre Darstellung der Gegend; mit nicht viel besserm Texte. Beydes erschien hernach unverändert in dem Zugerkalender auf 1807.

4) Der traurige Anblick — — — der vier Ortschaften Goldau, Röthen, Busingen und Lowerz. 8. Zürich. 1806.

Ich habe diese Schrift nie selbst gesehen.

5) Offizieller Bericht über den fürchterlichen und verheerenden Bergfall im Kanton Schwyz. 8. Bern. 1806. S. 22.

Er

Er ward von den Abgeordneten der Berner-Regierung nach Schwyz erstattet und befaßt sich vornemlich mit Betrachtung des Schadens, den der Kanton in ökonomischer Rücksicht erlitt.

6) Beschreibung des schrecklichen Natur-Ereignisses, durch welches am 2ten Herbstmonat 1806 die Ortschaften und Wohnungen zu Goldau, Röthen, Buosingen, Lowerz und Seewen, im Kanton Schwyz, gänzlich oder zum Theil zu Grunde gerichtet oder beschädiget worden sind. Aus authentischen Quellen gezogen. gr. 4. Aarau. 1806. S. 8.

Gehört auch noch zu den Neuigkeitsblättern; der Verfasser benutzte aber die früher erschienenen und zeigt bey aller seiner Kürze etwas mehr Naturkenntniß als die vorigen. Zwey beygefügte Kupfer sind schlechte, unausgearbeitete Darstellungen der zerstörten Gegenden von Goldau und Lowerz; ein drittes ist ein Plan dieser Gegend, nach der Meyer'schen Schweizerkarte.

7) In Bürklis Zürcher-Freytags-Zeitung von 1806. No 37,

wird ziemlich umständlich von diesem traurigen Ereignisse berichtet; auch ist ein Holzschnitt beygefügt, wie ohngefähr diese Gegend vor der Zerstörung war; der aber viel zu schlecht und flüchtig ist, als daß man sich durch denselben nur einigermaßen eine Vorstellung machen könnte. Dennoch hat Bürkli diesen abscheulichen Holzschnitt hernach in seinen Kalender auf 1807 wieder abdrucken lassen. Alle übrigen ordinäre Zeitungen sind entweder kürzer, oder berichteten später und enthalten überhaupt nichts, weßwegen sie citirt zu werden verdienen.

8) Helvetischer Almanach für das Jahr 1807. S. 133—168.

Hier findet man eine gedrängte, aber sehr gute Beschreibung des Bergfalles, woben die frühern Flugschriften benutzt und manches berichtiget ist. Hingegen verdienen die Aufsätze in allen übrigen Kalendern so wenig einer Erwähnung, als ihre elenden Abbildungen. Im Schafhauser-Kalender war ein Bergfall sogar nur immaginirt, in dem häßlichsten Holzschnitte, dargestellt.

9) In den Neujahrsstücken für die Zürchersche Jugend wird dieses Bergfalles gedacht:

a] Von der naturforschenden Gesellschaft. Hier findet sich aber gar nicht, was man von dieser Gesellschaft hätte erwarten sollen, eine Darstellung aus physikalischem Gesichtspunkte; sondern des Ereignisses wird kaum erwähnt und dagegen äußerst kurz und unvollständig die merkwürdigsten Bergfälle in der Schweiz aufgezählt nnd sogar dahin ausgeschweift, daß auch der Zerstörungen von Schneelawinen und Vulkanen gedacht wird. Das beygefügte Kupfer macht, als nur ein Theil des herabgestürzten Berges, aus einem größern Gemälde von Rahn, keinen Eindruck.

b] Die Hülfsgesellschaft hob, ihren Augpunkt nicht so verlassend, vornemlich die Szene aus, wie Agatha von Rikenbach noch ihr Kind vor den daher stürzenden Trümmern rettet. In der von Meyer radirten Landschaft hat Lips in den Figuren diese, in ihrer Fürchterlichkeit ganz eigene Szene, gut dargestellt. Aber vor der Nachbildung im Appenzeller-Kalender auf 1808 grauset dem Kunstgeschmacke beynahe eben so sehr, als dem Augenzeuge vor der Begebenheit selbst grausen mußte.

c] Die Gesellschaft zum schwarzen Garten lieferte den Plan des verschütteten Thales, mit Text, von dem geschickten Ingenieur J. Fehr, in Zürich. Wahrscheinlich ist es wesentlich der nemliche Aufsatz, der in der monatlichen Correspondenz zur Beförderung der Erd- und Himmelskunde, herausgegeben von Zach. 1807, Juny. S. 528—562 erschien.

10) Zeitung für die elegante Welt. 1807.

Enthält das Schreiben eines Deutschen, Herrn Schmidts, aus Meklenburg, der Augenzeuge war. Er spricht von dem Schauer ohne gleichen, den das Ereigniß erregte, lebendiger als kein anderer. Das beygefügte Kupfer ist ein Nachstich nach denen von Meyer, die oben No 2 angezeigt wurden.

11) Der Schweizerische Beobachter, Bern. 1807. S. 41 und ff. auch S. 107 und ff.

Hier findet man ein Schreiben des Herrn Berghauptmanns Schlatter an den Herausgeber (Dr. Höpfner, der ihn um Mittheilung eines bergmännischen Berichtes angesucht hatte), das von Werth ist und es noch mehr seyn würde, wenn es nicht gar zu kurz wäre. Ein anderes Schreiben, aus Schwyz, vertheidiget die dortige Regierung gegen Beschuldigungen der Vernachlässigung von Hülfsleistung in den nächsten Augenblicken nach der größten Noth.

Höpfner war Willens, nach und nach alle Materialien zum Ganzen der Geschichte dieses Unglückes zu sammeln und mitzutheilen, als vom Kanton Schwyz, vermittelst einer Empfehlung des Landammanns der Schweiz, ein Interdict erschien, kraft welchem — ganz unerhört! — jedem Dilettanten oder Gelehrten, jedem Zeichner und Mahler untersagt wurde, von dieser Unglücksbegebenheit etwas zu publiziren, bis von der Kanzley des Kantons Schwyz aus eine Schilderung offiziell erscheinen würde, die dann zum Beßten der Beschädigten verkauft werden solle. Ueber dieses höchst ungereimte Verbot macht der Herausgeber sehr bescheidene, aber treffende Bemerkungen, und theilt dann gleichwohl, als drittes Aktenstück, das Schreiben eines Meklenburgers mit, das (s. oben No 9.) zuerst in der Zeitung für die elegante Welt abgedruckt ward.

Ferner erschien, im zweyten Bande dieses Schweizerschen Beobachters S. 88 und ff., eine Uebersetzung der Beobachtungen, die Herr von Saussüre über den Bergsturz angestellt und der naturforschenden Gesellschaft in Genf vorgelesen hatte. Sie sind unstreitig das Werthvollste, was in physikalischer Hinsicht darüber geschrieben wurde. Das versprochene Verzeichniß aller Schriften, die über diesen Gegenstand erschienen sind, lieferte jedoch der Herausgeber nie.

12) Untergang von Lauwerz und Goldau im Kanton Schwyz, eine Elegie, von Andreas Tschudi. gr. 8. Zürich. 1806. S. 27.

Wir führen diese Elegie an, weniger ihres poetischen Werthes wegen, als weil sie besonders im Druck erschien. Was hie und da etwa ein Sänger in andere Schriften einrücken ließ, können wir um so füglicher übergehen, da auch von diesen sich keiner vortheilhaft auszeichnet. Daß es übrigens Leute von unwiderstehlichem Triebe giebt, Alles in ihrer Art vermeinter Poesie zu behandeln, bewies ein gewisser Seyfried in Wien, der im J. 1813 sogar den Bergsturz (von Goldau) als Oper auf's Theater gebracht hatte! Im ersten Akte wird eine Schweizerfamilie in ihrem Hause verschüttet; im zweyten beweint; und im dritten wieder lebendig hervorgebracht! —

13) Goldau und seine Gegend, wie sie war und was sie geworden, in Zeichnungen und Beschreibungen zur Unterstützung der übrig gebliebenen Leidenden in den Druck gegeben; von Carl Zay, Dr. in Arth. gr. 8. Zürich. 1807. S. XII. 390.

Das war denn endlich die Schrift, um deren willen jede andere in der Geburt hätte erstickt werden sollen! Von der man folglich, als einzig offizielles Aktenstück, mit Recht hätte erwarten dürfen, daß sie, den Gegenstand in jeder Beziehung erschöpfend, uns das schauerhafte Totale der Begebenheit ebensowohl als die verschiedenen einzelnen Umstände bey derselben mit äußerster Präcision vortragen würde; doch finden wir es nicht so. Der Verfasser selbst bescheidet sich, nicht Naturforscher zu seyn; daher in dieser Schrift schon ein sehr wesentlicher Gesichtspunkt ganz unberücksichtiget bleiben mußte; und obgleich der Verfasser über das Geschichtliche dieses fürchterlichen Zufalls umständlich und genau ist, so beruht diese Genauigkeit nur auf strengen Verhören von Augenzeugen der Begebenheit, denen die Todesangst ihre Sinnen so sehr raubte, daß sie, nach überstandener Gefahr, sich zuerst kaum noch ihres eigenen Lebens überzeugen konnten, und folglich manches um so mehr schief angesehen hatten, da ihnen überhaupt nicht so viel Bildung zu Theil ward, eine mehr als alltägliche Begebenheit (vielweniger eine so außerordentliche) unbefangener Beobachtung unterwerfen zu können. Noch weit umständlicher aber ist der Verfasser über die ältere Geschichte dieser Gegend und ihre Topographie. — Durch Weglassung alles des gleichsam mit Haaren hinzugezogenen, und bey einem weniger schleppenden Styl, hätte diese Schrift kaum die Hälfte ihrer Bogenzahl eingenommen. Das Titelkupfer stellt die Aussicht des ehemaligen Goldau, nach Maurers Zeichnung, dar. Dann ist der Schrift noch ein Plan von der ganzen Gegend in ihrem ehevorigen Zustande beygefügt. Ein Auszug aus diesem Werke in's Französische übersetzt, erschien 1820 in Luzern, unterm Titel: Goldau et son district, tel q'uil ci-devant, et tel qu'il est actuellement. Extrait de l'Allemand de Mr Zay.

14) Miscellen für die neueste Weltkunde. 1808. No 59.

„Das Denkmal von Goldau" Eine wehmüthige Betrachtung auf und zwischen den Bergtrümmern in dem verschütteten Thale — dann ein Verzeichniß der Pflanzen, die sich da angesiedelt hatten und Bemerkungen über diese neue Vegetation. Ein vortrefflicher Aufsatz, den wir in letzterer Rücksicht nur noch etwas weitläufiger gewünscht hätten.

Um noch auf die Abbildungen zu kommen, die, ohne Text, diese fürchterliche Begebenheit darstellen, haben wir anzuführen:

1) a) Die Gegend von Lowerz, Busingen, Röthen ꝛc. und dem Roßberge, vor der Zerstörung. b) Ansicht der ganzen Breite des Thales und Schuttes von der Spitze des Roßberges bis nach dem Rigi.

c) Das zerstörte Goldau, nebst Aussicht auf den Zugersee und den Flecken Arth. d) Die Gegend von Lowerz und Busingen nach dem Bergfall, gegen die Insel Schwanau im Lowerzersee.

Diese vier Blätter, nach Gemälden von C. Rahn, hat F. Hegi in Aqua tinta bearbeitet. Sie kosten, braun abgedruckt, zusammen fl. 11. , kolorirt fl. 33.

2) Zwey große Blätter, die ganze Gegend vor und nach dem Bergfalle darstellend, nebst zwey Blättern in 4, das ruinirte Dorf Lowerz und die Insel Schwanau; kolorit, mit einem Erklärungsblättchen in 8. bey Herrn H. Bleuler in Feurthalen, zusammen fl. 6.

3) Bergfall von Goldau und Lowerz, zwey kolorirte Blätter, von A. Schmid. fl. 5. 30 kr.

4) Diejenigen Blätter, welche der löbl. Stand Schwyz, nach X. Triners Gemälden, durch G. Lory ätzen und koloriren ließ, habe ich nicht gesehen.

Endlich ist noch zu bemerken, daß Martin Baumann, aus dem Kanton Schwyz, Goldau wie es war und wie es ist, in Reliefs dargestellt hat, und damit im Jahr 1812 zur Schau herumgereist ist.

H.

9.

Alpenwirthschaft.

1) Der Sammler; eine gemeinnützige Wochenschrift für Bündten. Chur bey Otto. 1r bis 6r und letzter Jahrgang. 1779 bis 1784. (Haller führt nur 5 Bände an.)

2) Bemerkungen über die Alpenwirthschaft

auf einer Reise durch die Schweiz gesammelt von Ludwig Wallrath Medicus. Leipzig. 1795.

3) Schilderung der Gebirgsvölker der Schweiz: von Joh. Gottfried Ebel, Doctor der Medicin. Erster Theil. Mit 6 Kupfern. Leipz. 1798. (Schilderung des Gebirgsvolkes vom Kanton Appenzell.) Zweyter Theil. Mit 7 Kupfern und einer geologischen Karte. Leipz. 1802. (Schilderung des Gebirgsvolkes vom Kanton Glarus und der Vogteyen Utznach, Gaster, Sargans, Werdenberg, Sax und Rheinthal, des Toggenburgs, der alten Landschaft, der Stadt St. Gallen und des östlichen Theils des Kantons Zürich.)

4) Beschreibung der Schweizerischen Alpen- und Landwirthschaft nach den verschiedenen Abweichungen einzelner Kantone. Nebst einer kurzen Anzeige der Merkwürdigkeiten dieser Alpen. Von J. Rud. Steinmüller, Pfarrer. Erstes Bändchen, welches die Alpen- und Landwirthschaft des alten Kantons Glarus enthält. Mit drey Kupfern. Winterthur. 1802. Zweytes Bändchen, welches die Alpen- und Landwirthschaft des Kantons Appenzell und der St. Gallen-Bezirke Rheinthal, Sax und Werdenberg enthält. Winterthur. 1804.

5) Der neue Sammler, ein gemeinnütziges Archiv für Bündten. Herausgegeben von der ökonomischen Gesellschaft daselbst. Erster bis siebenter Jahrgang. Chur. 1804 bis 1812.

6) Die Alpenwälder. Für Naturforscher und Forstmänner. Von Heinrich Zschokke. Tübingen. 1804.

7) Zschokkes Schweizerischer Gebirgsförster. Aarau. 1806.

8) Bemerkungen über die Wälder und Alpen des Bernerischen Hochgebirgs. Ein Beytrag zur Bestimmung der Vegetationsgränze Schweizerischer Holzarten, des Einflusses der Waldungen auf die Kultur des Hochgebirgs, des Verhältnisses der Forstwirthschaft zur Landwirthschaft und der Bedinge für Verbesserung der Alpenwirthschaft. Von Carl Kasthofer, Oberförster in Bern. Zweyte, vermehrte und verbesserte Auflage. Aarau. 1818.

In dieser Schrift ist zugleich die Ankündigung seiner Privatlehranstalt in Unterseen enthalten, um junge Männer zu wackern Forstmännern fürs Hochgebirg, mit Uebung in Vermessungen und mit Sachkunde zur Kultur der Alpen, zu bilden.

Diese Schrift wurde zuerst im Jahr 1816 in der Bayer'schen Zeitschrift für das Forst- und Jagdwesen aufgenommen, und die wenigen besonders abgedruckten Exemplare waren sogleich vergriffen.

9) Vorlesung über die Kultur der Küh-Alpen. Gehalten in der Versammlung der Schweizerischen Gesellschaft für die Naturkunde in Lausanne, den 23ten Heumonat 1818; von Carl Kasthofer, Oberförster. Bern. 1818.

Indem ich hier vorzüglich auf No 7 und 6 hinweise, deren äußerst gehaltvoller und wichtiger Inhalt den Ueberschriften ganz entspricht, so bleibt mir nichts übrig, als daß ich ihrem vortrefflichen Verfasser, der mit allem Muth und allen mannigfaltigen Erfahrungen und Kenntnissen zu seinem Unternehmen ausgerüstet ist, reiche Unterstützung und viele helfende Hände wünsche, um kräftig für Kultur unserer Alpen einzuwirken und so seinen schönen Lebenszweck glücklich zu erreichen. — Zschokke hat uns erst neulich in seinen Ueberlieferungen *) Kastbofers unverdrossene und gemeinnützige Bestrebungen geschildert — Möge dieser wackere und muthvolle Mann, der mit der Natur und den Vorurtheilen der Menschen zugleich den schweren Kampf eingegangen hat, und um des Wohls seiner Mitmenschen große Opfer bringt, zugleich bald in andern Kantonen würdige Nachahmer finden! —

Nachstehende Stelle, womit Kasthofer seine Vorlesung (in No 8) beschließt, verdient hier noch einen Platz:

„Ein weites, von der Industrie unsers Volkes kaum „betretenes Feld bietet sich in diesem herrlichen Gebirge „uns dar, und reiche Folgerungen ergeben sich, wenn „wir die höhere Nutzung der vaterländischen Alpen mit „dem ökonomischen und sittlichen Zustande der Völker„schaften, die sie bewohnen, in Beziehung bringen.

„Die Ersparnisse unsers Volkes in mehrern hundert „Friedensjahren, die Früchte des Fleißes von tausend „Geschlechtern unserer Städte sind an fremde Finanzmi„nister und Eroberer verloren gegangen. So viele Quel„len des alten Wohlstandes sind vertrocknet; unsern Er„zeugnissen ist von unfreundlichen Nachbaren die Aus„fuhr erschwert. Die alte Sitte der Einfachheit, die

*) Im Februarhefte des Jahrgangs 1821. S. 77 — 83.

„festeste Stütze des Wohlstandes, ist von uns gewichen. „Die Bevölkerung in diesen Gebirgen steigt in beunruhigendem Mißverhältniß mit dem Ertrag dieser Berge, „deren Ernährungskräfte wir kaum kennen, nie in höhe„rer Kultur zu benutzen versucht haben.

„Immer haben unsere Städte wohlthätig auf die „Landschaften durch Verbreitung nützlicher Kenntnisse ge„wirkt. Welchen Gewinn hat nicht die Landwirthschaft „der flächern Schweiz von edeln Bernern gezogen! Die „Verbesserung der Alpenwirthschaft aber ist noch so we„nig der Gegenstand der Sorgfalt unserer Städter ge„worden; sie wird selbst von denen vernachläßigt, die „eigene Alpen besitzen, die durch Kenntnisse, Capitalien, „Ausdauer und Thätigkeit diese Berge mit den nützlich„sten Erfahrungen bereichern und leicht auf höhere Stu„fen des Ertrages erheben könnten.

„Wie lohnend würde ein Aufenthalt von mehrern „Monaten den gebildeten Städtern auf ihren Alpen seyn: „hier in näherer Berührung mit dem Volke, das sie lei„ten sollen; den Glauben nährend an den Rest seiner „Tugenden; vertrauter mit den Quellen, die seine Sitt„lichkeit gefährden; gestärkt in reiner Luft durch einfache „Lebensweise; entfernt von dem Zwang der Mode, von „der Last des Beyspiels, das in dem Wetteifer des Lu„xus so viele Hausväter zu Boden drückt; geübt in der „Kraft der Entbehrung, die in diesen genußgierigen Zei„ten uns verloren geht. —

„Jedes Volk endlich soll der Zögling seyn des eigen„thümlichen Bodens, und seiner eigenen Natur. Nicht „umsonst sind diese Berge von der Vorsehung uns gege„ben, — was wären wir ohne sie? — Dem Einflusse des „ewigen Winters auf den beeisten Firnen sollen wir „entgegenstreben, an diesen Felsen, diesen Gewässern un„

„sere Kräfte üben; die reichen Gaben durch Erfindungs„geist zu Tage fördern, die die Natur dem Fleiße zur „Belohnung in unsere herrlichen Alpen gelegt hat. Ein „Volk von Landbauern und Hirten sollen wir seyn, frey „und genügsam in diesen Bergen wohnen, fleissig, fried„lich, einfach und stark, — Freunde anderer Völker, — „nie ihnen dienend."

10.

Annalen der Physik. Herausgegeben von Ludwig Wilhelm Gilbert. Erster bis sechszigster Band. 1800 bis 1819. Leipzig. Nebst Kupfertafeln. 8.

Mit dem ein und sechszigsten Bande erhielt das Werk neben dem bisherigen noch ein neues Titelblatt:

Annalen der Physik und der physikalischen Chemie. 1r Band. 1819.

Folgende Aufsätze gehören mehr oder weniger ins Gebiet der neuen Alpina:

XVIII B. 1804. S. 361—369. Beobachtungen über die Wasserlöcher, welche im Sommer in den großen, soliden Eismassen auf den Gletschern von Chamouni entstehen; mit Bemerkungen über die Fortpflanzung der Wärme durch Flüssigkeiten vom Grafen von Rumford in Verbindung mit dem Professor Pictet.

Ebendas. S. 423—425. Von Asphalte im Val de Travers im Fürstenthum Neufchatel, von August Chambrier.

XXIV. 1806. S. 50—58. Ueber die Temperatur einiger Quellen in der Gegend von Neufchatel, von Leopold von Buch.

XXIV. 1806. S. 59—68. Ueber die Höhen- und Temperatur-Veränderungen des Arvestroms, von Benedikt von Saussure.

Ebend. S. 69—85. Berechnungen und Bemerkungen über drey Reihen Kyanometrischer Beobachtungen Benedict's von Saussure, von P. Prevost, Professor zu Genf.

XXXIII. 1809. S. 339—356. Ueber das plötzliche, regellose Steigen und Fallen des Wassers im Genfersee, welches unter dem Namen Seiches bekannt ist, und über einige andere Erscheinungen an der Oberfläche von Seen; von Vaucher in Genf, mit Bemerkungen von Will. Nicholson in London. *)

XLI. 1812. S. 74—77. Graphische Vergleichung

*) XXXVII. S. 233. Wie kommt der Lachs beym Ansteigen in den Flüssen über Wasserfälle fort? von John Carr, Esq. in Manchester.

XLIV. S. 294. Vorzeichen des Wetters an Vögeln, vierfüßigen Thieren, Insekten, Pflanzen u. s. w.; von einem Engländer.

XLIX. 1815. S. 289—291. Kurzsichtigkeit der Insekten, nach Prevost in Genf.

LIII. 1816. S. 291—307. Bemerkungen über Linneés System der Botanik, und Grundlinien eines neuen Systems nach dessen eigenen Grundsätzen; aus dem Französischen des Verfassers der helvetischen Entomologie und aus handschriftlichen Zusätzen desselben übersetzt von Johannes Hahnhart in Zürich.

LVII. 1817. S. 419, 428. Versuch einer Erklärung der Wirkung einer Besatzung von losem Sande beym Sprengen mit Schießpulver; von Peter Merian in Basel.

LVIII. 1818. S. 417—420. Etwas von Sonnenflecken; frey ausgezogen, aus Bemerkungen des Herrn Pictet, von Gilbert.

des täglichen Gangs des Barometers während eines Jahrs zu London, zu Paris und zu Genf; von Professor Pictet in Genf.

XLIX. 1815. S. 139—144. Ueber die Verwandlung von Stärke in Zucker, von Theodor von Saussure in Genf.

LII. 1816. S. 159—176. Ideen eines Edinburger Gelehrten und der H. H. Pictet und Deluc, des Jüngern, über die Entstehung der Thäler.

Ebend. S. 449—451. Ein Hof um den Mond beobachtet zu Genf am 6ten März 1812.

LIII. 1816. S. 121 ff. Ueber die Art, wie die Thäler gebildet worden sind, von Staatsrath Escher.

LX. 1819. S. 331 — 355. Der im Baguethale durch einen Gletscher entstandene See und verwüstender Abfluß desselben beym Bruch des Eisdammes am 16ten Juni 1818. Frey bearbeitet nach zwey kleinen Schriften des Herrn Bridel, Prediger zu Montreux bey Vevay, *) von Gilbert.

---

*) *Course* à l'ebulement du glacier de Gétroz et au lac de Mauvoisin, au fond de la Vallée de Bagnes 16 May 1818. Und

Seconde Course à la Vallée des Bagnes, et les détails sur les ravages occasionés par l'ecoulement du lac de Mauvoisin 21 Juin 1818. Mit Abbildungen in Tuschmanier, den Eisdamm und den See, wie er im May war, und erstern am Tage des Durchbruchs kurz vor demselben, vorstellend. In der Versammlung der allgemeinen Schweizerischen Gesellschaft für Naturwissenschaft zu Lausanne im Juli 1818 vorgelesen. Beyde zu Vevay gedruckt.

Auszüge daraus sind die Aufsätze des Morgenblatts, im Juni-Heft 1818: der Gletschersturz im Bagnethal des Schweizerischen Kantons Wallis. Und

LX. 1819. S. 355—366. Bemerkungen über das zerstörende Ereigniß im Bagnethale; geschrieben im Juli 1818 von dem Staatsrath Escher in Zürich. Frey ausgearbeitet von Gilbert. *)

LXI. 1819. S. 211—224. Die allgemeine Schweizerische Gesellschaft für Naturkenntniß, gestiftet in dem Jahr 1815; ihre physikalische Preisfrage auf das Jahr 1820, und Rede des Staatsraths Usteri in derselben.

Ebend. S. 373—392. Ueber die fremdartigen Geschiebe, welche sich in verschiedenen Ländern finden; von J. A. de Luc, dem jüngern, in Genf. Frey ausgezogen von Gilbert. (Fortsetzung der geologischen Untersuchungen im LII Bande dieser Annalen.)

LXII. 1819. S. 108—113. Nachträge zu den Aufsätzen über den im Bagnethal entstandenen See und dessen zerstörendem Abflusse.

Ebend. S. 102—107. Beschreibung der merkwürdigen Holzleitung des Werkmeisters Rüpp am Pilatusberge in der Schweiz. (Aus dem naturwissenschaftlichen Anzeiger 1818.)

Ebend. S. 328—335. Berns mittlerer Barometerstand und Höhe über dem Meere von Professor Trechsel. (Aus dem naturwissenschaftlichen Anzeiger 1818.)

---

im Juli-Heft 1818: der Einbruch des Eisdammes und der Abfluß des See's von Mauvoisin im Bagnethal des Schweizerischen Kantons Wallis.

*) Zuerst abgedruckt im August-Heft des Jahrs 1818 der *Bibliotheque Universelle* des Sciences, Belles Lettres, et arts. A Génève.

Ein Auszug daraus enthält das Morgenblatt in den September- und October-Heften des Jahrs 1819: die Folgen des Gletschersturzes und der Wasserfluth im Bagnethale des Schweizerischen Kantons Wallis.

LXIII. 1819. S. 339—343. Die Schweizerische Gesellschaft für die gesammten Naturwissenschaften, versammelt zu St. Gallen im Jahr 1819.

Ebend. S. 388. Ueber die Gletscher von Toussaint von Charpentier.

Ebend. *) S. 412. Ersteigung des Mont Rose von Franz zum Stein in Turin.

LXIV. 1820. S. 113—144. Beobachtungen über die Zersetzung der Stärke durch Luft und Wasser in der gewöhnlichen Temperatur von Theodor von Saussure, Professor in Genf. Frey bearbeitet von Gilbert.

Ebend. S. 183—209. Von dem Schnee, den Lawinen und den Gletschern in den Alpen, und andre Beyträge zu der Naturgeschichte des großen Bernhardsberges von dem Pater Bisela, Prior des Hospices auf dem großen Bernhardsberg. Der allgemeinen Schweizerischen Gesellschaft für die gesammten Naturwissenschaften, zu St. Gallen gehalten, mitgetheilt. Mit einigen Zusätzen von Gilbert. (Dieser Aufsatz ist auch abgedruckt: in mehrern Heften der Bibliotheq. univers. des Jahrs 1819 von Pictet, und in Zschokkes Ueberlie-

ferungen

*) LXIII. 1819. S. 159—183. Ueber das specifische Gewicht des Meerwassers in verschiedenen Gewässern, von Hofrath Horner in Zürich. Frey ausgezogen nach dem dritten Band der Krusensternschen Reise. Petersburg. 1812. (Auch in den Zürcherschen Beyträgen.)

Ebend. S. 266—285. Ueber die Temperatur des Meers in verschiedener Tiefe, von Hofrath Horner. Frey ausgearbeitet von Gilbert.

LXIV. 1820. S. 98—102. Einige Bemerkungen zu den Aufsätzen über das Meerwasser, von Hofrath Horner.

ferungen zur Geschichte unserer Zeit, Januar-Heft, 1820, S. 17—26.)

LXIV. 1820, S. 209—218. Bericht von der Zerstörung des Dorfes Randa in Ober-Wallis durch Herabstürzen eines Theils des Weißhorn-Gletschers am 29ten December 1819; abgestattet dem Staatsrathe des Kantons Wallis von J. Venetz, Wasser- und Wege-Baumeister. Mit einigen erklärenden Zusätzen von Gilbert. (Er ist auch in dem Naturwiss. Anz. der allgem. Schweiz. Ges. für Naturwiss. abgedruckt.)

Ebend. S. 227—262. Bemerkungen über Blitzableiter und über Blitzschläge, veranlaßt durch einige Ereignisse im Sommer 1819 von P. Trechsel zu Bern. Frey ausgezogen mit einigen Zusätzen von Gilbert. (Auch aus dem Naturwiss. Anzeiger.)

Ebend. S. 318—326. Von rothem Schnee auf dem großen St. Bernhardsberge, von dem Prior Bisela; und chemische Zerlegung desselben von Peschier, Apothecker und Mitglied der naturforschenden Gesellschaft zu Genf. (Ausgezogen von Gilbert aus dem December-Heft des Jahrs 1819 der Bibliotheq. univers. von Pictet.)

LXV. 1820. S. 101—108. Vorschläge, wie das Hospitz auf dem großen St. Bernhardsberge zu einer minder ungesunden Wohnung zu machen sey, und Aufforderung zu einer Subscription, um diese Vorschläge in Ausführung zu bringen, von dem Staatsrath Parrot, Professor der Physik zu Dorpat. Schreiben an den Professor Gilbert.

Ebend. S. 112—127. Ueber die fremdartigen Geschiebe und Felsblöcke, welche sich in verschiedenen Ländern vorfinden, mit Hinsicht auf Herrn de Luc's, des

Jüngern, in Genf hierüber aufgestellte Hypothese, von Staatsrath H. C. Escher in Zürich.

LXV. 1820. S. 128, 160. Einige Zusätze zu diesem Aufsatze, großentheils aus den Arbeiten der HH. Leopold von Buch und Brochant de Villiers über diesen Gegenstand, frey ausgezogen von Gilbert: Ueber die Ursachen der Verbreitung großer Alpengeschiebe von H. von Buch. Eine Vorlesung in der Berlinischen Akademie der Wissenschaften gehalten. *)

1. Die Granitgeschiebe am Jura.
2. Ihre ursprüngliche Lagerstätte in der Kette des Montblanc, und geognostische Beschaffenheit dieser Gebirgskette.
3. Geschiebe anderer Art am Jura.
4. Geschiebausbrüche aus andern Alpenthälern, als dem Wallis, und die Geschiebe der Sandhaiden des nördlichen Deutschlands.
5. Kritik und Verbesserung.
6. Und von Buchs Vertheidigung und Berichtigung seiner Ideen, mitgetheilt durch Herrn Brochant.
7. Eigene Bemerkungen über das große, hier behandelte geologische Phänomen, von Herrn Brochant de Villiers in Paris.

---

*) Dieser Aufsatz wurde zuerst in den Abhandlungen der königlichen Akademie der Wissenschaften in Berlin im Jahrgang 1815 abgedruckt. Aus diesem kam er in den 12ten Jahrgang (1818) S. 458 und ff. von Leonhards mineralogischem Taschenbuch. Ihm gewissermaßen entgegen schrieb J. A. de Luc im Naturwiss. Anzeiger der Schweiz. Gesellsch. 1818. S. 81 und ff., welcher Aufsatz in Leonhards Taschenbuch 1820, zweyte Abtheilung S. 452 und ff. übersetzt ist.

LXV. 1820. S. 325—329. Der Papin'sche Topf; empfohlen den Bewohnern des Bernhardberges, von Doctor Ad. Pleischl und ein Zusatz von Gilbert.

LXVI. 1820. S. 146—151. Tiefen und Temperaturen des Genfersees, beobachtet im Herbste 1819 von H. T. De la Bèche aus England. Frey ausgezogen von Gilbert.

Ebend. S. 151—152. Temperaturen des Thuner- und des Zugersees; aus einem Briefe des Herrn De la Bèche an den Professor Pictet.

Ebend. S. 227—240. Entdeckung eines zuverläßigen Heilmittels gegen den Kropf in der Jodine; von Doctor Coindet in Genf. Frey dargestellt von Gilbert. (Aus Pictets Bibliotheq. univers. Jahrgang 1820.)

Ebend. S. 249—252. Bemerkungen über Quellen und Anwendung der Jodine; von J. C. Straub, M. D., in Hofwyl. (Aus dem Naturwiss. Anz. der allgem. Schweiz. Gesellschaft u. s. w. No 8. Jahrg. 1820.)

Ebend. S. 417—422. Bemerkungen über den Föhnwind, von dem Doctor Lusser in Altorf in der Schweiz. (Ausgezogen aus dem allgemeinen Schweiz. Natur-Anzeiger, 1 April 1820.

Ebend. S. 423—426. Beschreibung einer nordlichtartigen Erscheinung nach den Föhn, wahrgenommen bey Zürich am 6ten October 1819 von Gilbert.

11.

Handbuch für Reisende durch die Schweiz. Mit einem Anhange von einigen Merkwürdigkeiten der meisten im Handbuche vorkommenden Ortschaften, von H. Hei-

degger. Zürich. 8. Erste Auflage, 1789. Zweyte, stark vermehrte und verbesserte Auflage. Zürich, 1791. 184 und 191 S. Dritte Auflage, 1796.

Ueber das Reisen durch die Schweiz. Oder kurze Anleitung für Ausländer, welche mit Zeit- und Kostensparung einige der merkwürdigsten Alpgegenden bereisen wollen. Beytrag zum Handbuch für Reisende rc., von H. H. Mit zwey Kupfern. Zürich. 8. 1792. 128 S.

Handbuch für Reisende in der Schweiz. Vierte verbesserte Auflage. Mit einer Karte der Schweiz. Zürich. 8. 1818. 520 S. (von Glutz-Blotzheim.)

Dieses letztere Werk ist eine vortreffliche Umarbeitung der zwey erstern und enthält nebst der Einleitung: Kritisches Verzeichniß der vorzüglichsten, die Schweiz betreffenden Bücher, Landcharten und Kupferstiche — Entfernungen der bedeutenden Schweizerischen Städte, Flecken u. s. w. von einander — Münzkunde — Romanische Redensarten — topographisch-statistische Darstellung der Schweiz, in alphabetischer Ordnung — Uebersicht der Artikel nach den Kantonen — Verzeichniß vorzüglicher, die Schweiz betreffender Schriften und Kunstsachen.

12.

Isis. Eine Wochenschrift von deutschen und schweizerischen Gelehrten. 3 — 6r Band oder 2r und 3r Jahrgang. Zürich, 1806 bis 1807.

(Diejenigen Aufsätze der zwey ersten Bände, welche auf Naturgeschichte Bezug haben, sind angezeigt in der Alpina 1r B. S. 386.)

3r Band, S. 25. Wanderung durch einige minder bekannte Hochthäler um den Gebirgsknoten des St. Gotthards von Zschokke. (Fortsetzung) — Ebend. S. 99. (Der Schluß.)

Ebend. S. 288. Reise von Genf auf dem See nach Villeneuve und Martigni im Wallis im May 1802 von Friederike Brunn. (Fortsetzung.) Ebend. S. 413. (Beschluß.)

Ebend. S. 359. Botanischer Handel des H. Seringe in Bern.

5r Band, S. 1. Reise nach Goldau, Lowerz und auf den Rigi, vom 30ten August bis zum 3ten September 1806.

13.

Der Schweizerische Beobachter. Herausgegeben von einer Gesellschaft Gelehrter. Zwey Jahrgänge. 6 Bände. Bern. 1807—1809. (Herausgegeben von Doctor Höpfner.)

Erster Jahrgang. Erster Band. S. 31. Fragmente aus einer statistisch-landwirthschaftlichen und naturhistorischen Reise durch einige Schweizerkantone. (Enthaltend Notitzen über die Wollfabrikation im Bernerschen Oberland.)

Ebend. S. 41. Ueber den Bergfall bey Goldau. Schreiben des Hrn Berghauptmanns Schlatter an Doctor Höpfner in Bern. Und zweyter Band, S. 88. Zweyter Nachtrag über den Bergfall bey Goldau.

Erster Jahrgang. Erster Band. S. 50. Ueber die Allmend-Vertheilung zu Zug.

Ebend. S. 146. Fragmente aus der oben angeführten statistisch-landwirthschaftlich-naturhistorischen Reise. (Die Leinwand-Fabrikation in Emmenthal enthaltend.) S. 211. Fortgesetzte Nachrichten über das Emmenthal. Und Zweyter Band, S. 82. Beschluß dieser Nachrichten.

Ebend. S. 173. Weisung und Gutachten des kleinen Rathes des Kantons Zürich, betreffend den Bergbau dieses Kantons; nebst Gesetz darüber d. d. 12ten September 1806.

Ebend. S. 180. Oeconomische Miszellen.

1. Ueber Magsaamen-Pflanzung. Ein Berner-Landwirth erhielt im Sommer des Jahrs 1806 auf einer Viertels-Juchart von gepflanztem Magsaamen, so viel an Saamen, daß er 25 Maaß (zu 28 Batzen) feines Oel und vier Maaß gemeineres zum Brennen herausbrachte. — Die Oelkuchen und die auf die Magsaamen nachgepflanzten gelben Rüben bezahlten mehr als alle Unkosten für Zins und Dünger.
2. Ueber eine sehr einfache Kornsteck-Maschine.
3. Ueber Fellenbergs Acker- und Feldgeräthe. Auch Fortsetzung hierüber auf S. 235 und 314. Auch Zweyter Band, S. 42.

Ebend. S. 240. Verbrauch der oberländischen Steinkohlen.

Erster Jahrgang. Zweyter Band. S. 56. Bemerkungen über die Landwirthschaft im Kanton Basel.

Ebend. S. 128. Der Aelpler vom Jura, oder Charakteristick der Lebensart in der Vorzeit, verglichen mit der Denkart und den Sitten unserer Tage. Ebend. S. 193. Beschluß.

Erster Jahrgang. Zweyter Band. S. 146. Arbeiten der ökonomischen Gesellschaft in Bern.

Ebend. S. 187. Die merkwürdigsten Bergfälle in der Schweiz seit hundert Jahren. Ebend. S. 308. Beschluß.

Ebend. S. 257. Die Bienenzucht im Kanton Graubündten, nebst einigen Erfahrungen und Vorschlägen zu ihrer Erweiterung, von Pfarrer Truog in Thusis.

Ebend. S. 370. Nicl. Fehrs von St. Gallen Fabrikations-Methode zu vortheilhafterer Benutzung des Flachs- und Hanf-Abgangs oder Kuders. Auf Veranstaltung der ökonomischen Gesellschaft in Bern angewandt.

Ebend. S. 379. Uebersicht einiger gelinden Winter-Jahres-Zeiten, so weit als sie chronologisch bekannt sind.

Erster Jahrgang. Dritter Band. S. 1. Historische Nachricht von dem Salzwerk und der Salzgegend im vormaligen Gouvernement Aelen, Kanton Leman. (Sept. 1767.)

Ebend. S. 23. Vorlesung über die nützlichsten Acker-Erzeugnisse und die Art, sie zweckmäßig zu behandeln. Aus Auftrag der ökonomischen Gesellschaft in Glarus. Bestreben der landwirthschaftlichen Kultur im Kanton Glarus aufzuhelfen.

Ebend. S. 103. Vortrag an die landwirthschaftliche Gesellschaft in Glarus. (von Landammann Heer.)

Ebend. S. 232. Verzeichniß von Sammlungen einzelner Pflanzengattungen, welche bey Herrn Seringe, Botaniker zu Bern in der Schweiz, zu finden sind.

Ebend. S. 345. Rede bey Eröffnung der österlichen Versammlung der ökonomischen Gesellschaft in Bern, 1807.

Zweyter Jahrgang. Erster Band. S. 5. Ansichten der Schweizerischen Landwirthschaft und der zweckmäßigsten Mittel, sie zu vervollkommnen, von Emanuel Fellenberg.

Zweyter Jahrgang. Erster Band. S. 266. Bericht von Pictet über die landwirthschaftlichen Arbeiten zu Hofwyl. (Aus dem December-Heft der Bibliotheque brittannique von 1807.)

Ebend. S. 359, 412. Bemerkungen über die Forsten des Bernerschen Hochgebürgs, von Karl Kasthofer, Oberförster des Oberlandes.

Ebend. S. 435. Beytrag zur Sittengeschichte der Fettaner im Unter-Engadin von Graubündten.

Ebend. S. 466. Biographie des Herrn J. R. Tschiffeli, Stifters der ökonomischen Gesellschaft in Bern.

Zweyter Jahrgang. Zweyter Band. S. 1. Reise nach der Au am Zürcher-See im August 1807. (Ueber Wallenstadt, Weesen und Rapperschweil — meistens in landwirthschaftlicher Hinsicht.)

Ebend. S. 97. Einige Winke über den Einfluß, welche die Anstalten von Hofwyl auf die Vervollkommnung der Sitten und der Erwerbsamkeit erwarten lassen, von Herrn Gauteron, Pfarrer zu Dachsfelden, ohnweit Biel. (Anstalt für reiche Landwirthe. Institut für arme Kinder.) Ebend. S. 261. Fortsetzung der Schriften und Meynungen für und wider die landwirthschaftlichen Theorien, Ansichten und Erfahrungen des Herrn Fellenberg in Hofwyl. Ebend. dritter Band, S. 335. Briefe über Hofwyl von E—r, nebst Bemerkungen und Zusätzen von F—f. Ebend. S. 362. Rezension der landwirthschaftlichen Blätter von Hofwyl.

Ebend. S. 237. Hydrographische Notiz. (Wegen des drohenden Ueberſturzes des Rheins in den Wasserkessel der Linth.)

Ebend. S. 342. Linthunternehmung. Ebend. dritter Band, S. 77.

Zweyter Jahrgang. Dritter Band. S. 63. Einige indirekte Mittel zur Aufnahme der Landwirthschaft.

14.

Der gemeinnützige Schweizer. Erster bis dritter Jahrgang. 1814—1819. Eine von der Schweizerischen gemeinnützigen Gesellschaft herausgegebene Monathschrift.

Erster Jahrgang. S. 27—38. Ueber den Kanton Zug. Von Präfekt und Professor Brandenberg. 1812.

Ebend. S. 176—181. Ueber das Pflanzen der Erdäpfel und das Backen von Brot aus gedörrten Erdäpfeln. Als Resultate der Beobachtungen eines praktischen Landwirthes.

Ebend. S. 294—296. Ueber die Vermehrung und Verbesserung der Erdäpfel durch den Saamen und über das Dörren derselben.

Ebend. S. 297—359. Von der Schafzucht in unserm Lande; mit nöthiger Hinsicht auf Weiden, Gras- und Kleepflanzungen, Fabrikation und Bevölkerung, von B. Zwingli, M. D. von Zürich.

Ebend. S. 371—376. Caspar Schmid, Vater und Sohn, von Rümlang, des Kantons Zürich. Ein Beyspiel landwirthschaftlichen Geschickes und Glückes. Aus den von Herrn Alt-Rathsherrn und Oberrichter Nüscheler gesammelten Notizen.

Zweyter Jahrgang. S. 136—145. Vergleichende Uebersicht der Vieh-Assekuranz-Anstalten zu Freyburg, Langenthal und Läufelfingen.

Ebend. S. 193—219. Ueber die Linthunternehmung.

Zweyter Jahrgang. S. 220—226. Auszug aus den bey dem kaufmännischen Direktorium in St. Gallen eingekommenen zwey Abhandlungen, betreffend die Einführung neuer Handels- und Fabrikations-Zweige in den Kanton St. Gallen.

Ebend. S. 266 — 273. Die Ursachen der Abnahme des Viehstandes und die Mittel dagegen. Aus dem Briefwechsel des Pfarrer Schmids zu Uster mit Dr. und Rathsherrn Hirzel. 1785.

Ebend. S. 273 — 277. Anweisung zum Kohlpflanzen aus eigener Erfahrung.

Ebend. S. 316 — 333. Ueber den Weinbau im obern Thurgau, von Canonikus Kerler im Stift Kreutzlingen.

Dritter Jahrgang. S. 31 — 36. Ansichten des Appenzeller-Landes und Volkes in seiner Gegenwart und Aussichten auf die vermuthliche Zukunft.

Ebend. S. 37 — 84. Topographische und ökonomische Beschreibung des Emmenthals.

Ebend. S. 298 — 303. Einige Bemerkungen über den guten Rath an Bienenwirthe vom 10ten Juni 1818, in No 23 des Schweizerbothen. Für Bienenwirthe.

Ebend. S. 97 — 101. Ueber Landwirthschaft der Prediger.

Ebend. S. 128 — 172. Landwirthschaftliche und Sitten-Gemählde der Bewohner der Alt-St. Gallischen Landschaft zu Anfang des XIXten Jahrhunderts von G. L. Hartmann.

Ebend. S. 173 — 249. Das höhere Gebirg des Kantons Zürich und ökonomisch-moralischer Zustand seiner Bewohner.

15.

Schriften der naturforschenden Gesellschaft in Zürich.

Abhandlungen der naturforschenden Gesellschaft in Zürich. 8. 1 B., 1761. 2 B., 1764. 3 B., 1766.

Beschreibung der Gewichte Zürichs. 1765. 8. (Aus dem dritten Bande eigen abgedruckt.)

Anleitung in Absicht auf die Zäune. 1764. 8. von L. Usteri. (Aus dem zweyten Bande abgedruckt.)

Nahn, vom Nidelbad. (Aus dem dritten Band.)

Anleitung in Absicht auf das Ausstocken und die Pflanzung der Wälder. Erstes bis drittes Stück. 1767. (Eine zweyte, verbesserte Auflage aus dem dritten Bande obiger Abhandlungen.) Die Fortsetzung davon. 1768. Viertes bis sechstes Stück. 1768. Alle 6 Hefte von L. Usteri.

Kurze Anleitung zur Pflanzung des Holzes. 1768 und 1773, von L. Usteri.

Anleitung durch Verbesserung der nassen Weidgänge den Viehseuchen vorzubeugen. 1760.

Kurzer Bericht für den Landmann von den vornehmsten Futterkräutern, und vom welschen Korn. 1764.

Anleitung in Absicht auf die Zubereitung, Sammlung und Vermehrung des Düngers vom Vieh. 1769. (von H. C. Brunner.)

Anleitung in Absicht auf Anwendung des Düngers, nach Verschiedenheit der Güter, des Erdreichs und der Gewächsen. 1770. (von H. C. Brunner.)

Anleitung bey diesen theuren Zeiten wohlfeil und gut zu leben. 1770.

Schreiben an die Landleute im Zürichgebiet, darin angezeigt wird, wie eine arme Haushaltung von fünf Personen sich mit einem geringen Vorrath von Lebensmitteln hinlänglich ernähren könne. Von einem aufrichtigen Freund der Armen. 1771. Zürich.

(Gedanken über den Nutzen der gegenwärtigen Theurung in der Schweiz. Ein St. Gallisches Flugblatt.)

Anleitung in Absicht auf Beförderung der Fruchtbarkeit durch Vermischung verschiedener Erdarten. 1771. (von H. C. Brunner.)

Wie man den Lebensmitteln vor Abgang begegnen könne. 1771.

Erinnerung an den Landmann, wie er die anscheinende Hoffnung eines gesegneten Obstwachses vor der drohenden Verheerung der Maykäfer sichern könne. 1771.

Nachricht, wie 50 arme Kinder genährt werden. 1771. (von D. Kitt.)

Verzeichniß einiger eßbaren Pflanzen. 1771. (von H. G. Locher.)

Unterricht von Pflanzung der Erdapfel. 1771. (von J. J. Nägeli.)

Nachricht von Pflanzung des Fenchs. 1771.

Anleitung in Absicht auf den Pflug und andere Feldinstrumente. 1772.

Aufmunterung, und sichere Anleitung zu Verfertigung guten und schmackhaften Erdäpfelbrods. 1773?

Tabellen über den Zustand des Viehs und gemeinen Weidgangs.

Tabellen über die Gemeindgüter. Beyde in Folio.

Kurze Instruktion oder Anleitung für diejenigen, so den ökonomischen Zustand oder die landwirthschaftliche Beschaffenheit der Einwohner einer ganzen Gemeinde in die von löbl. physikalicher Gesellschaft in Zürich gedruckten Tabellen eintragen wollen.

Anleitung über Wässerung der Wiesen. 1774.

Unterricht über den Landbau in einem freundlichen

Gespräch zwischen einem alten erfahrnen Landmann und einem jungen Bauernknab. Zum Gebrauch unsrer Landschulen. Zürich. 1774. (von Prof. Cramer.)

Anleitung zur Pflanzung und Besorgung der Wälder. 1775. (von L. Meier von Knonau.)

Anleitung über Austrocknung allzunasser Güter. 1776.

Anleitung zu Besorgung beständiger Wiesen. 1776.

Anleitung zu Dörrung der Früchte und des Korns. 1777. Ein 4 Blatt.

Anleitung über Anlegung beständiger Wiesen. 1781.

Bericht über den Fresser in Reben und Beschreibung der Maschine zum Maykäfer-Einsammeln. 1783.

Ueber die Pflanzung des Kleesaamens. In 4. (1783)

Zuschrift an die Gemeinde Altstädten. 1785.

Wie junge Kälber abzusaugen. Ein 4 Blatt. 1786.

Anleitung für Landleute über Anlegung, Pflanzung und Pflege der Obstbäume. 1786.

Warnung wegen des Ankaufs schlechten Kleesaamens. 1788.

Anleitung Kleesaamen nachzuziehen. 1788. Zwey 4 Blätter.

Anleitung die Erdäpfel vor Gefrieren zu verwahren. 1789. Ein 4 Blatt.

Anleitung vom Hagel beschädigte Erdäpfel-Stauden durch Setzlinge fortzupflanzen. 1790. Ein 4 Blatt.

Ueber Abnahme der rothen und weißen Erdäpfel, und Anleitung sie aus dem Saamen zu erziehen. 1791. Zwey 4 Blätter.

Ueber Selbsterziehen des Kleesaamens. 1791. Zwey 4 Blätter.

Steuern für Viehschaden in einigen Gemeinden — Viehassekuranz und Aufforderung und Anleitung dazu. 1793. Zwey 4 Blätter.

Aufmunterung zur Neufnung des Landbau's in mehrfacher Hinsicht. 1794. Zwey 4 Blätter.

Ueber das Erdäpfel-Dörren. 1794. Ein 4 Blatt.

Denkmal auf Hs Caspar Egg. 1795. (Der Verfasser äußerte sich nachher unzufrieden, daß sich die Herausgeber zu viel willkührliche Abänderungen seines Aufsatzes erlaubt haben.)

Anleitung über den Weinbau. 1800 (von J. C. Fäsi.)

Fragen wegen dem Sommerfrucht-Saamen. 1800. Ein 4 Blatt.

Ein Rath für reiche Bauern und arme Leute — Pflanzung der Erdäpfel durch ausgestochene Augen. 1800. Ein 4 Blatt.

(Lavater über Milchblattern. 1800.)

Die landwirthschaftliche Gesellschaft in Zürich an ihre Mitbürger auf der Landschaft, den 29ten März 1800. Ueber Erdäpfel-, Feldbohnen- und Erbsen-Anbau. Ein Blatt.

Anleitung der naturforschenden Gesellschaft in Zürich über die Vertilgung der May- und Laubkäfer und der Engerlinge oder Jugere — wie auch über die Unschädlichkeit der Frühlingsfröste. 1804.

(Lavater über das Baden an freyen Orten. 1804.)

Schreiben an sämmtliche Gemeindräthe im Kanton Zürich, die Vertilgung der Baumraupen betreffend. 1807.

Anleitung zum Aufbewahren der Erdäpfel und zur Benutzung derselben durch das Dörren. 1806.

Bemerkungen über die Blitzableiter, ihren Nutzen und Schaden. Zürich im Heumonat 1816. Von der naturforschenden Gesellschaft daselbst.

Catalogus Horti Botanici Societatis Physicæ Turicensis. MDCCCII. in 12.

Catalogus Bibliothecæ Societatis physicæ Turicensis. Turici, impensis Societatis. 1815. (Auf den ersten XII Seiten sind die Verordnungen, welche den Gebrauch der Bibliothek betreffen, in einem Auszuge aus den Gesetzen und der Einrichtung der naturforschenden Gesellschaft enthalten.)

Der umständliche und höchst interessante zweyte Jahresbericht der Aufsichtscommission über die landwirthschaftliche Armenschule im Kanton Zürich (auf dem Bläsihof in der Kirchgemeinde Töß, nahe bey Winterthur, 160 Juchart im Umfang enthaltend) ist abgedruckt in Zschokkes Ueberlieferungen zur Geschichte unserer Zeit. Jahrgang 1820, im May-Hefte.

16.

Schriften der allgemeinen Schweizerischen Gesellschaft für die gesammten Naturwissenschaften.

Statuten der allgemeinen Schweizerischen Gesellschaft für die gesammten Naturwissenschaften. Festgesetzt in Bern bey der Versammlung den 3ten, 4ten und 5ten October 1816, und endlich genehmigt in Zürich bey der Versammlung am 6ten October 1817. 4. 1817. 8 S.

Eröffnungsrede der Jahresversammlung der allgemeinen Schweizerischen Gesellschaft für die gesammten Naturwissenschaften, am 6ten Weinmonath 1817 in Zürich gehalten, von dem dießjährigen Vorsteher, Doctor und Staatsrath Usteri. Auf Anordnung der Gesellschaft gedruckt. Zürich. 1817. 59 S.

Discours prononcé a Lausanne, Le 27 Juillet 1818, En ouvrant la première Séance de la réunion périodique de la Société Helvétique de Sciences

Naturelles; par le Président de cette année, *D. A. Chavannes*, Ministre du St. Evangile, membre du Grand-Conseil et du Conseil Académique du Canton de Vaud. Imprimé par ordre de la Société. A Lausanne. 1818. 30 P.

Eröffnungsrede der Jahresversammlung der allgemeinen Schweizerischen Gesellschaft für die gesammten Naturwissenschaften. Gehalten in St. Gallen den 26ten Heumonat 1819 von ihrem dermaligen Vorsteher Doctor und Appellationsrichter Zollikofer. Auf Anordnung der Gesellschaft gedruckt. St Gallen. 1819. 48 S.

Das Programm der im Jahr 1817 auszuschreiben beschlossenen Preisfrage lautet also:

„Mehrere Gelehrte haben behauptet, und andre haben es nachgesagt, daß das Clima in den höher liegenden Gegenden unsers Vaterlandes allmälig rauher und kälter geworden sey. In Ermanglung einer vielfach wiederholten Reihe thermometrischer Beobachtungen, die zu direkten Beweisen dienen könnten, hat man diese Behauptung durch folgende vier Umstände, die man als gewisse Thatsachen angenommen hat, zu unterstützen gesucht:

1. „Beweisen historische Zeugnisse, daß viele Gegenden in den Alpen, die ehedem zu Viehweiden dienten, unfruchtbar geworden sind.
2. „Eben so ist es durch historische Zeugnisse bewiesen, was auch noch wirklich vorhandene Spuren bestätigen, daß vor Zeiten in einer über die gegenwärtige Gränzlinie des Baumwuchses erhabenen Höhe Wälder gestanden haben.
3. „Das allmälige Herabsinken der Linie des ewigen Schnee's, und
4. „Das Vorrücken der Gletscher in vielen Theilen der Schweiz.

„Die

„Die Wichtigkeit dieses Gegenstandes hat also die Ge„sellschaft bewogen, folgende Frage aufzuwerfen:

„Ist es wahr, dass die hohen Schweizerischen Alpen seit einer Reihe von Jahren wirklich rauher und kälter geworden sind?"

„Da diese Frage nicht anders, als nach wirklichen „Thatsachen entschieden werden kann, so verlangt die „Gesellschaft von denen, die sie zu beantworten unter„nehmen:

1. „Eine möglichst vollständige Zusammenstellung der „alten und neuern Zeugnisse, welche die Verö„dung und Verlassung ehemaliger Weideplätze in „den hohen Alpen beurkunden können.
2. „Eine kritische Prüfung der Aechtheit und Zuver„läßigkeit dieser Zeugnisse.
3. „Eine genaue Unterscheidung und Absonderung al„ler derjenigen Fälle, wo alte Weideplätze durch „andere Ursachen, als durch die Wirkung der „Kälte unfruchtbar geworden sind, wie z. B. durch „Verwitterung der umherstehenden Felsenmassen, „durch Bergfälle, Schneelauinen.
4. „Eine Untersuchung der historischen Zeugnisse und „der natürlichen Spuren, welche beweisen sollen, „daß der Baumwuchs sich bis zu einer größern „Höhe hinauf erstrecket habe, als heut zu Tage.
5. „Eine Sammlung einer möglichst großen Anzahl „von Beobachtungen in Beziehung auf die Höhe „der Schneelinie und auf den Zeitpunkt, wo das „Vieh in den verschiedenen Jahren die hohen Al„pen verlassen mußte.
6. „Eine Sammlung durch eine Reihe von Jahren „fortgesetzter Beobachtungen über die theilweise

„Vergrößerung oder Verminderung der Gletscher „in den Quertthälern, über ihr Ansetzen oder Ver„schwinden in den hohen Gegenden.

7. „Endlich die Aufsuchung und Bestimmung der al„ten Gränzen gewisser Gletscher, welche durch die „Steintrümmer, die sie vor sich herstoßen, ange„zeigt werden."

„Wenn zu allen diesen Untersuchungen ähnliche, zu„verläßige Angaben aus den benachbarten Gebirgen Sa„voyens und Tyrols beygebracht werden könnten, so „würde dieses ohne Zweifel zu einer gründlichen Ent„scheidung der Hauptfrage sehr vortheilhaft seyn."

Unter den eingegangenen Antworten, welche die Gesellschaft durch eine Commission prüfen ließ, die in der Versammlung des Jahrs 1820 in Genf Bericht erstattete, zeichnete sich die des verdienstvollen Oberförsters Kastenhofer zu Unterseen aus, weßwegen ihm ein Accessit-Preis zuerkannt wurde. Da indessen alle Thatsachen, welche der Verfasser in seiner Arbeit erwähnte, sich größtentheils nur auf die Hochalpen des Bernerschen Oberlandes beschränkten und folglich seine Folgerungen auch nur zunächst auf dieses bezogen werden können; da sich anderseits gerade aus der Trefflichkeit seiner Arbeit ergab, wie umfassend der Gegenstand, und wie unmöglich es sey, daß ein Mann die im Jahr 1817 für das ganze Schweizerische Hochgebirge aufgestellte Preisfrage in ihrer Allgemeinheit genügend löse, so ward nun von der Gesellschaft erkennt: daß die gleiche Preisfrage, jedoch mit dem Beysatz erneuert werde: „Die Gesellschaft verlange nicht, daß die Abhandlungen „sich mit der Frage in ihrem ganzen Umfange befassen, „sondern es sey hinreichend, wenn sie sich auf einen „bestimmten Theil des Hochgebirges oder auch nur eines

„einzelnen Kantons beschränken." Die Preisschriften müssen übrigens bis zum 1ten Jäner 1822 eingegeben werden.

Obige Preisschrift von Kastenhofer ist abgedruckt in Zschokkes Ueberlieferungen zur Geschichte unserer Zeit. Jahrgang 1820. November-Heft. S. 505 bis 532 und December-Heft S. 574 bis 586.

Hieher gehört auch der Aufsatz in Ockens Isis, 8s Heft, 1819, S. 1299 bis 1311: Reise zu dem Gletscher des Oetzgrundes im Tyrol von Dr. J. F. Katterfeld, worin das starke Wachsen oder rasche Vorwärtsschreiten, mit dem er ins Thal herunterrückt, bewiesen wird. — Wo noch vor wenig Jahren fette Heerden weideten oder gar Gras geschnitten wurde, da ruht jetzt ewiges Eis, und Gegenden, die sonst hoch über den Gletscher hervorragten, befinden sich tief unter dem Gletscher. — Er wächst von Innen nach Außen und des Sommers weit stärker, als des Winters. —

Auch ist die Abhandlung lesenswerth in den Zürcherischen Beyträgen zur wissenschaftlichen und geselligen Unterhaltung, herausgegeben von J. J. Hottinger, J. J. Stolz und J. Horner. 3r Band, 3s Heft, 1816, S. 34 bis 59: Milderung des Clima durch zunehmende Cultur und Vermehrung des Schnee's und Eises in hohen Gebirgen durch Anhäufung. Der naturforschenden Gesellschaft in Zürich vorgelesen im Februar 1816, von C. Meyer von Knonau.

17.

Naturwissenschaftlicher Anzeiger der allgemeinen Schweizerischen Gesellschaft für die gesammten Naturwissenschaften. Herausgegeben von Fr. Meisner, Professor der Naturgeschichte und Botanik in Bern. 1r Jahrgang. Bern 1818. 2r Jahrg. Aarau 1819. 3r Jahrg. Aarau 1820.

Von dieser sehr gehaltvollen Zeitschrift, die fortgesetzt wird, sind in der Hallischen allgem. Literaturzeitung umständliche Rezensionen enthalten, nämlich
1r Jahrgang. 1819. No 141.
2r Jahrgang. 1820. No 131 das Ergzbltt.
3r Jahrgang. 1821. No 35 „ „

18.

Nachstehende interessante Schriften verdienen hier auch eine ehrenvollen Erwähnung:

J. Rud. Wyß, Prof., Reise in das Berner-Oberland. Mit Kupfern. 2 Bände. Bern 1816. Nebst einem Hand-Atlas für Reisende in das Berner-Oberland. Ebend.

Reise in die Alpen von F. N. König. Begleitet mit naturhistorischen Beyträgen von Kuhn, Meisner, Seringe, Studer und Tscharner. Mit 3 Kupfertafeln. Bern 1814.

Sie umfaßt nur das Bernersche Oberland, im engern Sinne.

Reise von Linththal über die Limmern-Alp nach Brigels. Ein Beytrag zur Kenntniß der Gebirge zwischen den Kantonen Glarus und Graubündten, und eines interessanten, bisher unbenutzten Weges zu Verbindung des Besuches der Linth=, Vorderrhein= und Reuß=Thäler. Den Freunden der Alpen gewidmet von Carl von Schütz aus Sigmaringen. Zürich 1812.

Reise auf den Jungfrau=Gletscher und Ersteigung seines Gipfels von J. Rud. Meyer und Hieronymus Meyer aus Aarau, im Augustmonat 1811 unternommen.

Aus den Miszellen für die neueste Weltkunde besonders abgedruckt. 31 S.

Reise auf die Eisgebirge des Kantons Bern und Ersteigung ihrer höchsten Gipfel im Sommer 1812. Mit einer Karte der bereiseten Gletscher. Aarau 1813.

Reisen auf den Montblanc im August 1820 von J. Hamel. Basel, bey Neukirch.

Aus dem August=Heft der in Genf erscheinenden Bibliothéque universelle übersetzt.

Das Wildkirchlein und die Ebenalp im Kanton Appenzell. Auf Verlangen und zum Beßten der Armen zum Druck befördert von Doctor Hautli. Der Anhang enthält ein Verzeichniß der auf der Ebenalp und deren nächsten Umgebungen vorkommenden Berg= und Alpenpflanzen von Doctor und Appellationsrath Zollikofer in St. Gallen. St. Gallen 1817. 15 S.

XIX.

Noch ein Beytrag über die Felsenschwalbe (Hirundo rupestris) *) vom Herausgeber.

Vor wenigen Tagen (den 27ten Brachmonat) erhielt ich von meinem Freunde aus Bündten ein Päärchen dieser seltenen Schwalbe. Jedes dieser Vögelchen ist 1 1/4 Loth schwer. Die Flügel reichen beynahe einen Zoll weit über den Schwanz hinaus; der Scheitel ist schwarzbraun; das fahle Grau des Oberleibs ist, so lang der Vogel im Fleisch ist, viel heller; beym ausgestopften Vogel verwandelt es sich in's Graubraune. Kehle, Vorderhals und Brust sind nicht kastanienbraun, sondern ganz nach unsrer gegebenen Beschreibung beschaffen.

Beym Männchen ist die Brust und Kehle reiner weiß, daher sind die kleinen, grauen Fleckchen auf Letzterer und auf dem vordern Theile der Backen ausgezeichneter und deutlicher, da sie

beym Weibchen auf schmutzigerem, gelblicherm Grunde undeutlicher vorkommen. Dann sind beym Männchen die Schwanzfedern (außer der mittelsten) dunkler, als beym Weibchen, und die acht weißen Flecken im Schwanze größer und reiner. In der übrigen Farbe kann man sie nicht von einander unterscheiden.

Das Weibchen war im Legen begriffen und hatte große Eyerchen im Leibe. Die Felsenschwalben nisten zwar in der Regel gewöhnlich schon im May, allein dießjährige Verspätung hierin war eine Folge der ungünstigen Witterung. Während dem es zu Anfang dieses Monats bis tief ins Thal herab schneite, sind viele Mauersegler, Fenster- und Felsenschwalben von Kälte erstarrt und todt gefunden worden.

Wir hoffen im nächstfolgenden Bande auch die Beschreibung der Jungen dieser Schwalbe liefern zu können.

*) S. auch Annalen der Wetterauischen Gesellschaft für die gesammte Naturkunde. 3r Band, S. 354. Die Felsenschwalbe von Pr. und Dr. Wolf.

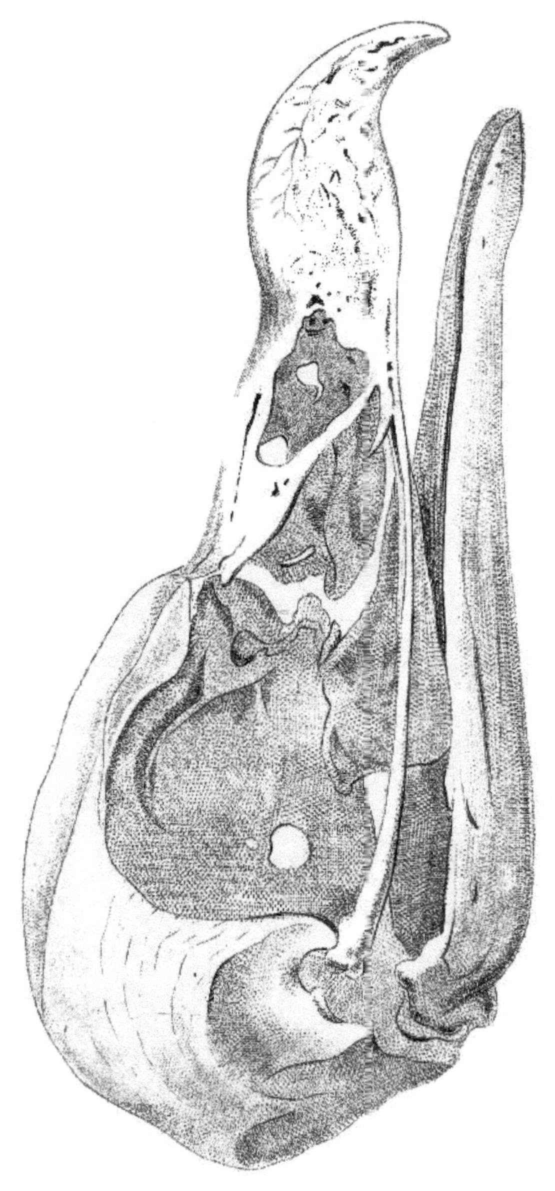

Taf: II.

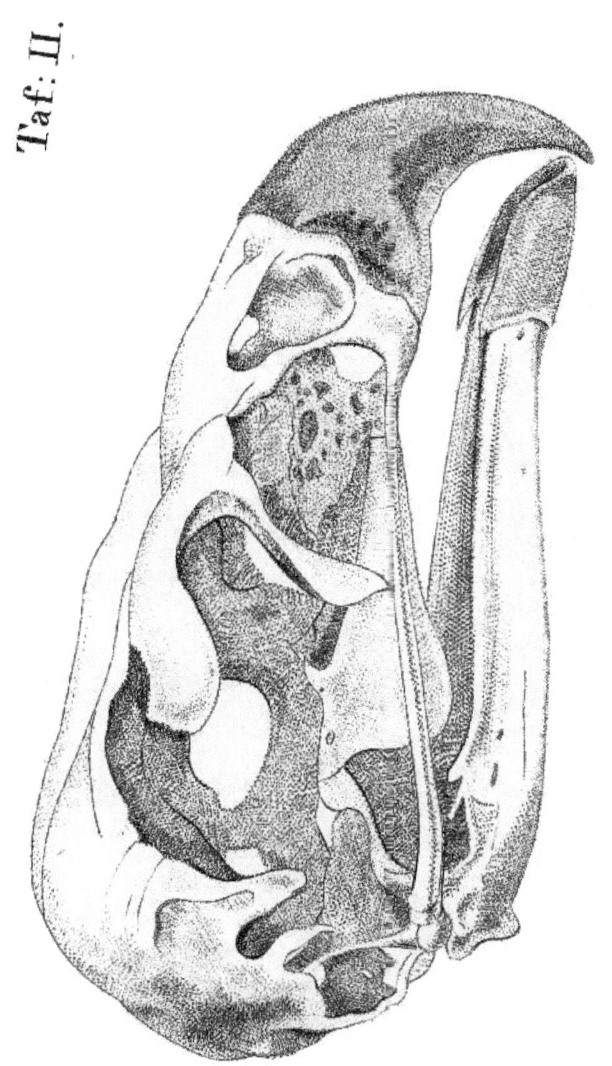

Taf: I.

Taf: II.

1
a
b
2
3
4
5
a
6
b
7
8
9
10
11
12
13
14
15
16
17
18
19
20
21
22
23
24
25
26
27
28
29
30
31
a
b
32

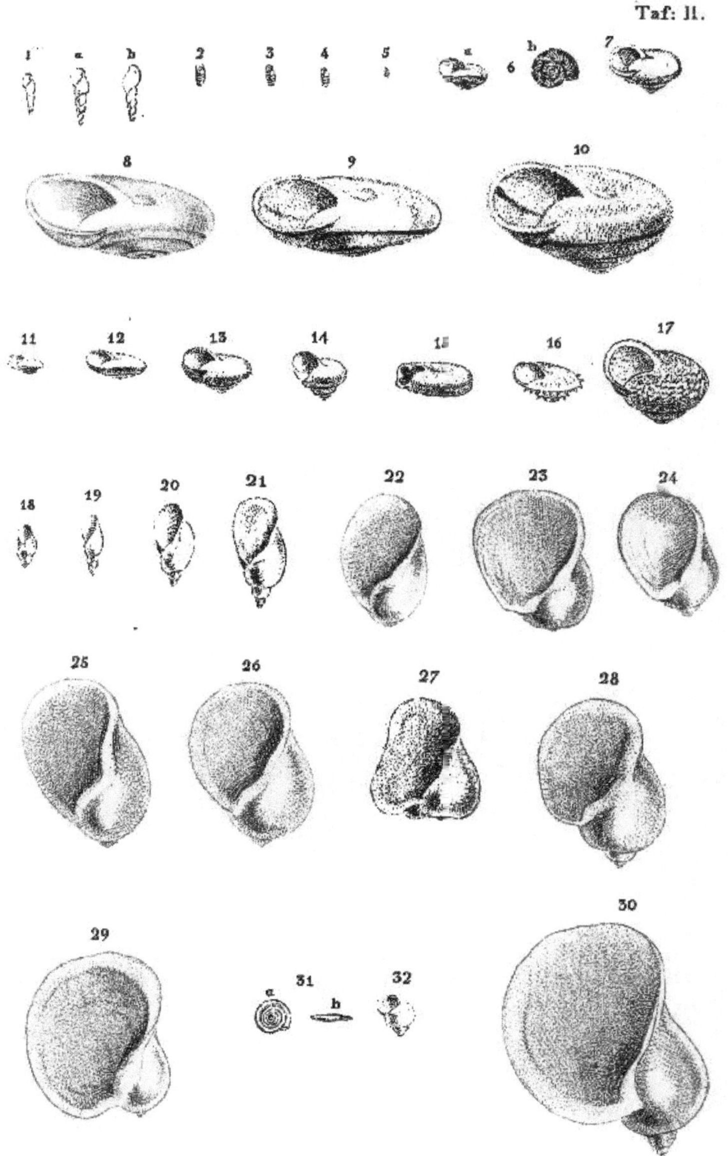

Zeitfracht Medien GmbH
Ferdinand-Jühlke-Straße 7
99095 Erfurt, Deutschland
produktsicherheit@kolibri360.de